メディア文化研究への招待

多声性を読み解く理論と視点

ポール・ホドキンソン
[著]

土屋武久
[訳]

ミネルヴァ書房

MEDIA, CULTURE AND SOCIETY: An Introduction
by Paul Hodkinson
English language edition published by SAGE Publications of London,
Thousand Oaks, New Delhi and Singapore, ©Paul Hodkinson 2011
Japanese language edition published by arrangement with Sage Publications Ltd, London
through Tuttle-Mori Agency, Inc.,Tokyo

メディア文化研究への招待
——多声性を読み解く理論と視点——

【目　次】

第1章　メディアが先か，文化・社会が先か？ …………………………… 1
 1 はじめに　1
 2 出発点——形成と反映と表象と　4
 3 コミュニケーションプロセス　7
 4 社会的・文化的コンテクストにおけるメディアの要素　12
 5 次章に向けて　16

第Ⅰ部　メディアの諸要素

第2章　メディアテクノロジー ……………………………………………… 21
 1 はじめに　21
 2 対立するメディア理論　22
 3 テクノロジー決定論　28
 4 デジタル時代へ　36
 5 インターネット——社会病理の治療薬か？　39
 6 おわりに——コンテクストにおけるテクノロジー　42

第3章　メディア産業 ………………………………………………………… 45
 1 はじめに　45
 2 メディア組織　47
 3 最大の関心事——収入源　53
 4 スポンサーの役割　57
 5 政府と規制　60
 6 おわりに——経済決定論？　66

第4章　メディアコンテンツ …………………………………………………… 69
 1 はじめに　69
 2 記号の配列としてのメディアテクスト　70
 3 ナラティブ分析・ジャンル分析・ディスコース分析　80

4　内容分析──質から量へ　85
　　5　おわりに──テクストをコンテクストに置く　92

第5章　メディアユーザー………………………………………………………95
　　1　はじめに　95
　　2　アメリカのオーディエンス研究に見る実証的伝統　96
　　3　カルチュラル・スタディーズ──支配的解読と対抗的解釈　107
　　4　おわりに──手放しの賞賛？　115

　　　　　　第Ⅱ部　メディア・権力・コントロール

第6章　メディアが操作する？………………………………………………121
　　　　──マルクス主義とイデオロギー
　　1　はじめに　121
　　2　マルクス主義とイデオロギー──基本知識　122
　　3　大衆を欺く文化産業　124
　　4　イデオロギー的意味　129
　　5　政治経済とイデオロギー　135
　　6　論争および批判　140
　　7　複雑なコミュニケーションの流れと消費者による抵抗　142
　　8　おわりに──理論の安易な放棄を避ける　143

第7章　ニュースの解剖学……………………………………………………147
　　1　はじめに　147
　　2　なにをニュースとして取り上げるか　149
　　3　ニュースを構築する　157
　　4　報道者間の差異　160
　　5　類似点──偏向とイデオロギーへの回帰？　162
　　6　おわりに──バッド・ニュース？　170

第8章　公共サービスか，個人のための娯楽か？ ……………… 175
　　　　──メディアの方向性
　　1　はじめに　175
　　2　公共放送　176
　　3　検閲──有害コンテンツを阻止する　183
　　4　商業上の競争と消費者の選択　191
　　5　おわりに──商用化の未来はバラ色？　197

第9章　国民的メディアの衰退 ……………………………………… 201
　　　　──商業化・断片化・グローバリゼーション
　　1　はじめに　201
　　2　メディアと〈公共圏〉　202
　　3　「想像の共同体」としての国家　206
　　4　公共圏の衰退　209
　　5　デジタル化による国民の希薄化　212
　　6　おわりに──国民の共同体あるいは厄介払い？　220

第Ⅲ部　メディア・アイデンティティ・文化

第10章　メディア・エスニシティ・ディアスポラ ……………… 227
　　1　はじめに　227
　　2　人種差別主義と排他性　228
　　3　表象　230
　　4　「ポジティブな」イメージを推進する　236
　　5　ニュー・エスニシティとディアスポラ　241
　　6　オーディエンスの分断　245
　　7　おわりに──エンパワーメントか，それともゲットー化か？　249

第11章　メディア・ジェンダー・セクシュアリティ ……………… 253
　　1　はじめに　253

2　女らしさの構築　254
　　　3　エリート主義批評家？　263
　　　4　エンパワーの可能性　265
　　　5　メディアと男らしさ　271
　　　6　異性愛を超えて　275
　　　7　おわりに――バランスのとれたアプローチ　279

第12章　メディアコミュニティ……………………………………　283
　　　　――サブカルチャーとファン・グループとアイデンティティ・グループ
　　　1　はじめに　283
　　　2　メディア対コミュニティ　284
　　　3　モラルパニックとマスメディアによる非難　289
　　　4　ターゲットを絞ったコミュニティ　291
　　　5　DIYメディアとインターネット・コミュニケーション　298
　　　6　おわりに――定義がすべて？　305

第13章　メディアによる飽和・集団の流動性・意味の喪失……　311
　　　1　はじめに　311
　　　2　意味の喪失としての飽和　312
　　　3　メディア＝現実　315
　　　4　アイデンティティ――断片化と流動性　320
　　　5　バーチャルな遊び場としてのインターネット　323
　　　6　おわりに――飽和はしているがリアル？　330

キーワード解説　335
訳者による読書案内　343
訳者あとがき　347
文　　献　351
索　　引　373

【凡　例】

1．原著の引用符は「　」で示した。原語も示したほうが適切と判断した場合は，「公球器 public sphericule」のように日本語訳に続けて原語もくわえた。
2．原文中で―─　―─でくくられていた箇所は，原則としてそのまま―─　―─で表したが，（　）でくくるほうが読みやすいと判断された箇所は適宜（　）で表した。
3．原著のイタリックは，書名・雑誌・新聞・番組・映画名の場合は『セックス・アンド・ザ・シティ（Sex and the City）』のように『　』でくくり，さらに初出時には（　）で原語表記を示した。イタリックが概念や事項の強調目的の場合は〈　〉でくくり，原語も示したほうが適切と判断した場合は日本語訳に続けて原語もくわえた。
4．本文中に引用や言及されている文献・番組・映画名は，邦訳されているものについては邦訳題名にしたがった。邦訳のないものについては，直訳または原音のカタカナ表記を示すようにし，原語も示したほうが適切と判断した場合は原語もくわえた。
5．人名表記は，その著作が邦訳されているものについては，そこでの表記にしたがった。邦訳された著作がなく，たんに人名が言及されているだけの場合は，一般的な表記に準拠した。
6．重要な概念で微妙なニュアンスを含んでいる語，その他必要と思われた語については，言語の発音のカタカナルビを付して示した。
7．引用されている文献に既訳がある場合は既訳を参考にしたうえで，すべて英語から新たに翻訳した。

第1章 メディアが先か,文化・社会が先か?

> **主要なポイント**
> - メディア・文化・社会という概念
> - メディアの表象と社会との関係
> - コミュニケーションプロセスの直線的モデル
> - 社会的・文化的コンテクストにおけるメディアのモデルの提唱
> - 後続の章の概要

1 はじめに

　〈メディア〉とコミュニケーションは,かつてないほどわれわれの日常生活の中心にあると言えるだろう。職場で,家庭で,公共の場で,また移動中でも,テレビ・ラジオ・新聞・雑誌・携帯電話・音楽プレイヤー・ゲーム機・インターネットから流れ出るメディアの音声・イメージ・言葉から,われわれが離れることはまずない。ひとりでいても仲間といても,メディアはわれわれに娯楽を提供し,友だちやコミュニティとつなげ,世界についての解釈をもたらし,アイデンティティや想像力を形作る材料を与えてくれる。日常生活にメディアが大きな位置を占める事実は,われわれを取り巻くいわゆる〈文化〉や〈社会〉の性格や特徴についても非常に重要であることはまちがいない。われわれはメディア文化,メディア社会に生きていると言えるだろう。本書は,メディアとそれが機能する社会・文化との関係についての入門書である。

メディア・文化・社会

　常に念頭に置いておきたいのは、〈メディア media〉が〈メディウム medium〉という語の複数形であり、いくつも存在することだ。メディウムとは、要するに、〈コンテンツ〉が始点(スタート)から目的点(ゴール)まで伝達される手段のことをいう。

　この点で人間の身体は、最も基本的なメディウムであると言えるだろう。身体は思考・観念・感情を、他者に聞こえたり目に見えたりするよう、発話やジェスチャーに置き換えるからである。しかし、ここでのわれわれの関心は、人工的な形態のメディアの使用にある。それは、われわれのコミュニケーション能力を、身体の制限を超えて強化し拡張する。また、表現の伝達範囲を拡大し、より遠い場所やより多くの人びとにまで、われわれのメッセージを取りつぐ。

　そうしたメディアによって同じ部屋、同じ街、同じ国にいなくとも友だちと交流できる一方で、他方ではメディアのひと握りの制作者が何百万ものオーディエンスに、大量のコンテンツを一度に送りつけることも可能となる。そうした制作者と、彼らが利用するテクノロジーおよび配信するコンテンツとをひっくるめて、集合的に「メディア」と呼ぶことがよくある。この呼称は広く受けいれられているものだ。しかし、メディアが複数形であり多様であることを知るのは、やはり大切である。われわれの議論には規模の大きい「マスメディア」のことが頻繁に出てくるだろうが、なかでも多数の組織、社会集団、個人を巻き込んだ、多様なタイプと規模のコミュニケーションに着目していく。

　〈文化〉という言葉が持つ2つの意味は、本書の議論で重要となる。どちらもレイモンド・ウィリアムズ（Williams, 1988; 1989）の主要な著作で明らかにされたものである。

　まず文化は、創造的表現の世界、ウィリアムズの言う「知的にしてとりわけ芸術的な活動の作品や慣習」（Williams, 1988: 90）という、限定された意味で用いられることがある。長らくこうした意味の文化は、文学・音楽・美術・演劇のエリート的ないし「高尚」な様式（ハイカルチャー）にのみ適用されてきた。しかし、ポップミュージックや大衆小説や大衆演劇などといった、いわゆる〈ポピュラーカルチャー〉の領域も次第に取り込んで意味するようになった。ウィリアムズが言うように、「文化とはありふれたもの」（Williams, 1989: 3）な

のである。われわれは時に，文化という用語をこの限定された意味で用いるであろう。また，メディアに現われた表現の形式や活動を指す手段としても，文化という言葉を用いるであろう。

だが，こうした創造的形式や活動は，文化という語の重要な2つ目の意味のほんの一部を構成するに過ぎない。この点は大切である。2つ目の意味とは，価値観・意味・アイデンティティ・伝統・行動規範・世界認識の方法といった，ある社会や集団の生活様式全体を指すものである。

ウィリアムズも言うように，文化のこれら2つの意味は確かに異なるものの，密接に関係している。結局のところ，ある社会の創造的・芸術的・知的表現の慣習には，名の知れた美術・文学・音楽・テレビ番組にはじまり，大衆的な舞踊・作曲・ファッション・礼拝行為に至るまでの，どんなものも含まれる。これらのいずれもが，その社会の生活様式全体に不可欠な部分を構成するのである。したがって，文化という言葉は，創造的活動と広範な生活様式の両方を同時に意味する場合が少なくない。（「パンク・カルチャー」のような）特定の集団に結びついた特殊なアイデンティティ・儀式・慣習・表現形式であろうと，（「テレビ文化」のような）特定の活動であろうと，またさまざまな人びとの文化的特徴や活動を引き起こすもっと一般的な方法であろうと，どれも文化なのである。

一方〈社会〉は，われわれが存在する世界全体を意味する用語で，文化と密接に関係してはいるが，さらに広い概念である。ウィリアムズは，「比較的大きな人間集団が生きる，制度と関係性の集合体」と定義する（Williams, 1988: 291）。社会は，日々のつき合いの機微（ディテール）や，階級・エスニシティ・ジェンダーに基づく社会集団の形成や，差異化されたカテゴリーの働きといった，社会関係を重視する。行政・司法組織，教育システム，宗教団体，営利企業，さらには家族のような小規模の組織の単位までを含む社会制度がそうであるように，富や権力や不平等のパターンは，社会の中核的な要素である。そうした制度は，富や権力や支配の確立したヒエラルキーと相まって，社会関係がその中で生きのびるような〈構造〉を作り上げる。

社会学者にとって主要な関心事となっているのが，確立した制度と人間の〈エージェンシー agency〉の関係という問題である。エージェンシーとは，人

びとの自己決定性を意味する。われわれは，われわれが生まれついたジェンダーや社会階層やエスニシティによって形作られるのであろうか？　われわれの生活に影響する家族構成や教育システムや宗教団体が，実際にわれわれを形作るのであろうか？　それともわれわれには自分の未来を決める力が備わっているのだろうか？　こうした構造とエージェンシーの問題を考えるうえで，現代の社会生活のさまざまな局面でメディアが果たす役割が重要となる。

　生活と表現の文化様式は，結局のところあらゆる社会の根底にあるのだから，それを抜きにして，社会の成り立ち，社会関係の配置，構造とエージェンシーといったテーマの研究を構想するのはむずかしい。この点は大切である。同様に，社会への言及抜きにして，文化的儀礼，理解，アイデンティティ，創造的活動の文化性の問題を検討できるとも考えにくい。

　「文化」という用語と「社会」という用語はいくつもの点で異なるのだが，重なり合う部分や境界が不分明な部分も少なからずある。このことは，社会と広義の文化（生活様式）との関係に，特に当てはまる。読者にはこの曖昧さに寛容になってもらいたい。今後の議論ではおりにふれどちらかの用語を集中的に扱うが，われわれの究極的な関心は，コミュニケーションメディアと2つの用語がカバーするさまざまな現象との関係にある。このため，メディアが社会環境や文化環境になんらかの形で不可欠なものになった可能性を明らかにしていく。われわれが社会環境や文化環境と呼ぶところのものには，次のものが含まれる——富と権力と影響力の分配，社会構造と制度の働き，階級，ジェンダー，エスニシティ，アイデンティティと〈コミュニティ〉のパターン，観念と認識，知的・芸術的・創造的表現，さまざまな生活様式。

2　出　発　点
——形成と反映と表象と——

　上記のような社会環境と文化環境のさまざまな特徴との関連で，メディアの役割を詳細に理解するのは決してたやすくはない。そこで，順を追ってものごとを扱おう。出発点として，マスメディアのコンテンツを社会との関係で扱うシンプルかつ対照的な2つのアプローチを検討してみよう。ここでは議論を進

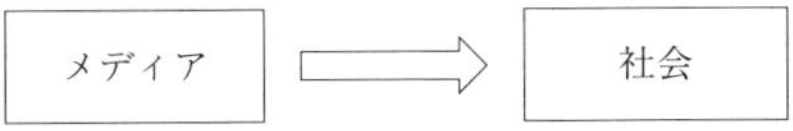

| メディア | ⟹ | 社会 |　　| 社会 | ⟹ | メディア |

図1-1　形成主体としてのメディア 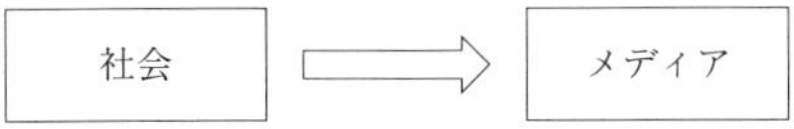　　図1-2　反映するものとしてのメディア

めるために,「社会」は広義の文化（生活様式全般）も含むものと考えることにする。

　メディアが配信するコンテンツが人びとと社会の未来とに影響する力を持つものだとして, メディアを構築主体ないし〈形成主体 shaper〉と見なすアプローチがある（図1-1）。

　このアプローチには実にさまざまな議論が当てはまる。例えば, メディアが性や暴力を取り上げることが, 視聴者の〈実生活〉にまで影響し, ついには実生活が性の乱れや暴力に満ちたものとなると言う者がいる。また, エスニックマイノリティや性的マイノリティをステレオタイプ的に描くことで, そうしたマイノリティがいよいよ社会の片隅に追いやられると警戒する者もいる。メディアの政治的〈偏向（バイアス）〉あるいはモラルの〈偏向〉が, 特定の見方をオーディエンスに植えつけるという議論も, 形成主体のアプローチに含まれる。また, ある社会のメディアコンテンツの一般的性質が, 〈住民〉の教養・熱意・創造性のレベルに影響するという主張も同様である。これらの見解はいずれも, メディアがわれわれにどう影響するかに着目する。

　これに対し, メディアがわれわれをどのように形成するかではなく, 社会をどのように〈反映するか〉, そのあり方に着目する者もいる（図1-2）。この考え方にしたがうなら, メディアの主たる役割とは, すでに重要なものとなっている出来事, 行動, アイデンティティ, 社会関係, 価値観をあぶり出すこととなる。したがってメディアの意義は, いかに社会をリードするかではなく, いかに社会を追いかけるか, という点にあると考えられる。

　この観点からすると, もしメディアが性と暴力に満ちているとしたら, それは性と暴力がすでに社会に満ちているからだ, ということになる。また, 特定の意見や価値観がメディアコンテンツ内で大きな位置を占めるとしたら, そうした意見や価値観がすでに行き渡っている事実を反映していることになる。ニュースメディアが偏向報道で世論を操作していると非難されると, 決まって

「その批判はお門違いだ」と返すのは，このためである。そこに含意されるのは，ニュースは世界を中立的に反映しているに過ぎず，それが気に食わないのならメディアを責めるのではなく世界をよくすればよい，ということである。

ビクトリア・アレクサンダーが言うように，メディアが社会を反映するという信念に触発され，メディアコンテンツを調査することで実社会の構造，文化の規範，政治などの変化を分析しようとした研究者がいる（Alexander, 2003）。そうした分析にはそれなりに学ぶところもある。例えば1980年代のハリウッドのアクション映画・戦争映画の悪役は，旧ソ連とアメリカとのリアルな冷戦状況を反映し，旧ソ連人であることが多かった（『ロッキー（Rocky）』『トップガン（Top Gun）』『007 ロシアより愛を込めて（From Russia with Love）』など）。だが，90年代になると冷戦はおおむね終結し，アメリカの外交政策は中東やアフリカへとシフトした。このことをあからさまに反映し，ハリウッド映画の敵役はアラブ人やアフリカ人になっていく（『パトリオット・ゲーム（Patriot Games）』『ブラック・ホーク・ダウン（Black Hawk Down）』『マーシャル・ロー（The Siege）』など）。

しかし，メディアコンテンツが社会を形成したり反映したりすると極端な形で論じるのは，どちらの場合も単純に過ぎる。メディアと社会の関係とは，双方の要因を取り込む循環的なものだ，と理解するのが妥当であろう。社会を映し出す鏡としてのメディアというアプローチは有用である。メディアコンテンツはいずこからともなく生じるのではなく，現実の事件や社会のトレンド，文化的価値観と密接に関係していることを，われわれは忘れてはならない。だが，メディアは社会を完全に，あるいは中立的に反映するわけではない。メディアの制作者は，なにを取り入れるかという点では非常に選択的であり，取り入れたものを特異なやり方で提示する。すなわち，世界を〈反映〉するものの，世界についての選択的で加工された〈表象（あるいは再表象）〉を提示するのである。これをスチュアート・ホールは次のように解説する。「表象とは，反映とは大きく異なる概念である。それは，選択と提示，構成と形成の活発な産物を含意する」（Hall, 1982: 64）。

一例をあげよう。ソープオペラの内容には，台本と，すでに社会で深刻に受けとめられている矛盾・葛藤とが，深くかかわっている。だが，社会を単純に

第1章　メディアが先か，文化・社会が先か？

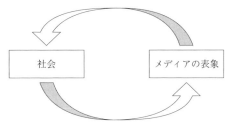

図1-3　表象と影響の循環モデル

映し出しているわけではない。なぜなら，ある特定の人物，問題，事件だけが取り込まれ，視聴者に向けて，ドラマティックに訴えるよう表現されるからである。同様に，すでに見たとおり，ハリウッド映画の敵役の人種・国籍とアメリカの実際の外交政策とには，なんらかの関係があるかもしれない。しかしこれは，世界を中立的に映し出しているのではなく，アメリカ寄りの見方を選択的に重んじていることを示している。

メディアの表象は選択的で加工されたものだから，人びとが反映していると思う世界とは，違うものなのだ。実は，メディアがわれわれに影響するかもしれないという可能性も，やはりこの点にある。ある意見，話題，事件，慣習をメディアが繰り返し提示するならば，それは今後の態度，アイデンティティ，行動，社会パターンに影響する可能性がある。こうした理由で，メディアの選択的な表象が絶えず社会に供給され，同時にメディア自体も社会の構造や特徴から供給を受けるという過程を考えてみるのが，出発点としては妥当であろう（図1-3）。

3　コミュニケーションプロセス

上に示した循環モデルは，メディアの社会的・文化的な理解のための出発点として役立つであろう。また，本書の随所で取り上げる話題の多くにも，有効に適用できる。とはいうもののこのモデルは，文化と社会についてすでに述べた議論の中に含まれる多様な現象を単純化し過ぎている。そのうえ，メディアの働きを詳細に分析するには，あまりに大雑把である。後者の点でさらに踏み込んでいくには，メディアの伝達の過程を構成要素ごとに解体し，それぞれの

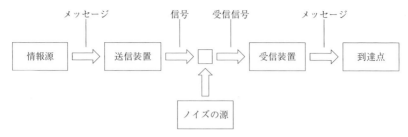

図1-4 シャノンとウィーバーのコミュニケーションモデル

意味を考えてみる必要がある。それには，先の議論のようにメディアのコンテンツについてだけでなく，コンテンツのソースはなにか，どのように伝達されるのか，人びとがそれにかかわるとなにが起こるのかについてまで，考えてみなければならない。

送信装置・受信装置・ノイズ

　コミュニケーションプロセスのさまざまな構成要素間の関係を体系的に理解しようとした最初の試みの1つが，1949年にクロード・シャノンとウォーレン・ウィーバーとが開発したモデルである（図1-4）。このモデルは，〈テクノロジー〉を用いてコミュニケーションの効率を向上させようとしたベル電話会社（現AT&T）のために，開発されたものである。マスコミュニケーションのプロセスを説明することをもともと意図したものではなかったが，その方面でも非常によく知られるものとなった。

　このモデルは，メッセージがいくつかの段階（ステージ）を経て伝わるという，一方向的なプロセスからなっている。メッセージは情報源（誰かの肉声など）によって作り出され，送信装置（電話など）によって電子信号に符号化（エンコーディング）され，受信装置（受け手側の電話など）によってもとの形に復号化（デコーディング）され，到達点にいる受け手によって受信される。

　このモデルは，〈ノイズ〉までも組み入れている。ノイズとは，送信されたものを途中で歪め，違うものとして受信させてしまう干渉のことをいう。ここでシャノンとウィーバーが特に関心を持ったのが，欠陥やテクノロジーの制約に関係する〈技術的問題〉である。混線すると相手がなにを言っているのか理

解しにくくなるし，仮に電話という媒体(メディア)が完全に機能していたとしても，同じ部屋に一緒にいるようには聞こえないものである。それだけでなく，彼らは〈意味の問題〉と〈効率の問題〉についても考えた。前者は，コンテンツ内の曖昧さのせいで，受け手がメッセージそのものを誤解しかねないことをいう。後者は，メッセージが受け手に思ったとおりの影響を与えられないことをいう。

意味の問題と効率の問題についてのシャノンとウィーバーの関心は，どうしたらメッセージを符号化(エンコーディング)・復号化(デコーディング)するテクノロジーの効率が向上し，そうした問題を回避できるかにあった（Fiske, 1990）。しかしながら，こうした問題を彼らが重視したおかげで，人間による解読，言い換えればオーディエンスによるメディアコンテンツの「デコーディング」，さらにメディアが人びとに影響を与えるそのあり方といった，重要なテーマへの門戸が開かれたのである。

「誰がなにを言うのか……」と，その他の諸問題

人間の活動として，また技術的プロセスとしてコミュニケーションを捉える立場に，ハロルド・ラスウェルはさらに一歩踏み込んだ（Lasswell, 1948）。ラスウェルは，社会におけるマスメディアの役割を広範に理解することをめざしたモデルを設定した。このモデルは，「誰が，なにを，どの経路を通じ，誰に対し，どのような効果を期待して言うのか？」という問いの形で表わされる。

この問いは，コミュニケーションプロセスを主要な構成要素に分け，それらの関係を解釈することによって，メディアの理解を企てるという，簡潔な問いである。そのため，覚えやすくはあるが，うっかりすると誤解しかねない。この問いの構成要素を分け，図式化すれば，シャノンとウィーバーのモデルと明らかに似ていることが見て取れるだろう（図1-5）。

しかし，シャノンとウィーバーのモデルがコミュニケーションの〈技術的ツール〉の効率を重視しているのに対し，ラスウェルのモデルはそれぞれの構成要素がコミュニケーションプロセスの結果に均しく影響することを示している。いま仮に，あるテレビ番組の内容を詳細に分析することを企てたとしよう。しかしそれには，番組の作り手，伝達手段としてのテレビの能力と限界，視聴者の構成と指向までも調査しなければ，部分的で限られた理解しか得られないであろう。ラスウェルのモデルは，電話の通話からSNS，雑誌の購読から大学

図1-5 ラスウェルのモデルの図示

の講義に至るあらゆるコミュニケーションに，適用しうるものである。

直線的かつ一方向的

シャノンとウィーバーのモデルもラスウェルのモデルも共に，コミュニケーションプロセスを構成要素に分解し，構成要素間の関係を検討するうえで非常に役立つ。とはいえどちらのモデルも，ものごとを単純化し過ぎていると批判を受けてきた。ダニエル・チャンドラーによると，シャノンとウィーバーのモデルは，コミュニケーションの「郵便物メタファー」をよりどころとするものである (Chandler, 1994a)。つまり，既存のメッセージを，内包する意味と共に，効率的（あるいは非効率的）に目的点に送り届けることを要(かなめ)とするもの，それがコミュニケーションだと捉えているのである。〈送信〉の効率をなににも増して重視するその姿勢は，電話会社がその技術サービスを向上させる手段としてはうなずけるものだが，社会におけるメディアの働きについては，きわめて限られた理解しか与えてくれない。

チャンドラーも指摘するように，シャノンとウィーバーのモデルは，コミュニケーションプロセスを一方向的で直線的なものとして把握しようとする。そこでは，メッセージの送り手は能動的で，受け手のほうはメッセージを受動的に受け取り理解するという役割しか持たない。これは，メディアに対する〈皮下注射的アプローチ〉とも呼ばれるものである。すなわち，場所がリビングルームにせよ映画館にせよ講義室にせよ，メッセージが受け手の心に自動的に注入されるということである。

「受け手」がただ受け容れるだけでなく，自ら能動的にコンテンツとかかわったり，自分のアイデンティティや環境から自分なりの解釈をする余地は，残されていない。本来，意味の構築とは，送り手と受け手との共同作業と考えられるはずにもかかわらず，である。

このモデルはまた，受け手が送り手になんらかのフィードバックを返すこと

でメッセージに影響を与える可能性にもふれていない（Fiske, 1990）。〈対人コミュニケーション〉では，相手の合図や反応に絶えず合わせることが，効率的なコミュニケーションを図るうえでも欠かせない。実際にはマスメディアもそれと同じで，視聴率，市場調査，直接のやりとりといった形でのオーディエンスの反応に，きわめて敏感である。

ラスウェルのモデルは社会におけるコミュニケーションの役割を理解する手段として開発されたものであるが，この点ではシャノンとウィーバーのモデルよりも一歩踏み込んだものとなっている。コンテンツと媒体だけでなく，送り手と受け手の立場も考慮した点で，ラスウェルのモデルはメディアのプロセスを詳細に理解することをめざしている。シャノンとウィーバーのモデルでは，この点に十分な注意が向けられていなかった。とはいえ，その表現の仕方や構成は，やはりシャノンとウィーバーの直線的なモデルをなぞったものと思われる。受け手の〈立場〉を考慮するものの，その主たる役割は受動的なものとされる。すなわち，言われたことによってなんらかの影響を受ける，という役割である。ラスウェルのモデルやシャノンとウィーバーのモデルを改良したその後のコミュニケーションモデルは，受け手から送り手へのフィードバックの回路を設けたり（Westly & MacLean, 1957），オーディエンスがさまざまにメディアを解釈する可能性をくわえたり（Gerbner, 1956）することで，この欠点を補おうとしている。しかし，こうした改良モデルの多くも，依然としてコミュニケーションプロセスをおおむね一方向的なものと捉えがちであった。

シャノンとウィーバーのモデルで説明されていないコミュニケーションプロセスの要素で，おそらく最も重要なのは，メディアのコミュニケーションが生じる社会環境と文化環境である。彼らのモデルでは，コミュニケーションが孤立した個々人らを軸に進むものと捉えようとする（Chandler, 1994a）。ラスウェルのモデルはこの点で改善がなされている。メッセージの送り手と受け手のアイデンティティを詳細に考えることで，それぞれのコンテクストまでも考慮するからである。だが，モデル中に文化や社会の役割を明確に示していないことから，それらの役割を過小に評価していると考えられる。

4 社会的・文化的コンテクストにおけるメディアの要素

 本書では，ラスウェルが投げかけた問いの要素のうち，最初の4つ，すなわち「誰が，なにを，どの経路を通じ，誰に対し言うのか？」をよりどころとする。これらは，メディアとコミュニケーションプロセスの主要な構成要素を明らかにするうえで，おおいに役立つからである。しかし，私が提唱するモデルでは，現代の多くの研究者の方法も取り入れ，「送り手」「受け手」の代わりに「メディア産業」「メディアユーザー」を重視する（図1-6）。これらのカテゴリーを用いることで，メディア組織がコミュニケーションプロセスに及ぼすパワーと意義を具体的に強調できるし，また同時に，メディアの受け手が受動的にメッセージを取り込んだりそれに影響されたりするという想定を排することができるからだ。コミュニケーションを一方向的で直線的なものと捉えるのを避けるには，モデルの構成要素間に多方向的な流れをくわえるのも有効である。そして決定的に重要なのは，複雑な社会的・文化的環境との，広範に及ぶ間断ない双方向的な流れを設定し，メディアを理解することである。この広大な環境あるいは世界そのものは，絶えず変化するコンテクストを形作る。その中で，メディア産業とメディアユーザーが，（彼らが利用するテクノロジーおよび創造・配信するコンテンツと相まって）活動する。それゆえ社会的・文化的環境とは，メディアプロセスの4つの要素が機能するのに不可欠なものだ，と考えるべきなのである。

 図1-6のモデル内の文化・社会に現われる4つの要素は，本書の第I部の各章で核となるものであるが，ここで簡単に紹介しておこう。

 ラスウェルのモデルの「どの経路を通じて？」に当たるのが〈メディアテクノロジー〉で，これはコンテンツを生み出し，配信し，使用するハードウェアを指す。テレビや新聞，インターネットといったテクノロジーは中立的ではなく，それぞれが固有の可能性と限界を持つ。この点は重要である。例えば，読書は個人の注意力のすべてを要し，文字を通じて深く詳細に情報を提供するが，テレビの場合は他の活動をしながら，あるいは他の人と一緒でも楽しめるし，本と比べると表面的な表現が重視される傾向がある。だがテクノロジーは，た

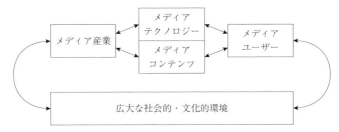

図1-6 社会的・文化的コンテクストにおけるメディア要素を単純化したモデル

んにわれわれを形作るのではなく，メディア業界とメディアユーザーの社会的・文化的環境に密着した形で発展し使用されるのである。

〈メディア産業〉とは，ラスウェルのモデルの先頭にある「誰が？」をさらに具体化し，コンテクストに当てはめたものと言えよう。メディアとその関連機関だけがコンテンツの作り手ではないが，彼らはコンテンツの制作と配信を支配し，テクノロジーの開発とその有用性を管理する。それゆえメディアのプロセスを理解するには，メディア産業の動機，その働き，外部の組織やメディアユーザーとの関係，社会的・文化的関係を，知っておく必要がある。メディア産業を知るうえで核心的な問題は，影響力を持つ主要なメディア組織の大規模で商業的な性質とはどのようなものか，広告主(スポンサー)を呼び込んで収益をあげる必要性にはどのような意味があるのか，政府や監督官庁はメディア産業をどのように規制してきたか，といったものである。

〈メディアコンテンツ〉はラスウェルのモデルの「なにを？」に当たるものであり，おそらく最も語られる機会の多い要因であろう。コンテンツだけに焦点を当ててもメディアの役割や意義の理解は望めないが，かといってコンテンツを無視すべきでもない。テレビ番組，広告，新聞記事，ミュージックビデオ，SNSのプロフィール，その他もろもろの形態のメディアは，どれも部分的かつ特異な形で世界を反映し，そのことがメディアの解釈や利用の可能性を制限する。これは，ユーザーの思考や生活に影響し，広くは生活様式や社会関係に影響しうることを示唆する。なにが取り込まれなにが除外されたか，意味がどのように構築されたかを注意深く分析することは，メディアと文化と社会を知るうえで，主要な手続きであり続けるだろう。

〈メディアユーザー〉の概念は，ラスウェルのモデルの「誰に？」よりもいささか広い概念である。なぜなら，ユーザーの役割をメディアのメッセージに影響されるだけとはせず，メディアの受け手たちは影響を受けるものの，コミュニケーションプロセスに能動的な役割を果たす，と考えるからである。それゆえ，ユーザーがどのような環境でメディアとかかわるか，コンテンツやテクノロジーと遭遇した際，そこに自らのアイデンティティや意見や社会的立場をどのように持ち込むかが，非常に重要となる。また，メディアにフィードバックを返したり，視聴者参加番組やトーク番組に出演したり，投書欄に投稿したり，さらにはもっとしっかりした形のアマチュアコンテンツを作ったり配信したりすることで，ユーザーも小規模ながらコンテンツの制作者となっていると考えるべきである。

　社会的・文化的環境は，メディアのプロセスの各要因への，ユーザーとメディア業界からの供給と，ここでは表わされる。同時に，メディアの働きかけの結果，発展し変化し続けるものと表わされる。メディアのいかなる要因の働きも意義も，こうした社会的・文化的コンテクストに置かずして理解はできない。この理由により，第Ⅰ部を構成するテクノロジー，メディア産業，コンテンツ，ユーザーの各章では，テーマごとに論じるよりも，文化と社会のさまざまな要素を随所に散りばめて論じることとする。メディアのプロセスと文化や社会の多様な要因との関係には，第Ⅱ部と第Ⅲ部でもおおいに紙幅を割く。そこでは，権力と統制とメディア，アイデンティティ，文化といった，メディアをめぐる本質的な問題や議論を扱う。

メディアと権力と統制

　本書の第Ⅱ部では，権力，影響力，〈規制〉，統制の諸問題とメディアとの関係をめぐる一連のテーマを扱う。まず第6章で，非常に大きな影響力を持つマルクス主義的アプローチを検討することとしよう。このアプローチは，メディアを〈イデオロギー〉の一形態と見なす。もっと具体的に言うなら，権力を握る集団が，不平等かつ搾取的な資本主義のシステムを正当化する考え方を強化するとし，メディアとは人びとを操作する手段だと見なすのである。

　イデオロギーへの関心は，第7章にも現われる。この章では，現代世界の特

定の表象をメディアユーザーに配信するという，ニュースメディアの役割を扱う。

　第8章でのわれわれの関心は，メディアはなんのために存在するのか，政府がその運営方法に干渉すればメディアが社会に果たす役割はよくなるのか，といった問題に移る。助成金による公共放送を設置したりコンテンツを規制したりして，メディアを統制すべきなのか？　それとも，規制抜きの商業的メディアのほうが，われわれに貢献するのであろうか？

　最後に第9章では，メディアの商業化，〈グローバリゼーション〉，多様化の進行が，文化的紐帯と社会・政治的活動を弱める可能性に特に焦点を当てる。それによって，メディアとナショナルアイデンティティと民主主義との関係を問うのである。

メディアとアイデンティティと文化

　第Ⅲ部は本書の最終パートであり，アイデンティティのパターン，文化，コミュニティとメディアとの関係をめぐる一連の問題へとわれわれを誘う。

　第10章と第11章では，メディア研究で最も論じられる2つの話題，すなわち人種とジェンダーを扱う。

　まず第10章では，下位の階層にあるエスニック集団が主流メディアから排除されたり，ステレオタイプ的な表象をされたりするという議論を検証する。次いで，そうしたエスニック集団がスペシャリストとして，また国境を越えた形でメディアに登場することが増えたが，そのことが持つ意味を検証する。

　第11章では，女らしさや男らしさをめぐる議論を中心に論じつつ，オーディエンスによるジェンダーの解釈をどう理解するかについて検討する。

　第12章では，集団的アイデンティティにメディアがどのような意味を持つかというテーマに焦点を移す。メディアがアイデンティティの集団的形態を〈浸食する〉という理論とは裏腹に，さまざまな形態のメディア（地元新聞からネット上のディスカッショングループ，SNSに至るまで）が，〈サブカルチャー〉，〈ファングループ〉，性的マイノリティといったコミュニティを実は〈助長する〉という多様な現象を取り上げる。

　本書の最終章となる第13章では，メディアの急速な拡大の結果，日常の文化

がコミュニケーション，イメージ，表象で飽和してしまい，もはやその意味を——そんなものがあるとしての話だが——理解できなくなっているという可能性を取り上げる。〈流動性〉，不確実性，意味の喪失が蔓延する世界では，真実，現実性，安定性はどれも危殆に瀕することとなる。

5 次章に向けて

　このように広範にわたる題材を整理し理解するうえで，本書のテーマごとの区分は，有用な手段となるであろう。だが，願わくば読者には，各章でカバーする諸問題に相互のつながりを見いだしてもらいたい。例えば，国民共同体とはなにかという問題が権力とアイデンティティにかかわることは明白であるし，ジェンダーと人種の議論は文化的差異化と支配・被支配の問題に関係する。また，第Ⅰ部の各章で扱う話題，すなわちテクノロジー，メディア産業，コンテンツ，ユーザーの話題は，後続の議論でもたびたび浮上するであろう。同様に，個々の問題の多くが，随所で姿を見せることになろう。例えば，商業化とメディアコンテンツの質と深みに関する問題は，第Ⅰ部から第Ⅲ部まで繰り返し登場するし，メディアと広告主との関係や，メディアの細分化の進行に関する問題も然りである。こうした相互の連関は重要であり，読者には後続の章で扱うさまざまな話題について，相互のつながりを自分なりに発見してもらいたい。そうしたつながりを発見して，はじめてわれわれはテーマをより深く理解し，メディアと文化と社会の研究方法を少しずつ開発できるのである。

【課題と演習】
(1) メディアコンテンツを1つ選び，以下の問いに答えよう。
　a) そのコンテンツは既存の社会関係や生活様式の要素をどのように描こうとしているのか？
　b) その中でなにが描かれ，なにが描かれていないのか？
　c) b)で描かれた表象は，社会の未来にどのように影響しうるか？
(2) 本章で取り上げたモデルをもとに，メディアコミュニケーションのプロセスのモデルを自分なりに組み立て，社会的・文化的環境との関係も図示してみよう。コミュニケーションプロセスの主要な要素をどのように表わし，またそれらの関

係性をどのように表わすかについては，慎重に考えること。

第Ⅰ部

メディアの諸要素

第2章　メディアテクノロジー

主要なポイント

- コミュニケーションテクノロジーが社会と文化に影響することを示す諸理論
- 活字メディアと電子メディアの社会的・文化的影響についての議論
- テクノロジー決定論への批判
- 制作者とユーザーとのコンテクストに関連づけてテクノロジーを研究する必要性
- デジタルメディアおよびインターネットの成長とその意義

1　はじめに

　メディアについて考えろと言われたら，多くの人がまず心に浮かべるものはなにか？　おそらくそれは，映画であれ，広告であれ，ウェブサイトであれ，ミュージックビデオであれ，ニュース映像であれ，なんらかの具体的なメディアコンテンツであろう。同様に，メディアの社会的・文化的意義の分析も，メディアコンテンツを中心に据える。新聞の時事問題報道は偏向していないだろうか？　広告に見られるジェンダーの描き方から，男らしさ・女らしさについてどのような姿勢がうかがえるか？　多くのメディアでセレブが取り上げられるのはなぜだろうか？　とはいえ本章が扱うのは，メディアコンテンツではなく，それを伝達するテクノロジーやハードウェアのほうである。言い換えれば，medium の複数形としての〈メディア media〉自体のほうである。

　コミュニケーションテクノロジーが社会的・文化的に深甚な影響力を持ち，そうした影響を知ることがメディアを理解するうえできわめて重要だ——〈メ

ディア研究者〉として世に知られる者の中には，そう考える者がいる。新聞にはじまりインターネットに至るまで，これまでとは異なる可能性を秘めた新技術が誕生すると，それが権力・政治・文化・日常生活にどういう影響を及ぼすかをめぐり，激しい論争が交わされる。最近では，ゲーム機・デジタル音楽プレイヤー・携帯電話・SNSの影響をめぐって議論が百出し沸騰した。過去においても，新聞・ラジオ・レコード・映画，そしてもちろんテレビについて，同様の激論が戦わされた。

　それでは，活字メディアと電子メディアの発達についての，著名なメディア研究者らによる見解を紹介することから，この章をはじめることとしよう。彼らの見解は，相互に対立するものだ。それぞれの理論を見ていくのにくわえ，それらに対する批判も検証する。その中には，そうした理論がテクノロジーの社会的・文化的影響を過大評価している，という批判も見られることだろう。さらにわれわれは，デジタルテレビやインターネットといった，最新のテクノロジーの意義をめぐる議論も検討することとする。

2　対立するメディア理論

マクルーハン——「メディアはメッセージである」

> 操作上および実用上の事実として，メディアはメッセージである。このことは，いかなるメディア——すなわち，われわれ自身を拡張したもののこと——でも，それが個人および社会にもたらす結果というものは，われわれ自身の個々の拡張，あるいは新たな技術によって，われわれの世界にもたらされる新たな尺度から生まれ出る，ということを言っているに過ぎない。(McLuhan, 2001: 2)

　まずは，最も著名なメディア研究者マーシャル・マクルーハンの言葉に耳を傾けよう。マクルーハンは60年代に，コミュニケーションテクノロジーの分析に比べれば，メディアコンテンツの研究などとるに足らないものだ，と論じた。このことは，たびたび引用される，「メディアはメッセージである」というス

ローガンとして表現される。マクルーハンがそもそも言いたかったのは，メッセージよりもメディアのほうが重要であり，本当に社会に影響を及ぼすのはコンテンツの細々としたことよりも，メディアの基盤となるハードウェアの可能性のほうだ，ということである。新聞記事・広告・ラジオ放送のコンテンツを重箱の隅をつつくように論じたところで，それはただの注意散漫――木を見て森を見ざるがごとし――だとされる。つまりマクルーハンの観点からすれば，ある番組の内容に焦点を当ててテレビの社会的意義を研究するよりも，トロントで2人の友人の間に交わされる電話での会話の話題から電話の文化的影響を調べたり，誰かが月曜の朝にiPodで聴いた音楽からiPodの影響を確かめるほうが有益だ，ということになる。

マクルーハンは言う。大切なのは，コンテンツの細部ではなく，コミュニケーションのとある方法が実現するという事実だ，と。メディアテクノロジーのそれぞれが，かつては不可能であったような，われわれのコミュニケーション感覚の拡張（空間的にも時間的にも）を可能にする。マクルーハンは，メディアを「人間の拡張」と見なすべきだと論じ，「一世紀以上にわたる電気技術を経て，われわれはわれわれの中枢神経組織自体を地球規模で拡張し，空間も時間も消失してしまった」と続けている（McLuhan, 2001: 3）。

メディアテクノロジーは，われわれのコミュニケーション空間を，さまざまな形で拡張する。かつてより遠方にあっても，かつてよりも早く見たり聞いたり話したり書いたりできるようになった。まさにこの点が，マクルーハンのかの有名な宣言へとつながる。すなわち，電子メディアによる世界規模の対話が容易にできるようになった結果，世界は1つの〈地球村〉へと変貌を遂げたのだ，と。

それぞれのメディアはさまざまな形でわれわれの感覚を拡張し，コミュニケーションの特定のパターンを促進し，それ以外のパターンを抑制する。この点はきわめて重要である。マクルーハンはさまざまな形態のメディアを，2つのカテゴリーに分類した。〈ホット〉と〈クール〉と，にである。ホット・メディアは高精細で，大量の情報を（通常の場合，人間の諸感覚のうちの1つに）伝達する。ホット・メディアには，書物・新聞・ラジオなどがあり，人間の注意のほぼすべてを占有し，オーディエンスが補完する余地はほとんどない。これに

対し〈クール・メディア〉は，情報の密度が低く，オーディエンスが参加する余地は大きい。両者の違いは，講義とゼミの違いのようなものである。

当時マクルーハンは，テレビこそが群を抜いてクールなメディアだと考えた。音声と低解像度の動画を組み合わせるテレビは，聴覚と視覚の両方を動員させるが，活字やラジオと比べるなら，それぞれの集中度は低い。その結果，テレビは細部のすべてまでを明快に示すことはなく，オーディエンス自身が余白を埋めることができる，と考えたのである。

マクルーハンの言わんとしたことを理解するために，スポーツ解説がラジオとテレビとではどのように違うかを考えてみよう。ラジオでは，非常に多くのディテールが解説者によって明快に示されなければならず，リスナーの側も集中し，起こっていることを自分なりに解釈しなければならない。それに対し，テレビ解説者はディテールを同じ程度に話す必要がない。なぜなら解説者の言葉には動画がついており，視聴者自身が部分的にせよ解釈できるからである。

活字メディアはどこまでもホットであり，電子メディアはどんどんクールになりつつある。そう考えたマクルーハンにとって，両者の違いは重要この上ないものであった。マクルーハンは，活字メディア発達の歴史を概観し，書物，そしてのちには新聞の大量生産が，内輪の口承的な対面型コミュニケーションの時代を一気に終焉させた，と論じた（McLuhan, 1962）。続く時代は，標準化された活字メディアに支配され，人間の感覚は断片化してしまった。なぜなら，なにもかもが書き言葉に変形され，文字化されたからである。その結果，方言・言語・文化は標準化され，特定の世界の見方だけが押しつけられ，社会は統一化されて階層的秩序を持った国民国家へと変貌を遂げていった。

活字メディアは本質的にそうした階層化になじみやすい，とマクルーハンは言う。読者は孤立し，分断化され，沈黙し，テクスト内の情報の一方向的・直線的構成と集中的なディテールにしたがわざるを得ない。限られたソースから得られる厳密かつ字義どおりのメッセージを受け取るだけで，読者がテクストに参加したり交渉したりすることはできない。こうした技術的制約によって，活字メディアは固定的な文化階層・標準化・個人の疎外が蔓延する初期資本主義社会の形成に貢献したのだった，とマクルーハンは考える。

これに対し，電子メディアの発達はテレビにおいて頂点に達すると考えられ

る。クールなテクノロジーであるテレビは，活字時代の制約からオーディエンスを解放し，有機的で直接参加的でコミュニケーション重視の習慣への回帰を告げるであろう，とマクルーハンは確信した。彼は言う。「われわれの電子世界では，中央から周縁への機械的・一方向的拡張は，もはやなんの意味も持たない」と（McLuhan, 2001: 39）。

　活字文化は言語の標準化に貢献したが，テレビによるクールな発話と映像は，中央集権的官僚主義から地域方言や日常言語の重視への移行を一気に加速した。概して言うなら，テレビは自発的でインフォーマルで不完全なものであり，オーディエンスの側からの創造的参加を促す。このクールでインフォーマルなメディアは，最も有機的・脱中央集権的・民主主義的と想像される〈地球村〉の発展に，大きな役割を果たすものと考えられる。個人の疎外と，一方向的に統一された直線的な国家内だけのコミュニケーション。これらは活字文化を特徴づけるものであったが，やがて過去のものとなり，多方向的・脱中央集権的な，地球規模の電子コミュニケーションに取って代わられるであろう。以上がマクルーハンの楽観的予測であった。

いますぐテレビを消せ

　電子メディアの社会的影響に関するマクルーハンの楽観主義を，研究者たちが揃いも揃って共有したわけではない。ニール・ポストマンは，愛惜をこめて活字メディアの時代を回顧し，電子コミュニケーションや視覚コミュニケーションの発達がもたらすさまざまな社会病理を描く（Postman, 1987）。この観点からすると，草創期の新聞は，細目にわたり地域に密着した，有意義なコミュニケーションの源泉であって，読者の生活に直接意味を持つような，豊穣かつまとまった情報に満ちていた。読者に求められる集中のレベルは，マクルーハンが言うような欠点であるどころか，地域の問題への理性的かつ思慮深い取り組みを促し，確かな情報に基づく合理的な議論や政治的取り組みを発展させるうえで肝要なものであった，とポストマンは考える。そうした取り組みは，電信装置にはじまりテレビにとどめを刺すテクノロジーの進歩によって，次第に弱体化していった，というのがポストマンの見解である。

　電信装置は1800年代初めにサミュエル・モールスによって開発され，はるか

遠方にあっても電気信号を送ることを可能にした。この発明は，とりわけ新聞に深甚な影響を与えた。物理的な移動に伴う不便や遅延なしに，離れたところから記事が送れるようになったからだ。しかしながら，ポストマンに言わせれば，「距離と速度の目くらまし」（Postman, 1987: 67）のせいで，各地から発せられるバラバラで興味本位の出来事を皮相に報道することが，どんどん重視されるようになっていった。電信は「刻一刻と新しいものに置き換えられるような，メッセージの閃光」（Postman, 1978: 71）には向いていたのだが，この原理は新聞の内容にも急速に影響を及ぼすようになった。紙面は，まとまりや深みや関係性を捨て，遠方から気まぐれに集められた埋め草記事だらけになったのである。

新聞紙面に写真を掲載できるようになったこと（1800年代末にはじめて可能になった）も，ポストマンに言わせるなら，皮相化へのさらなる一歩とされる。活字による記事は，深遠さと文脈を提供することができ，したがって理性的な取り組みと批判的思考を促す。それに対し写真は，複雑な問題を目に見えるレベルにまで断片化し，情緒的・観淫的耽溺を助長する。さらに悪いことに，写真によってわれわれは状況を完全に理解したと誤って思い込むため，この抜きがたい皮相さが，はりぼてのリアリティと臨場感に覆い隠されてしまう。

他方では，イメージ中心のジャーナリズムを求める声が，ニュースの優先順位に影響する。事件を取り上げる基準は，事件の重要性よりも視覚効果になりつつある。このことは，電信によって遠くの刺激的ではあるがつかの間の話題が重視されるようになったことと見事に対応する，とポストマンは言う。

これら2つの技術の発達が相まって，マスメディアは空虚な見せ物へと変じていった。ポストマンによると，新聞はそのように無意味な情報で溢れかえり，とうとうクイズやクロスワードパズルまで載せねばならなくなった。「かつて人びとは，人生のリアルな状況に対処するための情報を新聞に求めていたが，いまや彼らは無用な情報をなんとか有用にする状況を，自ら作り出さなければならないのである」（Postman, 1987: 77）。

だが，ポストマンの舌鋒がもっと鋭くなるのは，20世紀にテレビがもたらした社会と文化の変容に向けられたときだ。マクルーハンの楽観主義とは対照的に，電信と写真の連携が生んだ最悪の状況すべてを，テレビははてしなく拡大

した，と彼は言う。テレビは「映像と即時性との関係を，この上もなく魅力的で危険な完璧性にまで高め」(Postman, 1987: 79)，それを家庭生活の中心に据えたのである。

ポストマンの批判は続く。テレビの動画は，写真が持つ煽情性を高め，音声を組み合わせ，そうする中で，観淫と見世物性によるコミュニケーションを増大させた。動画は写真以上に，それを見ることでわれわれに，本当は上辺の断片しか見ていないにもかかわらず，知るべきことはすべて目にしたような錯覚に陥らせてしまうからである。かつて活字メディアが提供していた深遠さやまとまりの代わりに，テレビ技術は「視覚的関心を満足させようとして，思考を促す内容を抑える」ことを不可避としてしまったのである (Postman, 1987: 92)。

写真の持つ視覚偏重性をテレビが誇大にしているとしたら，スピードと即時性をテレビが仮借なく追求するのは，電信に由来するのであろう，とポストマンは考える。アメリカのテレビのニュースがどれも1分以内に終わり，どの番組も30分以上続かず，コンテンツ内の区切りにはほとんどなんのつながりもまとまりもないのは偶然ではない。視聴者の注意を，脈絡もない話題の流れに，「次のニュースです！」と矢継ぎ早に晒す。この傾向は，メディアとしてのテレビが持つ本質的な偏向，すなわち「ある方法でのみ利用される性質」(Postman, 1987: 84) に由来する，とポストマンは言う。そして，皮相で目まぐるしい娯楽を嗜好するこの性質がもたらすのは，視聴者が眼前の光景に刹那的・情緒的に反応するが，それを理解もしなければ覚えてさえもいない，という事態である。

> 「次のニュースです！」。ニュースキャスターのこの言葉によって脳裏から消し去られないほど，残酷な殺人事件，被害甚大な地震，高くつく政治の失策，やきもきさせられる野球の試合結果，警戒を要する天気予報などありえない。ニュースキャスターが言いたいのは，こうである。あなたはさっきもう十分に考えた（およそ45秒ほど）。そのことにいつまでも（例えば90秒間）こだわっているのは病的というものだ。さあ，次のニュースかコマーシャルに注意を向けなさい。(Postman, 1987: 99-100)

ポストマンの懸念は，テレビの遍在性，すなわち階級・年齢・ジェンダー・エスニシティの境界を飛び越えて生活と想像力とを支配することにも関係する。その結果，テレビのつかの間の娯楽と皮相さは，テレビから離れた文化と社会にも深甚な影響を及ぼす。「テレビ自体を知ることが，われわれの文化の原理となっている。したがって……テレビによる世界の演出のあり方が，世界を適切に演出するモデルとなる」(Postman, 1987: 92-3)。

テレビの社会的影響に関するポストマンの批判は，ジェリー・マンダーによる告発書『テレビを排除するための4つの議論』(邦題『テレビ・危険なメディア──ある広告マンの告発』)と，いくぶん共通点がある。マンダーの主張は，テレビの技術的性質のせいで，テレビを改革したり規制したりしようとする政府などの目論見が失敗に帰する，というものである。「テレビは〈中立的〉であるどころか，その利用者，利用法，個人生活に及ぼす影響……さらに不可避的に生じる政治形態までも，あらかじめ決定づける」(Mander, 1978: 45)。ポストマンと同様にマンダーは，そうした性質が短く単発的なコンテンツを生み，見かけや演出や娯楽性の重視を生む，と論じている。

マンダーは続けて言う。テレビはこのような皮相さを示しながら，われわれに世界を理解していると信じ込ませる，と。「テレビのせいで，われわれは世界をよく理解したと信じ込むが，実はそれほど理解などしてないのだ」(Mander, 1978: 349)。マンダーの議論は，活字によって作り出された中央集権的でトップダウン型の文化をテレビが解消する，とのマクルーハンの主張に，真っ向から対立する。マンダーによれば，テレビはそれ自体が本来階層的で一方向的なコミュニケーション様式であり，受動的な大勢の視聴者を混乱させる一方で，小数のエリートの権力に利するものだ，というのである。

3 テクノロジー決定論

電子技術についてのマクルーハンの楽観主義と，ポストマンやマンダーらの悲観主義と，そのどちらも重要であることは疑いない。ハロルド・イニス (Innes, 1951)，ウォルター・オング (Ong, 1977)，ジョシュア・メイロウィッツ (Meyrowitz, 1985) らのメディア研究者と同様に，彼らは注意を喚起したのだ。

第2章 メディアテクノロジー

メディアと文化と社会の関係を理解しようとする者は，メディアのさまざまなハードウェアの意義も考慮せねばならない，と。より具体的に言えば，対話や理解のパターンの他にも，権力・空間・時間といった諸問題が，それぞれの社会や時代における支配的なコミュニケーション手段と密接に結びついていることに，注意を促したのである。

とはいえメディア理論には，楽観的にせよ悲観的にせよ，あるいはそのどちらでもないにせよ，他にも重要な問題が残されている。研究者によって扱う問題は異なるが，概して言えば，テクノロジーの役割が過大に，もしくは過小に評価されてきた，という点である。つまり，テクノロジーを社会変化の主要な原因と見なし，それが開発・利用される状況について，十分考慮しない，ということである。この問題について，マクルーハン，ポストマン，マンダーを事例に，詳細に検討することとしよう。

ホット，クール，それともその両方？

メディアテクノロジーの性質と影響についてのマクルーハン独自の解釈が疑問に付されていることは，ポストマンとマンダーの主張からも，すでに明らかであろう。とりわけ紛らわしいのは，情報密度が高く参加度の低い（ホットな）テクノロジーと，情報密度が低く参加度が高い（クールな）テクノロジーという分類である。さまざまなテクノロジーを読者が自分なりに分類してみるなら，いっそう紛らわしく感じることだろう。

活字メディアをホットと分類したことは，どこか納得がいく。確かに書物や新聞では，直線的なテクスト構造が重んじられ，読者がひとりで集中して読むことが求められる。だが，書物と新聞には，クールな特徴も潜在的にあることはまちがいない。例えば，テクストが描くものを読者がありありと心に浮かべる場合特にそうなのだが，読書が参加・想像・批判的思考を促すことはないだろうか？　共同で意味を構築するという作業が，かなりの程度そこで発生していることは確実である。映像・音声・文字のどれもが制作者によって作られるテレビのコンテンツに比べれば，ずっと共同作業的であることは，おそらく疑いないであろう。

またマクルーハンは，映画をホット，テレビをクールなメディアと分類した

が，これはいよいよ疑わしい。マクルーハンが言うには，映画の観客は暗く静かな部屋に入れられ，唯一の直線的なテクストの前に座らせられる。そしてこれは，活字メディアを読むのにも似た，階層的で人びとを個別化する働きを持つ。一方，テレビの視聴は，もっと社会的で非規範的なものだと考えられる。60年代に映画の画質が飛躍的に向上し，初期のテレビ放送のぼやけたモノクロ画面よりもどぎつい画質であったことも，1つの要因である。

さて，これら2つの視聴の仕方では，映画のほうがテレビよりも集中度と個別化の度合いは（当時も現在も）高い，と言えそうである。しかし，こうした度合いの違いをもって，一見すると似たようなメディアをホットとクールという連続体の両極に分類するのは奇妙である。結局のところ，どちらも動画と音声を組み合わせており，おおむね直線的な構造を持ち，見る者の注意を相当程度占有する。さらに，マクルーハンが強調した品質の差も，とるに足らないものとなった。テレビの画面サイズと画質が向上し，ついには液晶やプラズマの大画面，ハイビジョン映像，サラウンドサウンドシステムとなったが，これらはいずれも映画視聴体験の模倣を志向したものである。マクルーハンもそうした可能性を認めたが，品質が向上したテレビはもはやテレビではないと主張したことで，混乱に拍車をかけている。

> もしテクノロジーがテレビ映像を映画のレベルにまで向上させたなら，テレビはがらりと変わるのか，と誰かが尋ねたとしよう。その問いには次のような問いで切り返すしかない。「遠近感・光彩・陰影を加えることでアニメを変えることができるだろうか？」答えは「イエス」。だが，それはもはやアニメではなくなるだろう。これと同じように，「品質向上した」テレビはもはやテレビではなくなるのだ。(McLuhan, 2001: 341)

この珍妙な指摘はひとまず措くとして，高精細のテレビはクールではなくなるとするマクルーハンの認識は，「クールな」未来の電子社会という彼の楽観主義に，疑問を投げかける。

こうした混乱により，テクノロジーを「ホット」か「クール」に分類すること自体が危ういものであることに気づかされる。同様に，テクノロジーの本質

的特性が，その利用法や社会的影響を予想される形であらかじめ決定するという想定も，危ういものである。筆者が学生たちに，さまざまなメディアテクノロジーをホットとクールに分類するよう指示すると，彼らの一般的な反応は，至極当然ながら，情報密度やオーディエンスの参与のレベルは，メディアと同じくらいコンテンツに左右される，というものである。ましてやメディアユーザーが置かれた状況がかかわってくることは，論を待たない。筋のこみいったラジオドラマを聴く際，集中して聴くことが求められる。けれどもポピュラー音楽がラジオから流れるならば，集中の度合いはずっと低くなり，同時に仕事をしたり人づきあいをしたりといった「ながら聴き」が可能になる。ラジオの技術的可能性はもちろん重要だが，コミュニケーションの性格はコンテンツや利用状況にも同じくらい左右されるのだ。

したがってわれわれは，マクルーハンの考えに背を向け，メディアだけでなくメッセージも検討し，あわせてメディアユーザーの置かれた状況も検討する必要がある。

一般化と具象化

ポストマンとマンダーの否定的見解も，テクノロジーがそのコンテンツやコンテクストとは無関係に社会的影響を持つと考える点で，批判を免れ得ない。

両者とも，テレビのコンテンツの欠点は，テレビ技術の性質による避けがたい結果だ，と主張する。マンダーは，テレビ放送が改革・規制を通じて文化的に豊かで民主的な社会と共立できる可能性などなく，この点でテレビが有意義なコンテンツを生み出す可能性はないと，暗に示唆している。だが，ポストマンもマンダーも，自分に都合のよい例にのみ目を向け，もっと有効な番組放送やテレビの利用からあえて目を逸らす傾向がある。また，彼らはアメリカのテレビ放送を俎上に載せたが，別の文化圏，そしてこれが決定的に重要なのだが，別の規制システムにおけるコンテンツや視聴のことは，ほとんど考慮の埒外に置いた。ヨーロッパ諸国の初期のテレビ放送は，公共放送としての規制により，アメリカのものとは大幅に違っていた，と考える者は多いであろう（第8章参照）。このように，メディアへの規制とテクノロジーが用いられる文化的コンテクストをめぐる問題は，軽視されがちなのである。

ポストマンやマンダーやマクルーハンらの考え方は，テクノロジーが不可避的にあらかじめ決定づけられた社会的影響力を持つと見なすため，〈テクノロジー決定論〉と呼びうるものである。彼らは，メディアテクノロジーが，その開発者や管理者が誰であろうと，利用者が誰であろうと，どのような社会的・文化的コンテクストであろうと，利用のされ方や影響を決定づけると考える。したがってテクノロジーは，〈具象化〉されるものである。すなわち，実際にはある社会的コンテクストにおいて人間たちによって開発・製造・管理・利用されているにもかかわらず，研究者らによってそこから切り離されたモノに変えられてしまうのである（Chandler, 1995）。レイモンド・ウィリアムズによれば，その結果，テクノロジーの開発・利用と，権力の不均衡などの社会的・文化的状況に責任を負う者たちから，われわれの注意は逸れてしまう（Williams, 1974）。この見地からすると，マクルーハンのテクノロジー万能論などは，社会病理を魔法のごとく解決する技術を提供することで，社会に権力をふるう者たちの思うつぼにはまる，ということになる。

　一方，ポストマンやマンダーのテクノロジー悲観論も，社会問題の責任を無生物にかぶせることで権力を放任しているのだから，たいして変わるところはない。テレビに社会問題の責任を負わせようとする者たちは，ラッダイト運動（19世紀イギリスで，機械が失業の原因だとし，集団的に機械打ち壊しを行った労働者たちの運動）と近い立場をとっていると見なされよう。こうしたメディア研究者と同様に，ラッダイト運動も，テクノロジーを開発・管理する者たちではなく，テクノロジーそのものを目の敵とした。いわんや社会・経済制度をや，である。テクノロジーの影響をめぐる悲観的な議論が，時に〈ラッダイト的〉と批判されるのは，このためである。

テクノロジーと社会的コンテクスト

　テクノロジー決定論とは正反対の見方が，テクノロジーは道具に過ぎず，あらかじめ決定づけられた社会的・文化的影響を持つことなどない，というものである。テクノロジーの開発・利用は，社会的コンテクストと人間側の優先事項（プライオリティ）に左右される。スコップは普通，穴を掘るのに用いられるが，他にもさまざまな使い道がある。寄りかかったり，身を守るための武器に

なったり,他人の家の窓をたたき壊して侵入する手段などにもなったりする。同様にナイフも,料理・殺人・治療の道具になったりする。

　すなわち,道具の使い方を決めるのは,道具自身ではない。コンテクストや使用者の動機——社会経済的習慣,法令,文化に基づく期待,その他さまざまな要因——が,使い方を決めるのである。その一方で,スコップなどの道具の存在自体——現にあるように開発・製造されたという事実——が,社会的コンテクストを反映しているのである。スコップは,変化を促す主要な要因などではなく,他の技術と同様に,人間のあるニーズ・目的・工夫の産物なのである(Williams, 1974 を参照のこと)。

　同様に,コミュニケーション技術も社会的・文化的状況の所産として開発され,さまざまな利用に供しうるものと見なせるであろう。われわれは無意識のうちに,蓄音機を音楽レコードの再生に使うものと思い込んでいるが,そもそもは個人が演説を録音し再生する手段であったのだ。それと同様に,放送技術は開発初期の段階では,大衆向け放送の手段としてではなく,個人間の無線通信手段(いわば電話のライバル)として意識されていたのだった。

　最新の技術を開発・推進する者たちは,市場調査に多額の費用をかけていながら,その技術の使い道を依然として予測できずじまいなのである。例えば,ショートメールは携帯電話の最もポピュラーな機能の1つとなったが,そもそも業界ではおまけのアプリ程度に考えられていたものに過ぎず,業界の思わくとは裏腹に,ユーザーらがその利用に熱心になったせいで普及したものであった(Rettie, 2009)。

　してみると,テクノロジーの目的と社会的役割は,業界やユーザーやさまざまな代理店らの関心・能力・優先事項(プライオリティ)といった,複雑に絡み合う状況によって決定づけられることになる。この観点からすると,テレビのようなテクノロジーが,諸感覚の高度な参与を促すとか,受動的でつかの間の気晴らしを指向するとかいったことは,そもそも技術的にもありえないわけである。制作者と視聴者が置かれたコンテクスト(さらに放送内容のディテール)次第で,状況に応じてテレビはそのどちらにもなりうるし,その他の利用法(例えば,情報や教育のツールとか,社会的連帯や政治活動のツール)にも供されることがある。

それではテクノロジーが用いられるコンテクストの意義を，どのように分類し検証すればよいのだろうか？　ポール・ドゥ・ゲイらが1つの解答を示している（Du Gay et al., 1997）。彼らは言う。テクノロジーの社会的・文化的意義を理解するには，すべての文化的産物が通過する，（「文化の回路」と総称される）以下の一連の相関する過程の1つ1つを検討しなければならない，と。

まず〈生産 production〉とは，テクノロジーが開発・製造・流通される制度的・社会的環境のことをいう。

次に〈表象 representation〉は，テクノロジーをめぐるメディアの言説に関するもので，テクノロジーの目的と意義を理解するうえで非常に重要な役割を演じることがある。これには，ニュース・書物・フィクションなどにおける一般的表象にくわえ，マーケティングの直接的な形態も含まれる。

第3に〈規制 regulation〉とは，政府やその他の機関による，さまざまなコントロールの形態のことをいう。これは，テクノロジーの利用法を規制・形成することがある。

一方，第4の〈消費 consumption〉は，ユーザーがテクノロジーとかかわるコンテクストの重要性に着目する。

最後に〈アイデンティティ identity〉は，そうした消費習慣が個人・集団の主観と複雑に結びつくさまに関するものである。

ドゥ・ゲイらはこれらの相互に関連する過程を，ソニーのウォークマンを事例に解き明かしてみせた。このモデルは，いかなる文化的産物やテクノロジーの研究にも応用可能なものとして意図されている。

能力と制約

テクノロジーが機能するコンテクストの重要性を（ドゥ・ゲイらの「文化の回路」によってにせよ，他の方法によってにせよ）認識したとしても，だからといってテクノロジーが完全に中立的だという結論を導き出してはならない。すでに見たように，スコップの使い道は実にたくさん思いつきはするのだが，サイズ・形状・硬度といった技術的制約のせいで，人びとはスコップを草刈りやペンキ塗りやスプーン代わりに使うのを思いとどまるのである。

新聞・ラジオ・テレビといったコミュニケーションメディアは，スコップよ

第2章 メディアテクノロジー

表2-1 伝統的メディアの特性

固定電話	対人型メディア	音声	同期的	双方向的
新聞	マスメディア	文字・静止画	非同期的	一方向的
ラジオ	マスメディア	音声	同期的	一方向的
テレビ	マスメディア	動画・音声・静止画・文字	同期的	一方向的

りずっと複雑なものであるが、時に〈アフォーダンス〉(Norman, 1988) と呼ばれる、特有の機能と制約を持つ。それは、メディアの使用法や社会的影響に密接に関係する。

　テクノロジーが重要だとする研究者たちは、コンテクストと使用法という重要な問題を確かに過小評価しているのだが、それでも彼らから学ぶべきものはある。あからさまに規範的であることは控えたいが、それでもやはり、社会的・文化的意味を持つような類似点・相違点という観点から、メディアの分類法を作ることは可能である。例えば、文字・音声・静止画・動画によってコミュニケーションを促進する度合いといったものは、よい出発点となるであろう。また、大勢の人びととのコミュニケーションが行える〈マスメディア〉のテクノロジーと、2人かせいぜい少人数のやりとりを促進する〈対人型〉テクノロジーとに区分できる。同様に、メディアを〈一方向的〉か〈双方向的〉かに分類することができる。さらに、リアルタイムに機能する〈同期的〉メディアと、そうでない〈非同期的〉メディアなどに分類できるであろう。表2-1は、こうした分類法を、確立してひさしいメディアテクノロジーに適用したものである。

　このようにテクノロジーを分類してみると、その能力を単純化し、同時にまた、その潜在的意義についての理解も深めることができる。例えば、ラジオは音声だけというその性質により、視覚メディアよりも、車の運転や仕事の最中にながら聴きするのに向いていると言えよう。一方、新聞は、文字やイメージをベースとした非同期的なモノなので、とりわけニュース速報には向かないと結論づけることができる。それに対し、動画と音声を即時に配信できる現在のテレビにより、リアルタイムで事件を見聞きできる状況が生まれた。テクノロジーの発達・利用・成果はどれも人間側の優先事項（プライオリティ）とコンテ

第Ⅰ部　メディアの諸要素

クストに左右されるのだが，やはりそのテクノロジー自体を利用できるか否かによって，なにが可能となるかが変わってくるのである。

4　デジタル時代へ

　衛星・デジタル・インターネットなどの技術を主軸とする近年の発展は，口承から文字，文字から放送への移行に匹敵するほどの，社会変化の到来を告げるものであった。80年代・90年代にテレビ会社が衛星技術の利用を進めたことで，地球の裏側で起きた事件の動画や音声をライブで送れるようになった。海外の出来事をテレビが生中継で報道するのはいまや当たり前になっており，戦争・災害・飢饉を時間差なく目にすることができるようになっている。昔であれば，メッセンジャーや旅行者が遠方のニュースを物理的に運び，目的地にたどり着くのに数日とか数週間を要したのである。世界中の何百万もの人びとがリアルタイムで世界貿易センタービル倒壊のライブ映像を目の当たりにした，2001年9月11日の同時多発テロと比べてみてもらいたい。マクルーハンの言う地球村への時間と空間の縮小は，彼がその考えを述べた60年代よりも，劇的に加速したものと考えられよう。

　一方，デジタル放送とインターネットの発達は，以前であれば別個のものであったコミュニケーションの形態を1つにし，メディアの制作者とオーディエンスとの関係に変化を生じさせつつある。

　インターネットは，軍事・科学通信の性能向上をめざしたシステム開発に起源を持ち，集中管理されていない単一のネットワークからなり，接続されたコンピュータ間の情報通信を可能にした。1990年代にはWWW（World Wide Web）の技術が開発され，システム内のどこからでもコンテンツを公開し，ハイパーリンクや検索エンジンによってそのコンテンツを利用できるようになった。ウェブがさらに発達し，ブロードバンド回線が普及するに伴い，文字と静止画だけでなく，大容量のマルチメディア・コンテンツのアップロードとダウンロードもできるようになった。

第2章　メディアテクノロジー

メディアの合体

　放送のデジタル化とインターネットの発達により，かつてのマスメディアが出現した時とははっきり異なる，多様な可能性が開かれた。

　まず，〈メディアの合体〉である。かつてのメディアには，それぞれ特有の能力と制約があったが，デジタル化はコミュニケーションのバラバラだった技術的可能性を1つに統合する。かつてマクルーハンは，活字の技術は書き言葉を特権化し，他方テレビは文字・動画・音声を1つにすることで人間の諸感覚を再統合する，と主張した。しかし，文字・画像・音楽・音声・動画のすべてをバイナリーコード（1と0の集合）に変換し，単一の受信装置で復号化するデジタル化の進行により，メディア環境はよりいっそう包括的で柔軟なものとなる。

　したがって，コンテンツとユーザー次第で，文字でも画像でも，また音声でも動画でも楽しめるわけである。これらは相互にリンクが張られていることもあり，ニュースの文章を読みはじめてから，スクロールしている途中に関連する音声や動画クリップにぶつかることもある。また，メディアの合体とは，さまざまなマスコミュニケーションのやり方を統合するだけではない。Eメールやインスタントメッセージ，掲示板，インターネット電話，最近ではSNSは，インターネットが対人型コミュニケーションをも取り込む例となっている。その結果，表2-1のような区分はだんだんむずかしくなっている。

　もちろん，メディアの合体を論じるうえで興味深いメディアは，インターネットだけではない。携帯電話はミュージックプレイヤーやゲーム機の機能を兼ね備え，ゲーム機はDVDやCDのプレイヤーを兼ね，デジタルテレビはラジオ・通販・ゲームの機能も備えるようになった。さまざまなメディアが同じデジタル信号を使うため，かつてはバラバラだったテクノロジーどうしの親和性が高まってくる。とりわけインターネットと他のデジタルメディアの境界は失われつつあり，新聞のみならず，テレビ・ラジオもネット上で視聴できるほどである。他方では，インターネット自体が，携帯電話やゲーム機の技術の不可欠な部分を構成しているのである。

双方向性

　デジタルメディア（とりわけインターネット）の〈双方向性〉も，社会的に重要な特徴である。マクルーハンとポストマンとの見解不一致はひとまず措くとして，放送も活字もひと握りの制作者と多数の読者・視聴者との一方向的な関係しか築けないことは，多くの人が認めるところであろう。インターネット以前に真に双方向的なメディアといえば，電話のような対人型技術によるものに限られていたのである。

　インターネットは，さまざまな対人型コミュニケーションの手段を取り込むだけでなく，双方向的な〈マスコミュニケーション〉の可能性をはじめて切り開いた。かつては対人型メディアでのみ可能であった双方向性と，何百万人もの人びとが同じコンテンツにかかわれる技術とが，組み合わさった。一般人がコンテンツを受け取るだけでなく，自分でも配信できるようになった。彼らは自分のウェブサイトやブログを開設したり，SNSの会員になったり，フォーラムにメッセージを残したり，自前の動画・楽曲・写真といったマルチメディア・コンテンツをアップロードしたりする。

　インターネットは，かつてないほどのコンテンツ利用の権限を，ユーザーに与える。スイッチを入れてチャンネルをひねるだけというのではなく，何百万ものサイト・サービス・人から選ぶ自由がある。同様に，放送のデジタル化はチャンネル数を飛躍的に増やし，有料視聴番組，パーソナル・デジタルビデオ録画技術（PVR），ネット上のオンデマンド放送，さらにプラスワン・チャンネル（訳注：通常の番組を時間をずらして視聴者に提供するサービスのこと）の出現によって，視聴者は押しきせの番組表から次第に遠のきつつある。とはいうものの，インターネットとは違って，テレビの視聴者が番組に貢献・協力する機会は依然として比較的少ないままである（Flew, 2003）。

モバイル性

　もう1つ，現在のデジタル環境の特徴として，メディア機器が一定の場所に縛られずに持ち歩けるようになり，あらゆる場所から通信ができるようになったことがあげられる。携帯電話のおかげでどこにいても長距離通話ができるし，カセットやCDつきのステレオの後継であるデジタルミュージックプレイヤー

のおかげで，自分が持っている全曲とともに街に繰り出し，公共の場で自分の動きに合わせたパーソナルなサウンドトラックが楽しめる (Bull, 2007)。さらに，図体のでかいデスクトップパソコンはノートパソコンに取って代わられつつあり，ネットサーフィンといったさまざまな操作は，携帯電話や超小型の機器でもできるようになった。一方，3G 回線や無線 LAN が張り巡らされ，どこにいようとインターネットに接続可能になってきている。その結果，電車内・カフェ・職場・自宅あるいは歩いて移動中であっても，メディアと「常時接続」といった状態にいる者も現われることとなった (Castells et al., 2006)。

5　インターネット
――社会病理の治療薬か？――

　テクノロジーの信奉者の中には，デジタル革命によって文化の根源的改革とよりよい社会の創生が告げられた，と考える者がいる。ユーザーが情報を意のままに呼び出したり，自前のコンテンツを何百万人ものオーディエンスに公開できたりするという機能により，権力の分権・既存の有力な組織への挑戦・政治の再編・個人の自由の拡大・世界の調和などが起きると，彼らは熱に浮かされたように叫んだ。

　例えば，ニコラス・ネグロポンテは，テクノロジーが人びとを空間の制約から解放し，社会の運営・統制は脱＝中央化し，コミュニティや世界の諸関係はよい方向に向かうだろう，と予言した (Negroponte, 1996)。また，ジョージ・ギルダーは，教育の改革・標準化されたテレビ文化の衰退・既存メディア産業の権威の失墜を予測した (Gilder, 1992)。最近ではジョン・ハートレイが，インターネットの機能向上の結果としての――とりわけ YouTube のような新しいプラットフォームによる――テレビの民主化への支持を表明した (Hartley, 2009)。一般人が，コンテンツの制作者・配信者になれるのである。また，さまざまな国の政府は，政治活動を強化し教育の成果を高めるインターネットの可能性を支持した。

　研究者たちがインターネットの影響を楽観視する理由は，容易に推し量れる。表向きには，テクノロジーがユーザーに未曾有の権限を与え，空間と時間の制

約だけでなく，マスメディアの大企業が設けた階層的な情報の構造からも解放する。インターネットは，テレビ以上に，マクルーハンの言うクールなメディアに近い。複数の感覚を動員し，かつてないほどのインタラクティブな参与を伴うからである。

とはいえ，テレビに対するマクルーハンの賞賛と同様に，インターネットについての楽観的予言は，テクノロジー決定論の誹りを免れ得ない。例えば，ハワード・ラインゴールドは，ネグロポンテらによる盲目的楽観主義には懐疑的である。彼は言う。そうした「テクノロジー万能主義」は，過去における多くの技術発展の際に見られた熱狂と相通ずるものがある，と。

> 過去2世紀にわたり，蒸気機関・電気・テレビが発明・利用されるたびに，権力の分権化，国家の問題への市民による深くて広範な関与，中央による支配に対抗する一般市民の平等化への希望が，同じ言葉で繰り返されたのだった。(Rheingold, 2000: 307)

これら過去のテクノロジーは社会に大きな影響を与えたが，「テクノロジーの千年王国信者が夢見たユートピアは，いまだ実現していない」ことを，われわれは心しなければならない，とラインゴールドは考える（Rheingold, 2000: 307）。言い換えれば，マクルーハンの場合がそうであったように，テクノロジー万能論者のバラ色の理想が，肝心のそのテクノロジーによって今日に至るまで実現していないとしたら，インターネットの影響をめぐる予言にも慎重でいたほうが賢明というものであろう。

ラインゴールドは，インターネットの技術的可能性が重要でないとかとるに足らないと言っているわけではない。彼の論点は，テクノロジーの統制・普及・利用の方法が，それが埋め込まれた経済・社会・文化的諸関係を形成するのと同じくらい，それらの諸関係を反映する，というものである。この観点からすると，大企業や政府が過去に鉄道・新聞・ラジオ・テレビを支配したように，今度も自分たちの権力と影響力を確かなものとする手段としてインターネットを利用・支配できる，ということになる（McChesney, 1999）。

これ以外にも，インターネット利用の社会的影響を量るのは，殊のほかむず

第2章　メディアテクノロジー

かしい。なぜなら，どんな場所からもアクセスできる可能性と結びついた際に特にそうなのだが，インターネットの性質は，どんな旧メディアと比べても，さらに多様で柔軟だからである。インターネットとは，〈単体〉のメディアというより，コミュニケーションのさまざまなオプションを統合したネットワークと理解したほうが，正鵠を射ているのである。マスと対人，一方向と双方向，同期的と非同期的，静止画，音声，動画，文字が取り込まれている。これが意味するのは，いかなる時，いかなる場所でもユーザーに莫大なコンテンツを送れる能力と相まって，インターネット技術の利用範囲は途方もないものだ，ということである。

　実際，インターネットは，マクルーハンの言う「ホット」で情報密度の高いコミュニケーションも，〈クール〉で情報密度の低いコミュニケーションも，同様に促進する可能性を持つ。ちょうど既存の社会構造や権力関係の強化もすれば，改革するきっかけともなりうるように，弱小の政治団体は政府転覆計画に利用するだろうし，大企業は消費者を広告攻めにするのに用いるだろう。退屈した労働者は友人とネットでチャットし，家庭では映画のヒット作やテレビ番組を見るのにネットを使うだろう。アマチュア・ミュージシャンは作品の公開に利用し，経営者は従業員間の意思疎通のために用い，政府はわれわれの活動に関する情報の収集・閲覧に用いるだろう。こうした利用法はもちろん，ほんの一端に過ぎない。

　インターネットとデジタル技術の柔軟性それ自体が，特定の社会的・文化的結果をもたらすと考えられると同時に，そうしたテクノロジーの全般的な影響を予測することを危ういものにしている。これは，インターネットやその他のデジタル技術の利用が持つ意味を推し量ることを断念せよ，という意味ではない。以下のページでも，その種の多くの推測にふれることになるであろう。しかしここでは，デジタル技術の特徴はきわめて重要だが，その社会的影響は文化や権力の既存の関係とどのように技術がかかわるかで決まる，と言えば十分であろう。

6 おわりに
──コンテクストにおけるテクノロジー──

　コミュニケーションテクノロジーの発達・統制・利用は，日常生活や個人のアイデンティティや社会的・文化的領域に深い意味を持ちうる。そうしたテクノロジーには，その利用法と社会的・文化的意義について，重要な示唆を含んだ能力と限界とがある。

　したがってメディア・文化・社会の研究では，コンテンツが配信されるハードウェアの持つ意味を常に考えてみなければならない。とはいえ，「メディアはメッセージである」と唱え，テクノロジーを社会変化の主要因とするマクルーハンの主張は，無生物に過度の力を与えている。おまけに，テクノロジーの利用範囲と，テクノロジーの発達や成果が社会的コンテクスト内の業界・ユーザーによって形成されることを，見落としている。これはすなわち，テクノロジー自体の特性を理解するだけでなく，それをコントロールする組織，テクノロジーによって発信されるコンテンツのディテール，ユーザーの活動と認識にも，焦点を当てねばならないということである。

【課題と演習】

(1) a) マクルーハン，ポストマン，マンダーがメディア研究者と呼ばれる理由はなにか？
　　b) マクルーハンの言う「メディアはメッセージである」とはどういう意味か？
(2) 活字メディアとテレビの社会的影響について，マクルーハンとポストマンの見解はどのような点で異なるか？
(3) a) 以下のメディアを，マクルーハンの言う「ホット」なメディアと「クール」なメディアとに分類せよ。
　　　　テレビ，書物，ニュースのウェブサイト，ラジオ，ゲーム機，携帯音楽プレイヤー
　　b) 「ホット」と「クール」の分類は有用か？
(4) a) テクノロジー決定論とはなにか？　なぜそれは批判されたのか？
　　b) ドゥ・ゲイらによる「文化の回路」モデルを，iPodのテクノロジーに当

　　　　　　てはめてみよ．文化の回路のそれぞれのプロセス（生産・表象・規制・
　　　　　　消費・アイデンティティ）を考慮すること．
(5)　a）デジタルメディアはアナログメディアとはどのように異なるか？
　　　b）テクノロジー決定論に陥らないように注意しながら，デジタルメディア
　　　　　の普及が文化と社会に与える影響を論じよ．

【読書案内】

Du Gay, P., Hall, S., Janes, I., Mackay, J. and Negus, K. (1997) *Doing Cultural Studies: The story of the Sony Walkman.* London: Sage.［ドゥ・ゲイ，P., ホール，S., ジェーンズ，L., マッケイ，H., ネーガス，K., 暮沢剛巳訳 (2000)『実践カルチュラル・スタディーズ——ソニー・ウォークマンの戦略』大修館書店］
　ソニーのウォークマンを例にとり，社会的・文化的コンテクストにおけるテクノロジーの研究を実践的に例証したもの．

McLuhan, M. (2001; 1967) *Understanding Media.* Abingdon: Routledge.［マクルーハン，M., 栗原裕・河本仲聖訳 (1987)『メディア論——人間の拡張の諸相』みすず書房］
　著者の有名な言葉「メディアはメッセージである」の解説を含む，メディアテクノロジー分析の古典．

Meyrowitz, J. (1985) *No Sense of Place: The impact of electronic media on social behaviour.* New York: Oxford University Press.［メイロウィッツ，J., 安川一・高山啓子・上谷香陽訳 (2003)『場所感の喪失——電子メディアが社会的行動に及ぼす影響』（上）新曜社］
　テレビが社会の境界に挑み，文化を変革するさまを理論的に論じたもの．

Postman, N. (1987) *Amusing Ourselves to Death: Public discourse in the age of show business.* London: Methuen.［ポストマン，N., 今井幹晴訳 (2015)『愉しみながら死んでいく——思考停止をもたらすテレビの恐怖』三一書房］
　電子メディア，とりわけテレビの社会的影響を悲観的に論じたもの．

Stevenson, N. (2002) *Understanding Media Cultures* (2nd edn). London: Sage: Chapter 4.
　マクルーハンとメディア理論について，理解しやすく，またその概略を丁寧に示したもの．

第3章　メディア産業

> **主要なポイント**
> - 〈批判的政治経済学〉——コンテクストにおけるメディア産業の役割を重視するマクロ・アプローチ
> - メディアの所有・権力・影響力の一極集中化
> - オーディエンスと広告主を呼び込むための商業的ニーズが持つ意味
> - メディアを統制する政府と規制当局の介入
> - 〈経済決定論〉への批判

1　はじめに

　1940年代，ドイツの思想家テオドール・アドルノとマックス・ホルクハイマーは，こう主張した（Adorno & Horkheimer, 1997; 1944）。20世紀までに，音楽・文学・美術・映画その他の文化様式（狭義に創造的なものを指す）は〈文化産業〉の一端を形成した，と。このことは，周知のとおりである。彼らが言いたかったのは，文化製品が自律した芸術家や草の根的な創造性の産物ではなく，有力な機関によって大規模に生産・流通され，食べ物・衣料・自動車といった産業製品とほとんど変わるところのないものになりつつある，ということである。こうした産業的コンテクストは，人びとが消費する文化製品や，社会的・文化的関係に大きな意味を持つ，とアドルノとホルクハイマーは考えた。とはいえ彼らは，残念ながら，メディア産業が実際に機能するその複雑なあり方を，実証的に分析してはいない（第5章参照）。しかし，文化産業という考え方は，

経済的・組織的コンテクストを理解することの大切さに注意を向けるものであり，その意義は大きい。そうしたコンテクストにおいてメディアの生産が生じるのであり，本章で扱うのはまさにこの点である。

メディアを制作・配信する者たちと，彼らが活動する制度の研究は，現代のコミュニケーションと社会を理解するうえで重要な一領域となっている。メディア研究にはそうしたアプローチがきわめて重要だ，と考える研究者がいる。この〈政治経済的観点〉からすると，メディアのテクノロジーとコンテンツは，メディアの流通がオーディエンスに持つ意味と相まって，究極的にはメディア産業の構造によって形作られる。換言すれば，メディア産業自体がかなりの程度，資本主義的政治経済体制の産物と見なされるのである。

メディアを政治経済的に分析する者の中には保守的な者もいるが，学界で著名な者の多くは，現在のメディア制度にきわめて批判的な，左翼的アプローチをとる。ピーター・ゴールディングとグラハム・マードックによれば，彼らが〈批判的政治経済学〉と呼ぶアプローチのきわ立った特徴とは，資本主義的経済制度に埋め込まれた権力の不均衡が，メディアの所有と支配にどのように反映されているかについての関心である（Golding & Murdock, 1991）。それゆえ批判的政治経済学の分析では，権力を握るひと握りの者たちによるメディアの支配と，それによって生じる不平等体制の強化との関係を中心に据える傾向がある。

メディアについてのこの見方は，カール・マルクスによる資本主義体制の不平等かつ搾取的な関係の分析に依っている。この点については第6章でさらに掘り下げて述べよう。これはまた，〈マクロ・アプローチ〉とも見なされるだろう。その主たる関心が巨視的なメディア制度にあり，テクストやテクノロジーやユーザーといった細かいことはメディア制度によって構成されるとする，という意味においてである。ゴールディングとマードックが言うように，このアプローチは「常に状況的行為を超えて，特定のミクロなコンテクストが一般的な経済の力学によってどのように形作られるかを示す」のである（Golding & Murdock, 1991: 73）。

以下，まずはメディアの産業的コンテクストに関する問題や要因を考察することにしよう。政治経済学的アプローチがメディアと社会の研究において占め

る位置についての議論には，章末で戻ってくることとしたい。

2　メディア組織

　メディア産業とひと括(くく)りにするよりも，メディアの組織が多様なものであることに鑑み，複数で語るほうがおそらくは望ましいであろう。例えば，その形態の違いによって，音楽業界，テレビ業界，新聞業界，さらに各業界内のさまざまな部門というように，メディアはいくつもの異なる部門に分けることができる。しかし，メディアの〈合体〉の結果，そうした〈水平的区分〉はどんどん不分明になってしまった。また，各部門には，制作と配信のさまざまな工程があり，いくつもの企業がそれぞれの工程を一手に引き受けていることにも気づかされる。映画業界を例にあげるなら，この〈垂直的区分〉は，コンテンツの開発と制作を担当するスタジオと，観客にコンテンツを公開する映画館との違いで示すことができるだろう。

　営利を目的とするメディア組織と，そうでない非営利のメディア組織を区別するのも大切である。後者には，コミュニティ・ラジオ局のような小規模のボランティアないし慈善団体から，旧ソ連や現在の北朝鮮のような国々で独裁政権がプロパガンダを流し権力を維持するために利用する，強力無比の国営放送に至るまで，さまざまな組織が存在する。

　しかしながら，多くの先進国で最も顕著な非営利のメディア組織といえば，公共放送である場合が多い。例えば，イギリスのBBCは受信料で成り立っており，信頼性が高く中身の濃い良質のコンテンツによって社会を豊かにするという使命を，政府から課せられている。こうした組織はマスメディア史にとって不可欠であり，国によっては依然として影響力を維持している。だが近年では，利潤の追求と株主の満足をいちばんに考える企業に支配されたメディア界にあって，次第に孤立を深めている。マイケル・トレーシーが指摘するように，公共のメディア組織は「番組を作るためにお金を稼ぐ」が，営利組織は「お金を稼ぐために番組を作る」のである（Tracey, 1998: 18）。

商業的所有

　企業はそれぞれその規模や影響力においてさまざまであるが，メディア産業は例外なく〈寡占〉状態にある。すなわち，その市場は少数の大企業によって圧倒的に支配されているのである。

　マスメディア史を通じ，所有の集中化は重要なテーマであった。例えば新聞は，小規模で独立していた草創期を除くと，いわゆる新聞王たちが経営する大企業にすっかり支配されるようになった。一例をあげよう。ウィリアム・ハーストは20世紀初めに全米でいくつもの買収を繰り返し，さまざまな新聞を傘下に収めた。その中には，『サンフランシスコ・エグザミナー』『ニューヨーク・ジャーナル』『ワシントン・タイムズ』などがある。一方，同時期のイギリスの新聞市場は，3人のいわゆる新聞王に支配されていた。『デイリー・メール』と『デイリー・ミラー』を興したノースクリフ子爵とその弟のロザーメア子爵，そして『デイリー・エクスプレス』を興したビーヴァーブルック男爵である。

　ロバート・マクチェズニーは，メディア産業の拡大と統合整理の動きは近年さらに加速しており，中小企業が現状のまま生き残るのを困難にしている，と論じている。「企業は吸収や合併によってもっと大きくなるか，もっと攻撃的なライバル社に呑み込まれるかのどちらかしかない」（McChesney, 1999: 20）。

　規模の拡大が，子会社を設立することで新たな分野に手を染めることを意味する場合もある。例えば，1980年代終わり，世界的な巨大メディアグループのニューズ・コーポレーション社が，イギリスの設立間もない衛星テレビ放送 Sky（現 BSkyB［訳注：日本における CS 放送スカパーの前身］）に多額の投資をした。これにより Sky は，イギリスのテレビ市場で大きなシェアを占めることになった。しかしこうしたやり方よりも，別会社の企業支配権を買い取って，規模を大きくする場合のほうが多い。そうした買収は，新会社を立ち上げるよりもリスクが小さい。なぜなら，目星をつけた企業に地ならしとリスク負担をやらせてから，うまくいった企業を傘下に収めればよいからである。

　買収と合併は，メディア産業ではありふれたことになっており，以下のタイプに分類できるだろう。

第3章 メディア産業

既存のメディア内での拡大

買収や合併の中には，特定の専門領域内での拡大と競争・排除を伴うものがある。ある地方紙が，同地域のライバル社を買収したり他所（よそ）の同等な刊行物を吸収したりして，その部門で勢力を伸ばそうとする。多くの国々では，このような合併は少数の企業による地方紙市場の寡占という結果を招いた。例えばジョンソン・プレス社は，イギリスとアイルランドの300を超える地方紙を傘下に置いている。もう1つ例をあげると，イギリスのITVテレビジョン・ネットワークは当初，多数の独立した地方局から構成されていたが，買収を繰り返すことで，2003年イングランドと全ウェールズ向けの単一の企業へと変貌を遂げた。

メディアを越えた拡大——水平的統合

〈水平的統合〉とは，さまざまなメディアの部門でポートフォリオ（多角的展開）を広げるために，他社を買収する試みのことをいう。例えばある新聞社が，放送局の経営権を握り，テレビ市場に打って出たりすることである。ネット市場で出遅れた多国籍メディア企業がインターネット企業を買収するのも，このカテゴリーに含まれる。2005年のニューズ・コーポレーション社によるMySpaceの買収は，その好例である。

水平的統合のメリットの1つは，同一のコンテンツをさまざまな部門で同時に売り込める点にある。メディア・シナジーとして知られるこの手法により，超大作映画をサウンドトラックCDやコンピュータゲーム，書籍，テレビ番組と抱き合わせて市場に出せるわけである。それぞれの製品が互いの販売促進をし，それらを統合するブランドの商業的可能性は最大限にまで高められる。

制作プロセスの拡大と縮小——垂直的統合

メディア企業は別のメディア部門で実権を握るだけでなく，制作プロセスのできるだけ多くの段階をも支配しようとすることがある。例えば，あるレコードレーベルを有する企業が，音楽リテイラー（タワーレコードのように実店舗を持つ企業や音楽配信サイトを運営する企業の両方を含む）の経営権を買収し，制作と流通の両方を支配しようとしたりする。ディズニー社が1995年にテレビネッ

第Ⅰ部　メディアの諸要素

トワークの ABC を買収した背景には，制作と流通の両方を支配したいという動機があった。あの有名なディズニーのスタジオで制作された膨大なコンテンツが，テレビのネットワークで大量に放映されるのである。この買収には，水平的な要素もあった。映画産業とテーマパーク産業で大きなシェアを占める企業が，放送部門でもシェアを拡大したからである。

　水平的統合と垂直的統合の両方の要素を含んだ合併としては，2000年のインターネット企業アメリカン・オンライン（AOL）による巨大マルチメディア企業タイム・ワーナーの買収がある。タイム・ワーナーが持つ多彩な従来型のメディアコンテンツが，AOL のネット配信力と結合したのである。それゆえこの合併は AOL に，新旧のさまざまなメディア部門でのシェアを与える（水平的要素）と同時に，制作と流通のプロセスのさまざまな段階での支配力をも与えた（垂直的要素）のであった。しかしながら，ほどなくしてインターネット企業の価値急落により，AOL の事業は多大の影響を被り，結局2002年にこの合併は破棄された。

　こうした合体化の動きの結果，現在では世界のメディア市場の相当部分が，莫大な資産を持つひと握りの多国籍企業に支配されている。例えばニューズ・コーポレーション社の場合，全世界で100以上の新聞を保有し，さらに世界的な出版社ハーパーコリンズ，30を超えるオーストラリアの雑誌，多数の映画スタジオとテレビスタジオを傘下に収めている。その中には，20世紀 FOX 映画，20世紀 FOX テレビ，アメリカの FOX，イギリスの BSkyB，アジアで展開するスター TV などがある。さらに，MySpace，Photobucket，Fox Sports.com といった数々のネット企業も含まれる。

　時には技術，イノベーション，タイミングがうまく重なって，新興企業が巨大多国籍企業に匹敵する力を持つことがある。例えば Google は，ネットの検索部門をほぼ独占し，広範かつ持続的な成長を成し遂げ，E メール，オンライン地図，ウェブブラウザといったその他のサービスへの多角化をも達成した。Google は巨大多国籍企業による買収をまぬがれ，自身による独占を成し遂げ，とりわけ2006年の YouTube の獲得のように，多様なサービスのポートフォリオを作り上げた。

　しかし，こうした躍進は，市場においてはそうそうあることではなく，むし

ろ例外に属する。市場では，巨大多国籍企業の資金と影響力が，独占を確かなものにするのに必要な競争力の優位性をもたらすのが普通なのである。例えば一時期 Sky テレビは，並みの企業だったら倒産するほどの大損害を被った。しかし，親会社のニューズ・コーポレーション社が莫大な資本を投下し，同社の傘下にあるイギリスの新聞で大々的に広告を打ったおかげで，Sky テレビの契約数は伸び，ライバル社を獲得し，とうとうイギリスの有料テレビ市場を独占するまでになった。ニューズ・コーポレーション社のほうも，たびたび新聞の価格競争を仕掛ける。これもやはり，その資金力と影響力を駆使して短期の欠損を埋め合わせ，競争上の優位性を確保するために，である。

所有の一極集中化＝思考の一極集中化？

　研究者の中には，かくも少数の企業によってマスコミのチャンネルが支配されているという事実は，思考や文化の流通に深甚な意味を持つ，と考える者がいる。例えばベン・バグディキアンは，「5 大多国籍企業」（タイム・ワーナー，ディズニー，ニューズ・コーポレーション，バイアコム，ベルテルスマン）のいずれもが，「歴史上のどんな専制君主や独裁者でも行使し得なかったほどの伝達力を持っている」と指摘した（Bagdikian, 2004: 3）。さらに，これらの企業は互いにおいしい思いをしようと協力する傾向があり，そのため彼らが世界中の人びとや政府や政策に与える影響は測り知れない，とも指摘している。そうした権力のせいで，多くの国民国家は萎縮してしまい，結果として自国内に文化を流通させる力が弱体化した（Malm & Wallis, 1993）。

　また，メディア所有の一極集中化が文化と思考の一極集中化にもつながる，と断じる者もいる。すなわち人びとは，対立する多様な見解や斬新な表現に進んでのめり込む（エンゲージする）代わりに，限られた数の平板なメッセージに晒される，というのである。ボブ・フランクリンはこう語る。「このような所有形態についておおいに気がかりなのは，多元論と選択が排され，多様性は窒息し，メディアの所有者たちが自分たちの経済的利益と政治力を守り向上できるよう自らをエンパワーすることだ」と（Franklin, 1997: 207）。とりわけ多国籍メディア企業はその利害関係から，右寄りで資本主義的な政治思想を支持し，世界に向けて配信するコンテンツもそれを反映する，と論じる者がいる（Bagdikian, 2004; Herman & Chomsky, 1998; 1988)。

　確かにこのことを実証する例もある。しばしば指摘されるように，イギリスの『サン』紙やアメリカの FOX ニュースといった，ニューズ・コーポレーション社のニュースメディアは，会長兼 CEO のルパート・マードックの見解をしっかりと反映している。概して言えば，われわれが晒されているメディアの範囲を一瞥するなら，そこに共通するテーマを発見するのはむずかしくない。例えば，ビジネスや消費主義を総じて肯定することなどである。また，反資本主義的見解のような，その他の思想が周縁化されることにも，すぐに気づくであろう。

　とはいえ，所有の一極集中化と思想の一極集中化とを自動的ないし排他的に結びつけるのは，ものごとを単純化し過ぎるというものであろう。書物・音楽・インターネットなどの総体としての現代のメディア環境では，確かに特定の思想が絶えず強調され，そうでないものは周縁化されている。しかし，多くの部分が大企業に支配されているとしても，実に多様な見解を示してもいる。ニューズ・コーポレーション社傘下のニュースメディアの多くは右寄りの傾向があるにもかかわらず，同社はさまざまな見解をカバーする書籍を刊行するハーパーコリンズ社も所有しているのだ。同社の出版物の中には，多国籍企業の事業を口を極めて批判したナオミ・クラインのベストセラー書『ブランドなんか，いらない』(Klein, 2000) がある。

　しかし，多様な見解にふれる量という点で，かなり不均衡があるのは依然として事実である。『ブランドなんか，いらない』一冊に対し，現状をあけすけに，あるいはそれとなく肯定する書籍・テレビ番組・映画は，数え切れないほど存在するからである。だが，こうした不均衡が，権力者の視点の意図的宣伝にどの程度帰せられるかは不明である。オーディエンスの大部分は反体制的な見解にたんに関心がない，というだけのことなのかもしれない。いろいろ論じられはするが，結局のところ，メディアの制作者にとって最大の関心事は利潤の追求なのである。

3 最大の関心事
――収入源――

　営利を目的とするメディア企業にとって真に大切なのは，コストの最小化と収益の最大化とのバランスを達成することである。メディア企業が収益をあげる主要な方法を分析することは，彼らが生み出すサービスやコンテンツを最終的に決定する動機と優先事項（プライオリティ）を理解するうえで，非常に重要である。
　それでは，メディア企業にとって最も重要な収入源とはなんであろうか？

広告収入
　スポンサーの名前を冠した番組『エバレディ・アワー（Eveready Hour）』のように，アメリカのラジオの草創期からずっと，スポンサーが直接番組を提供したりスポットCMを番組中に割り込ませたりするという形で，広告はメディア企業にとって主要な収入源であった。
　マクチェズニーによると，90年代初め以降テレビCMの総量は，アメリカの主要ネットワークがその長さと頻度を増やしたことで，大幅に増加した（McChesney, 1999）。一方，ネット上にも新しい形の広告が登場している。ピンポイントに対象を絞ったポップアップ広告やサイドバー上の広告，ニュースやスポーツのビデオクリップの前に流れるCMなどがそれである。デジタル録画技術のせいで，視聴者がかつてのCM枠を簡単にスキップできるようになったため，スポンサーの直接的な番組提供や，映画やテレビのシーン内でのプロダクト・プレースメント（劇中に特定の商品を登場させること）の重要性が次第に大きくなった。一例をあげると，『セックス・アンド・ザ・シティ（Sex & the City）』劇場版では，ファッションブランド・車・携帯電話・ノートパソコン，その他の消費財が宣伝のためにひっきりなしに登場する。
　このように広告とスポンサーシップはメディア産業の収益に重要であるため，メディア企業にとって主要な顧客となるのは往々にして視聴者よりも広告主である。したがってたいていのコンテンツの根底にある目的は，人びとの関心を

集め，広告料を払ってくれる企業にそれを売り渡すことである。ウィリアム・ベイカーとジョージ・デザートはこれを，「テレビのビジネスとは……目玉の売買である」と言っている（Baker & Dessart, 1998: 65）。広告へのこうした依存はなにを意味するのか。それは，メディア企業だけでなく，メディア部門の外部にある企業の利害も，コンテンツの制作・流通に影響力をふるう，ということである。

料金の直接的な支払い

メディアの主要な資金源としては，顧客から直接料金を支払ってもらう，というものもある。これには，「コンテンツごとの支払い」と，あるまとまったコンテンツとの長期にわたる契約の，二通りがある。

活字メディアの場合なら，表示価格と年間購読料の形で直接的支払いがなされる。一方，テレビの世界では，視聴者は料金を払って有料チャンネルを視聴したり，映画やスポーツの目玉試合といった個々のコンテンツごとに料金を支払って視聴したりするケースが増えてきている。他にもこの種の収入には，映画チケット，CD，書籍，コンピュータゲーム，ネットでのダウンロード，ネット上の特殊なサービスの利用といったものが含まれる。オーディエンスからの直接支払いの手法が確立していた部門もあるが，テレビの場合，セットトップボックス（テレビの上に置く小型の装置）の登場により，サービスごとの利用制限をかけることがはじめて可能となった。

メディア企業間での支払い

コンテンツ制作にかかわる者たちにとって，コンテンツの流通業者からの直接的な支払いは非常に重要である。雑誌，CD，DVD，書籍の流通業者・小売業者にとって，この直接的支払いは商品の卸売価格の形をとる。しかし，コンテンツが消費者に販売されるのにはっきりしたモノの形をとらない場合，流通業者は（著作権を有する）コンテンツの制作者に，上映・放送・出版あるいはその他の方法で使用することについての〈権利料〉を支払う。そこでラジオ局は，楽曲をかける権利の見返りにレコード会社に料金を支払う。同様に，新聞社や雑誌社は，写真使用の権利料を代理店や写真家個人に支払う。テレビ局も映画

やドラマ，その他の番組やイベントを放映する権利料を払っている。他局がそのコンテンツを放映できないように，独占放映権の契約を結ぶことも少なくない。

まったく同じコンテンツやいったん放映が終わった番組の放映権料を払うのでなく，番組のアイディアやフォーマットやブランドの使用権に料金が支払われる場合もある。これにより，ターゲットとするオーディエンスを狙い撃ちにした，新しい番組制作が可能となる。近年では，イギリスの多くの番組フォーマットやブランドが，アメリカの放送局にライセンス契約で売り出された。その中には，クイズ番組の『ウィークエスト・リンク (The Weakest Link)』，オーディション番組の『ポップアイドル (Pop Idol)』，ドラマの『オフィス (The Office)』などがある。いずれの場合も，アメリカ版には自国の視聴者の期待に沿うように，オリジナル版とは明確な違いが見られる。

放送業界のコンテンツ制作者は，番組や権利を売って既存のコンテンツから得られる収入を最大化するだけでなく，新番組の制作も請け負う。社内である程度コンテンツを制作する放送局からすると，収益は直接的な配信からと，他所のメディア企業に権利を売ることから得られることになる。

オーディエンスを最大にする

結局のところ，上に概略を述べたさまざまな収益のあげ方は，オーディエンスの最大化という根本的なプレッシャーに行き着く。十分な数の顧客を確保することが，コスト削減のニーズと相まって，メディア企業の経営や，配信するコンテンツの決定を左右するのである。

このことは，メディアが多国籍企業の政治的利害を代弁するだけだという考え方に，明らかに疑義を投げかける。また，これに符牒を合わせるように，一般人の好みがメディアコンテンツを決定することを歓迎する論者もいる。しかし，オーディエンスの最大化を好ましからざるものと見る者もいる。彼らによれば，オーディエンス重視の姿勢により，薄っぺらでもたちまち大受けするものなら，どんなコンテンツでも歓迎される。その代償として，深く掘り下げた情報や批判的な表現は排除されてしまう。こうした恐れがあるがゆえに，たとえ短時間でもコンテンツ制作者が勢いや緻密さを失っていないチャンネルやメ

ディアに切り替えたほうがよい、と彼らは言う（Baker & Dessart, 1998; Franklin, 1997）。チャンネル数やメディアの増加によって引き起こされた競争激化の結果、状況は近年殊のほか悪化したと言われる。マクチェズニーはこう述べている。オーディエンスに刺激を与え興奮状態を保たねばならないというニーズがもたらした結果の1つが、あらゆるフォーマットやジャンルでの、「セックスと暴力という、経験に裏打ちされた成功方程式」のかつてないほどの重視である、と（McChesney, 1999: 34）。

また、トッド・ギトリンによると、損益を恐れるあまり、革新的なコンテンツへの投資を避け、すでに成功したことのあるフォーマットの模倣が奨励される傾向があるという（Gitlin, 2000）。確かに成功したテレビ番組は、ライバル局でも無数の二番煎じを生む傾向がある。当たるのはまず確実、と考えられるからだ。海外で成功した番組フォーマットの輸入が増えているのも、こうした事情から説明できる。そのフォーマットの検証はすでにすんでいるのだから、この場合もリスクは低い（Moran, 1998）。さらに例をあげると、超大作映画の続編やテレビシリーズの劇場版（その逆もあり）がどんどん増えている事実がある。こうした作品には、リスクのない商業的成功への道が約束されている。なぜならオーディエンスが、その基本テーマや登場人物にすでに好意を寄せているだけでなく、オリジナル版のブランド価値に親近感を抱き、魅力を感じているからである。スターやお馴染みのプロットで親近感を持たせ、オーディエンスを引きつけるのは常套手段であるが、新作で同程度の興行成績をおさめるのはずっと困難だし、失敗する確率も高い。

収益をあげよという至上命令は、均質化や繰り返しや模倣を生み、深みやディテールよりも、手間いらずの興奮が重視される傾向を生む結果になることがしばしばである。このことは議論の余地がないであろう。そしてこれは、本書でも随所で取り上げるテーマである。とはいえ商業メディアも、さまざまな革新的コンテンツを生み出してきた。その中には、ディテール、深遠さ、オーディエンスへの挑発度のいずれをとっても、明らかに高いレベルのものがある。例えばテレビドラマの分野では、タイム・ワーナー傘下のアメリカのケーブルテレビ局HBO（ホーム・ボックス・オフィス）はそうしたクオリティの高いコンテンツを専門にしており、『ザ・ソプラノズ——哀愁のマフィア（The Sopranos)』『セックス・アンド・ザ・シティ』『ザ・ワイヤー（The Wire）』などの評価の高い番組を制作してきた。他方，ニューズ・コーポレーション社傘下の一般向けテレビ局であるFOXでも，『シンプソンズ（The Simpsons）』『ハウス（House）』『プリズン・ブレイク（Prison Break）』といった，評価が高く紛れもなく革新的な作品を制作してきた。

　もちろん，そうした作品の究極的なクオリティや有用性には，おおいに議論の余地がある。そしてこのことは，批評家らから革新的だ，社会的価値がある，洗練されていると評価を受けた，商業的に制作されたドキュメンタリー・映画・音楽その他の作品にも当てはまる。第8章で見るように，クオリティという概念は，おおいに議論の余地があるものだ。しかし，ここで明らかなのは，商業的に制作・配信されるメディア作品の中には，どこにでもあるような安っぽさ，凡庸さ，皮相さという批判でかたづけられない多種多様なものも存在する，ということである。メディア企業によるこのようなコンテンツの制作は，メディア市場がさまざまなニーズを持つオーディエンスに向けて分化・多様化していることに，部分的には関係している。今後，部門によってはギトリンやマクチェズニーといった批評家が述べたような，極端に安っぽい模倣品のコンテンツがさらに目立つようになるだろう。他方，別の部門では，もっと贅を尽くした，独創的で，複雑なコンテンツを求めるオーディエンスの声に，企業は（少なくともある程度は）応えていくであろう。

4　スポンサーの役割

　言うまでもなく，オーディエンスの総数が大きくなればなるほど，スポンサーとなる企業の数も増え，彼らが提供する資金も多くなる。だが，広告主はオーディエンス獲得競争に拍車をかけるだけでなく，もっと特殊な形でコンテンツに影響を与えることがある。すなわちメディア企業は，スポンサーへのサービスの一環として，オーディエンスの規模を適切にするのにくわえ，スポンサーが期待するような消費者からなるオーディエンスを提供しようとするのである。特にニッチ・メディアや専門メディアでは，適切な人口層に属し，適切なライフスタイルを志向する消費者を常に獲得していることが，担保されなけれ

ばならない。

　広告を打とうとする企業がこれほど多いということは，可処分所得のあるたいていの人なら企業の関心の的となる，ということでもある。しかし，多くの広告主が「クオリティ・コンシューマー」，すなわち富裕でじゃんじゃんお金を使ってくれる消費者を好むのは，依然事実であることに変わりはない。このため，貧困層，高齢者，エスニックマイノリティのような周縁化された集団に対しては，コンテンツの偏向が生じるとされる（Herman & Chomsky, 1998; 1988）。この問題は，メディアの多様化と，エスニックマイノリティのようにこれまで周縁化されてきた集団に向けた広告や番組が増加した結果，いくぶん解消した。

　いざ広告を打つのなら，企業は当然目に見える売り上げ増加を期待する。それゆえ，消費者に自社製品を知らしめたいと願う広告主の意に沿うようなコンテンツを，メディア企業は提供しようとする。軽めで陽気な雰囲気の番組が，広告主にはとりわけ好まれる。というのも，人びとはよい気分になると消費財を買おうという気になる，と信じられているからだ。エドワード・ハーマンとノーム・チョムスキーによれば，このことは，社会や世界の諸問題について掘り下げたり，気の滅入るような，（あるいはさらにまずいことだが）罪悪感をかき立てられるようなコンテンツは忌避されることを意味する（Herman & Chomsky, 1998; 1988）。

　メディアがさらに踏み込んで，広告主の製品についてオーディエンスが好ましく思うように，コンテンツを調整することもある。例えば，ライフスタイルを扱った雑誌やテレビ番組で中心となるテーマは，生活の質を高めるには特定の消費財を購入するのが望ましい，というメッセージだ。自動車雑誌からテレビのリフォーム番組に至るまで，そうしたコンテンツの意図は，望ましいオーディエンスを獲得するだけでなく，CMそのものが流れる前に早くも彼らの想像力と関心をかき立て，広告主の意のままにさせることにある。

　メディア企業はまた，広告主のご機嫌を損ないかねないコンテンツの取り扱いにも，慎重であらねばならない。大事な広告主をネガティブに描くようなニュース，ドキュメンタリー，コラム，画像，ストーリーラインは，深刻な利害の対立を招きかねない。男性ファッション誌『GQ』の元編集者マイク・コー

ンズは，ピーター・ジャクソンらとのインタビューで，同誌の広告への依存は「偽装結婚のようなもの」と語っている（Jackson et al., 2001: 62）。コーンズは，それより数年前にさかのぼる，ユニセックスのファッション誌『ブリッツ（Blitz）』が起こした事件を回想している。『ブリッツ』は，さまざまな香水に対する人びとの評価を特集したことがあった。記事中には，（コーンズによると）「配水管の洗浄剤の匂いがする」とか，「こんな匂いのそばにいるくらいなら，死んだほうがまし」といった否定的なコメントもあった。その結果，香水メーカー数社は広告を出すのをやめてしまい，『ブリッツ』廃刊の引き金となった。コーンズはこの事件の教訓を，次のように述べている。

> つまりそういうことさ。広告主が持っている力についての，痛みを伴う，簡潔にして鋭い教訓だ。われわれもある程度は編集者としての誠実さを保ってはいる。だが，結局のところ，われわれが雑誌に書いたものを広告主が見て，「うーん，これ面白くないね。どんなページに載せたところで，うちの製品の宣伝になるとは思えんがね」と言って彼らは広告の掲載先を変えようとするんだ。（Jackson et al., 2001）

広告主によるこうした直接的なボイコットはまれではあるものの，メディアのお偉方やプロなら本能的にわかっている。飼い主の手を嚙む前によく考えねばならないことを。ハーマンとチョムスキーによれば，このことは個々の企業や製品のネガティブな報道を差し控えるだけでなく，広告主の商業的・政治的利害に反するコンテンツを忌避することをも意味する（Herman & Chomsky, 1998; 1988）。

ケーブルテレビ・衛星放送・デジタルメディアの出現は，メディア企業と広告主の力関係を，いっそう後者寄りにしてしまった。テレビの多チャンネル化と，高い効率が見込めるネット広告のせいで，メディア企業は広告収入という限られたパイをめぐって熾烈な競争を繰り広げざるを得なくなり，広告主の立場と期待はいや増すこととなった。

マクチェズニーによると，広告主がコンテンツに及ぼす影響力は加速度的に大きくなっており，他方では広告とコンテンツとの境界がだんだん不分明にな

りつつある (McChesney, 1999)。個々の番組のスポンサーシップが重視されるということは，広告主が「パートナー」としての地位を占め，スポットCMから得られるものよりも大きな影響力を，コンテンツに行使することを意味する。広告主の中には，さらに一歩踏み込んで，コンテンツを共同制作する契約をメディア企業と結んだ例もある (McChesney, 1999)。一方，プロダクト・プレースメントの成長は，アドバトリアル（論説形式で書かれた広告）のような「ハイブリッド型コンテンツ」の発達と相まって，マクチェズニーが現代メディアの「ハイパー商業主義」と嘆くところのものを，さらに例示してみせるのである。

5 政府と規制

メディア企業とそのスポンサーは，世界のコミュニケーションをおおむね支配しながらも，何もかも思いどおりにできるわけではない。世界各国の政府も，さまざまな形で自身の影響力を行使しようとしてきたのである。

そうした介入の極端なものは，自国の主要なメディアの運営を政府が完全に掌握するケースである。例えば中国では，主要なテレビ放送局のCCTV（中国中央電視台）が共産党政府の一翼を担っている。その他のケースでは，イギリスのBBC，カナダのCBC（カナダ放送協会），オーストラリアのABC（オーストラリア放送協会）といった放送局が政府によって設立され，法で定められた目的と目標を与えられているものの，それでもやはり政治家の意のままに運営されてきた。

中国政府はCCTVを政治的プロパガンダの道具として利用してきたが，BBCやCBCやABCなどのようなもっと自立的な放送局は，不完全ながらも公共放送の役割を果たすことを旨として，人びとに情報・教育・娯楽を提供している。しかしながら，どの程度政府から独立しているかは，依然として議論の余地のあるところである（第8章参照）。

参入の規制

政府は公共放送の設立と資金提供をするだけでなく，商用メディアの運営の

指針にも関与してきた。最も重要なのは，全国メディアのネットワークに誰が参入できるかを，政府が統制しようとした点である。

19世紀初めのイギリスでは，政府が新聞社に登録税を課し，紙にも課税して高額の登録料をとった。富裕層向けの新聞刊行を制限しようとしたのである (Curran & Seaton, 2003)。今日では新聞経営の障害といったら，政治的なものはなく，商業的なものに限られる。

イギリスの放送事情はこれよりはるかに規制されたものであった。1955年になるまで政府は放送事業への参入をBBCにしか認めず，90年代にテレビの多チャンネル化がはじまるまで，イギリスの家庭では5つのチャンネルしか視聴できなかったのである。BBCによるラジオ波の〈独占〉はもっと長く続き（実に1973年まで），その後は一地域あたり最大1つの地方局が認可されるようになった (Franklin, 1997)。競争原理が導入された90年代でさえも，免許は厳しく制限されたままであり，放送局は認可を得るためにさまざまな条件をクリアしなければならなかった。どこでもそうだが，イギリスでも「海賊ラジオ局」（無免許で放送しているためそう呼ばれる）には訴追のリスクがつきまとった。

イギリスに比べアメリカでは規制は緩いのだが，それでも「公共の電波」への参入は，規制当局であるFCC (Federal Communications Commission [連邦通信委員会]) の認可を受けた者だけに限られている。

所有に関する規制

個々の企業が意のままに用いるコミュニケーション手段の数量にも，政府は規制を加える。こうした規制の目的は，競争を維持し，個々の企業が過大な力を獲得してさまざまなメディアに影響を及ぼすことを食い止め，さらに外国企業による国内主要メディアの買収を防止することにある。そうした規制は国ごとに異なり，きわめて特異なものであったりする。例えばイギリスでは，2003年成立の通信法が次のように定めている。国内市場の20%のシェアを持つ新聞社はテレビ局の株式を，20%を超えて保有してはならない。また，国内放送や国内紙の市場の4分の1を上回るシェアを持つような企業が誕生する合併案には，政府が介入する，と。こうした規制にもかかわらずこの法律は，複数のメディア所有を禁じたかつての条項を取り除いたものとして記憶されることだろ

う。かつての条項には，非EU企業によるイギリスの放送局の獲得の禁止，主要な新聞社による5つのテレビチャンネルの支配権獲得の禁止などがあったのである。

アメリカでも同様の規制緩和があった。だがFCCは最近，1社による市場シェアの上限を35％から45％に引き上げ，同一地域で1社が新聞社とテレビ局を所有することを禁じたかつての規制をなくし，地域市場で1社が所有できるテレビ局の数を2つから3つに引き上げた。

コンテンツへの規制

規制当局はメディアコンテンツにも関心を持つ傾向がある。もっとも，そうした規制の程度や目的は，国ごとにもメディアの様式ごとにも異なる。活字メディアよりも放送局のほうが，厳格な規制を受ける場合が多い。大半の国々では，放送局に対し，嗜好や品位に関して最低限の基準を守るよう求めており，暴力や汚い言葉，露骨な性描写にしばしば規制を課す。メディアコンテンツへの介入がまれなことを自負しているアメリカにおいてさえ，品位，それもとりわけ性的内容のこととなると，厳格な規制が存在する。近年では規制当局が品位の守り手をもって自ら任じており，生放送中に無分別なことをしたとして，いくつものネットワークに対し罰金を科している。最も有名な例は，CBSがスーパーボールの試合をプライムタイムで中継していた際，ハーフタイム・ショーでジャネット・ジャクソンの裸の胸が不意に露わになり，55万ドルもの莫大な罰金を科せられた事件である。この罰金は後に上告棄却されたのだが，コンテンツへの規制がいまなお健在なことを示したのだった。また，規制当局は，映画，DVD，音楽，その他のメディアのアダルトコンテンツのレベルについて，対象年齢表示をし，消費者に周知させるようにもしている。

時に放送コンテンツへの規制がかなり厳しくなる場合がある。イギリスのすべてのニュースや時事番組のコンテンツは，「然るべき公正さ」を示すよう求められており，放送サイドが特定の見解を支持することが実質上禁じられている。一方，イギリスの地上波民間放送局のITV，チャンネル4，FIVEは，ニュース，時事番組，子ども向け番組といったコンテンツを一定の割合で放映するよう義務づけられている。こうした「積極的規制」はテレビの全体的なクオ

リティや価値を高めることを狙いとしている。その根底にあるのは，放っておくと商用メディアは目先の興奮や薄っぺらな娯楽に傾いてしまう，という考え方である。

　国によっては，コンテンツの「積極的規制」の役割は，自国文化の発展・保護だと考えられている。カナダの放送局は，カナダ文化を育成し，自国の電波をアメリカから輸入されたコンテンツで支配されることを防止するための割り当てシステムを遵守するよう，義務づけられている。コンテンツは複雑なポイント制で計測され，さまざまな基準によってカナダ的かどうか判定される。例えばカナダのラジオで音楽を流す場合，作曲家・アーティスト・制作地・演奏地・作詞家のうち少なくとも2つがカナダであれば，カナダ的だと判定される。総じて言えば，この基準を満たすには，カナダのラジオ局でかける音楽の最低でも35％がカナダ的だと判定されねばならない。これが映画やテレビ番組となると，カナダ的コンテンツと判定されるには，脚本家・監督・主演俳優・脇役の国籍といった要素に基づく10点満点のポイントのうち，少なくとも6点を得なければならない。

　この割り当て制度は，激論の的となってきた（Edwardson, 2008）。支持者たちは，アメリカの文化的・経済的支配にあって，割り当てシステムがカナダ人のアイデンティティ・創造性・表現力を保護・育成する重要な手立てとなっている，と主張する。しかし反対者らは，この制度が過度に官僚主義的であり，開放された市場で視聴者が自分の好みで見たり聞いたりするコンテンツを選ぶことを阻害し，特定のコンテンツの視聴を実質的に強制するものだ，と批判する。リチャード・コリンズはコミュニティと個人の自由のジレンマを，次のように手際よくまとめている。

> 外来文化（この場合はアメリカのポピュラーカルチャーを指す）がコミュニティの成員たちにとって非常に魅力的であり，コミュニティ間の境界が消滅しそうになる場合……コミュニティの存続には，組織的・自覚的な保護活動が必要となる。この場合，コミュニティが存続するための集団的権利は，外来の情報に接し消費することを楽しむという成員の個人的権利と対立することもあろう。(Collins, 1990: 252)

第Ⅰ部　メディアの諸要素

規制緩和

　政府がメディア企業の運営にどの程度まで干渉すべきかという問題についても，激論が交わされている。これには，権力と影響力，言論の自由，メディアの目的といった根源的な問題が絡んでくる。しかし，明らかになりつつあるのは，大半の国々で規制が緩められていることである。極端な暴力や性的内容，汚い言葉をプライムタイムに流すのを規制するのは例外だとしても，すでに見たように所有にかかわる規制は緩和されつつあり，コンテンツにかかわる規制も同じ方向に進みつつあると思われる。共産主義国家の中国においてさえも，〈規制緩和〉の兆候が見られる。例えばCCTVへの政府による助成金は，現在では広告収入と合算されている。その結果，CCTVも市場ベースで，地方局やニューズ・コーポレーション社のスターテレビといった広域衛星ネットワークとの視聴者獲得競争を強いられている。

　規制緩和の動きは，1つには新たなテクノロジーの発達のせいである。厳格な認可制度が作られ正当化された根拠の1つには，電波の放送帯域の総量が限られていて，この貴重な資源は守られ公共の利益に供されねばならない，というものがあった。帯域の不足は，デジタル放送の開始と共に解消した。同一チャンネルに多重情報を同時に送れるようになったからである。

　一方，ユーザーが世界中のサイトに接続できるインターネットは，国家による規制をますます困難なものにした。かつてならバラバラだったメディアを同じプラットフォームに統合することで，問題はさらにややこしくなった。多様な規制を多様なメディアに適用することが，うまくいかなくなったからである。例えばネット上の「新聞」に文字・動画・音声が含まれているとしたら，新聞の緩い規制が適用されるべきなのか，それとも厳格な放送コードが適用されるべきなのか？

　プライベートな通信と公共の通信との境界も，SNSでの私的なやりとりから巨大メディア企業のコンテンツまでをまとめあげるメディアでは，不分明になる。前者に抵触することなしに後者に規制を課すことは，容易ではあるまい。

　これまでの経験が示唆するのは，いくつかの例外を別として，規制当局が緩やかな規制を最後のよりどころにするだろう，ということである。さまざまなサイトへのアクセスをブロックし，ユーザーを監視することでインターネット

の利用を統制しようとする中国の大がかりな試みは，規制が確かに可能なことを示しているのだが，このケースは例外であろう。しかし，規制緩和の動きは新たなテクノロジーだけに帰せられるものではない。政府の介入をビジネスの振興や消費者の選択を妨げるものと見なす自由市場の政治イデオロギーが優勢になったことも，反映しているのである。こうした議論は，規制賛成の議論とあわせて，第8章であらためて検討することとしよう。

メディア産業への支援――著作権

　政府による干渉のすべてがメディア大企業の営利性を制限するわけではない。オリジナルなアイディアや文化の法的所有権と，その独占的な出版・配信権を保証する著作権法は，制作者や出版社が収益をあげるのに不可欠なものである。著作権法がなかったら，映画・テレビ番組・音楽などは，制作者の了承や彼らへの支払い抜きに世界中で個人または企業によってコピーされ，収益のために利用・販売されるであろう。完成した製品を誰が使用・販売するかについてなんの規制もないとしたら，オリジナルコンテンツの制作に投資する者たちが収益をあげることは，ほとんど不可能になるだろう。

　それゆえメディア企業が，たいていの規制には強く反対し，規制緩和のたびに賞賛の声をあげる一方で，著作権法の強化・施行・拡大のためにはあらん限りの力を尽くしたとしても，驚くに当たるまい。とりわけ多国籍企業らは一丸となって各国政府に圧力をかけ，著作権法が世界中で統一され，水も漏らさぬほど隙のないものにし，どの政府も著作権の実効のある施行を優先するよう働きかけている。

　また，メディア産業は，その権益が政府らに保護されるよう精力的に働きかけている。インターネットにより簡単にコンテンツの違法コピー・配信がなされ，その規模も爆発的に拡大しているからである。マウスのクリック1つで何百万もの人びとが利用できるだけでなく，デジタルファイルは品質を落とさずにいくらでもコピーできる。

　それゆえメディア産業が特に憂慮するのは，いわゆる（訳注：Winnyのような）P2Pのファイル共有ソフトである。これは，1999年にNapsterが先鞭をつけたもので，世界各地のユーザーのコンピュータ間で，音楽・テレビ番組・映

画・コンピュータゲームなどのデジタルファイルの転送を可能にするものであった。

メディア産業は，著作権法の修正と明文化，政府による取り締まりの強化を求めるロビー活動で対抗した。Napster はレコード会社の団体から著作権の侵害で訴えられて2001年に閉鎖を余儀なくされ，その他のサイトもその後似たような運命をたどった。個人ユーザーで訴えられた者もいる。

こうした事件が起こり，iTunes や合法版 Napster のような合法の音楽ダウンロードサービスが設立されたにもかかわらず，違法ファイルのダウンロードは依然として広範に行われている。メディア産業が最近とっている対抗策は，政府に働きかけて，違法ファイルのやりとりを繰り返すユーザーのアカウントを停止するようプロバイダーに圧力をかける，というものである。こうした圧力が実を結びつつある兆しが見られる。例えば2008年に，イギリスの大手プロバイダー 6 社が，政府がとりまとめた覚書に署名し，違法ファイルの共有に使われたアカウントのユーザーに警告状を送ることにした。こうした対抗策の合法性やファイル共有自体のモラルをめぐっても，激論が交わされるのは論を待たない。

6 おわりに
──経済決定論？──

メディアと社会との関係の分析には，メディアを産業として理解することがなににもまして重要である。批判的政治経済学のアプローチは，誰がどのような状況下でどのようにメディアを管理しているかという疑問を投げかけることで，前章で見たテクノロジー決定論が抱える問題をある程度修正してくれる。のみならず，メディアコンテンツやオーディエンスだけに焦点を絞ったアプローチをも是正してくれるのである。

上の疑問に答えることで，メディアコンテンツやテクノロジーがなぜあのような形をとるのかが，かなりの程度理解できる。また，メディアの改革や改善には上の疑問への答が不可欠である。したがってわれわれは，本章以降のいくつもの箇所で，メディア制作と規制に関するこうしたマクロな問題に戻ってく

第3章　メディア産業

ることになるだろう。

　とはいえ，メディア制作において政治経済的要因がいちばん重要だと研究者たちが強調したところで，その自然な結果としてテクノロジーやコンテンツやオーディエンスの活動といった，メディアの諸側面が存在するのではない。この点は大切である。テクノロジーの影響を過度に強調する者たちがテクノロジー決定論者と呼ばれるように，批判的政治経済学者は経済決定論者とか物質決定論者として批判を浴びることがある。つまり彼らは，メディア産業の運営のされ方の大雑把な分析を基に，メディアコンテンツのディテールやオーディエンスへの影響があらかじめ決まってしまいおおかた予想しうる，と考えているというわけである。確かにすでに見たように，コンテンツそのものや，オーディエンスとコンテンツとのかかわりをきちんと分析もしないで，営利が優先されるためメディアは画一化しているとか，所有の一極集中が思想の一極集中につながると，つい想定してしまうことがある。

　メディアが政治経済的コンテクストによっておおかた決定されてしまうという考え方は，考察に値するものであり，読者はこの点で自分なりの考えを決めるべきであろう。しかし，その前に，後続の章で述べるメディア分析のアプローチのことも考察してもらいたい。そうしたアプローチは，研究者たちがどのようにメディアコンテンツを理解しようとしたか，オーディエンスはメディアをどのように利用し解釈するか，といった問題を扱うのである。

【課題と演習】

(1)　a）　垂直的統合と水平的統合との違いはなにか？
　　　b）　メディア所有の一極集中化は思考の一極集中化につながるのか？
(2)　a）　なぜ論者たちは，メディア企業に対するオーディエンス拡大の圧力を懸念するのか？
　　　b）　その憂慮は的を射たものか？
(3)　a）　まれなケースではあるものの，『ブリッツ』誌からの広告主の撤退は，コンテンツに対する広告主の影響力についてなにを物語っているか？
　　　b）　どのようなタイプのコンテンツが，広告主に最もアピールするのか？
(4)　a）　カナダ政府がカナダ的コンテンツの割り当てを課すことで，自国民の文化的アイデンティティを育もうとするのは正しいことか？　どのように

正当化されるか？
　　b） 政府やインターネットプロバイダーは，ファイル共有を取り締まることで音楽業界を支援すべきか？
(5) メディアが有力な企業組織に支配されているとして，その支配による利益をコンテンツが補強することは，どの程度不可避的なものと考えられるか？

【読書案内】

Bagdikian, B. (2004) *The New Media Monopoly.* Boston, MA: Beacon Press.
　大企業の手中にメディアが集中することの意味を批判的に論じたもの。

Edwardson, R. (2008) *Canadian Content: Culture and the quest for nationhood.* Toronto; University of Toronto Press.
　カナダがナショナルアイデンティティを守り育てるために，メディアコンテンツを規制するさまを概略的に述べたもの。

Gitlin, T. (2000) *Inside Prime-Time* (revised. edn). Abingdon; Routledge.
　アメリカテレビ業界の運営を詳細に述べたもの。番組決定の背後にある組織としての優先事項（プライオリティ）を明らかにする。

Golding, P. and Murdock, G. (1991) 'Culture, communications and political economy', in J. Curran and M. Gurevitch (eds) *Mass Media and Society* (3rd edn). London: Arnold: 70-92.
　メディア産業とその資本主義的コンテクストを軸に，メディアの分析法としての批判的政治経済学を理論的に解説。

McChesney, R. (1999) *Rich Media, Poor Democracy: Communication politics in dubious times.* New York: New Press.
　（著者によれば）現代のメディア産業の構造と組織は，民主主義を窒息させる。そのさまを概略的に述べたもの。

第4章　メディアコンテンツ

> **主要なポイント**
>
> - メディアテクストを記号の配列と見なすアプローチとしての記号論
> - ナラティブ分析・ジャンル分析・ディスコース分析：テクスト分析の関連アプローチ
> - 質的なメディア分析と量的なメディア分析との違い
> - 体系的・量的アプローチとしての内容分析
> - より広いコンテクストでテクストを理解する必要性

1　はじめに

　直前の2つの章でわれわれは，メディアのメッセージを伝達するテクノロジーと，そうしたテクノロジーを支配するメディア産業とについて検討した。メディアが機能するにはこれら2つの要因のどちらも大切なのではあるが，これまで学術分析の相当量が費やされたのは，メディアの「メッセージ」自体を詳細に研究することであった。これはまさに，マーシャル・マクルーハンがさほど重視もしなかった，コンテンツのことである。小説・新聞記事・ラジオ放送・テレビ番組・楽曲などさまざまな形態をとりはするが，「メッセージ」を伝達するコンテンツの集合は，〈テクスト〉と呼ばれる。この章で扱うのは，研究者たちがメディアテクストを分析しようと努めてきたその方法，彼らのアプローチの動機となったもの，彼らが導き出したもろもろの結論である。いくつかの異なるアプローチを検討するが，特に2つの対照的な方法，すなわち記

号論と内容分析とに焦点を当てていく。

　テクストの分析はメディアの制作物そのものに向けられるが，内容の理解自体を目的としているのではない。研究者たちが希求するのは，メディアのメッセージが持つより広い社会的・文化的意義——メッセージが社会的ネットワークと世界の文化的アイデンティティとにどのようにかかわるのか——を理解することである。第1章で明らかにしたように，メディアが社会を中立的に反映したり，いずこからともなく作られたコンテンツが社会を形成したりするわけではない。そうではなく，メディアは，世界についての高度に選択的な表象を提示する。その表象は，未来に影響を与えたり，未来を形作ったりする。その過程の理解を，研究者たちは追求してきたのだ。

　コンテンツを表象として理解するこの方法は，迂遠ではあるが，テクスト分析の潜在的な重要性を示すのに役立つ。時として，メディアにおける表象を調べれば，「リアルな」社会関係の諸相についてひとまず理解できる場合もある。例えば，過去50年間の広告に登場した男性と女性の表象の変化を調査すれば，社会で人びとの受けとめ方がどのように変化してきたか，おおいに教えられるであろう。しかしそれよりも，テクスト分析は，メディアコンテンツがどのように選択し世界を形作るか，その選択的な表象がどのように未来に影響するかに人びとの注意を向けさせる手段として用いられる場合のほうが多い。

2　記号の配列としてのメディアテクスト

　メディア研究の方法で最も知られたものの1つが〈記号論 semiology〉である。記号論は，フェルディナンド・ソシュール（de Saussure, 1974; 1915）やチャールズ・パース（Peirce, 1931-1948）の著作で先鞭がつけられ，ロラン・バルト（Barthes, 1968; 1964）らヨーロッパの構造主義者がマスメディアとの関連で練り上げていった。あらゆるコミュニケーションは，それが発話であれ画像であれテレビ番組であれ，記号で成り立っている——これが，記号論の立脚点である。

　記号論者の仕事は，記号のさまざまな配列がどのようにして意味を生成するかを読み解くことである。ソシュールによれば，あらゆる記号は〈シニフィア

ン［能記＝表象手段］〉と〈シニフィエ［所記＝表象概念］〉という2つの核となる要素で構成される。例えば微笑みは，シニフィアンであり，そのシニフィエは微笑む者の幸福感や楽しさといった概念である。音楽の形式には特定の場面におけるシニフィアンとしての役割を獲得したものもあり，恐怖・怒り・喜びといった情緒的概念を表象する。

　ここで肝心なのは，〈記号〉という語を〈シニフィアン〉という用語と同じ意味だととってはならない，という点である。そうではなく，〈記号〉はシニフィアンとシニフィエの二元性，すなわち両者の関係性を指す。また，バルト (Barthes, 1968; 1964) が言うように，ソシュールの方法におけるシニフィエとは，「モノ」のことではなく，概念のことである。この点も同様に重要だろう。例をあげるなら，煙は外界に存在する事物としての炎それ自体を表象するのではなく，人間が持つ炎の概念を表象するのである。社会の最も根源的な記号体系の1つが，言語である。私はこの章を書きながら，絶えず変化し続ける記号体系である言語から取り出した文字や単語（シニフィアン）をある特定の仕方で並べることで，意味（シニフィエ）を伝えようとする。コミュニケーションが成立するには，著者である私と読者であるあなたとの間で，私が並べたシニフィアンについての社会的に学習された合意が必要となる。このように，文字テクストであれ発話であれ，単語の配列が意味を生成する過程を解体することにより，記号論的分析を行うことができる。

　さらにこの方法の前提と技法は，写真・歌曲・映画・広告・ニュース報道・雑誌の表紙などのテクストにおける意味の構築を理解するのに応用できる。書かれたテクストは文字と単語の連続であり，イメージは輪郭と色彩により構成され，音楽は音を組み合わせることで成り立つ。だが，突きつめて言えば，これらはすべて記号を合成したものと見なすことができる。発話（パロール）によるメッセージの伝達が共有される言語（ラング）の確立と学習を必要とするように，イメージや音楽や映画によって意味が伝達されるかどうかは，それらのテクスト独自の慣習が発達し，共有の理解が存在するかにかかっている。われわれが映画内の音楽・照明・カメラショットの組み合わせを理解するのは，われわれが映画の記号論的慣習を学習し受容してきたからである。

第Ⅰ部　メディアの諸要素

記号は恣意的か？

　意味の伝達が成功するか否かは，理解についての社会体系が共有されているか否かにかかっている。というのも，シニフィアンとシニフィエの関係は普遍的ではなく，文化ごとに固有のものだからである。多くの社会では，黒を悪の概念，白を善の概念と同一視することが慣行となっているが，これは歴史的に成立した慣習に基づくものだ。異なる歴史を持つ別の社会では，シニフィアンとシニフィエの関係はあべこべかもしれないし，そもそも色彩と道徳性との間に記号論的な結びつきはないかもしれない。とはいえ，記号が完全に恣意的かというと，必ずしもそうではない。往々にして，シニフィアンとシニフィエとの関係の背景には，はじめから「相当程度の類推」（de Saussure, 1974; 1915）ないしは「動機づけ」（Barthes, 1968; 1964）が存在するのである。パースは，アイコン，インデックス，シンボルの区分によって，この点を詳述している（Peirce, 1931-1948）。

　パースによれば，シニフィアンとシニフィエ（彼の言葉を借りれば，記号とその対象）との間には物理的な類似性があり，その際の記号が〈アイコン〉である。Splash（ザボン）や crack（パキン）といった単語は，その発音が現象を模倣しているため，アイコンである。写真も人びとや事物や出来事を輪郭と色彩で表わすので，アイコンとして機能することがある。今日アイコンという語で最も馴染み深いのは，おそらくコンピュータ画面上のシンボルとの関係においてであろう。だが，パースの言うアイコンの意味に適合するのは，そのうちのいくつかに過ぎない。プリンタのイメージからなるプリンタのシンボルはアイコンであるが，商業ブランドのソフトウェア（訳注：例えばマイクロソフト社のワープロソフト Word）を開くためのいわゆるアイコンは，実はアイコンではない。

　パースの言う第2のタイプの記号が〈インデックス〉である。インデックスもシニフィアンとシニフィエとの関係を意味するのであるが，その対応は両者が物理的に似ているというよりも，感覚的ないし偶発的にあらかじめ連想されることに由来する。最もよく示される例は，煙を用いて炎を意味するものである。両者は常に共起し，そのことが前者をしてランダムとは到底言えないほどに後者を意味あらしめるのである。似た例としては，黒雲のイメージを用いて

雨を意味したり，涙のイメージを用いて悲しみを意味したりする場合を考えてもらいたい。いずれの場合も，シニフィアンとシニフィエとの間の文化的に学習された関係は，すでに存在する連想に基づいている。

　パースの第3のタイプの記号である〈シンボル〉は，アイコンやインデックスとは違って完全に恣意的であり，一目でそれと知れるようなつながりは存在しない。そうした記号をバルト（Barthes, 1968; 1964）は「動機づけられていない」記号と呼んだが，それゆえに文化ごとに異なりうるのである。対象を模倣した語を除けば，言語はアイコンやインデックスとしてよりも，シンボルとして働く。というのも，語の外見や発音と語が指す概念との間には，論理的関係がなにもないからである。Fire という一連の文字とそれが指す概念との結びつきは，両者を関係づけてきた英語話者間の恣意的かつ歴史的な合意によるものだ。言語の外(ほか)にもありとあらゆる種類のシンボルが存在する。「進め」を意味する青信号は，文化的影響のせいで万国共通のものとなったのかもしれないが，そこには必然的な理由がないのだから，シンボル的だと言える。

意味のレベル

　記号の複雑な配列からなるテクストでは，恣意的にせよそうでないにせよ，シニフィアンとシニフィエとの関係は必ずしも単純でもなければ一元的でもない。バルトは，〈明示的意味 denotation〉と〈暗示的意味 connotation〉の区分を設定した（Barthes, 1968; 1964）。これにより，シニフィアンがさまざまなレベルでいくつもの意味を同時に伝えるという考え方を微に入り細に入り示したのである。明示的意味とは，意味の最も直接的なレベル，すなわち理解の最も基本的なレベルで表現されるものの解釈をいう。一例をあげよう。ファッション雑誌の表紙をかざる女性の顔と上半身の写真は，その顔と身体が表出された個人を示し，女らしさを示し，さらにおそらくは顔や身体や装飾品（例えば，髪，目，肌，ジュエリー，化粧）を示していると考えられる。

　ここで大切なのは，明示的意味がシニフィアンと同じものではないという点である。時として両者の差異が曖昧なこともあるが，それでも同一視してはならない。そうではなく，明示的意味とは，最も直接的で字義どおりで明白な意味でのシニフィエなのである。その直接性ゆえに，特に視覚イメージの場合，

明示的意味は文化の違いを超えて認識される可能性が高い。

　だが，マスメディアを研究する記号論者がこれよりずっと関心を引かれるのは，〈暗示的意味〉のほうである。バルトはこれを，二次の位相ないし「連合的意味」と呼んだ。ここでようやくわれわれは，文化的含意の領域に足を踏み入れたことになる。然るべき文化環境であれば，雑誌の表紙のイメージは，すでに述べたような直接的な意味だけでなく，直接の表現から分離したより広い概念を伝えるものである。顔の表情，人物のアイデンティティ，化粧術，撮影方法は，当の女性のその他もろもろの特徴と相まって，もっと抽象的な概念を意味すると捉えることができるであろう。例えば，美，性的魅力，欲求の実現，自信，成功，あるいはさらにこれらの概念をまとめた概念，といったものである。こうした抽象概念は，明示的意味よりもさらにシニフィアン自体から分離したものであるから，文化ごとに異なると考えられる。つまり，オーディエンスがある文化的慣習に十分通じていなければ，こうした抽象概念が首尾よく伝達される望みは薄いわけである。したがって暗示的意味は，明示的意味よりも〈多義的 polysemic〉であり，さまざまに解釈されうる。

　明示的意味と暗示的意味との区分は曖昧だと考える研究者もいる（Hall, 1993; 1980）。「顔」「女性」「化粧」といった相当程度直接的な概念でさえも，それらがそもそも社会的に構築されたものであることを考えれば，「字義どおり」のとか絶対的なといった意味など存在しないことに気づかされる。バルト自身も，明示的意味を暗示的意味の最初にして最も直接的なレベルと見なしてよいだろう，という見解を示している（Barthes, 1968; 1964）。とはいえ，スチュアート・ホールは，ひとたび意味全体の社会的に構築された性質が認識されれば，直接的で比較的明白な意味（明示的意味）と，より大きく柔軟な含意（暗示的意味）とを区別するのは分析上有用であると考えている（Hall, 1993; 1980）。

記号，この相対的なるもの

　シニフィアンはバラバラに機能するのではなく，他のシニフィアンとかかわった結果として，意味を生成する。ファッション雑誌の表紙の中央に置かれたイメージだけを取り上げて分析しても，表紙の意味を理解することはできない。同様に，インターネットニュースのヘッドラインの単語に注目するだけでは，

記事を理解することはできない。意味が伝達される過程を分析するには，記号が相互にどのように働きかけるかを理解する必要がある。

記号論者は，相互に関係する2つの座標軸——〈パラダイム paradigmatic〉の軸と〈統語 syntagmatic〉の軸——があると考える。

パラダイム軸とは，テクストにおける個々のシニフィアンと置き換え可能なシニフィアン群との関係にかかわるものである。置き換え可能なシニフィアン群は〈パラダイム paradigm〉と呼ばれる。

さて，〈パラダイム分析〉では，テクストを構成要素に解体し，置き換え可能な別のシニフィアンが使われていたなら意味がどのように変化していたかを検討することで，個々の要素の意味を評価する。作り手が〈選択したもの〉と〈選択しなかったもの〉とを比較するのが，ポイントである。

このポイントを，バルトはファッションの体系に言及しながら説明する。ファッションのいくつものパラダイムもしくは種類は，帽子，履き物，上着，ボトムス，下着などといったラベルで示すことができる。それらを区分してから，ある人物が選んだものをそのパラダイム内での他の選択肢と比較する。それによって，選んだものの意味が明らかになる。例えば，優美なロングスカートが持つ意味は，それを塩ビ（テビロン）のミニスカートやジーンズに置き換えた場合を想像すれば，明らかになるであろう。

色使いも，パラダイム分析の豊富な機会を与えてくれる。あるメディアテクストで赤が多用されているとしたら，それは緑や青や黄色が多用された場合とは，異なる印象を生み出すだろう。そして色彩は，状況次第で意味に独自の影響を及ぼす。オムツやパンティライナーといった製品の吸収力を宣伝するのに，青い液体が製品に吸い取られるようすを映すことがしばしばある。なぜ黄色，緑，紫，赤，黒，透明色ではなく青が用いられるのかは，パラダイム分析によって明らかになる可能性がある。また，雑誌表紙に見られる女性の顔の場合なら，モデルの選択，照明の当て方，髪型，視線の向き，表情の範疇など，いくつかのパラダイムが明らかになるだろう。

パラダイム分析がそこに存在するものと存在しないものとを比較するのに対し，〈統語分析 syntagmatic analysis〉はテクスト内に存在するさまざまな記号がどのように相互にかかわり合うかを検証しようとする。

そこでまずテクストを解体し，次に構成要素がどのように適合し合うかを検証する必要がある。個々のファッション・アイテムをその他の選択肢と比較するパラダイム分析は，有益ではあろう。だが，構成要素間の関係を検証しなければ，個々の要素の意味や全体として醸し出される印象の意味は理解できない。例えばジーンズを，ボタンシャツ，ネクタイ，ブレザー，ドレスシューズと組み合わせた場合と，Tシャツやトレーナーと組み合わせた場合とでは，伝達されるメッセージは違ってくるであろう。

個々のシニフィアンは，ある特定の意味コンテクストに置かれないうちは，多義的であり，またさまざまに解釈されうる。赤は「危険」「炎」「熱」「恐怖」「セックス」を意味することがあるし，黄色は「熱」「夏」「幸福」「臆病」「病気」を示唆することがある。色彩が持つ意味は，一緒に置かれた他のシニフィアンとの関係によって，はじめて明らかになる。交通信号や警報といったコンテクストでは赤は危険を意味するが，見つめ合う男女の映像の背景に赤が用いられたなら，それは性的欲求を仄めかすものである。

とりわけイメージは多義的になる傾向があると，バルトは考えた。その他のシニフィアン（見出しや字幕やボイスオーバーが特に当てはまるが，音や音楽，その他もろもろの特色も該当する）によってイメージの意味がどのように〈固定される〉かを研究することが，殊に重要となる。

すでに何度も取り上げているファッション雑誌の例では，自信に溢れ唇を突き出したセレブ（クリスティーナ・アギレラ）が読者を見据えるイメージが描かれている。このイメージを，『コスモポリタン（Cosmopolitan）』という雑誌名が，ファッションアドバイス，パフューム，セクシーさ，自慢の肢体，幸福，男性との「すてきなセックス」などについての簡潔な言語表現と相まって，固定する。読者は，非の打ち所もない，じっとこちらを見つめる中央の女性に，セクシーで洗練され，自信に満ち成功した理想の女性像を見ずにはおられない。また，自分を向上させることについてのさまざまな表現を通し，最新のファッションを取り入れ，パフュームを買い，流行やボディケア，セックスに関する情報をチェックすれば，このイメージが手に入るのだと煽られる。それと同時に，このゴージャスな女性像を自立や自制といったイメージと結びつけるのに著しく貢献しているのは，「キャリアの分かれ道 career crossroads」というフ

レーズや,「私をレイプした野郎を650年の刑にしてやったI jailed my rapist for 650 years」というレイプ告発の成功談である。

　記号論の手順とは,理論上,パラダイム分析と統語分析を順にやり遂げることである。「なさねばならないのは,〈無限の〉メッセージを……意味の最小単位に解体し……次にこうした単位をパラダイムに分類し……最後にこれらの単位を結ぶ統語関係を分類することである」(Barthes, 1968; 1964)。しかし実際には,パラダイム分析と統語分析とを完全に分けるのはむずかしい。それぞれの分析が提供する情報が,かなりの程度オーバーラップするからである。例えば,青や黄色ではなく赤が用いられた理由を知るには(パラダイム分析),赤が現われたコンテクストをも考慮に入れねばならない(統語分析)。

神話を暴く

　バルトは,明示的意味と暗示的意味にくわえ,〈神話 mythology, myth〉という第3の位相を設定した(Barthes, 1972; 1957)。神話とは,メディアテクストによって喚起かつ強化された文化的な仮定や信念の広大な集合のことをいう。メッセージ内の明示的意味や暗示的意味の解釈方法を形成するのに神話は役立つ。けれども神話自体は,喚起されるたびにさらなる発展を遂げ,いっそう強化される。

　バルトはこうした関係を,フランスの時事誌『パリ・マッチ(Paris Match)』誌表紙の分析で説明している。表紙には,フランス軍の軍服に身をつつんだ黒人の若者が誇らしげに顔を上げている。おそらくその視線の先にあるのは,フランスの国旗である三色旗であろう。バルトはこう語る。その暗示的意味は,仏領植民地の人びとがフランスを表象し,フランスに自らを一体化させ,フランスを防衛する中で抱く,彼らの自尊心であると。他方でこれは,フランス帝国主義の偉大さについての神話を創生し形作っていく。「それが私に語りかけてくることがよくわかる：フランスは偉大な帝国であること,すべての国民は肌の色がなんであれ,その国旗の下,忠実に奉仕すること,そしていわゆる植民地主義を批判する者への回答としては,いわゆる抑圧者に奉仕するこの黒人が示す厚い忠誠心以上のものはないこと」(Barthes, 1972: 116)。

　神話というバルトの概念は,なにかしらよくないものを示唆しているわけで

は必ずしもない。それでもバルトは，神話が支配的な思考方法を当然かつ明白なものとし，よって権力を握る者たちに奉仕するとして，神話の働きには批判的である。記号論の主要な目的とは，メディアによる神話の働きを解体しそれを暴露することだとバルトは考え，数多くの文化研究者が彼に続いた。幸福と消費財の獲得とは同義であるという神話の確立を重視した広告研究は，その一例である（Kellner, 1995; Williamson, 1995）。このようなテーマは，雑誌表紙の例にも敷衍できる。このテクストの暗示的意味は，ファッション，スタイル，化粧品，自信，セクシーさによる女性の充足を強調し，幸福とはある種の消費主義と同義であるという文化的神話を促進する。そして，積極的な女らしさの最たるもの＝男性に対する肉体的魅力，という神話を助長する（McCracken, 1992）。

記号論の限界

メディア分析の方法としての記号論をめぐり，さまざまな疑問が投げかけられてきた。バルトは，記号論が科学だというソシュールの主張を疑問視しながらも，記号論が適切に用いられるなら，メディアテクストがある社会的コンテクスト内で持つ明白な意味を明らかにしうるとする（Barthes, 1968; 1964）。だが，広告や映画やイメージの意味を〈解明する〉記号論的分析が正確であると，どうしたら確認できるのだろうか？

問題なのは，厳密めかした用語にもかかわらず，記号論が非体系的になりがちな点だ，と記号論に対する批判者たちは考える（Strinati, 1995）。意味の解釈は，どの分析者が行ったとしても同様の結論が得られるような，明快かつ秩序だった手順からなるのではなく，個人の解釈を中心とした野放図な企てに陥りがちである。〈信頼性が低い unreliable〉と言い換えてもよいだろう。

記号論的分析が最低限の体系化さえも備えていない場合がある。例えば，バルトが『パリ・マッチ』誌の表紙をふと目にしたことを強調し，「それが私に語りかけてくることがよくわかる」と言う時，その結論は自分の側にあるなんらかの直観から生じたものであることは明らかである（Barthes, 1972: 116）。その直観とは，おそらく「一般読者」を念頭に置かない類いのものであろう。このように主観的な直観を強調すると，記号論の信頼性が低くなるだけでなく，

〈妥当性 validity〉についても疑念が生じることになる。記号論者は自分が探ろうとしているもの——メッセージによって構築された明白な意味——を本当に探っているのだろうか？　それとも独自の個人的見解を表明しているだけなのだろうか？　また，ドミニク・ストリナチ（Strinati, 1995）が疑問を投げかけたように，両者の違いはどうしたら確認できるのだろうか？

　さらに深刻と思えるのは，記号論がメディアコンテンツを具象化する危険を冒している点であろう。これは，ある言語システム内で機能する一連の記号が，それ自体のみで明白な意味を生成することを示唆する。だとすると，メディア産業やメディアを規制する者たちの動機や活動に関する疑義は，テクスト決定論によって回避されてしまう。公平を期して付け加えるが，バルトもマスメディアの記号システムの発展には「決定集団」の役割が大きいとし，メディア産業の重要性を認識している（Barthes, 1968; 1964）。この記号システムは，言語とは違って，多数者ではなく少数者が作り上げる。しかし彼は，メディア産業を分析する方法や展望を示してはいない。こうしたわけで，記号論は〈どんな〉メッセージが〈どのように〉生み出されるかを理解するのには有用かも知れないが，〈なぜ〉メッセージが生み出されるか，われわれはそれについてなにができるのかといったことがらについてなにも示してくれないと，チャンドラーは論じている（Chandler, 1994b）。

　さて，見識豊かな分析者なら見抜ける明白な意味といったものがあるとしても，記号論はメディアコンテンツとその受け手とのかかわり合いをないがしろにする。記号論者によって明らかにされる暗示的意味は明白であり，それゆえオーディエンスもそれを受け容れると考えるからである。だが，メディアテクストに対するオーディエンスの解釈と反応は広範にわたるものであることが，これまでの研究で明らかになっている。決定的ないしはあらかじめ存在する意味といったものはなく，テクストとオーディエンスの相互のやりとりがあってはじめて意味が作られると唱える者も出てきたほどだ（Morley, 1992）。

　テクストはオーディエンスがどのようにかかわるかという観点で理解されねばならないが，それにくわえ，その他のテクストやより広い文化や社会とのかかわりというコンテクストで理解されねばならないと，ジョン・フィスクは考えた（Fiske, 1991a; 1991b）。この観点に立てば，個々のテクスト内の記号は相

互に統語的関係を有するだけでなく，現在および過去に流通した多様なテクストとも関係を有することになる。だとすれば、『コスモポリタン』の表紙は，その意味体系が映画・広告・新聞・ウェブサイトといったものの中のたくさんの表現とどのようにかかわるかといった観点で理解されなければならない。こうした〈間テクスト的 intertextual〉関係があるからこそ，あるテクストを他から分離するのは潜在的に危険だということになる。したがってテクストは，「それ自体のみでなく，その他のテクストや社会生活との関係において理解される必要がある」(Fiske, 1991b: 4)。

　しかし，記号論をまったく放棄するのは賢明と言えまい。記号論は，依然影響力を保っているし，メディア内でどんな種類の意味が優勢であるか，またそうした意味はどのように構築されるかについて，重要な知見を生み続けている。記号論が非体系的であるという理由でそれを退けることには，とりわけ慎重でありたい。個人的な印象に過度に依存するのは危険だろうが，しかし，あとで検討するように，この点はもっと体系的な方法にも見られることがある。一方，テクストの意味を詳細かつコンテクストに当てはまるように理解しようとする際，唯一の手段となるのは，記号論のような柔軟で非体系的な方法である。このことを認識するのは大切である。記号論はそうした細部に焦点を当てることで，テクストのおのおのの要素がいかに重要であるか，メッセージのどんな部分も偶発的でもなければ中立的でもないことを教えてくれる。そしてなにより，意味を生成するのはバラバラな個々の要素ではなく，シニフィアン間の複雑な関係であることを教えてくれる。時に人びとは，記号論が一見単純なテクストを深読みし過ぎると言う。そうした批判に対する私の回答はこうだ——どんなメディアテクストでも，その細部はすべて入念に選択され配置されている。偶発的だとか筋の通らないものなど滅多にないのだと。

3　ナラティブ分析・ジャンル分析・ディスコース分析

　研究者がメディアテクストのコンテンツを徹底的ないしは質的に分析しようとする際，その方法は記号論だけとは限らない。さまざまな仕方でテクストの分析を行う方法が，これまでも数多く生み出されてきた。そうした数々の方法

は，互いに相容れないわけではなく，なんらかの要素が記号論とも結びつき，多様な形で組み合わせられている場合が少なくない。この点は重要である。

ナラティブ分析

〈ナラティブ分析〉は，映画・広告・ドキュメンタリー・新聞のコラムといった多様なメディアテクストを，物語（ナラティブ）のさまざまな形式から構成されるものと捉え，そうしたナラティブを構築する慣習や仕掛けを明らかにしようとする（Fulton et al., 2005; Gillespie, 2006）。

ナラティブ分析では記号論が非常に重要である。なぜなら語り手が用いる仕掛けの多くが，記号による意味の伝達に依存するからである。例をあげれば，感情を推測したり次になにが起こるかを仄めかしたりするのに音楽を用いる場合や，登場人物の特徴を示すのに衣服や訛りを使う場合がそうである。ナラティブ分析が特に関心を寄せるのは，物語が展開するナラティブの慣習を知ること，およびそうすることでオーディエンスがコンテンツの理解を求められるあり方を解体することである。

ここでの主要なポイントの1つが，出来事が提示される順序である。例えばツヴェタン・トドロフによれば，物語はしばしば標準的なプロットの構造を作動させるという（Todorov, 1978）。その構造では，はじめに〈平衡〉ないし平常の状態があり，それは原因となる出来事によってなんらかの形で〈攪乱〉されるが，是正行為の結果，最終的には以前とは少し異なる形で〈修復〉される。映画や小説はしばしばこのとおりになるし，ドキュメンタリーやニュースのプロットの構成も然りである。2001年9月11日の世界貿易センタービルへのテロ行為を描いたプロットの多くが，平衡の構造は破壊されたが，アメリカが適切な是正行為をとった後になんとか元の状態へ回帰していくだろうという類いのものであった。

物語には標準的な登場人物のタイプがある。例えばウラジミル・プロップは，ロシアの昔話の登場人物を以下の7つのタイプに分類した（Propp, 1968）。

敵対者：平衡状態を攪乱する
贈与者：平衡状態を回復させるモノを主人公に与える

助力者：主人公と行動を共にする
　　王女：敵対者からの救助を求める
　　使者：主人公を旅立たせる
　　主人公：平衡状態を回復させる
　　偽主人公：主人公のふりをして真の主人公の目的を邪魔しようとする

　これらのタイプはプロップが調査した昔話にある程度特有のものではあるが，さまざまな物語でも見られるものである。例えば映画『スター・ウォーズ(Star Wars)』の第一作には，敵対者ダース・ベイダーと主人公ルーク・スカイウォーカーが登場する。オビ＝ワン・ケノービが贈与者と使者を兼ねており，助けを求める王女がレイア姫，さらにハン・ソロ，チューバッカ，C3PO，R2D2という数名の助力者が現われる。プロップの分類で唯一登場しないのは偽主人公である。だが，ルークの父アナキンの転落に焦点を当てた続編で，このテーマが取り上げられていると言えるだろう。
　もちろん，基本的な約束ごとと，ここで分類した登場人物のタイプだけでは，ナラティブ分析は行えない。ナラティブ分析の狙いは，さまざまな物語がどのようにして構成されるかを広く深く知り，さまざまな出来事を伝える明示的・暗示的仕掛けを知り，さらにさまざまな感情反応がどのようにして生まれるかを知ることだからである。

ジャンル分析

　ナラティブ分析とも記号論とも深く関係しているのが，ジャンル分析である。ジャンル分析の関心は，さまざまなテクストの相互の関係と，テクストがどのようにしてジャンルに収斂（しゅうれん）するかに，鋭く向けられている（Solomon, 1976）。ジャンルの例としては，ロマンス，コメディ，SF，ニュース，ソープオペラといったものがある。また，ジャンルは階層関係を形成しているものと考えられる。例えばコメディのジャンルは，スタンダップ・コメディ（訳注：ひとりでステージに立ち，ジョークをまくし立てるお笑い芸），シットコム（訳注：「シチュエーション・コメディ」の略。登場人物や場面が固定されており，一話完結の連続コメディドラマ），ラブコメといった小ジャンルに分けることができるだろう。

ソープオペラを例にとれば，登場人物たちについてのナラティブが重なり合いながら進行し，それも毎回続く，というのが典型的なプロットである。さらにソープオペラは，人間関係，葛藤，個人の危機といったものを，大筋はもっともらしく，かつ非常にシリアスに描こうとする。これに対し，シットコムは通常，家族や内輪の友人たちを中心に展開し，喜劇的効果をあげるためにオーバーな表現が頻繁に飛び交う。また，シットコムは，序盤，中盤，終盤というシンプルなナラティブを持つ。このことは，トドロフの言う標準的構造に合致しているわけだが，毎回毎回，平衡状態ではじまりそして終わるのである。

 一般的な約束ごとは情報番組にも当てはまる。24時間体制のニュース番組は，独自の約束ごとを生み出している。展開の速いライブ映像，臨時ニュース，CG，ロゴ，画面に表示される株価の数値，アンカーと「現地」レポーターとの双方向式の質疑応答――こうした手法が多用される。ジャンル分析が関心を寄せるのは，すでに確立したジャンルの特徴，ジャンルの構成の仕方，さまざまな消費者への指向といったものだけに限らない。ジャンルがどのように生まれ，互いにオーバーラップしていくか（時にはまったく新しいジャンルに発展することもある）に，とりわけ関心を寄せるのである。近年注目を集めているのが，情報指向型のジャンルとフィクションやエンターテイメント型のジャンルの融合である。その好例が，いまではよく知られる〈ドキュソープ docusoap〉というジャンルである。その約束ごとは，ドラマ，ソープオペラ，時にゲーム番組を一緒くたにしたものに由来する。一方，ドキュメンタリーやニュース番組のほうも，ドラマの仕掛けや手法をどしどし取り入れるようになってきた。例えば，再現映像，生々しく情緒的な映像，ドラマティックな音楽，善玉や悪玉といった，これまでならフィクションで用いられていた役どころの示唆などである。

ディスコース（言説）分析

 記号論は言語学から派生したものである。だが記号論は，言語使用の細部まで掘り下げて検証することよりも，イメージを土台とするメディアの研究にかかわっていると言ってさしつかえないだろう。その結果研究者の間では，メディア内の語や文を並べることで生まれる意味の構築に関心が高まった。

〈ディスコース［言説］分析 discourse analysis〉はニュースの分析によく用いられるが，さまざまなタイプのメディアにも適用しうる（Fairclough, 1995; Kress & Hodge, 1979; Talbot, 2007）。ディスコース分析の関心は，漠とした信念や世界観や社会構造が，話し言葉や書き言葉によるコミュニケーションにどのように埋め込まれているかにある。この方法は，言語学とミシェル・フーコーのポスト構造主義理論をよりどころとしている（Hesmondhalgh, 2006）。

　フーコーは繰り返し強調する。われわれが経験する現実とは，それを描き理解しようとしてわれわれが用いるディスコースが形作るものである，と。また，そうしたディスコースとディスコースが形作る現実は，権力に抜きがたく絡めとられている，と。

　ノーマン・フェアクロフによれば，ディスコース分析の方法は，フーコーが重視したディスコースと権力との関係を，メディアの言語使用とに結びつける（Fairclough, 1995）。発話や著述を通して支配的な考え方や不平等の構造が屈曲し，再生産され，自明のこととされる過程を分析することがしばしばである。この方法は，メディアの言語使用の内容と構造を，微に入り細に入り明らかにしようとする。このことは，パラダイムと統語の両面にかかわる。語彙・文法・統語のさまざまな要素に注目することで，使われた形式が話し手と聞き手をどのように位置づけるか，なにが取り込まれなにが除外されたか，事件・個人・集団・アイデンティティについてどのように理解させようとしているのか，といった疑問を投げかける。

　ディスコース分析の興味深い例を紹介しよう。それは，言語形式が，事件や感情や反応についての責任の所在を決定したりぼやかしたりする，というものである。いま仮に「イギリスに溢れる移民労働者に怒り Anger as Immigrant Workers Flood Britain」という新聞の大見出しを目にしたとしよう。この大見出しは，移民労働者の行為に直接スポットライトを当てる。この見出しでは，移民労働者が唯一の行為者であり，それゆえ事態の責任を負うものであることが仄めかされている。だが，「怒り」という語は，いかなる行為者とも結びついていない。動詞「怒る」を使って誰が怒っているのかを示す代わりに名詞化することで，事態のこうした側面から人間を取り除き主体性を奪っている。その結果，怒りの責任を負う者たちのことは曖昧にされ，怒りそれ自体が，右寄

りの考え方の持ち主の間である種普遍的な（そして当然の）反応として正当化される。

　ディスコース分析でよく取り上げられる例をもう1つ紹介しよう。それは，言語の構成による社会集団の形成と，話し手・聞き手の位置づけである。例えば，マイケル・ビリッグは，イギリスの新聞が見出しや記事内でわれわれ（we, our, us）といった言葉を繰り返し用い，国民意識を形成していった過程を調査した（Billig, 1995）（第9章参照）。

　ディスコース分析では，それぞれのテクストを孤立した形で理解するのではなく，コンテクストに置こうとする。この点は重要である。わかりやすい例を示そう。先ほどの移民労働者の例を，ビリッグが明らかにした，新聞の「われわれ」国民という枠組に置いてみるとする。すると，見出しの「怒り」という言葉は，「われわれ」国民という意識に結びついた自然な感情として形作られていることがほの見えてくる。この「われわれ」には記者や読者は含まれるが，移民たちは除外されることが含意されている。

4　内 容 分 析
──質から量へ──

　ナラティブ分析・ジャンル分析・ディスコース分析といった関連方法もそうであるが，記号論の要は，テクストのコンテンツを深く掘り下げること，言い換えれば〈質的〉な解釈をし，コンテンツが含意するものを明らかにすることである。このことは記号論の強みではあるものの，体系性に乏しく，それを問題視する批判者もいる。

　この点で，記号論とは最も対照的なのが，〈内容分析〉である。内容分析は，質的解釈や細部にこだわるよりも，テクスト全体の実証的な傾向を明らかにすることを狙いとする。内容分析の主導者たちはこう主張する。厳密かつ体系だった〈量的〉方法を用いることで，実証的な（先入観が入っていない証拠によって，証明または反証が可能なこと）知見を生み出せる，と。

「客観的・体系的・量的」

　内容分析草創期のある主導者によれば，この方法は，メディアコンテンツへの「客観的・体系的・量的」なアプローチとして理解される（Berelson, 1952: 18, Gunter, 2000 での引用による）。こうした性格は，その後の研究者ら（例えばKerlinger, 1986）の定義でもだいたい同様に繰り返されてはいるのだが，3つとも解説に値するものである。

　まず，〈客観性〉とは，結果や結論が研究者の主観的なバイアスからもたらされるのではなく，研究対象である現象の実態を正確に反映する，ということである。したがって，研究結果はそれが測っていると主張しているものを実際に測っているという意味で〈妥当〉でなければならないし，別の研究者たちが同じ手順で追試しても同じ結果になるという意味で〈信頼性〉がなければならない。体系だった方法で客観性を担保するというこの傾向は，内容分析が〈実証主義〉にその基礎を置くことを物語っている。実証主義は，社会調査を自然科学に類似したものと見なし，それをもって，科学的厳密さと証明の基準を有する再現性があるとする。

　客観性を重視する実証主義の立場は，ある現象が発生する頻度を〈数量化〉する研究方法につながる場合が多い。内容分析も例に漏れず，コンテンツのタイプをあらかじめ分類し，そうしたタイプがテクスト全体で発生する頻度を計測する。

　一例をあげよう。ある広告内で示される女らしさの記号論的成り立ちを詳細に分析するのではなく，無作為に選んだ大量の広告内で，女性が家事をしていたり子どもの世話をしたりしている数を計測する。ここでのポイントは，きちんとした手順を踏めば，研究結果を堂々と一般化できる，すなわち女性を家庭内の役割に割り当てるテレビ広告のパーセンテージについて明快な結論を導き出せる，という点である。次に，この結論を過去の調査や海外の調査と比較すれば，時系列的な変化や海外事情を知ることもできよう。さらには，女性が実際に時間をどのように割り振っているかというデータと比較すれば，家庭内の役割が女性の生活に占める意義をメディアが誇張しているのか否かを知ることもできよう。

　内容分析の主導者たちによれば，〈体系的〉であることによって，客観的で，

一般化ができ，他の研究とも比較可能な研究結果が生み出せる。体系化とは，慎重に開発されたパラメータ・定義・技法・手続きを厳格に適用することで，バイアスの入り込む余地を減じる，ということである。偶然や研究者の主観的判断が入り込む余地をできるだけなくす，というのがポイントである。

体系化により，他の研究者たちが研究を再現する可能性も開かれる。それは，結果をじかに確認するための場合もあろうし，異なる場所や時点での比較を目的とする場合もあろう。内容分析では，さまざまな体系化の実例がある。ここで最も重要なものをいくつか紹介しておこう。

カテゴリーとコード

内容分析では，いきなりメディアテクストにとりかかり，分析者が適切だと考える方法でテクストを分析したりはしない。コンテンツをあらかじめ定めたカテゴリー群にコード化する。そうしたカテゴリー群は，母体である分類システムと同様，正確に定義され，かつ整然と適用されねばならない。例えば，あるコンテンツ内の「暴力行為」の回数を測るのであれば，研究目的に合致するような「暴力行為」とはなんであるか定義づけなければならない。そっと押す行為はカウントされるのか，目視で確認できるほど誰かが傷つけられねばならないのか，言葉の暴力も含めるのか？　また，暴力の単位となるものはなにか？　ギャングの抗争が長引いたとして，殴打の1つ1つをカウントするのか，それとも抗争全体を1つの単位として記録するのか？　このような決定次第で，研究結果はまるで変わってしまう。それゆえ事前に決定し体系化して，厳密さを担保しなければならない。記録した暴力行為をさらに分類するのが望ましい場合もあろう——例えば，描写のタイプ（蹴り，パンチ，武器による殴打など）や過激さの度合いなどに応じて分類したりする。

ロジャー・ウィマーとジョゼフ・ドミニクは，こう強調する（Wimmer & Dominick, 2006）。混乱を避けるために，各カテゴリーは〈相互に排他的〉でなければならない，すなわち互いにオーバーラップするようなことがあってはならない，と。さらに，〈網羅的〉でなければならない，すなわちあらゆる可能性をカバーしなければならないのだと。いま仮にニュースのウェブサイトの情報をタイプごとの頻度で測ろうとしたとする。その際，「国際ニュース」「犯罪

ニュース」「スポーツ」「セレブ情報」「その他」といった5つのカテゴリーのどれかにコーディングするのは賢明ではないであろう。第1に，「国際ニュース」というカテゴリーは他の3つのカテゴリーとオーバーラップする恐れがあるし，第2に，このカテゴリー群自体が網羅的とはとても言えない。例えば，地元政治家のニュースや迷い子になった猫のニュースはどのカテゴリーに入れればよいのだろうか？　こうしたニュースや多くのニュースが「その他」のカテゴリーにコーディングされるだろうが，それでは実質的に分析の対象外となることを意味する。

母集団とサンプル

　体系化のためにもう1つ重要なことがある。分析を行うコンテンツのサンプル（標本）を決めることである。この点，記号論のような質的方法は，しばしば非体系的である。というのも，分析者は自分が関心を持てる例を選んだり，現在進行していると自分がすでに信じている傾向を手際よく証明してくれそうな例を選びがちだからである。そうした選択には利点もあろうが，分析結果がどれほど母集団を代表しているかとか一般性があるかという点では，正確にはわからないということになる。

　内容分析では，これは受け容れがたい。サンプルは，首尾一貫した原則にしたがい，〈母集団〉を代表することが担保されなければならないのだ。それには，研究対象のコンテンツというより大きな母集団を，サンプルが正確かつ公正に反映しなければならない。内容分析の母集団の例としては，「カナダのテレビ広告」「イギリスの新聞」「ロシアのSNSのプロフィール群」などが考えられる。母集団を代表するようなサンプルを得ることで，内容分析はその結果を一般化することができるのである。

　内容分析のサンプリングは，いくつもの段階を踏む場合が少なくない。イギリスの新聞を調査するのであれば，まずどの新聞を選ぶかを決め，次に発行日を決め，最後にどのコンテンツを選ぶかを決めなければならない。サンプルが偏るのを避けるには，こうしたパラメータを慎重に設定する必要がある。仮に『タイムズ』『ガーディアン』『デイリー・テレグラフ』各紙の日曜版の一面を，12月15日から1月2日まで取り上げるのだとしたら，母集団を代表していると

第4章　メディアコンテンツ

はとても言えないであろう。一面以外の記事やウィークディの記事が含まれていないし，大衆紙よりも「高級紙」に偏っているし，クリスマス期間という特殊な時期に偏っているためである。こうした偏りを避けるには，時期，新聞の種類，曜日，各紙のコンテンツをさらに広げるしかない。また，調査者自身の判断に頼らず，無作為抽出の手法を使って，日付や新聞や紙面などを選ぶとよいだろう。

事例研究——ガーブナーとテレビの暴力

ジョージ・ガーブナーらは，1967年以降アメリカのテレビ上の暴力を毎年のように調査したが，この調査は実際の内容分析としてはとりわけ有名で影響力のある実例である（Gerbner & Gross, 1976）。

母集団は，スポーツ，ゲーム，ニュースなどのノンフィクション番組を除いた「ドラマ番組」に限定された。サンプルは，調査継続期間各年の一週間，ウィークディの夜と週末の朝に放映されたドラマからなる。暴力の定義は，「（武器の使用・非使用を問わず）自分または他者に対する物理的強制力の行使，傷つけたり殺したりするほどの苦痛を相手の意思に反して与えること，あるいは実際に傷害を負わせたり殺害したりすること」である。暴力の単位は，「同一集団に限定されたなんらかの暴力シーン」とした（Gerbner & Gross, 1976: 184）。この調査では，各番組中の暴力のレベルと種類，主役と脇役の暴力への関与，個々の暴力行為のコーディングを重視した。このアプローチにより，暴力をいくつかのタイプにカテゴリー分けができ，さらに登場人物のタイプやプロットで暴力がもたらしたものといった要因の分析が可能となった。

この調査で，ドラマ番組は高い比率で暴力を含むことが示された。例えば1975年には，分析した番組の78％に暴力シーンがあり，主要登場人物の64％が暴力にかかわっていた。1時間の視聴時間で平均8回の暴力シーンがあり，この数字は週末昼間の子ども向け番組では1時間あたり16回にまで上昇する。経年的に見ると，暴力のタイプと，さらに興味深いのだが暴力に関与する者の特徴には，一貫したパターンがあることが明らかになった。例えば，暴力を起こす回数は，「ラッキーな」登場人物とそうでない登場人物とでは同じであるが，前者（若いアメリカ人の白人男性であることが多い）は殺されたり負傷したりする

ことは少なく，その暴力はより効果的なものとして描写され，その人物像もより魅力的なものとして描かれる（Fiske & Hartley, 1988）。若い男性の登場人物は加害者であることが多いのに対し，女性や老人は被害者となる傾向がある。例えば，女性の登場人物は殺人を犯すよりも殺されがちなのに対し，男性は殺されるよりも殺す傾向が約2倍となっている。性差にくわえ，エスニシティやその他の要因を加味するなら，こうした傾向はさらに高まった。ガーブナーらはこう指摘する。「高齢の貧しい黒人女性は，殺されることはあっても，殺人者として描かれることは決してない」と（Gerbner & Gross, 1976: 190）。

　ガーブナーらは登場人物のプロフィールを精査することにより，暴力それ自体のみならず，さまざまな社会集団がメディアにどのように描かれるかも明らかにした。また，内容分析で対照法が適用できる範囲も明らかにした。年度ごとの調査結果を比較して経年的な変化を説明しただけでなく，実社会の犯罪統計とも比較したのである。これによりガーブナーは，テレビの表現が社会における犯罪と暴力の実際の度合いを誇張し歪曲している，と論じた。

内容分析の限界

　研究者たちはメディアテクストを研究するさまざまな方法を模索してきたが，一般市民にもメディア産業にも政策担当者にも，内容分析がおそらく最も影響を与えたと言えるだろう。この方法が，メディアの表現の量的特性の評価を促し，とりわけ意義深い比較ができる（時間や空間をまたがる場合もあろうし，メディアの表現間の場合もあろうし，メディアと「実社会」との場合もあろう）手段として，潜在的価値を有することは明らかである。内容分析の主導者は，その体系的で数字を用いたアプローチが記号論などの質的アプローチよりも優れているとするのだが，しかし重大な弱点もある。

　内容分析は信頼性と結果の一般化可能性という点が長所となっているが，量的な面を重視するあまり，単純化されて深みに欠けた結果につながる。オーディエンスに向けられた特定のコンテンツが注意深く理解されるというよりも，テクストの断片が全体としてのナラティブから抽出され，「暴力シーン」とか「女性の家庭内役割の表現」といった抽象的なカテゴリーに単純化される。登場人物やナラティブの補足的な側面を記録してコンテクストの要素も加味しよ

第4章　メディアコンテンツ

うとすることがよく行われるが、どうしても皮相なものになる。例えばガーブナーは、ラッキーな登場人物とそうでない登場人物による暴力シーンを区別したが、そうしたカテゴリーはそれ自体単純化された抽象概念であり、暴力が生身のオーディエンスに対し意味を持つようなコンテクストの多様性や複雑さという点では、表面を撫でた程度に過ぎない。コンテクストを決定するそうした変数が紛れもなく存在するにもかかわらず、往々にして無視される。例えばガーブナーは、視聴時間あたりの暴力シーンの回数といった数字を並び立てるのだが、暴力のタイプの最低限の区別さえできていない。内容分析では、情報の圧縮、カテゴリー化、数量化を重視するあまり、意味を構成する部分と全体との関係がかなりの程度無視されてしまう。

　一方、内容分析の主導者たちが言う客観性も、おおいに疑わしい。体系性や信頼性を重視すると言いながら、結果や結論はやはり主観的な予見や判断で作られるからである。研究課題の設定、サンプルの選択、カテゴリーと分析単位の設定——これらはすべて人間の判断次第であり、研究結果に影響しかねないものだ。例えばカーブナーは、1970年代の調査において、すでに進行中の暴力シーンに新たな人物がくわわって暴行を働いたなら、それは別の暴力シーンとして計測するよう調査チームの面々に要求した。言い換えると、一度の抗争と受け取られるものが、2つの別の暴力シーンとして記録されたのである (Gerbner & Gross, 1976)。この方法が適切であったかどうかはひとまず措くとしても、ガーブナーらの調査で記録された暴力行為の総数に多大な影響を与えたのが、主観的判断だったわけである。だからといって、そうした研究を無視すべきだとか、内容分析を完全に放擲すべきだとは言うまい。しかし、研究者が解明したいと願う「現実」を相手にするのと同じアプローチが選ばれたことを、研究結果は反映している。このことは、以上の判断から見てまちがいないであろう。

　内容分析は、メディアテクストを分析する他の方法と同様に、テクストが生産・消費される外的コンテクストが無視されるという限界に縛られている。特定のタイプのテクストを選んだ制作者の役割と動機が見過ごされる危険性がある。また、なんの根拠もないままコンテンツの特定の形式だけがひとり歩きして、オーディエンスの見解や行動を規定する恐れがある。公平を期して言うな

ら，内容分析だけではメディアが社会に与える影響についての主張を支持できないと認め，メディアの受け手を直接研究することと内容分析を組み合わせようとする研究者も，ガーブナーを含めて存在する。この点については，第5章で再び論じることにする。

5 おわりに
――テクストをコンテクストに置く――

　本章で概略を示した各種の研究方法は，メディアと文化と社会との関係を知る手段として，コンテンツの細部を重視するという点では共通している。とはいえ，すでに見たように，それぞれの動機，焦点，方法論ははなはだ異なる。

　特に〈質的方法〉と〈量的方法〉は著しい対照をなすことが明らかにされた。前者は少数の例を取り上げて，そこで意味がどのように生成されるかを詳細に分析する。後者は大がかりで体系だったアプローチをとり，おおまかな傾向を突き止めようとする。記号論にも内容分析にもそれぞれの弱点があるが，社会におけるメディアの役割を知ろうとする者に，どちらも種々の有益なツールと知見を与えてくれる。

　同様に，ナラティブ分析，ジャンル分析，ディスコース分析などその他のさまざまなアプローチも，われわれが消費する文化の形式と，われわれが生きる社会経済的コンテクストとの関係について，それぞれが貴重な手がかりを与えてくれる。したがって，異なる質的方法ないし量的方法の要素を組み合わせ，それぞれのよいとこ取りをする多重的な研究方法が開発される場合もあるだろう。

　メディアが社会的・文化的世界を選択的に表現し，そうすることで，その世界の未来に影響するような展望を示すという考え方は，メディアコンテンツの役割を知る枠組を与えてくれる。また，メディアコンテンツを構成するものはなにか，意味はどのように構築されるかを観察し理解することの重要性を明らかにしてくれる。しかしながら，メディアテクストの分析は，テクノロジーの役割，制度，メディアの受け手についての理解を包含するような総合的分析の一環としてはじめて，メディアと文化と社会の関係の理解に資するのである。

特に，現実のオーディエンスや受け手がテクストとどうかかわるかを知らずして，メディアテクスト中に観察されるものが究極的になにを意味するかは，知り得ないのである。次章で検討するのはこの点である。

【課題と演習】

(1) 記号論に関する以下の用語をそれぞれ区別しながら説明せよ。
 a）シニフィアンとシニフィエ
 b）アイコンとインデックスとシンボル
 c）明示的意味と暗示的意味と神話
 d）パラダイム分析と統語分析
(2) 雑誌表紙，新聞記事，ネット広告の1つを選び，それがどのように意味を伝達するか，記号論によって詳細に分析せよ。テクストを構成要素に解体し，要素間の関係にくわえ，各要素にも個々に焦点を当てること。
(3) a）ニュース報道とハリウッド映画とソープオペラとでは，ナラティブに対するアプローチの約束ごとがどのような点で異なり，どのような点で共通するか？
 b）ハリウッド映画を1つ取り上げ，プロップの登場人物の類型がどれだけ当てはまるかを検討せよ。
(4) a）テレビにおける暴力について知るうえで，ガーブナーが用いた内容分析にはどのような利点があり，どのような限界があるか？
 b）テレビにおける暴力を調査するのに質的アプローチは有効か無効か？
(5) メディアコンテンツに対するオーディエンスの反応がわからなければ，コンテンツを分析しても無意味であろうか？

【読書案内】

Barthes, R. (1968; 1964) *Elements of Semiology*. London: Cape.［バルト，R.，渡辺淳・沢村昂一訳（1971）『零度のエクリチュール――付・記号学の原理』みすず書房］
　記号論者を代表する著者による，記号論の働きと意義についての詳細な解説。
Fulton, H., Huisman, R., Morphet, J. and Dunn, A. (eds) (2005) *Narrative and Media*. Cambridge: Cambridge University Press.
　映画，放送，出版メディアといったさまざまなジャンルにおけるナラティブの役割に関する論考を収めている。
Fairclough, N. (1995) *Critical Discourse Analysis: The critical study of lan-*

guage. Harlow: Longman.
　メディアコンテンツの研究方法としての批判的ディスコース分析を概略的に示し，いまなお読み継がれる一冊。

Gerbner, G. and Gross, L. (1976) 'Living with television: the violence profile', *Journal of Communication*, 26: 173-99.
　内容分析を用いてテレビにおける暴力を年ごとに調査したガーブナーらの調査結果と結論を示す。

Williamson, J. (1995; 1978) *Decoding Advertisements: Ideology and meaning in advertising*. London: Marian Boyars.［ウィリアムスン，J., 山崎カヲル・三神弘子訳（1985）『広告の記号論——記号生成過程とイデオロギー』（Ⅰ・Ⅱ）柘植書房］
　メディアテクストの研究に記号論を応用したものとして，最もよく知られる研究の1つ。

第5章 メディアユーザー

主要なポイント

- 個人の態度・行動にメディアが与える影響を測るアプローチ
- メディアの個人的利用とその機能に着目する研究
- メディアユーザーを能動的・対抗的・破壊的なものとして理解すること
- オーディエンス,ファン,ユーザーのエスノグラフィー
- 「効果研究」や「能動的なオーディエンス研究」に対する批判

1 はじめに

　メディアを利用する者たちの習慣・習性・アイデンティティを分析することは,メディアと社会と文化の関係を理解するうえで重要である。すでに見たように,テクノロジー,産業,コンテンツを主軸に据えたアプローチは,メディアの重要性や影響を測るうえで,それぞれメディア,制作者,テクストを過剰に重視しているとの批判を受けてきた。他の点では違っていても,これらのアプローチはいずれも,コミュニケーションの過程においてメディアユーザーは受動的であり,その役割はあらかじめ存在する意味を受け取り,あらかじめ決定した仕方で影響を受けるのみ,と想定しているのである。

　これに対し,個人・家庭・コミュニティがメディアテクストやテクノロジーと接した際になにが起こるかを解明することを研究テーマとするメディア研究者は,相当な数にのぼる。こうした「オーディエンス研究」は,その方法論や理論的枠組においてさまざまである。一方では,すでに存在するメディアの意

味や刺激にオーディエンスがどの程度影響されるかを,測定したり理論化することをめざすアプローチがある。他方では,オーディエンスのアクティブな役割を見て取り,彼らが自分の目的に合ったメディアを選択・利用するという考え方をとるアプローチがある。この点はおそらく最も顕著な違いであろう。両者にはオーバーラップする部分も少なくないのだが,オーディエンス研究はしばしば便宜的に2つに分けられる。すなわち,アメリカの実証主義的伝統に由来するアプローチと,ヨーロッパのカルチュラル・スタディーズの流れを汲むアプローチとにである。

2 アメリカのオーディエンス研究に見る実証的伝統

メディア・オーディエンスの体系的な研究は,20世紀前半にアメリカの研究者らが先鞭をつけた。それにはさまざまな動機があったのだが,とりわけ政治家や広告主らが人びとの支持を獲得する手段としてメディアを利用したこと,従来の研究方法ではメディア研究には不十分だと研究者たちが感じていたこと,があげられる。

ネオ・マルクス主義のフランクフルト学派(その主要な人物らはナチス政権時代にアメリカに移住した)や,デビッド・リースマン(Riesman, 1953)のようなアメリカの大衆社会研究者の理論が,のちにメディアの「皮下注射モデル」と呼ばれることになるものを提示した。このモデルによれば,画一的なメッセージが受動的なオーディエンスに「注入」され,大衆の無知と操作という文化を生み出す,という。

また,メディアの影響力に関する従来の実証的研究は,「オーディエンス計測法」に偏っていた。これは,広告や政治運動の効果を,どれだけの数の人びとに届いたかをカウントすることで計測するものであった(Nightingale & Ross, 2003)。

だが,フランクフルト学派らによる悲観的主張には,確たるエビデンスが伴っていない。そうしたこともあって,初期の実証的研究の不備を補うべく,メディアの影響力ないし「効果」を明確に分析しようという動きが生じた。1940年代以降,オーディエンス研究が大規模に行われるようになり,オーディエン

スの態度や行動にメディアが与える影響について，論争が交わされるようになった。それではこうした研究を，立脚点やアプローチごとに分類しながら検討してみよう。

効果研究

〈効果研究〉とは，その名称が示すように，メディアの影響力を測ろうとするものである。プロパガンダのようなメディアのイデオロギー的・政治的影響への関心と，メディアが個人の行動に悪影響を与えるのではないかという懸念が，このアプローチの根底にある。

まずは，後者の領域から見ていくこととしよう。この領域では犯罪や暴力の問題に関心が集中している。この点でメディアが持つ影響力を分析することが60年代のアメリカでは主流となり，今日に至るまで研究者やニュースメディアの間でも主要な研究テーマであり続けている。

ボボ人形と短期的行動への影響

メディア上の暴力が消費者（特に子どもたち）に与える悪影響をめぐり，新聞・社会運動家・研究者が議論を重ねてきた。これがここ数十年間の，メディアの影響をめぐる議論の主要な特徴であった。こうしたこともあって，視聴者の行動に実際に悪影響を与えるのか，与えるとしたらどの程度のものかを確かめるために，広範な研究がなされた。この種の研究の多くは，行動心理学者による実験研究の形をとった。

最もよく知られて影響力が大きかったのは，60年代初めにアルバート・バンデューラによってなされた，いわゆる「ボボ人形実験」という一連の研究である。バンデューラらは，学習が他の個体の行動を観察することによって成り立つとする社会的学習理論に影響を受けていた。そこで彼らは，モデルとなる成人の暴力行為を子どもたちがどの程度模倣するようになるかを確かめようとした。だから研究者たちの目的は，メディアの影響の検証だけにあったのではない。しかも彼らの最初の実験は，子どもたちが同じ部屋にいる大人の行動をどのように模倣するかに着目するものであった（Bandura, Ross & Ross, 1961）。だが，彼らのその後の実験はテレビの役割に着目するものであったし，このこと

を例証するためにも，もう少し詳細に1つの例を検討することとしよう。

　ある実験で，バンデューラらは被験者である子どもたちを，3つの実験群と1つの統制群とに分けた（Bandura, Ross & Ross, 1963）。それぞれの実験群には，風船のように膨らませた「ボボ人形」に激しく乱暴する大人のようすを見せた。おもちゃの木槌で打ち据え，殴り，蹴り，上にのしかかったりしたのだった。この行為のいずれにも，「ぶちかますぞ！」「叩きのめしてやる！」といった罵声が伴った。第1の実験群では，子どもたちと同じ部屋にいる大人が乱暴を働いた。第2と第3の実験群にはテレビでそうした暴力行為を見せた。第2の実験群はボボ人形に乱暴する大人の映像を視聴し，かたや第3の実験群には，ネコの着ぐるみを着た大人が乱暴を働く映像を見せた。

　実験の第2段階では，子どもたち全員におもちゃで遊ぶのを禁じることで，「攻撃性の喚起」を促す。子どもたちを欲求不満の状態に置いて，暴力性や攻撃性が生じやすい環境を作るのが狙いであった。

　実験の最終段階では，ボボ人形や木槌などのさまざまなおもちゃがある部屋に子どもたちを入れ，今度は好きに遊んでもよいと告げた。子どもたちが遊ぶようすは注意深く観察された。特に，一般的な攻撃性のレベルと，〈模倣的攻撃性［子どもたちが目にした暴力行為との共通性］〉とに注意が払われた。

　3つの実験群のいずれもが，統制群に比べ，高いレベルの攻撃性と模倣的攻撃性を示した。実験群の中では，大人が人形に乱暴するようすをテレビで見た子どもたちが最も攻撃性が高く，ネコの着ぐるみが乱暴を働くようすを見た子どもたちが最も攻撃性が低かった。

　バンデューラはこれを根拠に，モデルとなる成人の行為を子どもたちが模倣によって社会的に学習することをはっきり示しただけでなく，その行為を同室で目にするよりもテレビで見たほうが影響は強まる，と主張した。一方，乱暴する着ぐるみのネコを見た子どもたちの攻撃性が低かったことは，現実のモデルと非現実のモデルとを区別する能力を示唆するものであり，子どもたちが前者を模倣する傾向が強いことを示唆するものでもある。

　バンデューラらの研究は，メディアの直接的な効果を測るさまざまな実験の一部をなすものである。こうした実験は，厳密にはその枠組において，さまざまである。例えば，上述のバンデューラの実験は，〈ポストテストのみ〉の形

式をとった（被験者の行動が，刺激に接した後にのみ検証された）。これに対し，被験者の行動を刺激の前後に検証した研究もある（Gunter, 2000）。こうした〈プリテスト・ポストテスト〉の実験デザインの目的は，行動や態度の変化が見られたなら，刺激をその唯一の要因として絞りこむことである。ただし，プリテスト自体がポストテストでの反応に影響することもあるのだが（Wimmer & Dominick, 2006）。

多くの研究は実験室(ラボ)でなされるものであるが，現場実験の形をとる研究もある。その場合研究者は，ある刺激に対する人びとの反応を，彼らの普段の環境内で測定する。研究期間も数時間では終わらず，数日間，数週間とかかる場合が少なくない。

こうした実験研究の結果にはばらつきがあり，メディアの影響力には問題があることを明らかにしたものもあれば，そうでないものもある。この点は重要である。例えば，シーモア・フェシュバックは，ポストテストのみのその実験で，暴力的なメディアを視聴することにはカタルシスの効果があり，怒れる被験者の敵意を増すどころかそれを沈静してしまうとさえ主張している（Feshback, 1961, Gunter, 2000による引用）。

長期にわたる「培養効果」

大半の実証研究は行動への直接的な影響に着目するが，メディアが長期にわたって人びとの総体的な態度や見解に及ぼす影響に着目した研究者もいる。

例えばジョージ・ガーブナーは，テレビの熱心な視聴者にとってはテレビが彼らの象徴的環境を支配しており，彼らが世界を理解する状況の中心を占めている，と論じた。その結果，テレビはそれがわれわれに示す歪曲された社会観に基づいて，現実の世界に対するある特定の態度を培養する。ガーブナーはこのことを殊のほか憂慮する。なぜなら，第4章で見たように，彼が行った内容分析によると，「テレビの世界」は犯罪と暴力に占められていることが明らかだったからである。ガーブナーは，コンテンツの計測だけで満足せず，視聴者が暴力的なテレビの世界に長期間繰り返し接することによって生じる影響をも評価しようとした。

70年代末の一連の調査では，被験者たちはテレビの短時間視聴者，中程度の

時間の視聴者，長時間視聴者とに分けられた。次に，犯罪と暴力に対する彼らの態度について，質問に回答してもらい，それを分析にかけた。質問の多くは，一般論的な意見や個人的経験や怖れなどに関したもので，残りの質問は，例えば社会内での犯罪の蔓延とその意味といった，事実に基づくものであった。

その結果，長時間視聴者は他の被験者たちよりも，質問に対し「テレビ的な回答」，すなわちテレビが提示する殺伐として暴力的な社会観に呼応した回答をする傾向が，はるかに大きいことが明らかになった。例えば長時間視聴者は，他の被験者たちに比べ，犯罪被害にあうことを怖れ，警察や司法当局で働く者の数を過大に見積もり，また暴力犯罪の件数も過大に見積もる傾向があった (Gerbner et al., 1977)。

ガーブナーの結論はこうである。すなわちテレビの過度の視聴は，世界を恐怖する態度を培養すると。そのことは，例えば「犯罪を厳しく取り締まる」綱領を掲げる政党を支持したり，隣人に不信感を抱いたり，自分の子どもが外で遊ぶのを禁じるといった，「二次的影響」を引き起こす。ガーブナーは次のように説明する。

> 例えば一日3時間以上テレビを見る家庭に育ったのなら，テレビの実用的な目的にもかかわらず，ろくでもない世界に生きることになろうし，それに応じて行動することになろう。同じ世界に生きていながら，テレビの視聴時間が短い隣人に比べても，である。テレビ番組は，人びとの最悪の恐怖と不安とパラノイアを強化する。(Gerbner, 1994: 41)

方法論上の問題

メディア上の暴力が，短期的にせよ長期的にせよ視聴者に大きな影響を及ぼすという研究は，学界だけでなく公的・政治的文脈においても測り知れないインパクトを与えた。とはいえ，そうした「影響」を証明するのに用いられた方法には，疑問も投げかけられている。

研究者は実験によって，自分が関心を持つ要因（この場合なら，メディアのある形式との接触）の影響を分離し評価できる。これは，要因との接触のレベルを除けば，被験者集団が置かれる条件が同一となるよう，状況を人為的に操作

することによって可能となる。このようにしてバンデューラらは，実験群の間で行動上の違いが見られたのは，暴力行為への接触の仕方が違っていたからだ，と結論づけることができたのである。というのも，その他のすべての条件は同じになるよう統制されていたからである。

　だが，変数を人為的に操作できるということは，実験研究の最大の弱点でもある。実験によって貴重な手がかりを得られるものの，子どもたちが日常生活でもテレビ上の暴力を同じように模倣するかは，実験では証明できないのである。さらに言うなら，人形遊びの形をとった暴力と，生身の人間を本気で攻撃するのとでは，概念上大きなギャップがある。もう1つ問題になるのは，実験室での実験で測られるのが，少数の刺激による短期的な影響のみであるのに対し，日常生活におけるメディアの影響は，数多くのコンテクストが集積したものであることが疑い得ない点である。現場実験なら日常のコンテクスト内での人びとをよりよく観察できるが，やはり人びとを人為的に操作された環境に置くため，結果の評価が困難になる。

　ガーブナーは，行動実験の短期性と人為性の問題を回避するために，被験者にアンケートを用い，長期にわたる態度の形成について自己報告してもらった。だが，この方法にも問題がある。

　ガーブナーは，テレビの見過ぎと，犯罪や暴力について憂慮する発言との間には，〈相関関係〉があることを明らかにした。とはいえ，テレビの視聴がそうした態度の〈原因〉だという〈因果関係〉を証明したわけではない。恐怖に満ちた態度のせいで，家に引きこもってテレビに首ったけになった可能性もある。また，テレビの過度の視聴に関係する別の要因によって，この相関関係が説明できるかもしれない。ガーブナーは，この相関関係が性別・年齢・階級・教育程度によるものではないことを，統計的に示している。だが，ガンターは，エスニシティ・収入・労働時間といった，その他の要因が検証されていないことを指摘している（Gunter, 2000）。したがって，この種の調査研究から因果関係についていくつも結論を出す際には，慎重であらねばならないだろう。

限定効果モデルと二段階の流れモデル

　バンデューラらが先鞭をつけた効果研究のスタイルは，かなりの程度あから

さまに，刺激と反応による学習モデルを採用している，と言えるであろう。これは，いわゆる皮下注射モデルと全然別のものではない。これに対し，コロンビア大学の研究者たちは，メディアと個人の態度・行動との間に直接的・不可避的影響関係があるとすることには，ずっと懐疑的であった。

　彼らは，大統領選挙における投票行動にメディアがどのように影響したかを調査した。その結果，新聞やラジオの政治キャンペーンはオーディエンスに対し，ごく小さな影響しか与えないことが明らかになった（Lazarsfeld et al., 1944; Berelson et al., 1954）。繰り返し同じ人びとへのインタビューを重ね，さらに地域コミュニティから無作為に選んだ人びとにも散発的にインタビューをしたこの調査では，政党への忠誠心はメディアによってではなく，宗教・社会階層・家族の絆・地域の人間関係といった要因によってより強く影響される，と結論づけられている。実際，大半の人びとは候補者や論点についてほとんど知識がなかったし，ましてやメディアにふれることで彼らの投票行動が変わる兆候はなかった。してみれば，大半の一般人にとって，メディアの役割とは，伝統やコミュニティに根ざした既存の意図を強化することに限定されるものと考えられる。

> 現代の諸問題の複雑さに困惑する一般有権者は，別の行動をとった場合の結果を明確に判断できず，政治活動の場からも遠く，情報をなんらかの主義に結びつけることもできず，周囲の信頼できる人びとと同じ投票行動をとる。（Berelson et al., 1954: 309）

　しかし研究者たちは，メディアによる影響の可能性を完全に否定したわけではない。各コミュニティ内の，政治に熱心で影響力を持つ比較的少数の人びとには，メディア報道がある程度影響すると考えられる。こうした人びとは，周囲の者たちに自分の意見を伝え，メディアの間接的な影響，すなわち研究者が「二段階の流れ」と呼ぶものを生み出す。したがって，信頼関係のある社会的ネットワークの中での接触を通して，はじめて影響は可能となるわけである。

　この二段階の流れモデルを，ポール・ラザースフェルドはエリフ・カッツとの共同研究で，さらに発展させた（Katz & Lazarsfeld, 1955）。このモデルでは，

第5章　メディアユーザー

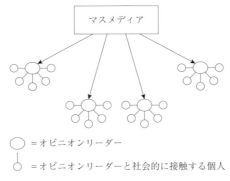

図5-1　二段階の流れモデル（Katz & Lazarsfeld, 1955）

メディア利用の仲介者として，また大衆文化との関連でメディアが持つ影響力の仲介者として，対人ネットワークが持つ意義を検証している。例えば，若い女性の映画鑑賞に関する習慣や意見をアンケート調査した研究では，「映画のオピニオンリーダー」とされる回答者が存在することを明らかにしている。彼女らは，他の女性たちから，映画の選択や解釈について専門知識を持っていると見なされていたのだった。

利用と満足

　カッツはラザースフェルドと二段階の流れモデルを発展させた後，メディアとオーディエンスとの関係について別のアプローチを提唱するようになった。すなわち，〈利用と満足〉のアプローチである。このアプローチは，オーディエンスがメディアのメッセージによって影響されるか否かではなく，彼らが自分たちの目的に応じて能動的にメディアを選択・利用するあり方を理解しようとする。この「利用」という考え方と「効果」研究との違いを，イギリスのコミュニケーション学者ジェームズ・ハロランが手際よくまとめている（Halloran, 1970）。彼はこのように主張する。「メディアが人びとになにをなすかを考え，それをもって人びとがメディアをどう扱うかの代替とする習慣から，われわれは脱却しなければならない」と（Morley, 1992: 51 での引用）。実際，利用と満足研究の考え方にしたがえば，人びとの動機や利用を理解せずにメディアの影響を研究するのは無駄ということになる。

103

> どんなに重要なマスメディアのコンテンツでも，自分の社会的・心理的コンテクストにおいてそれを「無駄」だと感じる者には，影響を及ぼすことができないのが常である。「利用」研究は，人びとの価値観・関心・人間関係・社会的役割がなににも増して重要だとし，彼らが見聞きするものをそうした関心に選択的に適合させる，とする。（Katz, 1959: 2）

利用と満足研究は，メディアのエンコーダーにはじまりオーディエンスによる受容と彼らへの影響で終わるという，ハロルド・ラスウェル（第1章参照）が考案したような，従来のコミュケーションモデルを覆した。オーディエンスの多様なニーズや利用がきわめて重視され，メディアコンテンツはそうしたオーディエンスの目的を満足させるリソースに格下げとなったのである。

このモデルは，本質的に〈機能主義的〉である。マスコミュニケーションのコンテンツを，個人のニーズや目的を満たし，社会全体がより効率的に機能できるようにするリソースと見なすからである。

利用と満足研究は，人びとにアンケート調査やインタビューを実施し，さまざまなメディアが彼らに対して持つ機能を確認しようとする。利用や動機についてのオーディエンス自身による「自己報告」に基づいたこれらの研究は，ニーズや利用に関する精緻な類型論に結実した。それらは一時の逃避的満足と長期にわたる教育的機能とに分類される場合がしばしばである。前者は刹那的な気晴らしや娯楽からなり，後者は永続的な知識や理解に関係するものである。カッツらは5つのカテゴリーにまたがる14のニーズを明らかにし（Katz et al., 1973），デニス・マクウェールらは以下のような分類をしている（McQuail et al., 1972）。

- 気晴らし，一時的な逃避，感情の解放。これにより，日々のルーティーンや問題が保留できる。
- 個人的関係，対面型の交際の代替となるもの，人間関係を促進するもの，コミュニティへの帰属。
- 個人のアイデンティティ，個人的価値観・意味・世界における自分の存在感を伸張したり補強したりするもの。

第5章 メディアユーザー

- 観察，知識源や情報源，世界とのかかわりの起点。

さまざまなコンテンツやメディアがどの程度個別のニーズに適合するかは，依然として未解決のままである。言い換えると，メディアの構造やコンテンツは，ある特定の結果を生むと，あらかじめどの程度予想できるのだろうか？カール・ローゼングレンとスヴェン・ウィンダールは，「どんなタイプのコンテンツであろうと，いかなるタイプの機能にも働きうるという合意」が得られつつある，と述べている（Rosengren & Windahl, 1972: 27）。これに対し，カッツ，ブラムラー，グレビッチはやや懐疑的で，「あるメディアが他のメディアに比べ，特定のニーズを満たしやすくするという特性」を，大規模に調査するよう提唱している（Katz, Blumler & Gurevitch, 2003: 42）。

機能主義者と自己満足？

コロンビア大学の研究者たちは，学外の研究者たちと共に，メディアの影響についての詳細な研究に先鞭をつけた。また，メディアの直接的影響の研究から脱却し，個人の生活やアイデンティティに占めるメディアの位置に関心を向けるうえで，大きな役割を果たした。政治的影響に関するラザースフェルドらの結論は，社会的コンテクストの認識抜きに人びととマスコミュニケーションとの関係は理解できない，と力説するものである。利用と満足研究は，能動的なメディアユーザーの目的に着目する点で，これよりも論理的に発展したものを示すであろう。限定効果モデルと二段階の流れモデルのいずれも，依然として影響力を保っている。例えば後者は，インターネット利用の研究者に人気が高い（Ruggiero, 2000）。しかし，どちらのモデルも問題がないわけではない。

ラザースフェルドらの研究は，投票行動自体にメディアが及ぼす影響の問題だけに立脚したものであった。投票自体ではなく，有権者が最も重要だと考えた政治問題に着目したその後の研究では，回答者の発言と新聞報道でクローズアップされた問題との間に，強い相関があることが明らかにされた。これはすなわち，公の議題（アジェンダ）を設定するうえで，メディアがひと役買っていることを示唆するものである（McCombs & Shaw, 1972）。さらに重要なのは，ラザースフェルドらの研究では，ガーブナーの研究のテーマであったような，長期にわた

る影響についての理解を得られないことであろう。確かに短期的には，人はメディアのメッセージに反発したり，それを無視するかもしれない。しかし，長期にわたれば自分や周囲の者たちがメディアから得られる大量の知識や経験を次第に取り込んでいく可能性も残されている。また，ラザースフェルドの結論は，人びとが宗教・地域社会・家族の影響を相対的に受けやすい，という観察に基づくものであった。だが近年では，そうした結束の強い地域社会への帰属は弱まり，社会階層の結びつきは希薄になり，家族関係は複雑化し，宗教活動はかつてほど盛んでなくなった，と多くの研究者が考えている（Bauman, 2001）。こうした影響が弱まったのだとすると，メディアの影響は逆にもっと大きなものとなるのだろうか？

　一方，利用と満足研究も，人びとがメディアを消費するのに常に明確な理由を有しているとする点で，批判を免れ得ないであろう。たんなる惰性といった要因のほうが，明確な動機や機能よりも重要な場合もあろう。オーディエンスにメディア利用について自己報告させるアンケート調査を，研究者たちはよりどころとする。これはしかし，能動的・合理的な選択の重要性を誇大にしかねない。明確な理由を求めるアンケート調査で，人びとが自分はなにも考えないカウチポテトだと認めたり，自分の行動にこれといった理由はないと認めたりするとは，考えにくいではないか。

　また，利用と満足研究は個人の心理的ニーズを重視するが，デビド・モーリーはこの点を衝き，メディア利用のパターンと解釈において，階級・エスニシティ・地域性・ジェンダーといった社会学的カテゴリーの役割が無視されている，と論じている。彼も言うように，「利用と満足研究はそもそもが心理主義的な問題を抱えており，人びとの社会状況から分離した心的状態，心的ニーズ，心的過程をよりどころとしている」（Morley, 1992: 48）のである。この点で，70年代の利用と満足研究には，コロンビア大学の初期の研究が重視した社会学的コンテクストから遊離したものもあったことは事実である。

　最後に，利用と満足研究の機能主義的な前提が，自己満足的でいい加減な観点に結びつきやすいことを付け加えておく。このアプローチの前提は，メディアがオーディエンスの需要やニーズを満たすために存在し，メディアの消費は（時おり見られる「機能不全的な」利用を除けば）個人の日常生活に恩恵をもたらし，

多元的社会が円滑に機能することに貢献する,というものである。このバラ色の構図は,操作やプロパガンダの可能性を見過ごし,それによって,マスメディアを批判の埒外に置いてしまうことになると考えられる。オーディエンスの選ぶコンテンツについてであれ,所有や財源や規制の枠組についてであれ,もはや批判はありえない。大衆文化論はオーディエンスの受動性を過大に考えたかもしれないが(第6章参照),利用と満足研究は逆の方向に突き進み過ぎる危険を冒しているのである。

3 カルチュラル・スタディーズ
―― 支配的解読と対抗的解釈 ――

エンコーディング,デコーディング,優先的意味

　アメリカの伝統は,行動主義的な効果研究や機能主義的なオーディエンス・モデルを重視する。これの向こうを張ったのが,ヨーロッパの文化論に(少なくとも部分的には)由来し,ディスコースや意味や権力の問題を軸に据えたメディア・オーディエンス観である。こうしたアプローチにきわめて大きな役割を果たしたのが,バーミンガム大学現代文化研究所(CCCS)のスチュアート・ホールの研究である。

　ホールは記号論に依拠しつつ,メディアのディスコースへの,制作者による意味の〈エンコーディング(符号化)〉に着目した。彼の論では,「メッセージの散漫な形態は,コミュニケーションのやりとりにおいて特権的な地位を占める」とされている(Hall, 1993: 98)。アントニオ・グラムシの著作に影響を受けたホールは,ネオ・マルクス主義の思想家であった。彼もまた,このようなエンコードされた意味には,「そこに刷り込まれた制度的・政治的・イデオロギー的秩序があり」,支配的,すなわち〈ヘゲモニックな〉思考を強化することで,この秩序を補強する,と論じた(Hall, 1993: 93)。

　だが,ホールはメディアのエンコーディングがオーディエンスに影響することを認めつつも,彼が70年代に考案したモデルには,記号論からの脱却が見られる。ここでホールは,メディアテクストにエンコードされた「優先的意味」が,オーディエンスによって適切にデコード(解読)されてはじめて姿を現わ

す，としている。そうなると，オーディエンスは解釈の過程で，メディアのメッセージの意味を受動的に受け容れるのではなく，能動的にそれに挑んでいることになる。利用と満足研究がそうであったように，能動的な解釈を個人のさまざまな心理的ニーズの表われと捉えるのではなく，メディアへのオーディエンスの反応は社会経済的状況に関係していて，次の3つのカテゴリーにまとめられる，とホールは論じている。

- 〈支配的または覇権（ヘゲモニー）的立場〉：テクストにエンコードされた意味に相応し，それゆえにメディア産業が機能する支配的な文化秩序とも相応する，オーディエンスの解釈を指す。
- 〈交渉的立場〉：テクストにエンコードされた見解全般は受け容れながらも，個々の部分においては同意しないことを指す。支配的な前提はおおむね受け容れるものの，「規則に反する例外」については譲らなかったりする（Hall, 1993: 102）。インフレを抑えるために労働者の給与を凍結しなければならない，というメディアの報道にある前提をオーディエンスは受け容れるだろうが（総論賛成），それでも労働者によっては高い給与を受け取るべきだ，と主張したりする（各論反対）。これが，ホールがあげた例である。
- 〈対抗的立場〉：優先的意味がオーディエンスによって明らかにされ，かつ退けられた際に生じる。この場合，給与カットの必要性を伝えるニュース報道は，支配層の利益を補強し，不平等を恒久化する歪曲されたメッセージだとして，拒絶されたりする。こうした対抗的な読み方は，支配的秩序への異議申し立ての場として重要な働きをする，とホールは考えた。

オーディエンスによる差異的な反応をめぐるホールの議論は，優先的意味と支配的な解釈の役割を，やはり相当重視している。にもかかわらず，ヨーロッパの研究方法をテクストの記号論的解釈から脱却させ，意味の解読，それも特に，オーディエンスによる破壊的解釈の可能性に関心を向けさせる役割を果たしたのであった。

社会的コンテクストと差異的解釈

　CCCSの元メンバーであったデビッド・モーリーも，記号論はオーディエンスの意義を過小評価しているというホールの見解を共有している。モーリーは言う。「バルトらは，神話的なもの，すなわちメッセージの〈真の〉意味とか〈究極の〉意味をはてしなく追い求める」（Morley, 1992: 76）という過ちを犯している，と。

　モーリーはまた，利用と満足研究の個人主義的でオーディエンス偏重のアプローチを退ける。そして，ホールの言う3種の解読をよりどころとし，そうした解読を決定するものとしての社会経済的状況の役割を重視する。重要なのは，「多様な人びとに用意されている文化的枠組間の差異」である，とモーリーは言う。「だから，例えば私がダーラムの炭鉱夫で，あなたがイースト・アングリアン銀行支店長だとしよう。あなたと私とでは，政府の経済政策に関するメッセージを別々に解釈するだろう。この差異は，たんにわれわれの心理の違いに帰せられるようなものではない」（Morley, 1992: 80）。

　モーリーはこうした差異を，70年代のイギリスの時事番組『ネーションワイド（Nationwide）』を調査することで，明らかにした。まずテクスト分析の段階で，番組の右寄りで体制支持的な優先的意味を明らかにし（Brunsden & Morley, 1978），次いで社会のさまざまな層から選んだ29のオーディエンス集団に，番組のエピソードを見せた（Morley, 1980）。その後，各グループは番組について討論するように促され，その見解はホールの分類にしたがって分類された。

　その結果，メディアコンテンツに対する反応は，社会階層のみによって決定するのではなく，もっと細かな社会的・職業的立場によって人びとが接するディスコースや想定に，強く関係する，と結論づけられた。例えば，政治的には保守的な銀行員のグループは，支配的な読み方を示した。彼らは時事問題についての『ネーションワイド』の見解をほとんど気にとめず，番組の支配的前提を頭から受け容れ，番組進行に関することを話題にするのを好んだ。これに対し，左寄りの店員グループは，番組を非常に批判的に評価した。この番組は中産階層的で右寄りの見解を広めていながら，懐(ふところ)が広いように見せかけている，と彼らは手厳しく批判した。

ホールのモデルの限界

　しかしながら，モーリーの研究は，ホールによる分類の限界を示すことにもなった。すべてのグループを，銀行員や店員というふうに分類するのは，容易でないことがわかったからである。都心部の大学生たちからなるグループの反応は，番組の語り口にかかわることを，頭から拒絶するといったものであった。番組にまるで興味が持てない，というのである。モーリーはとりあえずこれを，対抗的な読み方として分類したが，意識的な対抗とはかなり異なるものであり，ホールのモデルでは説明しきれないことも認めている。印刷業見習いグループの反応を分類するのも，困難をきわめた。彼らは『ネーションワイド』の「左翼的偏向」に対し，非常に手厳しかった。これは，支配的読み方と分類される。というのも，ブランズデンとモーリーが番組を分析して浮き彫りにした，右寄りで中産階層的な偏向に，このグループが気づかなかったことが明らかだからである。だが，ブランズデンとモーリーの解釈が「正しく」，印刷業見習いグループの解釈は「誤っている」と，どうしたら判断できるのだろうか？　おそらくはモーリー自身も，記号論を批判していながら，彼とブランズデンが（その社会的立場から）テクストの「真の」意味と捉えたものを偏重しているのであろう。

　研究者が個々のメディアテクストの優先的意味を明らかにできる，と仮定してみよう。だが，モーリーの研究における印刷業見習いグループの例は，ホールの分類が曖昧であることを示すものである。どうやらこのモデルは，メディアテクストのコーディングをオーディエンスが受容する程度と，支配的な意味体系に対するオーディエンスの反応の位置づけを，両方とも一度に分類しようとするものであるらしい。このことは，メディアコンテンツの優先的意味が世界についての支配的な理解を自動的に体現し，前者の受容は自動的に後者の受容に等しい，ということを意味する。すると，優先的意味がそもそも対抗的なものであるテクストに対し，オーディエンスがどのような反応を示すかを分析しようとする際，このモデルはかなりの程度曖昧さを孕むことになる。いま仮に，私が反資本主義的な世界観でコード化されたウェブサイトを閲覧し，そうしたメッセージを受容した反応を示したとしよう。すると私の解釈は，優先的意味を受け入れたのだから，支配的なのであろうか？　それとも，支配的な資

本主義イデオロギーに対抗する立場をとったのだから、対抗的なのであろうか？

こうした問題もあって、ホールのモデルは、多様なメディアテクストに対するオーディエンスの反応を詳細に理解するには、やはり柔軟性に欠けると言わざるを得ない。さらに問題なのは、このモデルが多様な読みや反応の可能性を認めていながら、依然としてオーディエンスをメッセージの受け手・解読者と見なしている点である。おかげでホールはメディアのイデオロギー的役割を重視し続けることができるのであって、その意義は過小評価すべきではない（第6章参照）。しかし、このアプローチは、実際にオーディエンスがメディアにどう対処するかという点では、取り立てて有用ではないのである。

文化の制作者としてのオーディエンス

ホールとモーリーによって、オーディエンスがメッセージを対抗的な仕方で解釈する可能性が持ち出されたとすれば、彼らの後に続いた思想家の多くは、オーディエンスが既存の意味の受け手だとする考え方を一切放棄したと言える。そして彼らは、メディアユーザーの日常的な活動を、能動的・創造的・生産的なものだと見なそうとする。利用と満足研究がそうであったように、メディア消費の社会的・政治的意義を重視した一方向的な伝達モデルは逆転される。オーディエンスには受動的な受け手ではなく、重要な当事者としての役割が与えられる。

この点でとりわけ重要なのが、ジョン・フィスクの研究である。フィスクも現代のコミュニケーションを生じさせる支配・社会操作・均質化の影響力を重視する点で、ネオ・マルクス主義理論に多くのものを負っている。しかし、彼の主たる関心は、こうした影響力が一般の人びとの日常的な文化習慣によってどのように対抗されるか、にある。フィスクは言う（Fiske, 1991a; 1991b）。文化産業の経済力は絶大かもしれないが、その文化的影響は、消費者が自分の生活に関係しそうか否かを判断し、それをもとに能動的に選び取れるような、多様なテクストを提供することに限られる、と。この見解にしたがうなら、製品の成否は経済力や操作によって決まるのでなく、ほどよい潜在的意味や利用法を示せるかどうかにかかっている。提供される製品は、記号論の主張や優先的

意味というホールの考え方に反して「デコード」されるような，あらかじめ定まったアプリオリな意味など持ってはいない。そうではなく，消費者自身がテクストとかかわる中で意味が作られていくのである。かくしてフィスクは宣言する。「大衆文化は人びとによって作られるのであって，文化産業によって作られるのではない」(Fiske, 1991a: 24)，と。

フィスクによれば，ユーザーの創造性はかくも重要であるから，オーディエンスが自分なりの理解を育めるような潜在的意味の余地をほどよく示すことで，はじめて製品は人気を博す。マドンナのようなポップスターの世界的人気は，そのテクストが多様な消費者集団に向けてさまざまな意味を生み出せたからだ，と説明できる。製品は柔軟性に富み，その象徴的な意味は抑圧的にもなれば，解放的にもなりえる。「フェミニストたちの間ではマドンナは家父長的価値観のシンボルとして扱われ，男性たちの間では窃視の対象として扱われ，ファンの多くの少女たちはエンパワーメントと解放の使者として受け止めた」(Fiske, 1991a: 124)。マドンナは同性愛者たちの間でも愛のシンボルとなったことを，付け加えてもよいだろう。

フィスクは，能動的な消費行為が持つ政治的意義を強調し，「文化的ゲリラ戦」というド・セルトーの比喩を援用して，権力によるお仕着せに屈するのを消費者が日々拒んでいることを説明した。均質化を強いる力は，小規模の「密猟」や「詐欺」といった形の，草の根的抵抗にあう，とされる (de Certeau, 1984)。フィスクはこうした持論の展開を，80年代の穴あきジーンズを例にとって説明している。消費者はありふれた画一的な商品にハサミを入れ，独自の草の根的意味を新たに生み出したのだった。「これは商品化への拒否であり」，「商品システムから自分だけの文化を作り出す権利の主張である」，とフィスクは言う (Fiske, 1991a: 15)。ジーンズにできるのなら，新聞記事・テレビ番組・映画・ポピュラー音楽にもできるはずだ，とフィスクは考えた。こうした製品は，どれも消費者によって絶えず「切り貼り」されており，そのような改変の１つ１つが，権力と支配の影響力に対する小規模な挑戦となっていくのである。

オーディエンス，ファン，ユーザーのエスノグラフィー

意味の制作者としてオーディエンスが重要なことを強調しながらも，フィス

クの分析はオーディエンス研究よりも、自分自身によるコンテンツの解読に依存している（Stevenson, 2002）。これは悔やまれるところである。しかし、幸いなことに、フィスクの最もよく知られた宣言がなされた時には、メディアユーザーやオーディエンスへの綿密なインタビューや観察を中心とするエスノグラフィーの研究がすでに十分に発展しており、その後も発展し続けている。ロマンス小説の読者の研究（Radway, 1987）、ソープオペラのファン研究（Ang, 1985）、雑誌読者の研究（Hermes, 1995）、さらには次第にオーディエンス研究に軸足を移したデビット・モーリー（Morley, 1988）やアン・グレイ（Gray, 1992）による、家庭内でのメディアテクノロジー利用についての解明——これらは、メディアがオーディエンスの日常生活・アイデンティティ・象徴的世界に組み込まれていくさまを、質的に調査した研究例である。これらの研究は、その掘り下げ方や方法はさまざまであるが、どれもオーディエンスのコンテクスト・能力・解釈・理解を重視する。消費者は、自分がすでに持っているコンテクストにメディアを組み込む、能動的な行為主体と見なされるのである。

とりわけ嘉すべき研究方法は、消費者の象徴的創造性を研究したポール・ウィリスが採用したものである（Willis, 1990）。ウィリスは、ウルヴァーハンプトンの若者たちに大規模なインタビューとエスノグラフィー調査を行い、その結果と受動的な消費者行動のパターンとを直接対比した。広告との創造的なかかわりから、ソープオペラのプロットを実人生のジレンマ解消に役立てたり、雑誌の人生相談欄の批判的な読み方に至るまで、回答者がメディアの利用を自らコントロールしていることを、ウィリスは繰り返し強調している。また、消費者による生産的な社会活動も重視されている。例えば、ポピュラー音楽のお気に入りテープを作って交換したりする（現在でいえば、MP3のプレイリストの交換に相当するだろう）。それによって個人は、音楽界の濾過器や操作器としての役割を、自ら買ってでるのである。若者たちを詳細に記述し、それをもとにしたこの研究は、人びとの文化消費がユニークで、したたかで、能動的で、創造的だと結論づけている。

ウィリスやフィスクは、全体として消費の持つ創造性を称揚している。これに対し、「ファン文化」の研究は、きわめて熱心な消費者集団による濃密な取り組みに着目した（Hills, 2002; Sandvoss, 2005; Gray et al., 2007）。ヘンリー・ジ

ェンキンスは，映画・テレビのファンたちのコミュニティにエスノグラフィー調査を実施した（Jenkins, 1992）。それをもとに，参加者たちが文化的ナラティブを自分の日常に能動的に取り入れるさまを強調しただけでなく，彼らが他のファンたちとの交流の一環として，コンテンツの意味を深く考察する傾向があることにも着目した。

こうした思いは，DIY テキスト（例えば，独自のストーリーやビデオ）の制作につながり，オリジナルとは異なるものを生み出した。ジェンキンスは，ド・セルトーの言う「密猟」の概念を拡張することで，そうした活動を理解しようとする。彼が調査したファン文化では，ファンたちは関心を抱いたメディア商品を部分的に流用し，自分たちの関心に合うように手を加え，それを基に能動的で自立したコミュニティを育てるのである。これらのコミュニティは，活動的な要素も持っており，例えば新たなキャラクターをくわえたりお気に入りの番組を復活させたりするよう働きかけることもある。

ネットで簡単につながり，会話し，アイディアやモノを交換できることで，ファン文化は変化した，とジェンキンスは考える（Jenkins, 2002）。かつてなら郵便や集会，電話でアイディアが交わされていたのに，今日ではすぐにさまざまな人びととかかわり，好きな番組の最新エピソードを見ると，その感想を即座に伝えられるのである。

ナンシー・ベイムは，ソープオペラのファン向けオンラインフォーラムについてエスノグラフィー調査を行い，共通の趣味に基づいたファン同士の交流や絆がおおいに見られた，と報告している。「オーディエンスのコミュニティの一員であるということ」は，「ある特定のテクストをある特定の読み方で読む，ということに限定されない。むしろ，仲間を持つこと，仲間と活動すること，そこから生まれる関係と感情の世界を持つこと，にかかわるものである」と彼女は言う（Baym, 2000: 215）。インターネットはこうしたファンコミュニティへの参加を促し，メディア制作者とオーディエンスの境界が曖昧になるほどに，ファンたちの考え方や創作物の可視化をなしとげた，とベイムは論じる。

総じて言うなら，新たなデジタル技術の発達と普及は，「制作者」と「消費者」との関係を変える可能性があると考えられる。一般人が自分でコンテンツを制作し，フォーラムやブログ，SNS，YouTube などに投稿できるようにな

っただけでない。コンテンツのユーザーとしての能力を、より自由にコントロールできる可能性を享受できるようにもなったのである。多チャンネルテレビ、モバイルテクノロジー、インターネットにより、かつてないほど多様なコンテンツから能動的な選択ができるようになり、コンテンツを楽しむ時間・場所・様式・順序も主体的に選べるようになった。例えば、マイケル・ブルによるiPod利用のエスノグラフィー研究は、ユーザーが自分で選んだ音楽の全コレクションを、自分なりのプレイリストで整理して、街をそぞろ歩きしながら好みの曲をすぐに呼び出せる点に着目している (Bull, 2007)。人びとはその時々の気分や状況に合った音楽を選び、並び替えることで、自分が移動するパブリックな環境を変えることができるのである。制作者と消費者の境界も、オーディエンスがコンテンツに反応する機能が備わったことで、曖昧なものとなる。例えば、ニュースのウェブサイトに読者がコメントを残せる機能などがそうである。こうした技術の進歩は、受動的な受け手としてでなく、能動的なユーザーとしてメディアにかかわる者たちの地位を、さらに際立たせるのである。

4 おわりに
―― 手放しの賞賛？――

上述したエスノグラフィー研究は、人びとが自分の社会的背景やコンテクストとしてメディアを利用・理解する複雑な過程に焦点を当てる。そうすることで、程度の差こそあれ、メディアによって受動的に影響されるメディアユーザーという考え方から脱却しようとする。また、フィスクやド・セルトー以降、ユーザーの活動を、支配的秩序に対する文化的破壊行為として政治的にも重要だと見なす流れがある。これは、機能主義的で心理学的に方向づけられた、利用と満足の研究アプローチからの離脱を示すものである。しかし、なれ合いの意見の一致よりも文化的闘争を重視するこの傾向にもかかわらず、オーディエンスのエスノグラフィー研究の中には、批判を浴びているものもある。すなわち、消費者が自分自身の意味を作る力を手放しで賞賛している、というのである。この「能動的オーディエンス観」が極端になると、人びとにどんなテクノロジーやコンテンツが提供されようと、また誰がそれを提供しようと大差はな

い，ということになる。というのも，オーディエンスはどのみち自分なりの意味や利用法を編み出すはずだからである。

フィスクは権力や支配や均質化の影響に決まって言及するのであるが，あらゆる意味の最終的な生成をオーディエンスに委ねてしまったことで，その主張は業界や支配の構造にほとんど実質的な影響力を持たないものと思われる。フィスクや彼の考えに賛同する者たちによる状況の解釈は，支配と対抗との抗争よりも，対抗が常に勝利するのだという主旨であることは，ほぼまちがいない。ゴールディングとマードックに言わせると，そのような解釈は，「経済決定論者（すなわち，オーディエンスが操作されていると考える者）によって戯画化されたような，虐げられた人びとが，文化的欺瞞に反旗を翻す英雄に変身するという，ポピュリズム的な夢物語だ」ということになる（Golding & Murdock, 1991: 86）。

このようなアプローチでは，メディア産業がイデオロギーの（効果的な）道具となる可能性は，完全に封印されてしまう（Stevenson, 2002）。また，メディア産業の活動がなんらかの実質的な影響を引き起こすという考え方も同様である。そうなると，メディア産業はネガティブな影響を及ぼす怖れについて野放しにされることになる。さらにまずいことには，現在の営利主義的な構造も，消費者の創造性やエンパワーメントを促進するものとしてうっかりすると賞賛されてしまいかねないことになる。オーディエンスには選択眼が備わり，知識もあり，創造的かつ破壊的だと請け合ってしまうなら，所有の一極化，利益最優先，広告主の影響，オーディエンス獲得，その他ものもろの要素がメディアに与えかねない負の影響は，とるに足らないものとなってしまう。メディアに対する批判は，それを規制・改善しようという試みと共に，無駄なものになってしまうのである。

しかしながら，オーディエンスやユーザーについてのエスノグラフィー研究のすべてが，消費者に認める能力や作用の点で，徹底しているわけではない。多くの研究は，オーディエンスの活動と，メディア産業や社会構造が持つ影響とのバランスをとろうと試みる。また，特定のファン文化に注目する研究は，オーディエンスの創造性と破壊性に関する主張を，消費者全体にではなく，著しく熱心なオーディエンスだけに当てはめる（Jenkins, 1992）。もっとも，創造的なファンと受動的な一般消費者という区分自体がエリート主義だという批判

を受けているのだが（Hills, 2002）。

　総じて言えば，多種多様のエスノグラフィー研究は，個人やコミュニティの日常生活におけるメディアの意義について，貴重な示唆を与えてくれる。デジタル，オンライン，モバイルメディアの時代において，こうした研究を続けることはきわめて重要である。肝要なのは，他の研究方法にも言えるのだが，ユーザーについてのエスノグラフィー研究を，メディア利用にかかわる制約や限界を意識しつつ理解することである。そうした制約や限界は，テクストやテクノロジーやメディア産業や権力の構造に組み込まれているのである。

　やがて明らかになるように，本書は読者がバランスのとれた視点でメディアを理解するよう願っている。すなわち，テクノロジーの役割，産業の状況，コンテンツとユーザーを包含する視点によって，である。これらの要素のいずれかを偏重し他を顧みないと，歪曲された部分的な理解しか得られないであろう。

【課題と演習】

(1)　a）　人形を使った実験は，メディア内の暴力が社会に与える影響について，なにか示唆するものがあるか？　バンデューラらのアプローチの長所と短所を述べよ。

　　b）　内容分析とアンケート調査を組み合わせたガーブナーの研究は，メディアが犯罪と暴力に対して恐怖する態度を培養することを疑う余地もないほど証明する，と言えるであろうか？

(2)　a）　「二段階の流れ」のアプローチは，メディアの影響についての問題を理解するのに役立つか？

　　b）　自分なりに利用と満足の分類をせよ。カテゴリー化するにあたって，メディア利用の動機と機能をできるだけ多くあげよ。

　　c）　利用と満足研究はどのように批判されたのかを述べよ。

(3)　モーリーによる『ネーションワイド』の調査研究は，ホールの言う支配的読み・交渉的読み・対抗的読みのモデルを，どのように発展させているか？　ホールの方法の長所と短所を述べよ。

(4)　a）　「大衆文化は人びとによって作られるのであって，文化産業によって作られるのではない」というフィスクの言葉はどういう意味か？　この発言は正しいものであるか？

　　b）　フィスクのアプローチと利用と満足研究の違いはなにか？

(5) オーディエンスについてのエスノグラフィー研究は,メディアユーザーの創造性を手放しで称揚しているという危険を冒しているのか?

【読書案内】

Fiske, J. (1991a) *Understanding Popular Culture.* London: Routledge.[フィスク, J., 山本雄二訳(1998)『抵抗の快楽——ポピュラーカルチャーの記号論』世界思想社]
　消費者がテクストとかかわる際に能動的で時に破壊的な意味を生み出している,と論じている。

Gunter, B. (2000) *Media Research Methods.* London: Sage.
　メディアの影響に関する研究方法の概略を述べたもの。特に,心理学的方法と効果研究の方法を詳しく論じている。

Hall, S. (1993; 1980) 'Encoding, decoding', in S. During (ed.) *The Cultural Studies Reader.* London: Routledge: 90-113.
　メディアの過程をモデル化して提示。オーディエンスのさまざまな反応を述べたうえで,意味のエンコーダーとしてのメディア産業の役割を強調している。

Jenkins, H. (1992) *Textual Poachers: Television fans and participatory culture.* London: Routledge.
　熱心なテレビファンの習慣やアイデンティティについての古典的研究。

Katz, E., Blumler, J. and Gurevitch, M. (2003; 1974) 'Utilization of mass communication by the individual', in K. Nightingale and A. Ross (eds) *Critical Readings: Media and audiences.* Maidenhead: Open University Press.
　利用と満足研究の発展に携わった著者らによる論考。

第Ⅱ部

メディア・権力・コントロール

第6章 メディアが操作する？
―― マルクス主義とイデオロギー

> **主要なポイント**
> - 大衆の無知と享楽を先導するメディア
> - メディアコンテンツにおける支配的意味の解明とそれに対する批判
> - メディアにおける商業主義イデオロギーの事例研究
> - 文化帝国主義論とイデオロギーの世界的流布
> - マルクス主義に対する文化的アプローチと政治経済的アプローチとの違い

1 はじめに

　メディアと社会の問題に対するマルクス主義のアプローチは，次のような考え方をする。すなわち，現在広く行き渡っている社会・経済秩序は搾取を促すものであり，メディアはこの体制の不可欠な部分を形成する。両者は共謀し，支配層のイデオロギーに染まったコンテンツによって，富裕かつ権力を有する者たちの利害を反映・強化する。本章では，メディアをイデオロギーと捉えるマルクス主義の考え方に焦点を当て，メディアに対する批判的アプローチを検討していこう。

　初期フランクフルト学派やヨーロッパのカルチュラル・スタディーズや批判的政治経済学といった，ネオ・マルクス主義の重要なアプローチを検討するに先だって，まずはマルクスその人の思想の紹介からはじめよう。さらに，さまざまなマルクス主義的アプローチの間に見られる論争と，それらの見解の前提となっているものへの批判についても検討しよう。

第Ⅱ部 メディア・権力・コントロール

　マルクス主義のアプローチは、第5章で検討したメディアユーザーの問題に関する見解の多くと対照をなす。この点は重要である。特に対照的なのは、機能主義的な利用と満足の視点およびカルチュラル・スタディーズである。どちらもオーディエンスを破壊分子と捉えるが、頼もしいことに、メディアユーザーを自らの運命を支配する行為主体(エージェント)とも描く。一方、メディアがオーディエンスを形成するという考え方を支持する一連の効果研究も、ある刺激（広告や政治運動）の直接的影響の計測や、暴力などの「問題ある」特徴が長期的にもたらす影響を明らかにすることを重視する傾向があった。

　スチュアート・ホールによると、こうした見方は影響の多様なディテールに着目するという意味で、多元主義的である（Hall, 1982）。だが、メディアによる操作の問題を見落としており、既存の権力体制や、それを強化するメディアコンテンツの役割についての批判的分析を示していない。言い換えると、こうしたアプローチは、おおむね次のことを前提にしている。すなわち、現在の体制とは本質的によきものであり、問題のある極端な例を除けば、現体制が効率的に機能するうえでメディアは重要な構成要素となる、ということをである。これに対し、ホール自身のものを含めたマルクス主義的アプローチは、資本主義体制を拒絶し、メディアを支配的イデオロギーの片棒を担ぐものと見なす。

2　マルクス主義とイデオロギー
――基本知識――

　カール・マルクスの複雑きわまる理論をここで手際よくまとめるのは不可能だが、その資本主義批判の基本原理を確認しておくことは大切である。その後このアプローチが、メディア理解の手段としてどのように展開したかを知るためにである。

　マルクスは、資本主義を特徴づけるのは、少数だが全能の階級集団（ブルジョアジー）による富と財産の所有と、富を持たない大多数の者たち（プロレタリアート）への搾取である、と考えた。資本主義体制は、生産手段（工場・機械）を支配するブルジョアジーの権力を持続させ、富を生み出すモノを製造するために雇われるプロレタリアートの隷属を確固たるものにする。こうした労働者

は疎外されている。なぜなら，生活の多くの部分をモノの製造に費やしながら，肝心のモノはブルジョアジーの雇用者によって奪われて売られるのだから，とマルクスは論じる。

　労働者たちは，自分たちの労働の目的や所産を思うままにできず，彼ら自身が商品の地位にまで引き下げられる。彼らの労働は利益を得ようと目論むブルジョアジーに売られていく。プロレタリアートが自分の生活を捧げて製造したモノを所有するには，賃金をブルジョアジーに払い戻し，そのモノを購入するしかない。

　マルクスの思索は続く。資本主義はこの階級関係によって定義される。ブルジョアジーの権力はプロレタリアートの搾取の上に成り立ち，プロレタリアートは自分たちの労働をブルジョアジーに売れば売るほど，彼らの〈疎外〉と隷属は進行する。では，なぜプロレタリアートはそうした搾取に堪え忍んでいるのか？　マルクスの回答は，支配的な経済関係（これを彼は生産様式と名づけた）と，文化・政治・観念の領域についての，彼の唯物論的アプローチを反映したものである。

　マルクスは，ある社会の支配的な思考方法は，一般的な生産様式と支配階級の利害を常に反映する，と考えた。この点を，1859年に次のように記している。「物質生活の生産様式は，生活の社会的・政治的・精神的過程の一般的特徴を決定する」(Marx, 2000: 67)。これが示唆するのは，資本主義的経済関係には，それに応じた支配的な文化的価値・観念・信念──言い換えれば，イデオロギー──が伴う，ということである。この支配的イデオロギーの流布は，（家族・政治体制・宗教などの制度を通じて）プロレタリアートに自分たちが置かれた状況を受け容れるように仕向けることで，イデオロギーが由来する物質的状況を支える。もっと具体的に言うと，イデオロギーは〈虚偽意識〉を助長し，資本主義的枠組が歴史的に規定され，可変的なものではなく，当然で不可避なものと映るように反転させる。それによって，労働者たちに自分たちの搾取された状況の本質を見えないようにしている。例えば宗教は，人口に膾炙しているように，「人民にとっての阿片」となる（Marx, 1844: 序文）。すなわち宗教は，労働者たちの人為的・歴史的に規定された状況を，不可避で神の意志によって引き起こされたものだと示すことで，労働者の痛苦を和らげるための鎮痛剤とな

るというのだ。

　周知のようにマルクスは，プロレタリアートがいずれは自分たちの虚偽意識を克服し，資本主義体制を打倒する，と予言した。そうしたプロレタリアート革命が世界の大部分の地域で起こらなかったことは，20世紀に出現したさまざまな〈ネオ・マルクス主義〉諸派にとって，重要な論点であった。ネオ・マルクス主義者にとって，もう1つ重要な出来事は，マスメディアの急成長であった。これには，マルクスが19世紀に宗教に付与したのと同じくらい，重要な役割が与えられることになったのである。

3　大衆を欺く文化産業

　メディアをネオ・マルクス主義的に分析するうえで重要な役割を演じたのが，フランクフルト学派と呼ばれる思想家たちである。彼らは1930年代にナチス政権下のドイツを逃れ，主にアメリカでその仕事を完成させた。ファシズムの台頭は，テオドール・アドルノ，マックス・ホルクハイマー，ヘルベルト・マルクーゼといった学者の仕事に影響を与えたが，彼らの主たる関心は，西洋における資本主義の勝利にあった。ロシア革命は言うに及ばず，二度の世界大戦，ゼネスト，30年代の大恐慌といったさまざまな危機を，資本主義は乗り越えたのだ。こうした危機にもかかわらず，資本主義は発展・繁栄し，その論理はしっかりと植え込まれた。そのためアメリカのような国々では，労働者階級の抵抗がおおむね消失したかに見受けられたほどである。

　いずれは打倒されるとマルクスが予言した資本主義体制が，絶え間なく成長した結果，自由かつ想像力に溢れ創造的に（フランクフルト学派に言わせると，「人間らしく」）個人が思考・行動する能力は，苛烈ですべてを取り込む資本主義のメカニズムに粉砕されつつある。人びとは，体制の歯車や滑車にまで〈物象化〉される。精神が拡張され，人間存在の状況が改善するとした高貴なる啓蒙の理想はついに実現しなかった，と考えられた。理性と合理性は，人間を解放するのではなく，資本主義の経済関係に組み込まれ，効率性・収益性・操作性を最大限に高める実用主義的・道具主義的論理を取り込んだ。これは，批判的思考・創造性・人間の主観性を窒息させるものであった。フランクフルト学

派の研究者たちは，人びとがどのようにしてそうした物象化を甘受するに至ったかを解明しようとして，消費主義とマスメディアのイデオロギー的役割に目を向けたのである。

　マルクスはイデオロギーを，資本主義の諸関係から生じた観念の識別可能な集合と見なしたが，フランクフルト学派はメディアと文化のイデオロギー的役割を，あらゆるものに浸透するもの，と考えた。アドルノとホルクハイマーは，彼らが言う〈文化産業〉の台頭に言及しつつ，あらゆるものがそうであるように，人間の表現と創造性が資本主義の論理に取り込まれ，その道具化・合理化という苛烈な過程に屈服した，と論じた (Adorno & Horkheimer, 1997)。彼らの観点からすれば，純粋な形での芸術とは，創造性・自由・批判的思考といった，人間の主観性をめぐる大切なものすべてを表象するのである。

　しかし，資本主義体制下では，芸術は大衆向け商品となり，市場に並ぶさまざまな製品とほとんど変わるところはない。アドルノは，文化が芸術家とオーディエンスを結ぶ創造的で社会的な関係であることをやめてしまい，金銭と交換されるような，名もない消耗品にまで物象化された，と考えた。マルクーゼはこの点でさらに踏み込み，そうした製品の皮相な魅力が労働者の心に〈虚偽のニーズ〉を生じさせる，と論じている (Marcuse, 1964)。こうして無意味かつ皮相な消費の魅力が，体制のためにさらに懸命に働く動機となり，他方では，本当のニーズ（それには抑圧からの自己解放と，個人として成長・活躍することが含まれる，とフランクフルト学派は考えた）から人びとの目を逸らすのである。文化の消費から得られる一時的な解放感は，消費者をいっそう資本主義のメカニズムに組み込んでいく。

> 本当のニーズと虚偽のニーズとを分けることができるだろう。「虚偽のニーズ」とは，ある社会的利害が個人を抑圧する中で，その人物に植えつけるニーズのことである。……それらがもたらす満足は，個人にとっては非常にありがたいものだが，この幸福感は……全体の病理を見きわめ，治癒の機会を捉える能力の発達を阻む。その結果が，不幸の中の多幸状態である。(Marcuse, 1964: 4-5)

フランクフルト学派は，文化産業の製品のコンテンツも微に入り細に入り批判する。それらの製品が，利益を最大限に高めようとした結果，完全に画一化されてしまう，というのである。製品がどんなものであるかあらかじめわかってしまうため，消費の過程は魅力的であったり創造力を刺激されたり自立した思考を促したりすることはなく，単純・反復的・努力を要しないものになってしまう。アドルノは，そうした製品がほとんど労せずに消化できるよう加工されていることから，ベビーフードに例えられる，と述べた（Adorno, 1991）。「オーディエンスには自立した思考を一切期待してはならない。製品があらゆる反応をあらかじめ規定しているのだ」と，アドルノとホルクハイマーは解説する（Adorno & Horkheimer, 1997: 137）。

アドルノは，その最もよく知られた事例研究において，ポピュラージャズのヒット曲がどの曲も見分けがつかないほど構造が似通っていて，ある曲の一節を別の曲の一節と差し替えることも可能なほどだ，と論じている。曲のそうした構成部分は，それを耳にする聴き手と同様，取り替えのきく歯車に過ぎないと見なされ，いかなる意味も意義も持たない。アドルノは「複雑にしたところで，なんの意義も生まれない」と言う。なぜなら，「どんな逸脱が起こったとしても，ヒット曲は例の馴染みある体験へと回収され，根本的に斬新なことはなに１つ導入されない」（Adorno, 1990: 256）からである。アドルノによると，こうした画一化は，リズムへの隷属や自己感情の逃避的発露が中心を占める，知性不在の音楽鑑賞という結果をもたらす。

音楽に当てはまることは，他のメディア形式にも同様に当てはまるとされる。ポピュラー音楽で，「実際に音楽が流れ出す前に，全体がすでに提示され受容されている」（Adorno, 1990: 257）のだとしたら，ハリウッド映画でも，「映画がはじまるや否や，結末はどうなるか，誰が報われ，誰が罰せられ，誰が忘れ去られるか，はっきりしている」（Adorno & Horkheimer, 1997: 125）。

さまざまなメディアに見られるもう１つの重要な現象が，〈疑似個性化 pseudo-individualization〉である。すなわち，画一化された商品が，差別化の幻想を伴って提供されることである。この幻想は，画一化された映画のプロット内の意外な展開といった形や，型にはまった歌の中のオリジナルなフレーズといった形をとることもある。また，疑似個性化は，例えばアーティストが独

自のイメージやアイデンティティを形成することで，個性的なスタイルを確立したかのように見受けられる場合にも関係することがある。アドルノは，この見かけ上の違いこそが，人びとに画一化を受け入れさせるのだ，と考えた。「文化における集中と操作は，まさにその発現の中に自らの姿を覆い隠す。姿が見えるようでは，反発を招くのである」(Adorno, 1990: 307)。

このように，フランクフルト学派の主張は，道具主義・合理性・物象化が支配する社会経済体制の網の目に，メディアと文化が囚われている，というものである。これがもたらすのは，文化表現の産業化である。その魅惑的で画一化された姿が人びとの精神を麻痺させ，彼らの自立的な思考能力を破壊し，自分たちの疎外性を真に解消するものから目を背けさせる。文化産業は大衆を体制に組み込むチャンネルとして機能し，大衆による対抗の実現性に終止符を打つ。

エリート主義は支持されない？

私の学生の多くは，フランクフルト学派のアプローチに即座に反発する。とりわけ自分たち学生も，加工された文化テクストによって麻痺し盲目にされた，知性不在の消費者に含まれるという示唆には，猛反発する。一般人の文化嗜好に対する恩着せがましい攻撃だとして，不快感を示す研究者も多い。

とはいえ，そのアプローチをただちに打ち捨てるのは，考えものである。その主張の多くが，現代のメディアと文化に驚くほど的確に当てはまるからである。実際，フランクフルト学派が明らかにした文化の商品化が今日では当時よりずっと拡大したことは，衆目の一致するところであろう。フランクフルト学派の文化批評をうまく適用できそうな文化作品の例が，枚挙に暇のないことは確実である。

例えば，現代のポピュラー音楽の大部分が，目新しくもなく，画一化された構造を持ち，歌詞のテーマ，スターの育成，パフォーマンスの構成が型にはまったものになっていることには，ほとんど異論を挟めまい。疑似個性化の考え方も，然りである。われわれは数多くのテレビ番組や映画を目にするが，その基本的なストーリーと構造は極端に似通っている。にもかかわらず，それらのテクストが他とは相当違うとかオリジナリティがあるかのように，考えたり話したりする場合が少なくない。同様に，パソコンやiPodに入っているさまざ

まな曲・バンド・ジャンルをめぐっても，われわれは熱く語るのだが，実のところそれらの音楽は，曲の構成，歌詞のテーマ，パフォーマンスの方法という点で著しく似通っているのである。

フランクフルト学派は，文化消費主義の魅惑と，それがもたらす刹那的で皮相な快楽とに着目した。この点も，控えめにみても，半世紀以上前と同じくらい，いまなお当てはまりそうである。社会が変化するにつれ，理論は急速に時代遅れになるものだが，この場合に限っては逆のことが言えそうである。

しかし，だからといって，フランクフルト学派の仕事が大きな問題を抱えていないわけではない。彼らの方法の多くの部分は，人間性の本質的条件が個人の自己決定力・想像力・創造力に関係している，という信念をよりどころとする。労働の人間的価値を唯物論的に重視したマルクス（こちらも疑わしいところがあるのだが）とは違って，この理想主義的なフランクフルト学派の前提には，議論の余地があるし，曖昧なところもある。自己決定力と創造的主観性が本当に人間らしいものだと，どうして言えるのだろうか？　なにが創造的だとか人間的であって，なにがそうでないと，誰が決めるのか？　マルクーゼを例にとると，どういう類いの「ニーズ」や快楽が，他のものよりホンモノで純粋だと判断できるのか？　その根拠はなにか？　フランクフルト学派は人間生活が〈どのようにあるべき〉と考えているのだろうか？　これらを確認しないことには，彼らの資本主義批判を鵜呑みにはできない。

フランクフルト学派が大衆文化を否定したことは，今日のメディア文化のさまざまな例にも示唆を含むが，当時としてもおそらく一般化のし過ぎであったろう。ましてや，より複雑化・細分化・双方向化した今日のメディアに適用するのは，明らかにやり過ぎであろう。フランクフルト学派は，文化産業のあらゆる製品に画一的だというレッテルを貼り，さまざまな派生製品も疑似個性化だと断じた。そうすることで彼らは，時として利潤の追求が，イノベーションと差別化を促す可能性もあることを過小に評価した。消費者が膨大なコンテンツに即座にアクセスできる多チャンネル・テレビと iTunes が幅をきかす文化にあって，フランクフルト学派の言説は，数の多さが必ずしも多様性を意味しないことを，的確に示している。だが，文化産業の製品間にはなんの違いも見られないという主張は，やはり受け容れがたい。

フランクフルト学派は文化の産業化を強調するが、文化を生産・配信する機関が実際にどのように機能するかについて、彼らはほとんど分析を行っていない（Thompson, 1990）。そうした分析をしていたのなら、彼らが示唆した傾向をしっかり証明できたかもしれない。しかし、もし分析していたならおそらくは、動機・意思決定の手順・機能の仕方が、彼らの予想よりもずっと複雑なことを明らかにしたのではないか。また彼らは、大衆文化がオーディエンスに好ましからざる影響を与えるという主張について、根拠を示していない。大衆文化のコンテンツに関する彼らの評価は、時に詳細に示されはした。しかし、そうしたテクスト分析から、オーディエンスがどのように反応するかについて確信に満ちた結論を引き出すのは、たいへんな飛躍である。ジョン・トンプソンが言うように、「ホルクハイマーとアドルノは、文化製品自体から、それがもたらすものを読み取ろうとする」（Thompson, 1990: 105）と言うことができる。

さらに言えば、大衆文化が普遍的に通用するというフランクフルト学派の確信は、彼らが〈自分たち自身〉に付与している批判能力とは矛盾するきらいがある。彼らは一方では、すべての人びとが資本主義体制と文化産業の非情なメカニズムの網の目に捕らえられ、自立した思考能力や批判能力を粉砕されている、と主張する。だが他方では、体制の機能の仕方を見通し、常人とは違う方法で文化製品に対処する特殊能力が自分たちには備わっている、と主張する。そんなこともあって、フランクフルト学派は本質的にエリート主義だ、と批判を浴びることになった。一般人には欠けている洞察力と嗜好とを自分たちは持っている、とするからである。

4　イデオロギー的意味

トンプソンは、こう考えた（Thompson, 1990）。フランクフルト学派はイデオロギーという観念を「社会的セメント」として提示する、と。文化産業は、特定の支配的観念を喧伝し、現状維持を支持するよう人びとに働きかけるのではなく、彼らの批判的・自立的な思考能力を完膚なきまでに粉砕することで、人びとを体制に直接結びつける、というわけである。しかし、イデオロギー的目的に適うと見られる見解・意味・表象様式のメディアテクストを通じ、その喧

伝の過程を明らかにするべく努力を傾注した研究者もいたのである。

マルクスの唯物論を超えて

　メディアコンテンツ内には，そうしたイデオロギー的メッセージが存在する。このことを批判しようとした動きは，マルクスの唯物論への挑戦に基礎を置く。マルクスによれば，観念領域はある社会の物質的状況を自動的に映し出す。思想家がどんなにイデオロギーを示そうと，あるいは観念領域でどんなにあがこうと，プロレタリアートは虚偽意識から逃れられない——これがマルクスの見解であった。支配的観念を変えるには，経済体制を変えねばならず，その逆では駄目だ，とマルクスは考えたのである。

　こうした決定論的姿勢は，ルイ・アルチュセールでは軟化している（Althusser, 1971）。アルチュセールによれば，経済的基盤が「最終的には」文化と観念を決定づけるのだが，それでも後者は「相対的自律性」を持つ。経済体制は，自らが存続し再生産するために，〈国家のイデオロギー的諸装置〉によって，支配的思考を操作する。国家のイデオロギー的諸装置とは，宗教・学校・家庭などと並んで，メディアも包含するカテゴリーである。しかし，〈相対的自律性〉の原理により，こうした領域でもある程度の多様性・不協和・抗争が生じ，支配的イデオロギーが脅かされる可能性が開かれる。よって，状況さえ許せば，文化も観念も，物質的ないし経済的な体制とは切り離された形で変化しうることになる。

　アルチュセールに先行すること数年，アントニオ・グラムシがその著作において，文化と観念の領域内での自立的闘争と変革の重要性をさらに踏み込んで強調していた（Gramsci, 1971）。グラムシは〈ヘゲモニー〉という用語を生み出した。この用語は，支配的政治集団の利害に資する世界理解の方法が，当然視され，優位の立場を獲得することを指す。グラムシはこう主張した。支配層はその経済的・政治的に優位な立場を保つために，文化と観念の領域で優勢となって，ヘゲモニーを掌握しなければならない。だが，市民社会は支配者の利害に自然に屈服するのではない。ヘゲモニー的観念と反ヘゲモニー的観念との葛藤に，市民社会の特徴がある，と。

　支配層は，資源を自由にできるので，すこぶる有利な立場にある。だが，グ

ラムシによれば，ヘゲモニーの維持は常に脅威に晒されている。現行の体制が維持されるか，それとも転覆されるかは，あらかじめ経済的・物質的状況によって決定されているのではない。人びとの日常的良識への影響力を勝ち取ることが，きわめて重要となるのだ。そして，広義の知識人が，そうしたイデオロギー的闘争で重要な役割を演じる，とグラムシは説く。

総じて言うなら，グラムシとアルチュセールは，メディアコンテンツ内での支配的観念を暴き，それに挑むことで，社会学者自身が社会変革に役割を果たす可能性を開いたのである。

メディアはグラムシが示した，意味をめぐる闘争の主戦場となる，とスチュアート・ホールは考えた。第5章で見たように，オーディエンスの中には，メディアテクストにエンコードされたメッセージを鵜呑みにしない者たちも存在するとホールは認識している。しかし，だからといってホールも，ヘゲモニーを確立するうえでメディアが非常に効果的な手段であることを，認めないわけではない。なかでもテレビは強大だ。なぜならテレビは，公正な「世界の窓」として視聴者の前に鎮座し，イデオロギー的表象を客観的かつ当然のものとして映し出すからである (Hall, 1982: 75)。メディアの語り口は，意図的に偏向しようとそうでなかろうと，支配者の利害に奉仕する枠組や前提からはずれることはまずない，とホールは考える。彼によれば，「放送局は，自分たちが依って立つ枠組や分類が社会のイデオロギー装置を再生産している事実に気づいていない」のである (Hall, 1982: 72)。

ニュースの送り手たちの努力にもかかわらず，経済危機や，経済ないし「国益」を損ねる労働争議を伝えるニュースは，常識的・イデオロギー的前提を発動させる。曰く，資本主義の強化はよいことだ。曰く，この体制の効率的運営と存続がわれわれのためになる。曰く，われわれはみな国家と一体化すべきだ，などなど。

ホールはまた，支配体制が自身を脅かすものに直面した際，どのような反応・対応をするかに焦点を当てる。『ポリシング・ザ・クライシス』(Hall et al., 1978) でホールらは，70年代の暴力犯罪がセンセーショナルかつ人種差別的に報道され，体制に対するさまざまな脅威に直面したヘゲモニーを再び体制化するのにひと役買った，と論じている。そうした脅威には，反逆する若者たち

のサブカルチャーやモラルの低下といったものがある。報道は「路上強盗」に焦点を当て，人種的マイノリティを非難し，社会が制御不能になっているというもっと一般的な話題を引き合いにした。これが，サッチャリズムという新たな政治体制の露払いとなった。脅威に適応・反応することによって，ヘゲモニーは再生したのである。

　ロラン・バルトの記号論への貢献は第4章で詳細に論じたが，彼はメディアテクスト内のイデオロギー的メッセージを脱構築する流れを形成するうえでも大きな役割を果たした。バルトは「神話」に言及しながら，記号論が特定のテクストのバラバラな分析にとどまらず，テクスト内に潜む世界理解の方法が繰り返し発動・強化されるさまを明らかにすべきだ，と主張したのである。

　バルトは，自分が大きな影響を与えたホールと同様に，イデオロギーが「歴史を自然へと変形」(Barthes, 1972: 179)すると示唆した。すなわち，神話の流布は歴史的に規定されたものに過ぎないのに，イデオロギーがそれをまるで自然かつ不可避なものと見せかける，と考えたのである。消費主義に関係する神話の機能が，バルトの主要な功績の1つであり，イデオロギー的なメディアコンテンツを分析する後続の研究者たちの論点でもあった。では研究者たちは，メディア内のイデオロギー的意味の働きを，どのように解明しようとしたのか。事例研究を用いながら解説してみよう。

事例研究——消費主義の神話

　現代の文化は，消費主義と商品の魅力を喧伝するメッセージに溢れている。街をひと回りすれば，看板，店頭・店内のスクリーン，バスや電車の内外，その他あらゆる場所で，広告を目にすることになるだろう。映画館に行こうとカフェやバーに行こうと，広告が途切れることはない。広告は，職場や教育機関でも，1つの風景になっている。多くの人びとが，新聞・雑誌・ネット接続の携帯電話・ポータブルゲーム機をカバンやポケットにしのばせ，さらなる広告を携行している。

　自宅に戻った「プライベートな」時間でも，テレビ・ラジオ・ゲーム機，そしてもちろんインターネットを通じて，広告攻めにあう。インターネットでは，SNSを使っていても，オンラインニュースを読んでいても，Eメールやイン

スタントメッセンジャーを使っていても，広告に晒されることになる。時には消費者自身によって，口コミの形で「バイラル広告（商品やサービスのプロモーションメッセージなどを，インパクト・話題性のある内容で興味を集め，口コミ効果で多くの人に伝達させる手法のこと）」が広まることさえある。

　研究者たちは，広告がイデオロギー的メッセージを伝える方法を，明らかにしようとしてきた。彼らの関心は，広告が売り上げにつながったか否かよりも，それが支配的な前提を利用・強化する過程にあった。

　ダグラス・ケルナーによれば，そのような共有された意味の中核にあるのは，購買・消費は希求すべきものであり，われわれひとりひとりのアイデンティティはなによりもまず消費者としてあり，幸福や達成感を得るにはできるだけたくさんの商品を買うべきだ，といったものである（Kellner, 1995）。この潜在的なメッセージの執拗さによって，消費による社会の成員としての立場や人間としての達成感といった観念は，その胡散臭さにもかかわらず，「常識」という地位を獲得する。これにより，人びとは懸命に働いて消費力を向上させ，資本家は富の蓄積を最大限に高めて物質的支配を維持する。その結果は，現行の資本主義的社会秩序に有利に働くことになる。

　ケルナーの広告分析は，ジュディス・ウィリアムソン（Williamson, 1995）といった研究者と同様に，製品に付随する〈象徴的価値 symbolic value〉のイデオロギー的役割を特に重視する。例えば衣類の販売であれば，アパレル会社は暖をとるといった〈使用価値 use value〉によってのみ売るのではなく，製品を文化的な望ましさの象徴として仕立てあげることに力を入れて宣伝する。例をあげるなら，「流行の最先端」「堂々としている」「粋な」「洗練された」「若々しい」「自立した」「過激な」などのコンセプトが，そこには散りばめられている。したがって広告主は，記号を慎重に配し，製品を何らかの人間的価値と結びつけ，消費者に対し，これを買えばあなたにもそうした価値が備わるのですよ，と仄めかす。彼らがわれわれに，ただモノだけでなく，アイデンティティをも買う機会を示しているのだ。このことをウィリアムソンは，「彼らはわれわれに，われわれ自身を売りつけているのだ」と，表現している（Williamson, 1995: 13）。

　ケルナーはタバコの広告分析を通じて，コマーシャルの象徴的価値の働きを

例示している。マルボロはカウボーイの象徴を用い、マルボロを吸うことと、伝統や無骨な男らしさとを結びつける。一方、バージニアスリムの女性指向の宣伝は、製品を女性の解放・自立とに結びつけようとする。後者の場合、女性の喫煙が顰蹙（ひんしゅく）を買っていた過去の表象が、自信に溢れ、魅力的で、大胆なファッションを身にまとい、それゆえ「解放された」今日のバージニアスリム・ウーマンと対比される。とどめは、「お嬢さん、長い道のりを越えてきたんだね You've come a long way baby」というコピーである（Kellner, 1995: 336）。

　化粧品の広告も、女性解放のコンセプトに製品を結びつけてきた。例えば2001年の資生堂の化粧品広告は、念入りかつ芸術的にメークした女性の顔と、「過激であれ Be Radical」や「エンパワーリング Empowering」などのキャプションを並べ、ブランドを個性・大胆さ・女性の自立といったコンセプトとに結びつけている。政治的進歩性とのこうした象徴的な結びつきは、著しくイデオロギー的な役割を演じていると言えるだろう。すなわち、エンパワーメントや過激性といった理想主義的コンセプトを取り込み、それによって現状改革や政治改革を匂わせるのではなく、ある銘柄のタバコを吸ったり、あるブランドの化粧品や香水を身につけることで、それらは消費者が獲得しうる属性になるのである。

　こうした広告は、幸福と解放の主要な手段として商品を提示する中で、それらの商品の製造が資本主義的搾取を前提としていることを覆い隠す。この点は重要である。バルトは、フランスにおいてワインが至福の飲み物として文化的に構築され、それを消費することが偉大な国家への帰属を象徴すると分析した（Barthes, 1972: 61）が、この種の神話によって、フランスのワイン消費が依存する生産関係の疎外が隠蔽されてしまうことを、われわれに思い起こさせる。

　すなわち、広告の持つイデオロギー的メッセージの一端は、〈物神崇拝 commodity fetishism〉である。これは、商品をその製造された社会状況から象徴（シンボル）として切り離すことをいう。物神崇拝のさまざまな例には、ブランドのグローバルな展開を分析したナオミ・クラインが焦点を当てている（Klein, 2000）。とりわけ個人の人間的成長と卓越性というイメージを作るために莫大な投資をしたナイキの例は圧巻である。欧米の消費者は高い代価を支払ってそうした象徴性を買うように誘導される。一方、製品の多くが製造される途上国の工場の搾

取的な状況は，不可視なものとなる。

　とはいえ，消費主義のイデオロギーが見られるのは，広告だけとは限らない。広告主を募りたいという思いもあろうが，消費神話の普遍化の結果，雑誌・ニュース・テレビ番組・映画・ポピュラー音楽，その他あらゆるメディアが，「買って買って買いまくれ」と煽り立てる。例えば，イメージチェンジ番組やリフォーム番組では，個人の外見や家屋や庭が，適切な消費財を購入し組み合わせることで，がらりと姿を変えるさまが描かれる。そうした変身ぶりを，個人の幸福や達成感と結びつけて語るのが通例となっている。「達人」「匠」といった専門家のやり方に必ずしも賛同するわけではないものの，細々としたことをめぐる議論で番組は面白くなる。だが，ここに潜むメッセージは，われわれは皆，消費を通じて生活やアイデンティティを定期的に更新すべきだ，というものである（Redden, 2007）。

　むろん，その他の例も枚挙に暇がない。さまざまなメディアテクストに浸透するセレブ産業は，消費主義のファンタジーやユートピアとでもいうべきものを，われわれに示す。そこには，そこかしこのコラムで取り上げられる衣服・宝石・化粧品・車を所有する，とてつもなく魅力的で成功した，裕福な人びとが住む（Marshall, 1997）。その魅惑は，頻繁にセレブをCMに登場させることで，消費者に製品を売りつける直接的な手段として利用される場合が少なくない。もちろん，セレブ報道の全部が肯定的なわけではないし，彼らのファッションのミスマッチや奇矯なふるまいが好奇の目で見られることもしばしばである。しかし，そうした「失態」は，消費神話の熱を冷ますどころか，セレブにとってもわれわれ一般人にとっても，どしどし消費することが紛れもなく重要になっていることを示すのである。

5　政治経済とイデオロギー

　イデオロギー研究者のアプローチには，メディアコンテンツにおける支配的意味の解明を目的とするものがある一方で，他方にはメディアの所有や統制の商業的構造を重視するものもある。第3章で見たように，批判的政治経済学は，フランクフルト学派が説明しきれなかった文化産業の働きを，詳細に分析しよ

うとする。その方法は，ネオ・マルクス主義のフランクフルト学派やアルチュセールやグラムシの方法からいくぶん跳躍し，マルクス自身の功績を唯物論的に取り入れようとするものだ。批判的政治経済学の提唱者たちは，彼らがマルクス主義への文化主義的アプローチと見なすものに対し，批判的である。彼らから見ると，そうしたアプローチは，文化と観念の領域を過大に評価し，メディアコンテンツを経済的・文化的関係から切り離して研究することがあまりに多い（Golding & Murdock, 1991）。これに対し批判的政治経済学者は，富と権力を保有する者たちの経済支配と，それが所有や影響力や観念の普及・統制へと変じていく過程に着目する（Murdock & Golding, 1995）。すなわち彼らは，知的抗争の場としての意味を重視する文化主義的立場を廃し，メディアの制作・統制（コントロール）の中心にあるのはイデオロギーだという，唯物論的立場をとる。

マニュファクチャリング・コンセント

グラハム・マードックやピーター・ゴールディングの著作と並んで，このアプローチの最も知られる例が，エドワード・ハーマンとノーム・チョムスキーの『マニュファクチャリング・コンセント』（Herman & Chomsky, 1998）であろう。この書では，企業によるコミュニケーション手段の支配により，資本主義的秩序に対する継続的批判の余地はほとんどなくなった，と論じられている。メディア組織の5つの「フィルター」が明らかにされ，そのいずれもがコンテンツの反イデオロギー的表現を不可能にするという。

第1のフィルターは，メディアや文化機関の所有とその利潤指向である。メディアがひと握りの非常に有力な企業によって支配されていることは歴然としていて，これらの企業は競争している場合が多いのだが，企業としてのその立場が同じであるため，政治的関心も共有している。特筆すべきは，そうした企業がそれぞれ，グローバルな資本主義自体と，利益の最大化をもたらす政府の活動とから，恩恵を蒙っている点である。したがって企業が，自分たちの営利行為を規制する法律に賛成したり，資本主義体制やそれを維持する者たちに疑念を投げかけるようなコンテンツを好んだりするとは考えにくいのである。

第2のフィルターは，広告主との関係である。こうした広告主の多くも大規

模な営利企業であり，規制緩和されたグローバル資本主義の推進という点で，メディア企業と利害を共有している。広告主は，資本主義の現状に批判的だったり，トラブルを招きそうな企業活動（例えば，メディア企業にそうしたコンテンツを除外するよう圧力をかけること）を暴くコンテンツに熱意はないであろう。概して言えば，広告主は軽めで楽しく皮相なコンテンツを好む。なぜなら，そうしたコンテンツにより，オーディエンスが広告を肯定的に受け容れるからである。

　第3のフィルターは，潤沢な資金を持つ有力なもろもろの集団が，メディアに及ぼす広範な影響力に関するものである。そうした集団には，政府・主要な政党・圧力団体・大企業の利益団体などがあり，資金と政治力を駆使してメディアに流れる情報を操作しようとする。彼らは，記者会見・情報開示・ディスコース・映像・ジャーナリストとの持ちつ持たれつの関係などによって，メディア産業に偏った影響力を行使する。

　第4のフィルターは，反イデオロギー的メッセージをメディアが伝達することへの集中攻撃である。まれにそうしたメッセージが第1から第3までのフィルターをすり抜けた場合，件のメディアは裁判に訴えるぞと脅されたり広告主が離れたりするだけでなく，強烈な批判を浴び，烙印を押されることになるであろう。

　この第4のフィルターに密接な関係にあるのが，第5のフィルターである。これは，アメリカ社会を支配する反共主義からなる。冷戦時代のアメリカの敵国をめぐる批判的コンテンツを思わせる空気によって，そうした内容がメディアに登場することはいっそう抑制される，とハーマンとチョムスキーは論じている。最近のアメリカでは，その集中攻撃は「反アメリカ的」というロジックの形をとった。2000年代初頭，ブッシュ政権に反対する者には，決まってこの言葉が浴びせかけられたのである。2003年には，BBCがFOXニュースの司会者から，イラク戦争の報道に関して同様の批判を受けた。

　ハーマンとチョムスキーによれば，5つのフィルターが協働すると，メディアは現状の利害を反映する文化イデオロギーに，完全に支配されることとなる。

文化帝国主義とイデオロギーのグローバル化

　批判的政治経済学の影響は，メディアと文化のグローバル化に対するマルクス主義的アプローチに顕著である。マーシャル・マクルーハンは，かつてバラバラだった諸文化がテクノロジーの力を借りて相互理解を推進するという〈地球村〉の概念を提唱し，楽観的な議論を展開した（第2章参照）。これに対し，〈文化帝国主義論〉は，文化のグローバル化を，富める国々に本拠を置く有力な資本主義の利害に支配された，不均衡な過程と捉える。グローバルな通信技術の発達もあって，メディア・文化産業は費用を最小に，利益を最大にという動機に突き動かされ，国境を完全に越えた形で活動する。

　グローバルに活動すれば，大企業は物資と労働力の〈供給〉を最大化し，同時に最も安いものを選べば，費用を最小化できる。ハイチの工場と契約すればずっと安い人件費でブランド衣料を作れるのに，どうしてわざわざアメリカで作る必要があるだろうか（Klein, 2000）。文化帝国主義論の観点からしてさらに重要なのは，企業が文化製品を世界中の消費者に売り込むことで，自社の製品やサービスへの〈需要〉を最大化することである。企業の成功と成長には，国際市場を最大限に搾取することがかくも重要なので，テレビシリーズからポピュラー音楽に至るまで大半のメディア製品は，世界的なアピールがあるかを念頭に置いて制作される。このため，単純さと画一性が重視され，地域性が高く複雑なことは最小限にとどめられる。

　文化帝国主義論の告発はこうである。メディアと文化のグローバル化は，富める国々に本拠を置いた多国籍企業による，小国への組織的搾取と文化支配を意味する，と（Boyd-Barrett, 1977; Schiller, 1976; 1992）。画一化されたメディア文化が，多国籍企業によって，できるだけ多くの国々に配信される。小国のメディアは，多国籍企業の資金力・影響力・市場支配に太刀打ちできず，自前の文化領域を開拓するよりも，安価な輸入物に頼らざるを得なくなる。そうした輸入物への依存が意味するのは，資金が地元経済に投資されず，国外に流出して多国籍企業の懐に収まる，ということでもある。多国籍音楽企業が音楽のトレンドや才能を搾取するように，文化資源も多国籍企業によって小国から盗み取られることがあるのを付け加えてもよいだろう。

　こうした状況を，文化帝国主義論者たちは，19世紀ならびに20世紀初めに西

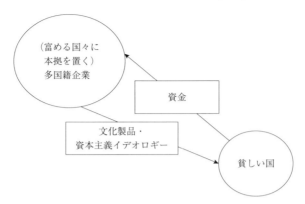

図6-1 文化帝国主義（Malm & Wallis, 1993から引用）

洋列強が原住民を搾取し文化的に教化したことになぞらえている。違いといえば，軍事支配によって押しつけたものではなく，圧倒的な資金力と通信技術にその原因が求められる点である。いずれにせよ，大国発の一枚岩的なグローバル・マスカルチャーによって，自前の文化が制圧される結果となるというのだ。フランクフルト学派が文化産業と呼んだものは，こうしてグローバル化したのだった。リチャード・ピートは，西洋発の娯楽志向マスカルチャーが世界各地の生活様式を支配するにつれ，かつての世界の多様性は急速に消失しつつある，と考える。

> 流れは単一的世界の精神へ，単一的世界の文化へ，そしてその結果として，歴史に根ざした地域意識の消失へと向かっている……エンターテイメントの新しい神々は，1つの巨大なファンクラブのもと，世界各地で崇拝されている。(Peet, 1989: 195-6)

文化帝国主義論では，世界の文化の均一化と地域文化自体の浸食にその批判の一部が向けられている。だが，この思想はマルクス主義の流れを汲むことから，西洋資本主義イデオロギーの一形態としてのグローバル・マスカルチャーにも着目する。それゆえピートは，マスカルチャーの輸出が，物質的・社会システムとしての資本主義自体のグローバルな普及に本質的にリンクしている，

と考える。「大量生産と大量消費は、地域性の余地をほとんど持たない、画一的であらかじめ決定された思考様式を意味したのである……グローバル資本主義は……世界の大多数の人びとを巻き込みながら、唯一の生活様式となっていく」(Peet, 1989: 193)。

　文化帝国主義論はマクロな政治経済分析を中心に展開するのが通例である。しかし、広範に輸出されるメディアから西洋資本主義のイデオロギー的メッセージを抽出しようとしてテクスト分析を行う研究者からも、支持を得た。アリエル・ドルフマンとアルマン・マトゥラールは、その当時21の言語に翻訳され47もの国々で売られていたディズニーアニメの分析を行った (Dorfman & Matterlart, 1971)。彼らによると、ドナルド・ダックなどのキャラクターを主役としたそれらのアニメの物語性は、支配的な意味で埋め尽くされており、資本主義的社会関係とアメリカの生活様式を当然なものとする働きがあった。例えば、キャラクターたちは、金もうけ・金持ちになること・脅迫的な消費に夢中であったりした。また、その目標を達成するために仮借ない競争をするさまが、決まって描かれていたのである。キャラクターたちが遠い異国の石油や黄金といった資源を搾取しようとする物語の形で、帝国主義そのものへの言及さえ見られたのである。ドルフマンとマトゥラールはこう結論づける。ディズニーアニメのような製品のグローバルな流通は、資本主義と消費主義とを自然かつ不可避なものとするイデオロギーの伝達手段である、と。

6　論争および批判

政治経済的アプローチ vs. 文化的アプローチ

　先の文化帝国主義の事例で検討したように、テクスト分析と政治経済的アプローチは、イデオロギー伝播の役割と影響に関する議論を深めるうえで、相補的に用いられる場合がある。しかしながら、両者には依然として相容れないものがある。それぞれがマルクス主義の異なる解釈に結びついているのである。テクスト分析を通じたイデオロギー批判は、文化主義的ないしカルチュラル・スタディーズの方法と関係している場合が多い。そして、アルチュセールやグラムシやホールといった思想家が唱えた〈文化領域の相対的自律性〉という考

え方に影響を受けている。一方，批判的政治経済学は，マルクス自身のそれに近い，唯物論的アプローチをとる。

批判的政治経済学は，バルトやホールらをしばしば批判した。というのも，彼らがメディアの所有や統制（コントロール）の唯物論的な仕組について実質的に説明することもなく，ただメディアテクストがどのように支配的な意味を伝えるかという点のみに，すべての注意を向けていたからである（Garnham, 1995）。これは，観念と文化の領域を唯物論的決定論から切り離し，自律したものと過大評価したことに由来する，と考えられる。これに対し，ニコラス・ガーナムら批判的政治経済学者は，文化領域は「経済による究極的決定」に左右される，と考える（Garnham, 1995: 219）。このことは，最も実りある分析対象をもたらしているものが，所有と統制（コントロール）の構造の働きであることを意味している。

一方，文化主義的アプローチをとる者たちも，批判的政治経済学の決定論的立場を攻撃する。彼らに言わせれば，その立場は支配構造のマクロな分析をよりどころとし，メディアのコンテンツとイデオロギー的影響について，単純な結論を引き出すことがあまりに多い。例えばハーマンとチョムスキーは，抗議のメッセージが体制や構造によってメディアから否応なく除外されると考えるが，メディアコンテンツを分析してそうしたイデオロギー的反応が実際に働くさまを，ほとんど示していない。

同様に，文化帝国主義論も，ドルフマンとマトゥラールのような例外はあるものの，メディア産業とグローバル資本主義の機能のマクロな分析をよりどころにし，画一化されイデオロギー色の濃い欧米の文化製品によって地域文化が駆逐される事態について，大胆な結論を導き出す傾向がある（Tomlinson, 1991）。これに対し，〈文化主義的視点 culturalist perspective〉は，仮に通信手段が有力かつグローバル化した資本主義の利害によって支配されたとしても，それによって生じる支配的観念には，周縁的な文化が生まれる可能性が必ずつきまとう，とする。この観点からすれば，たとえヘゲモニー的意味が優勢になりがちであったとしても，学術的分析や介入は，意味をめぐる抗争がどのように展開するかに，注意深く目を向けねばならないことになる。

7　複雑なコミュニケーションの流れと消費者による抵抗

　文化領域が相対的に自律し，意味の抗争の場となるという考え方はそもそも，メディアテクスト内のイデオロギーやヘゲモニーの働きを暴くことに主眼を置く試みの一環として設定された。だが，近年の文化主義的視点は，イデオロギーに対するマルクス主義のアプローチの有用性について，疑念を深めたものとなっている。そうした疑念は，現代文化の中で意味が多様化し多方向に流れていることと，オーディエンスやユーザーによる旺盛にして破壊的なメディアの使用を促進する可能性が生じていることに無関係ではない。

　現代の文化領域には多種多様な観念が駆けめぐっていて，退屈なマスカルチャーや支配的意味を重視したところで，あからさまに単純なものになってしまう。フランクフルト学派が文化産業への批判を過剰なまでに一般化したように，ホールらも（時おり例外があるとはいえ）イデオロギー的意味ないしはヘゲモニー的意味が，メディアコンテンツの大部分に浸透していると示唆した点で，批判を浴びることがある。同様に，文化帝国主義論者も，一枚岩的なマスカルチャーがグローバルに普及していると強調するあまり，世界中に輸出される文化製品の多様性や複雑さを過小評価していると誹られても仕方あるまい（Tomlinson, 1991）。なるほど，テレビドラマ『ダラス（Dallas）』，映画『スター・ウォーズ』，あるいはマイケル・ジャクソンのように世界に輸出されるコンテンツがある。だがその一方で，周縁的な音楽ジャンルからインディーズ系の映画に至るまで，小規模でターゲットを絞った製品が世界各地に無数に存在することも忘れてはならない。また，〈文化帝国主義論〉では，メキシコ・ブラジル・インドといった国々で，地元のメディア産業が輸入文化に激しく対抗している事実をうまく説明できない。いわんやそうした国々がメディア輸出者としての役割を高め，北米や西欧の人びとに対し文化の逆方向の流れを形成していることを説明できない（Hesmondhalgh, 2002）。

　近年のデジタルメディアへの移行の中で，文化の多様性と流れの多方向化は，特にその影響力を高めている。これを，多チャンネル化や一般のメディアユーザーが自分自身のコンテンツを配信できる可能性が下支えしている。しかし，

第9章で見るように，メッセージやチャンネルや「発信者」の増加がコミュニケーションの世界を民主的にし，それゆえ権力やイデオロギーについてのマルクス主義的理解は的外れだと考えるのは早計であろう。

　第1に，有力なメディア組織は，われわれが消費する文化の相当部分をコントロールし続けるからだ。第2に，コンテンツが増加したとしても，それがそのまま反ヘゲモニー的な文化や観念の流布にはつながらないからだ。この点では，フランクフルト学派の疑似個性化の考え方が，依然有効であろう。

　しかし，イデオロギーに関するマルクス主義理論にとって最大の脅威は，メディアコンテンツから自分たちなりに意味や利用法を生み出すオーディエンスの力である。ここから導かれるのは，たとえメディアが大企業の利害や画一的・イデオロギー的コンテンツに支配されていたとしても，オーディエンスが必ずしも操作されたり均質化されたりするわけではない，という示唆である。

　アメリカのソープオペラ『ダラス』のグローバルなイデオロギー的影響への批判に対し，エリフ・カッツとタマル・リーベスの調査では，諸外国のオーディエンスが，アメリカのイデオロギーに自分たちの文化や観念を損なわれることなく，それぞれが地域的な理解を育んでいることが明らかにされた（Katz & Liebes, 1985）。他の多くの研究（例えば Fiske, 1991a; Willis, 1990）も同様に，オーディエンスがメディア操作の受動的な犠牲者であるとするマルクス主義的アプローチに対し，強い疑念を投げかけている（第5章参照）。

8　おわりに
――理論の安易な放棄を避ける――

　メディアと権力とイデオロギーに関するマルクス主義的見解への反論は，魅力的で説得力に富み，なかなか抗しがたいものである。われわれ自身を含む社会の成員たちが，多種多様のコンテンツに対する能動的・批判的ユーザーであり，自分自身のコンテンツさえ生み出すのだと考えるのは心強い。それに対し，逆のアプローチをとって，一般人が操作されていたり無知であったり，あるいは虚偽意識に囚われていたりしているとするのは，すこぶる気詰まりな話である。そうしたアプローチは，恩着せがましいとかエリート主義的だといった批

判をしばしば受ける。また,実際にそのとおりであったりする。だが,恩着せがましく思われることを避けたいという思いは,われわれ一般人の文化嗜好をよしとしたほうが好都合なこともあって,行き過ぎた現状肯定につながるという危険性が伴う。その現状とは,是非はともかく,世界中のメディアが大企業の利害に完全に支配されている,というものである。

　マルクス主義的アプローチは批判を受ける面もあろう。しかし,メディア・権力・統制(コントロール)といった諸問題へのその批判的アプローチを完全に放棄するのは,早計に過ぎるであろう。

【課題と演習】

(1) 　a) ポピュラーカルチャーに対するアドルノとホルクハイマーの批判は,現代のメディアにどの程度当てはまるか? 現代の音楽・映画・テレビ番組で,画一化されていない,あるいは疑似個性化されていないと思えるものがあれば,それについて述べよ。

　　b) マルクーゼの「虚偽のニーズ」の考え方は,現代の広告にどのように当てはまるか,例をあげて述べよ。

(2) 　a) 物質的状況と支配的観念との関係をめぐるマルクスの決定論的アプローチから,アルチュセールとグラムシはどのように脱却しているか?

　　b) このことはなぜ,メディアコンテンツのイデオロギー的意味を明らかにし批判する伝統の形成にとって重要なのか?

(3) メディアテクスト(例えば雑誌・ウェブサイト・テレビ番組・広告・映画)を1つ例にとり,その構造とコンテンツをイデオロギー的に批判せよ。それは世界の支配的理解をどのように強化するか?

(4) メディアと消費財の国境を越えた流通を,文化帝国主義と見なすべきか? そうした解釈の利点と欠点をあげよ。

(5) 　a) メディアとイデオロギーの問題に関して文化主義的アプローチと批判的政治経済学的アプローチとでは,どのような違いがあるか?

　　b) メディアについてのマルクス主義的アプローチは,オーディエンスが能動的だという主張によって,完全に放棄してよいものとなっているか?

【読書案内】

Adorno, T. (1990; 1941) 'On popular music', in S. Frith and A. Goodwin (eds), *On Record: Rock, pop and the written word*. London: Routledege.

聴き手の受動性と従順性を引き起こす，ポピュラージャズ音楽の画一化された構造を批判したものとして有名。

Hall, S. (1982) 'The rediscovery of "ideology": return of the repressed in media studies', in M. Gurevitch, T. Bennett, J. Curran and J. Woollacott (eds), *Culture, Society and the Media.* London: Routledge. [ホール，S.，藤田真文訳「〈イデオロギー〉の再発見——メディア研究における抑圧されたものの復活」谷藤悦史・大石裕編訳（2002）『リーディングス政治コミュニケーション』一藝社]

　メディアへの多元的アプローチを批判し，イデオロギーの問題に批判的カルチュラル・スタディーズのアプローチで臨む。

Herman, E. and Chomsky, N. (1998; 1988) *Manufacturing Consent: The political economy of the mass media.* London: Vintage. [ハーマン，E. & チョムスキー，N.，中野真紀子訳（2007）『マニュファクチャリング・コンセント——マスメディアの政治経済学』（1・2）トランスビュー]

　所有と統制（コントロール）の構造によるメディアコンテンツのフィルタリングを［批判的］政治経済学の立場から分析。

Kellner, D. (1995) 'Advertising and consumer culture', in J. Downing, A. Mohammadi and A. Sreberny-Mohammadi (eds), *Questioning the Media: A critical introduction* (2nd edn). London: Sage.

　広告のコンテンツがイデオロギー的に示唆するものを批判的に分析。

Tomlinson, J. (1991) *Cultural Imperialism: A critical introduction.* London: Pinter. [トムリンソン，J.，片岡信訳（1997）『文化帝国主義』青土社]

　メディアのグローバル化へのアプローチとしての文化帝国主義論を，厳しく批判した書。

第7章　ニュースの解剖学

> **主要なポイント**
> - 作られた世界の表象としてのニュース
> - 話題の選択・構築の基準としてのニュースバリュー
> - ニュースの脱構築と分析
> - 偏向の問題とイデオロギーとしてのニュース
> - 情報娯楽番組とニュースのレベル低下への批判

1　はじめに

　時としてニュースが世界をバランスよく忠実に映し出していないことは，多くの人びとが認めるところであろう。偏向報道やバランスを欠いた報道への批判は学者によってなされることもあれば，一般市民，政治家，圧力団体，さらにはジャーナリスト自身からも，同じくらい批判が浴びせられる。例えば2001年の同時多発テロ事件以来，FOXニュースは，そのタカ派的報道が「公正とバランス」という社是に反している，との批判をたびたび受けてきた。また同時期に，規約により時事問題の報道には不偏不党であることが求められているBBCは，英米両政府の外交政策に対する偏向があるとして，論者たちから批判されることになる。新聞もまた，偏向報道の批判を受ける常連だ。なかでも『サン』『デイリー・ミラー』などのイギリスのタブロイド紙は，突出して批判を浴びている。
　ニュースの偏向報道をめぐる視聴者の不快感は，ニュースの本来の可能性や

使命を裏切るものだという信念を反映している。偏向とされる表現や報道は，ニュースの理念に反するものとされる。ニュースは，世界についての中立的情報と真実を伝える公器の役割を果たすべきだ，と考えられているからである。こうした見解が示唆するのは，メディアが社会を映す鏡だという考え方と相まって，ニュースは世界を歪みなく反映できるし，そうあるべきだし，また実際にそうだ，という考え方である。

　ニュースのあるべき姿についてのこうした見解は，国家ごとのニュース規制のあり方も示す。イギリスの新聞にはあからさまな偏向が許されているのに対し，テレビ放送は法令により公共の利益に奉仕することが求められる。そして，「いかなる形にせよ，ニュースは然るべき正確さで報道され，然るべき公正さで伝えられる」ことが担保される（Ofcom, 2009）。この「然るべき」という形容句が，「すべての論点を余すところなく」カバーするのが不可能なことを物語っている。だが，たとえそうだとしても，偏向していないニュースを希求する思いは，ここにはっきり見て取れる。

　しかしながら，報道人がいかに努力しようとも，ニュースが世界を中立・不偏不党・公正に映し出すことなどありえない。このことは，本章で明らかにされるであろう。新聞のコンテンツは，現実の出来事や論争をベースとしながらも，あらゆるメディアテクストがそうであるように，特定の視点・文化価値・組織の優先事項（プライオリティ）に応じて制作・構築されるのである。われわれが読んだり見たり聴いたりするものは，世界についての中立な記述ではなく，実は特定の立場による複数の見解ないし〈表象〉なのである。その中には，細部を穿ち，しっかりした根拠に基づき，さまざまな視点を取り入れようとするものもあるだろう（また，われわれは，そうしたニュースを支持・支援したいと願うだろう）。だが，偏向していないニュースなど存在しない。したがってニュースのコンテンツとは，そのコンテンツを制作・消費する者たちが世界を表象していると主張するのと同じ程度に，彼らの約束ごと・価値観・優先事項（プライオリティ）をも物語っているのである。

　ニュースの作られ方を考える際には，一日のうちに溢れかえるように起こる出来事が最終的に新聞やニュースサイトの記事にまとめられていく，フィルタリングの過程を思い描くとよいであろう（図7-1）。その過程は複雑であるが，

第 7 章　ニュースの解剖学

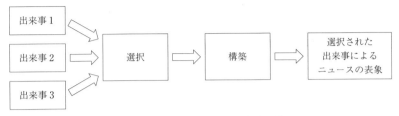

図7-1　ニュースのフィルタリング

ここではわかりやすくするために，2つの段階に分けることにしよう。すなわち，ニュースの基礎となる出来事や話題（イシュー）の〈選択〉と，ニュースの〈構築〉とに，である。

2　なにをニュースとして取り上げるか

　偏向をめぐる議論は，ニュースを伝える側がどのようにニュースを伝えるかをめぐってなされる場合がしばしばである。しかし，ジャーナリストらは，ニュースの構築について議論する前に，どの出来事を取り上げ，どれを取り上げないかという選択をしなければならない。この作業は，一般人の目にふれることはまずないが，われわれに提示される世界像に重要な意味を持つ。ニュース報道側はこうした判断によって，われわれが知ること・注意すること・語ること，さらにはわれわれのレーダーにひっかからぬことに影響力を行使する，〈ゲートキーパー〉の役割を果たす。

　人びとの意識や優先事項（プライオリティ）を形成するこの力は，〈アジェンダセッティング＝議題設定〉として知られる。この用語は，マクスウェル・マコームズとドナルド・ショーの研究に由来する（McCombs & Shaw, 1972）。彼らは，ある問題に割かれる報道の総量と，人びとがその問題をどれだけ重要視するかという度合いには，相関があることを明らかにした。この発見は，ニュースの〈ゲートキーピング〉が人びとの知ること・重要視することに強く影響するという仮説に，実証的根拠を与えるものと考えられよう。もっとも，ニュースを報道する側が，取り上げた話題は人びとの〈既存の〉優先事項（プライオリティ）を反映したものであって，自分たちで選んだのではないと主張する

場合もあり，因果関係の方向（どちらが原因でどちらが結果なのか）は曖昧なことにも注意すべきであるが．

　それでは，ある出来事がニュースで取り上げられるか否かに影響するものはなんなのか？　筆者がこの文章を書いていることだって，読者がこの文章を読んでいることだって，1つの出来事である．だが，よほどのことでもない限り，こうした事柄や日常生活の細々とした出来事が，マスコミに報道されるとは思いもしないだろう．では決まってニュースに取り上げられる出来事に比べ，なにがこうした出来事をニュースに不向きなものにしているのだろうか？

　ジャーナリストや番組編成者がニュースとして取り上げる基準をじっくり考察すれば，ニュースメディアの優先事項（プライオリティ）や彼らがわれわれに示す世界像が，よりよく理解できる．こうした基準（〈ニュースバリュー〉と呼ばれる）は，紛れもなくとるに足らない無数のことを退ける．それだけでなく，さらに出来事の取捨選択につながっていく．そしてこの取捨選択もまた，論争を呼ぶのである．

ニュースバリュー

　ある1日のいくつもの話題をどのように構成するかは，ニュース報道者ごとに，優先事項（プライオリティ）と強調の仕方の点で違いが見られる．だが，話題を決めるうえで核となる基準ないしニュースバリューの点では，いくつもの共通項を有する．

　ニュースバリューの概略を示す試みとして最もよく知られるのが，ヨハン・ガルトゥングとマリー・ルーゲによるものである（Galtung & Ruge, 1973）．彼らは，万国共通の基準を8点，さらに資本主義体制の先進国特有の基準を4点，明らかにした．これらの基準は，互いに独立したものではなく，相互に関連するものだとも考えられる．すなわち，そうした基準がより多く，またより広範に適用されればされるほど，出来事が報道される可能性は高まることになる．以下，それぞれの基準を順に見ていこう．

周期性

　ある出来事がニュースになるには，そのタイムスパンがニュースの印刷・放

送される周期と適合しなければならない，とガルトゥングとルーゲは考えた。犯罪や暴力事件は，新聞の版と版との間の短いタイムスパンに完結するので，理想的なものとなる。これに対し，ある国の教育システムの漸進的改革などは，報告書が提出されたとか，政府要人が有名校を訪問したといった目立った出来事でもない限り，ニュースになることはないだろう。同様に，戦争で疲弊した国の緩慢な復興は，それを引き起こした爆撃に比べれば，報道されることは少ないであろう。例えば，1990年代と2000年代初頭のレバノンの復興は，2006年のイスラエルによる短期の爆撃で頓挫するまで，西側メディアには無視された。

研究者の中には，周期性の概念を，次第に重要となってきている〈即時性〉や〈最新性〉の役割に結びつける者もいる。〈即時性〉や〈最新性〉とは，ウェブサイトやテレビニュースが速報として可能な限り速く取り上げること，ニュースバリューの他の点では特別な魅力がなくても最新の話題が時に優先されることをいう。

強度

強度とはいわば，いかに目立ちやすいか，である。例えば，火事がニュースに値すると見なされるには，その被害が甚大だとか，よほど深刻な犯罪でなければならない。出来事がそのカテゴリー内において極端・劇的であればあるほど，重点的に報道される可能性は高まる。テレビニュースの時代には，見世物とドラマの要素が重要になりつつあると，多くの論者が考えた（Baker & Dessart, 1998）。出来事は，そのドラマ性が音声・画像・動画で直接捉えられるならば，報道される可能性が殊に高まる。警察によるドラマティックなカーチェイスは，ビデオ撮影されていたなら報道されるだろうが，言葉による説明に頼らざるを得ない場合は報道されにくい。

明快さ

出来事がその解釈において明快で一面的であればあるほど，ニュース報道側には魅力的になる。原因・意味・意義の点で曖昧さが少ないほど，歯切れのよいニュースになる。正邪がはっきりし，被害者が誰か明らかで，悪者が誰かはっきりしている話題は，このカテゴリーにぴたりと当てはまる。例えば暴力犯

罪なら，責めを負うべき明確な犯人と，オーディエンスが感情移入する明確な被害者を，中心に据えやすくなる。これに対し，政策をめぐる議論は，複雑・面倒・不確実なものになりがちである。

文化的近接性

報道側は，オーディエンスに馴染み深かったり関係があったりする慣習・土地・人びとが登場する話題を，好む傾向がある。ニュースは，われわれに最も馴染みのあるものを指向している点で自民族中心的である，とガルトゥングとルーゲは言う。それゆえイギリスのニュースでは，イギリスや文化的にイギリスと近い国々で起こった災害は，それ以外の地域で起きた同様の出来事に比べ，大々的に報道される傾向がある。とはいえ，他の関連性があるのなら，文化的・地理的に遠い地の出来事もニュースとしての価値を持つ。アフリカにおける災害も，犠牲者にイギリス国民がいたとなると，イギリスでも報道されるだろう。また，イランとアメリカとの関係が緊張しているせいで，イラン政府に変化があれば，アメリカのニュースでも報道されるだろう。

予測可能性

ニュースに値する話題とは，得てしてわれわれの予測に当てはまり，世界はこうあるべきだとわれわれが信じている姿に適うものである。予測可能性は，明快さと関連している。なぜなら，われわれの予測に当てはまるように提示されればされるほど，曖昧さの余地は減じるからだ。時としてこのことにより，予想された出来事がそのまま生じる場合がある。ここ一番というサッカーの試合や抗議デモで暴動が起こりそうだとメディアが報じたなら，些細なものでも実際に暴力が起こると，優先的に報道される場合が少なくない。予測から生じる思わく自体が，話題のニュース価値を高めるのである（Hartley, 1982)。また，話題が社会的予測ないし〈ステレオタイプ〉を確証するという理由で，その話題にニュース価値が生まれる場合もある。例えば，迷惑行為を行う若者たちについてのニュースストーリーは，青少年の非行に関するステレオタイプ的予測を誘発する。

意外性

　ガルトゥングとルーゲは、文化的近接性と予測可能性を強調した。けれどもそれは、ニュースが日常的な俗事を優先することを意味するわけではない。むしろ、これらの基準は一体で働き、奇妙なないし異常な形で出来事を強調する傾向がある。一例をあげよう。幼児が行方不明になったという話題は、既成の予測（例えば、幼児への性的虐待）に適い、文化的近接性の基準にも合い（自分たちに近いか自分たちと似た家族に起こった）、同時にこうした事件の希少性のせいで、ニュースとしての価値を高めているのである。

　ニュースの意外性は非常に重要であり、またわれわれの日常生活の細々としたことがらがニュースとならない理由をなによりも雄弁に説明する。それは人びとの関心をあまりに引かなさ過ぎるのだ。

継続性

　ひとたび話題がニュースのアジェンダにのったならば、人びとの関心を十分に引きつけ、それによって弾みがつき、将来的にもニュースとしての価値を〈継続〉することがある。その話題は、次になにが起こるのか人びとが知りたがるという意味で、ソープオペラに似てくる。こうなるとニュース報道側は、これといった進展がなくても、その話題に相当のスペースを割くようになる。

　その好例が、2007年に発生したマデライン・マッキャン（当時3歳）の失踪事件である。事件の進展はわずかだったにもかかわらず、この事件は数ヶ月にわたりイギリス内外で、テレビ・活字を問わずトップニュースであり続けた。事件の進展がないままに新聞は販売され、マデラインちゃんの両親の行動や声明と、憶測と噂の交錯とに基づいた報道に、人びとの関心は引き寄せられた。最初の報道で火がついた関心のせいで、メディアはこの話題について語るネタを探し続けないわけにいかなくなったのである。

　他の研究者も、このニュースバリューのバリエーションを重視している。ポール・ロックは次のように言う（Rock, 1973）。ある話題がひとたびどこかで報道され続けると、他でも取り上げられることが少なからずある。これはジャーナリスト相互のライバル意識と、勢いのある話題を逃したくないという思いを反映するものだ、と。今日、テレビやネットのニュースはライバルの報道する

話題に影響されることが少なくない。他紙の朝刊の一面からも話題を拾ってきたりする。

また，アラン・ベルは，既存の話題に対する人びとの欲望を満たしたいという思いから，些末なニュースがアジェンダに組み入れられることがある，と論じている（Bell, 1991）。そうした些末なニュースが大きなニュースとなんらかの形で関連するからという，単純な理由によってである。

構成

普遍的なニュースバリューの基準として最後にガルトゥングとルーゲがあげたのが，全体のバランスを新聞が保つ必要性である。報道側は，同じテーマに関連する話題を集中的に取り上げたり，逆に1つの版のなかで話題のバランスをとろうとしたりする。例えば，海外ニュースが多い日には国内ニュースもいくらか取り上げたり，大きな政治事件があったらその後に軽めで些末な記事を載せる，という具合にである。

以上に続けてガルトゥングとルーゲは，資本主義体制の先進諸国に特に当てはまる，4つの基準の概略を示している。ここでは，共産主義諸国の国家統制メディアでは，非先進諸国と同様に，優先事項（プライオリティ）が異なるということが示唆されている。しかしながら，そうした差異についてのガルトゥングとルーゲの姿勢はあくまで推測的なものにとどまる。その後の共産主義体制の崩壊とメディアのグローバル化により，以下の4つの基準が実際に西側諸国にどれだけ当てはまるかは，定かではない。

大国であること

簡単に言えば，大国に関する出来事は重要性が高く，それゆえ貧しく影響力の弱い国々で起きる出来事よりも報道される可能性が高い，ということである。

エリートであること

同様に，総じて権力者・有名人の話題は，貧乏人・無名の人の話題よりもニュース価値が高い。なぜなら，その行動は名もなき庶民の行動よりも，重要性が高く関心を集めるからである。セレブの話題はとりわけ価値が高い。なぜな

ら，彼らの富・権力・影響力のレベルは桁違いであるにもかかわらず，一般人の生活にも馴染みがある話題（例えば，赤ちゃんとの絆や減量）もあって，人びとの感情移入を招くからである。

出来事を人格的に語れること

資本主義体制の先進諸国において，ニュース選択の重要な基準となるものの1つに，出来事をどの程度個人の意図・行動・感情に焦点を当てて描けるかがあげられる，とガルトゥングとルーゲは考えた。ニュースには，富の分配のような制度の面から人びとの生活を描くよりも，個人のモラル・決定・行動を中心に据えて世界を提示する傾向がある。したがって，個々の人間に焦点を当てて描かれる話題のほうが，取り上げられる可能性が高くなる。周期性の基準に適合するような個人の行動は，写真やビデオを交えて描きやすく，感情移入や反応を引き出しやすい。こうしたことは，社会構造について論じるだけでは不可能なのである。

現代のようなニュースの時代にとりわけ重要なことがある。それは，出来事を人格的に語ることに着目すれば，犯罪・セレブ・災害ものといった，いわゆる〈三面記事 human interest stories〉の隆盛の理由が明らかになることである。出来事の人格化は，政治記事の選択にも大きな役割を演じており，政治家の政策よりもその人物像やライフスタイルに関したことがクローズアップされるようになってきている。

ネガティブな内容を持っていること

最後に，ガルトゥングとルーゲはこう論じている。ネガティブな内容の話題のほうが，ポジティブな話題よりも，その他のニュースバリューの基準に適合する傾向があるため，ニュースのアジェンダに設定されやすい，と。ネガティブな話題は，往々にしてバラバラで短期的な出来事をめぐるものであり，曖昧に伝えやすく，珍奇な現象を伴う傾向がある。2008年7月に刊行されたイギリスの犯罪白書は，暴力犯罪の大幅な減少を伝えていた。ところがその刊行日に，ロンドンで10代の少年が刺されるという事件が起きた。各紙の大見出しが後者の事件を伝えるものであったことは，驚くに当たるまい。ポジティブというよ

りはネガティブな話題であり，巷間に広まっている思い（少年犯罪が急増している）に適ってもいた。また，人格的に語る余地も大きく，刹那的で自己完結した，誰が悪人で誰が被害者かがすぐにわかるストーリーを形成していたからである。

事例研究——2001年9月11日

　ここ数十年にわたる世界の大ニュースの1つが，2001年9月11日のニューヨークとワシントンでのテロ事件である。

　この事件のニュース価値は自明のことのように思えるが，ニュースバリューの機能を例証するうえでうってつけの事例を提供してくれる。明々白々たる一連の事件が，新聞刊行の周期と，テレビやオンラインニュースの特徴である速報性とに適合する形で，展開していったのである。その強度・意外性・ネガティブさたるや，測りしれないものであった——世界で最も高い建物が破壊され，世界最強の国家が攻撃され，爆発・火災・ビルの倒壊は想像を絶するほど劇的で息を呑む光景であり，人的損害は莫大なものであった。この事件はシンプルかつ明快に伝えることが容易であったし，非力で打ちひしがれた被害者への暴力的・破壊的攻撃という形で，明快に人格化されたアングルも有していた。事件の背後には大国とさまざまなエリートが絡んでいたし，文化的近接性を感じた国々もあれば，自分たちとの関連性を感じた国々もあった。また9.11は，例えばアラブ過激派・イスラム過激派という西側のステレオタイプとも合致し，予測可能性の要素も持っていた。さらに，長い継続性もあった——ちょっとした進展や憶測も，数日・数週間・数ヶ月にわたってニュースのアジェンダにのぼり続けたのであった。

　おそらく唯一満たしていない基準が，構成のそれであろう。というのも，出来事があまりに巨大であったため，他の話題との関連性がほとんどどうでもよくなってしまったのである。この事件は，タマル・リーベスの言う「災厄マラソン」となった（Liebes, 1998）。リアルタイムのニュース報道が，放映時間を100％，ただ1つの進行中の事件に当てたからである。

3 ニュースを構築する

　ベルによれば，ジャーナリストとは「われらの時代の職業的語り部」である（Bell, 1991: 147）。彼らはネタとしての面白さをもとに出来事を選ぶと，それらをどのようによいストーリーに組み立てるかという一連の決定を下す。ヘッドライン・解説・画像・イラスト，場合によっては動画・音声までも配置する。各要素は，報道側が組み立てるストーリーの〈アングル〉につながっていく。

　ニュースバリューは，そもそもなにがよいストーリーとなるかという決定をするうえだけでなく，組み立てられる出来事の解釈にも影響する。三面記事として使えそうだという理由で取り上げられた出来事は，そうした三面記事のアングルで描かれるであろう。その逆に，なんらかのニュースバリューの基準に適合しないストーリーは，それを補うように構築される。例えば，ニュージーランドにおける地球温暖化の報道が暗澹たる科学的予測の確実さを誇張し，地球温暖化という抽象概念を近年の地元の天候や地元への影響とに結びつけることで，明快さと文化的近接性の2つの基準を満たす過程を，ベルは明らかにしている（Bell, 1991）。

　記号論やディスコース分析（第4章参照）といったアプローチは，ニュースのさまざまな要素がどのように協働して特定のアングルや印象を生み出すかを理解するうえで有用である。ヘッドライン・画像・映像・音楽・解説はどれも皆，特定の暗喩を呼び起こすシニフィアンと見なすことができるし，書き言葉・話し言葉を含む要素は，その語彙・統語・文法その他の見地から分析することができる。ニュースのコンテンツを，パラダイム的選択と統語の組み合わせのセットと見なすことは，殊のほか有効であろう（Hartley, 1982）。

　ニュース報道の各要素を置き換え可能であったものと比較するというパラダイム分析を行えば，どのヘッドライン，キャプション，インタビューも，他にも多数の選択肢が検討されて退けられた結果として採用されたものだということがわかる。画像を例にとってみよう。カメラは嘘をつかないとは，よく知られた決まり文句であるが，写真とはある視点から出来事を選んで捉えたイメージである。写真が撮られると，番組の編集者は数あるものの中から自分たちの

ストーリーに合う1〜2枚を選び出すに過ぎないのだ。

　パラダイム分析によって，そうした決定と，それらの決定が読者によるストーリーの解釈に与える影響を知ることができる。一例をあげよう。殺人事件のニュースで，犯人のふてくされた顔がモノクロでクローズアップされたとする。なぜクローズアップの撮影なのか？　なぜ笑い顔でなくふてくされた顔なのか？　なぜカラーではなくモノクロなのか？　なぜ捜査を指揮する警官ではなく，犯人の写真なのか？

　ニュースにおける言語の使い方も，同じくらい重要である。ヘッドラインは報道側の主たるアングルを示し，後に続く内容の解釈に影響することがある。そこで，言葉の選択を中心にディスコース分析し，それをパラダイムによって検討することも可能である。戦争報道で「正確迅速な空爆で，コラテラル・ダメージ（戦闘におけるやむをえない民間人被害）を抑える Surgical strikes limit collateral damage」という大見出しが躍っていたとしよう。使われている言葉と，使われていないが代替可能な言葉とを比較すれば，そこに潜む暗喩をよりよく理解できるであろう。例えば，なぜ「爆撃 bombs」ではなく「正確迅速な空爆 surgical strikes」なのか？　なぜ「民間人の死者 civilian deaths」ではなく「コラテラル・ダメージ collateral damage」なのか？

　一方，統語分析は，ニュースの構成要素の配置・結合のあり方を検討する。したがって，ヘッドラインの各語を個別に検証し，次に全体としてはどのように機能するかを検討する必要がある（図7-2参照）。

　いまの例でいえば，「正確迅速な空爆」や「コラテラル・ダメージ」といった言葉は，クリーン・巧み・体系的・ハイテク・正確な戦闘という印象を作り上げるために，軍の報道官が頻繁に用いるものである。無辜の一般市民の流血を伴う結果となったことを，メディアが伝えないように願ってのことである。このヘッドラインの文脈では，「抑える limit」で結ばれた2つの言葉が統語的に互いを補強し，クリーンで手際よく文明的，しかも好ましからざる結果を伴わない戦闘という印象を生んでいる。一般市民の流血や苦痛はあえて言わなくとも許されるということが，オーディエンスに示唆されているのである。

　このヘッドラインの例は，私がこしらえたものであり単純化されている。しかし，1990年と2003年の湾岸戦争・イラク戦争時に，米英政府が自国民の支持

Surgical strikes (性格迅速な爆撃が)	limit (抑える)	collateral damage (コラテラル・ダメージを)
Smart bombs (高性能の爆弾が)	prevent (防ぐ)	unintended destruction (意図せぬ破壊を)
Bombs (爆弾が)	avoid (回避する)	civilian deaths (民間人の死者を)
Powerful bombs (破壊力の高い爆弾が)	create (生じさせる)	civilian casualties (民間人の犠牲を)
Missile attacks (ミサイル攻撃が)	cause (引き起こす)	indiscriminate killing (無差別殺人を)
Deadly attacks (致死的な攻撃が)	unleash (浴びせる)	slaughter of innocent (無辜の民に虐殺を)

←パラダイム軸

統語軸→

図7-2 ニュースの統語分析とパラダイム分析

を維持する手段として，そうした言葉づかいを奨励し日常化したことは，ほとんど疑いを入れない（Allen & Zelizer, 2004）。

　マクロに言うなら統語分析は，個々の構成要素が埋め込まれる文脈によって意味がどのように影響されるかを明らかにする。一片のビデオは，それだけを見る限りではさまざまに解釈されうるものである。だが，音声の同時解説やキャプションがつくと，そうした曖昧さは大幅に減じる。例えば，2001年のアフガニスタンにおけるアメリカ軍の軍事行動の映像に，「反撃 Striking back」「テロとの戦争 War on terror」といったキャプションがつく。するとその映像は，主権国家に対する攻撃というよりも，テロリストの挑発に対する大義ある対応として構成されることになる。同様に，新聞の一面に載った写真は本来曖昧な暗喩を持っているものだが，すぐ下のキャプション・上部のヘッドライン・その他の写真によって，その意味は〈固定化〉される。暴力犯罪の犯人のクローズアップ写真が被害者一家のカラー写真と並んで載せられていたなら，その取り合わせは，家族思いで善良で陽気な被害者が冷血漢の悪党に殺害された，という抗しがたいストーリーを生むであろう。さらにキャプション・ヘッドライン・解説記事が，このストーリーを補強する。

　ニュースにおける出来事の表象はその語り口をめぐるものであるから，表象を理解するにはナラティブ分析（第4章参照）も有効である。ニュースはしば

しば，虚構の物語の登場人物や構造の要素を模倣することがある。犯罪報道では往々にして，被害者をほのぼのとした人物として表象しようとする。そのつましくも幸福な家庭生活が，骨の髄まで冷酷無慈悲と表象される犯人によって断たれる，というわけである。

このような取り上げ方は，無数の童話・子ども向けアニメ・映画に底流する虚構に依拠することで，明快さと予測可能性というニュースバリューの基準を満たすことになる。お馴染みの虚構の筋をなぞれば，その事件はメディアにとって魅力的なものとなり，そしてわれわれが目にするニュース像に影響する。被害者と犯人にくわえ，ヒーローも歓迎される登場人物である。ニュースを（女性・子ども・可愛い動物も絡んでいたらなおのこと）いっそうニュース価値の高いものにしてくれるからである。

4　報道者間の差異

ガルトゥングとルーゲによるニュースバリューの基準を批判するとしたら，それが〈共通する〉ニュースバリューを重視するあまり，報道者間の〈差異〉を覆い隠している点であろう。この差異も，ニュースの選択と構築に影響しうるのである。

メディア

頻繁な更新が可能なニュースメディアは，ニュースバリューとしての速報性と即時性とに支配されがちである。ニュース専門ラジオ・テレビ局やウェブサイトにとって，ライバルを出し抜いて速報を報じること，可能な限り最新の情報を提供することの重要性は，いや増すばかりである。こうしたメディアでは，そのリアルタイム性によって，臨場感のある簡潔で機敏な報道がもてはやされる。これに対し日刊の新聞は，構造化され，厳密に準備され，思慮深く，掘り下げたニュース報道を行う傾向がある。特ダネは部数を伸ばすうえで重要な手段であることに変わりはないが，分刻みの最新性を追うのが無理なことは明らかである。リアルタイム性がないことの結果として，新聞はテレビやラジオよりも，取り上げる話題の総数がずっと多く，部数の落ち込みの対策として，ニ

ュース面や付録記事を充実させるという紙面増に打って出た（Franklin, 1997）。

一方，視覚的伝達が可能なメディアのニュース報道は，この視覚性をとりわけ重んじる。この点で新聞のアジェンダや紙面作りはカラー化へと舵を切り，ニュースサイトでは専ら静止画と動画クリップが多用される。だが，影響が最も顕著なのは，テレビニュースである。劇的ないし情に訴える出来事を，煽情的な映像で描くことが可能であり，しばしばストーリー性が優先される。視覚的要素のない出来事でさえも，関連映像やアニメーションによって伝えられる。例えば，インフレの話題には，人びとが買いあさりをする資料写真や，消費財が高騰するイメージのアニメーションが添えられたりするのである。

スタイルとマーケットポジション

同じメディアを使うニュース報道者間でも，スタイルとアプローチに違いがある。例えばイギリスでは，『サン』『デイリー・ミラー』といった大衆向けタブロイド紙と，『デイリー・テレグラフ』といったハイブロウ「高級紙」は，しばしば区分される。前者はざっくばらんで，あからさまに独断的なスタイルをとり，イラストを重んじ，人間を中心に据えた三面記事・有名人のゴシップ・スポーツ・煽情を指向している。こうした点で，ガルトゥングとルーゲの言うニュースバリューの基準を厳格かつ集中的に適用したものとなることは，おそらくまちがいないであろう。これに対し「高級紙」では，上記のニュースバリューの基準の適用は緩やかなものであるし，政治・経済・国際ニュースの深く掘り下げた報道を重んじ，折り目正しく洗練された論調を旨とした。

この2つのカテゴリーの違いは，時に顕著なものとなる。例えば，2009年5月のとある一日のことだが，『テレグラフ』『ガーディアン』『タイムズ』『インデペンデント』などの高級紙の一面は，イギリス下院議長が辞任の見通しといっせいに報じた。一方，『サン』『スター』などの大衆紙は，歌手ピーター・アンドレとモデルのカティ・プライスの破局を一面で取り上げていた。「大衆紙」と「高級紙」の中間にあるのが，『デイリー・メール』『デイリー・エクスプレス』といった「ミドルブロウ」の新聞であり，「大衆紙」「高級紙」両方の要素を持っている。

スタイルとアプローチにおけるこうした違いは，ターゲットとなる読者層と

おおいに関係する。安定的かつ忠実な読者と広告主との関係を取り持つために，報道側はそれぞれ，特定の階級的カテゴリーと結びつき，読者のアイデンティティの象徴にさえなるほどである。

概していえば，報道側が低い社会階級の読者としっかり結びつくと，その表象・スタイル・話題をエリートではなく「一般大衆」にことさら合わせようとする傾向が見られる。とはいえ，高学歴の専 門 職(プロフェッショナル)が中心を占める高級紙の読者層と比べると，大衆紙の読者層は数が多いだけでなく，多様な読者から構成されている。資金調達上の長期にわたる違いをこのことが反映している，とジェームズ・カランとジーン・シートンは説明する（Curran & Seaton, 2003: 96）。高級紙は，数のうえでは少ないが消費に旺盛なエリート層と，広告主との関係を取り持つ。これに対し大衆紙は，「最小公分母を満足させる」ことに主眼を置く。新聞販売による直接収益を可能な限り高め，たんに読者数の多さで広告主を呼び込もうとするためである。

政治姿勢

公正であることが法令で求められている場合（例：イギリスのテレビニュース）を除き，ニュース報道側は特定の政治姿勢と結びついていることがしばしばで，これはまたニュースバリューにも影響する。例えば共和党寄りのニュース報道は，共和党よりも民主党の政治スキャンダルに紙面を割き，批判的な論調を帯びるであろう。

社説の論調は安定した読者を獲得する要因の1つだが，これは経営者の見解や関心にも影響される。いつだって読者と対立する立場をとろうとする者はまずいないが，第3章でも見たように，ウィリアム・ハーストからルパート・マードックに至るまで，メディア王たちは自分自身の政治見解を推し進める手段として自社の新聞を利用したのである（Eldridge et al., 1997）。

5 類 似 点
―― 偏向とイデオロギーへの回帰？ ――

上述した違いは重要ではあるものの，ある一日のさまざまなニュースを見比

べてみるならば，報道者間の〈類似点〉のほうが依然として目につくのは，まずまちがいないであろう。同じ国ないし地域の報道者をいくつか比較してみると，取り上げられる出来事とニュースストーリーの表象のされ方の点では，大幅に重複していることに気づくであろう。

こうした類似点の底流にある共通の優先事項（プライオリティ）を調査するうえで，ガルトゥングとルーゲらの仕事が依然としておおいに役立つのは，この理由による。彼らのアプローチにより，ニュース報道者がそれぞれに偏向しているだけでなく，共通の優先事項（プライオリティ）が集団的偏向につながることも明らかになる。いかなる新聞やテレビニュースに接しようと，結局は驚くほどよく似た世界観にぶつかることは，まず疑いを入れないだろう。

とはいえ，ガルトゥングとルーゲのアプローチは，マルクス主義者ほど極端ではない。マルクス主義者は，選択された世界観をニュースが集団的に提示するだけでなく，その表象はブルジョアジーの資本主義的見解を体系的に指向する，と主張する。ガルトゥングとルーゲは，ニュースメディアによる〈歪曲〉された世界観を嘆くのだが，これをジャーナリスティックな手順と商業的な優先事項（プライオリティ）に起因する偏向の複合体だと解釈する。ホールは，彼の言う「ニュース制作の形式的な要因」を明らかにすることが有用な一歩だとしながらも，それだけでは特定の支配的・ヘゲモニックな世界観の流通を惹起・強化するニュースバリューを解明できない，と考える（Hall, 1973: 182）。

この観点からすれば，ニュースバリューの基準とは，イデオロギーに根ざし，そこから切り離せないものだ，ということになる。それらの基準は，権力を握る者たちによって相当程度操作される既存のコンセンサスから発生し，それを表象・強化するのである（第6章参照）。例えば，ニュースにおいて人格化が重視されるのは，個人の選択・主権・責任についての支配者層寄りの考え方に由来し，現存する不平等の構造が個人生活を束縛・搾取するさまを見えにくくしている，と論じることができよう。同様に，社会に流布している観念や想定は，文化的近接性を優先し予測可能なものを利用する傾向と，さらに耳目を驚かすネガティブな出来事を絶えず取り上げることとによって強化される，と論じることもできよう。猟奇的殺人・爆発・衝突事故・災害のニュースに接していると，お茶の間の日々の平安が当然で望ましいものだと思えてくるのは，まずま

ちがないであろう。

階級的偏向

　70年代と80年代に，グラスゴー大学メディア・グループ（GUMG）は，内容分析の手法により，イギリスのニュースが資本主義的・中産階級的メッセージに一貫して好意的であり，既存の政治秩序を補強していることが明らかになった，と発表した（Glasgow University Media Group, 1976a; 1976b; 1982）。

　一連の工場ストのテレビ報道は経営者寄りで，ストライキ中の労働者たちには冷淡なものであった，と批判された。例えば，労働者たちが抗議した低賃金と劣悪な労働条件よりも，ストライキが経済と消費者に与える悪影響のほうに，報道は集中したというのだ。また，労働者たちはピケや抗議デモなどの「事件」というイメージのコンテクストで取り上げられるのが一般的であったのに対し，経営者たちはオフィスにスーツ姿だったり，ニューススタジオでインタビューを受けたりといった映像により，「事実」の積み重ねの一部として登場したのであった。

　さらに，経営者と政府閣僚たちは，労働組合代表よりもインタビューで手心を加えられていたという。このことは，労働者階級の視点に馴染みも理解もない中産階級のジャーナリストが，そうした視点を排除した1つの例に過ぎない，とGUMGは見る（Glasgow University Media Group, 1982）。この抜きがたい階級的偏向がある以上，BBCやITNの公正さの希求は，イデオロギー的なまやかし（主観的な階級イデオロギーを客観的な報道と喧伝する手段）としか見なせない，とGUMGは分析する。

　しかし，同時期に独自に分析を行ったマーティン・ハリソンは，GUMGによる階級的偏向への批判を否定する（Harrison, 1985）。ハリソンはこう言う。そうした主張そのものが，GUMGが持つ世界についてのマルクス主義的予見によって偏向しているのだ。GUMGの内容分析はその選択において恣意的であり，その批判には疑問が残る。GUMGはメディアのいわゆる公正さがイデオロギー的だと断罪するが，その一方で労働争議についての自分たちの見解を特権化し，自分たちは客観的だと喜々として主張しているのだ，と。

　また，ニック・スティーブンソンは，客観性というものが混乱して捉えられ

ていると批判した（Stevenson, 2002）。GUMG は，ニュースに客観性が欠如していると非難する。なるほど，絶対的中立性は実のところ達成できないものだ。だが，ものごとを公正にバランスのとれた形で扱い，この点で自ら責任を引き受けることは，そうした目標を放棄するよりもはるかに望ましい，とスティーブンソンは言う。

　GUMG の分析についてスティーブンソンが指摘したもう 1 つの問題は，偏向報道の理由として，ジャーナリストの中産階級という出自を過度に持ち出している点である（Stevenson, 2002）。すなわち，ジャーナリスト個人のバックグラウンドが取材対象と同じでなければ，出来事や展望を理解したり公正に描いたりできない，という論法である。これは，本質論的・敗北主義的な前提であって，偏向の問題（階級であれエスニシティであれなんであれ）の解決にはならない。スティーブンソンに言わせれば，ジャーナリストのバックグラウンドを重視する GUMG のアプローチは，ジャーナリストが活動する組織の環境・労働の慣習・優先事項（プライオリティ）を無視するものである。

　ガルトゥングとルーゲがニュースバリューとイデオロギーとの関係を過小に評価したとしたら，GUMG のイデオロギーに対するアプローチはどうか。GUMG がニュースバリューの機能の中心にある諸要因のほうに注意を向けていたなら，それはもっと有益なものとなっていたのではないだろうか。

組織的偏向

　偏向やイデオロギー的意味を，メディア所有・操作・運営のあり方に帰した研究者もいた。例えば，有力なオーナー・広告主・圧力団体によるメディアのフィルタリングを分析したハーマンとチョムスキーは，特にニュースと「事実」のコンテンツが示唆するものに着目した（第 6 章参照）。この見解にしたがうなら，被支配者や抗議者の声が除外されるのは，ジャーナリストの階級的背景のせいではなく，ニュース制作システムが利権によって操作・経営・支配されているからだ，ということになる。

　確かにニュースが，大規模かつ集中化が進む企業利権によって圧倒的に支配されていることは疑いを入れない。2002年イギリス全体の新聞売り上げの 3 分の 2 はわずか 3 社によるものであり，地方紙の発行部数の70％超は 5 社による

ものであった（Curran & Seaton, 2003）。

　この動きとは逆行するかのように、ニュース報道側のほうは、そのコンテンツの多くの部分を、「通信社」に依存するようになっている。「通信社」とはニュースコンテンツを制作し、報道側に提供して収益を上げる企業である。国際ニュースの大部分は、ロイター、AP（Associated Press）、UPI（United Press International）、AFP（Agence France Presse）の4つの通信社から配信される（Bell, 1991）。さらに、ベルの見積もるところによると、ニュース記事のかなりの部分は、企業・政府その他の体制機関といった有力な利権団体によるプレスリリースをリライトしたものに過ぎない（Bell, 1991）。

　広告収入への依存も、ほとんど議論の余地がない。ボブ・フランクリンが言うように、「〈飼い主の手を噛むな〉という標語が、どのニュースルームにも貼られている」だけではない（Franklin, 1997: 95）。広告収入に依存するシステムが、収益性のあるニュースを選ぶよう誘導もするのである。例えば新聞市場では、じゃぶじゃぶお金を使ってくれる上得意の顧客にアピールする見返りに、ブルジョアジー寄り・支配者層寄りのニュース制作が促されていると言ってよいだろう。

　フランクリンによれば、『フィナンシャル・タイムズ』といった高級専門紙の読者をターゲットに広告主が支払う広告費は、『サン』の広告費の14倍にも達するという（Franklin, 1997）。イギリスの新聞の半分が、少数のエリート購買層をターゲットにするのはこの理由による、とカランとシートンは考える（Curran & Seaton, 2003）。イギリスのあらゆる「高級」出版物も然りである。メディアで政治が正面から穿った形で報道される場合、それはエリートたちの見解や関心に沿ったものになり、大多数の人びとは大衆紙に掲載されるセレブやスポーツやライフスタイルのニュースだけを目にする結果となる、とカランとシートンは論じている。

　ニュースメディアのイデオロギー的影響は、オーディエンスに直接及ぶとは限らない。この点は重要である。時として、ニュース報道側はオーディエンスを完全に素通りし、政治家や政府に直接働きかけることがある。イギリスでは、『サン』紙が有権者の投票行動に影響力を持つことがわかり、主要政党の大物たちが、競って社主ルパート・マードックの支持をとりつけようとした。1997

年,『サン』が保守党を見限ってトニー・ブレアの労働党支持を決めたのは,ブレアが臆面もなくマードックのご機嫌をとった結果だとされる。例えば,重役や主だったジャーナリストを集めてヘイマン島で開かれるマードック主催の恒例のパーティに,ブレアはスピーチゲストとしてわざわざ参加している。ブレアは首相在任時,さまざまな局面でマードックと言葉を交わしている。例えば,2003年のアメリカ主導のイラク戦争に先だつ2週間に,3度も電話をかけている。この戦争は,世界各地のマードック傘下の新聞175紙が熱烈に支持した戦争であった(Greenslade, 2003)。2009年には,10年以上も前に起きたニューズ・コーポレーション社とブレアとの蜜月の先例にならい,『サン』はデビッド・キャメロンの保守党とよりを戻した。こうした現状を前にすると,イデオロギーに対するマルクス主義のアプローチに賛同しようがしまいが,ニュースが権力者の利害に奉仕するという考え方を捨て去るのは,確かにむずかしくなる。

情報娯楽番組と脱政治化

　論者の中には,明々白々たる偏向やイデオロギーを明らかにすることよりも,ニュースがどんどん軽薄になっていることを憂慮する者もいる。イギリスのタブロイド紙のような露骨に大衆迎合的なメディアの,軽薄かつエンターテイメント指向のアプローチには,数十年来懸念が表明されていたのだが,いまやその懸念は,あらゆるニュースメディアがそうした方向に移行していることに向けられている。例えばイギリスの新聞業界では,「高級紙」が発行部数の落ち込みを食い止めようと,スポーツニュースや芸能ニュースあるいはさまざまな生活情報にどんどん力を入れるようになった,と批判を浴びている。『タイムズ』『インデペンデント』に至っては,タブロイドサイズ(彼らに言わせれば「コンパクトサイズ」)に紙面を縮小したため,急激な粗悪化だとの苦言を拝することとなった(Temple, 2006)。

　しかしながら,最も憂慮されるのは,テレビニュースが大衆迎合の方向に舵を切ったことである(Langer, 1998)。アメリカではニュースはかつて公共サービスであり,また重要なブランドとして潤沢な資金を持つという特権的な地位が与えられていたが,90年代にテレビの多チャンネル化による競争の激化でそ

の地位は低下した。ニュースも，視聴者にもっとアピールしそれなりに収益を上げよという圧力もあって，いわゆる〈情報娯楽番組 infotainment〉への移行が進んだ。視聴者に，詳細かつ信頼に足る公正さをもって世界についての情報を伝えるだけでは，もはや不十分——視聴者は楽しませてもらいたいのだ。ニュースの選択の点では，真面目な話題ならできる限りダイレクトな視覚性・情緒性・三面記事性を持ったものが優先され，そこにスポーツや芸能など軽めのコンテンツが比重を増しつつ付け加わる，というふうに変化していった。ニール・ポストマンとスティーブ・パワーズによれば，こうした変化は視聴者の関心を維持するためのものである（Postman & Powers, 1992）。

> 番組プロデューサーは，視聴者が別のニュース番組にチャンネルを回す前に，しっかり捕まえておこうとする。したがって，あなたが耳にする話題は……王室の出来事やマイケル・ジャクソンのツアーのニュースといったものになる……そして，華やかなセレブの話題で駄目なら，残虐事件でどうだ，ということになる。（Langer, 1998: 4 による引用）

これが大げさだと思うのなら，ボブ・フランクリンがインタビューした，イギリスのあるニュース担当重役による以下のコメントに耳を傾けてもらいたい。

> 昨晩のニュースで人びとがいつテレビのスイッチを入れたり切ったりしたか，私には分刻みでわかる。それを体系的に分析し，制作チームが閲覧できるようにしている。このように私たちは，視聴率を上げることに血眼になっているのだよ。（Franklin, 1997: 256 による引用）

視聴率競争のこうした過熱ぶりは，ニュースの構築や伝え方にも影響したと言われる。深遠さ，文脈，詳細さ，時には正確さまでもが犠牲になったのである。例えば，できるだけ簡潔で動きの速いレポートがあらかじめ録画されていて，次のニュースに移る前に司会とレポーターがてきぱきとやりとりするといった，テンポのよさがなにより重んじられるようになった。

とりわけニュース専門チャンネル・生放送・臨時ニュースでは，緊迫感が重

視される。太字による「生中継LIVE」のキャプション，画面を流れるテロップは最新の状況を伝え，現場のさまざまなレポーター・目撃者・コメンテーターと双方向で交わされる思わく。これらは視聴者の心を捕らえ，事件をリアルタイムに目にしているのだと感じさせることを狙いとする。テレビを消したら，なにか大事なことを見逃してしまう！

たとえ詳細がほとんどわからず新しい進展がない場合でも，情報が確認されるのをじっと待つよりは，根拠のない推測をめぐらせて勢いを維持するほうがましだ。また，爆発・カーチェイス・戦闘・負傷・泣き叫ぶ家族といった，ドラマティックで見せ場があり，かつ感情を揺さぶる映像は歓迎される。出来事のコンテクストの概略を示すことは，完全に放棄されるわけではないが，しばしば二の次とされる。

概して言えば，実体よりも表象(イメージ)のほうが，次第に重要性を増している（Dahlgren, 1995）。ドラマティックな音楽，画面上のキャプション，手の込んだ映像の流れ，宇宙船内のようなスタジオで動き回る司会者，気さくに交わされるジョークといったものが，表象上工夫すべき課題ということになる。

こうしたことはなにが問題なのか。パーソナリティ・娯楽性・見世物性・情緒性がテンポよく強調され，視聴者はおおいに楽しむかもしれない。だが，そうした情報娯楽番組から，社会や政治についてのリアルな，ないしは有用な理解が生まれることはまずない，と評論家たちは批判する。生活情報やセレブの話題やスポーツニュースのとるに足らない話に気をとられ，深刻な問題についての人びとの理解は，自分たちもその一部である社会全体を軸とするよりも，刹那的感情や事件の見世物性を中心になされることになる。ピーター・ダールグレンはかつて，「ライブ感や即時性をよしとするこうした制作側の価値観は……必ずしもわれわれの理解を向上させるわけではない。木を見て森を見ず，というものだ」と述べた（Dahlgren, 1995: 56）。さらに悪いことに，世界で起きていることの，歪曲されていない，ありのままの姿を目にしているのだという〈印象〉によって，ジェリー・マンダーの言葉を借りれば，視聴者が「よくわかってもないのに，よくわかっているように思ってしまう」事態を招く（Mander, 1978）。視聴者が無知であっては，富める者・権力を有する者たちに対抗できないであろう。

第Ⅱ部　メディア・権力・コントロール

6　おわりに
——バッド・ニュース？——

　ニュースのイデオロギー的役割や情報娯楽番組化を嘆く者たちには，重要な批判も寄せられている。ニュースやニュースバリューがイデオロギーに根ざしているという考え方は，第6章で見たような，マルクス主義のアプローチに対する批判と同じ批判を受けるであろう。彼らは視聴者を，支配的な意味により操作された，専ら受け身の愚者と見なしがちだが，彼らのほうも，現代の視聴者に提供されるニュースがどんどん多様化していることをどうやら見過ごしているものと思われる。なるほど，主要メディアの編集方針に見られる多様性は，われわれが望むほどのものではない。だが，ネット上の新聞に寄稿するコラムニストが多様化していることを考慮するなら，われわれに提示される世界の姿がまったくの一枚岩だというのはまちがっている。さらに他にも，エスニックマイノリティや性的マイノリティ向けの新聞から，過激な立場と中庸的な立場の両方を相当幅広くカバーするウェブサイトやブログに至るまで，ニュースや論説のソースは溢れ返っている。概して言えば，ニュース制作・配信のテクノロジーがかつてないほど利用しやすくなるにつれ，いまや一般人がさまざまな形でニュースを投稿・制作・流通・分析するという〈市民ジャーナリズム〉が，目立たなくとも注目すべき役割を果たし，世界の出来事をさまざまに解釈するうえでひと役買っているのである（Allan & Thorsen, 2009; Gillmor, 2006）。

　主要メディアも時として，権力を握る者たちに非を鳴らし，変化をもたらすことがある。これは，イデオロギー決定論モデルとは，反りが合わない事態である。『ワシントン・ポスト』と『ニューヨーク・タイムズ』は，ウォーターゲート事件として知られるアメリカ政治の一大醜聞(スキャンダル)を暴くのに大きな役割を果たした。この事件には，CIA，FBI，連邦政府の一角による政治的陰謀，犯罪行為，隠蔽工作が絡んでいたが，ついには共和党の大統領リチャード・ニクソンが辞任に追い込まれる事態に発展した。

　規模はもっと小さくなるが，イギリスのニュース報道は，1994年の「キャッシュ・フォア・クエスチョン」事件（訳注：イギリスの保守党議員が議会での質疑

をロビイストに教える引きかえに現金を受けとったとされる政治スキャンダル）で，議会の腐敗を明るみに出した。また，2003年のイラク侵攻を正当化するために政府が情報操作したことを明らかにし，2009年には議員支出が過剰なことをすっぱ抜いた。イデオロギーとしてのニュースという考え方をする者たちは，こうした例は一部の度を超した事件を暴いたに過ぎず，権力体制は無傷のままだ，と当然主張するかもしれない。とはいえこうした例は，ニュース報道と権力集団との関係が決して睦まじいものでなくなる場合もある，と証明しているのだ。

　テレビニュースの「軟派化」を批判する者たちは，その観察にも見るべきものがあるのだが，その前提としてあるのは，ニュースが常に客観的・理性的情報の，なんの色にも染まっていないソースだということではないだろうか（Langer, 1998）。すでに見たように，ニュースはその制作環境の結果として，常に不完全であり偏向している。これには，「軟派化」を嘆く者たちがこいねがうようなニュースも当てはまる。そうしたニュースは，合理主義的で冷徹で世界に対するブルジョアジー男性的アプローチを反映する傾向がある，と論じる者もいる（Temple, 2006）。

　このようなエリート的・ブルジョアジー的ニュースを暗に支持しながらも，テンプルは言う。現代のニュースを批判する者たちは，完全に除外されかねなかった人びとをも，ニュースが取り込む可能性を見落としている，と。同様に，ジョン・フィスクは，一般人がニュースを見て事件について考えをめぐらすのなら，制作側は彼らの嗜好と感性に訴えざるを得ない，と論じている（Fiske, 1991b）。これが意味するのは，古くさいニュース形式の退場である。この見方にしたがうなら，一般向けニュースは「軟派化」ではなく，視聴者に「手をさしのべる」方向に向かうことになる（Barnett, 1998）。このようにフィスクやテンプルといった研究者は，一般向けニュースを完全に放棄するのではなく，一般人へのアピールと重要な事件の責任ある報道とのバランスをとるよう報道側に求めている。

　とはいえこれは，ニュースのイデオロギー性や情報娯楽化を批判する者たちの懸念が錯覚だとか無意味だという意味では断じてない。話題の選択と構築を支配するニュースバリューの基準は，世界についての限定された理解がおおむね優勢になる結果を生むし，よきにせよ悪しきにせよ，既存の権力構造を支持

する傾向がある。同様に，視聴者を楽しませ続けようとするニュース報道の姿勢が，深みと詳細さを軽んじ，政治報道ばなれという結果を招いたことは，疑いを入れない。

　以上のような観点から，研究者がニュースの分析・批判を続けることが大切である。そうした研究は，表象が選択・構築される過程を示し，われわれに提示される世界像を解明し，ニュースの有用性を判別するのに役立たねばならないだろう。しかし，そうした判断は，議論の対象であるとともに，常に相対的なものであり続けるだろう。というのも，あらゆるニュースは所詮，人間による選択・制作・偏向の産物だからである。

【課題と演習】
(1) 以下の用語はニュース制作の過程にどのように関係するか？
- ゲートキーピング
- アジェンダセッティング
- ニュースバリュー
- 選択
- 構築

(2) テレビニュースを見て，ガルトゥングとルーゲのニュースバリューの基準を参考にしながら，報道されているストーリー（および報道の順番）を評価せよ。それぞれのストーリーに特に当てはまる基準はなにか？　一貫して当てはまる基準はあるか？

(3) a）「正確迅速な空爆」「高性能爆弾」「コラテラル・ダメージ」といった言葉は，戦争ニュースの意味の構築にどのような役割を演じるか？
　　b）新聞やニュースサイトの犯罪ニュースを1つ選ぶこと。ストーリーの組み立てられ方は，お馴染みの物語構造やキャラクターの類型を，どのように取り込んでいるか？

(4) a）ガルトゥングとルーゲのニュースバリューの基準に対するホールの批判は，どのようなものか？
　　b）ニュースに対するマルクス主義のアプローチについては，どのように批判ができるだろうか？
　　c）ニュースが娯楽指向を高めつつあることが，なぜ懸念されるのか？　そうした懸念は正当なものであるか？

(5) あらゆるニュースが偏向しているとしたら，「よいニュース」と「悪いニュー

ス」はどのように区別したらよいであろうか？　どのような基準が適用できるであろうか？

【読書案内】

Allan, S. and Thorsen, E. (eds) (2009) *Citizen Journalism: Global perspectives.* New York: Peter Lang.
　「市民ジャーナリズム」についてのさまざまな立場の表明を集成したもの。

Cohen, S. and Young, J. (eds) (1973) *The Manufacture of News: Social problems, deviance and the mass media.* London: Constable.
　ガルトゥング，ルーゲ，ホールの重要な論考を含む，ニュースについての古典的論集。

Franklin, B. (1997) *Newszak and News Media.* London: Arnold.
　イギリスのニュース出版・ニュース放送の歴史を批判的に検証。その商業化と質の低下を論難する。

Glasgow University Media Group (1976a) *Bad News.* London: Routledge & Kegan Paul.
　イギリスのニュース報道を内容分析したものとして知られる。イギリスの主要な放送が，一貫して階級的に偏向していると批判している。

Temple, M. (2006) 'Dumbing down is good for you', *British Politics,* 1(2): 257-73. Also available online at: www.palgrave-journals.com/bp/journal/v1/n2/pdf/4200018a.pdf
　現代のニュースはかつてより懐が深く，エリート臭が薄まったとして，ニュースの大衆化を擁護する。

第8章 公共サービスか，個人のための娯楽か？
―― メディアの方向性

主要なポイント

- メディアの存在理由とその統制（コントロール）法をめぐって対立する見解
- 公共放送の歴史と方針
- 政府の影響力，エリート主義，質の問題をめぐる議論
- 性や暴力といった不快ないしは有害なコンテンツの検閲をめぐる議論
- 放送に対する自由市場的アプローチの台頭と規制緩和

1 はじめに

　たいていの人は，メディアの存在理由や社会がメディアをどう利用すべきかといった問題を，滅多に考えたりなどしない。だが，メディアがわれわれの生活に取り込まれているその度合いを考えるなら，こうした問題に答えることは，われわれが暮らしたいと望む社会にとっても大きな意味を持つ。

　本章では，特に放送に焦点を当て，メディアの目的とメディア統制の指針となるべき根本原理について，互いに対立するさまざまな見解を見ていくこととする。一方には，多数の人びとの幸福に奉仕するリソースとしてメディアが使われるよう，政府の介入を容認する公共放送のモデルがある。他方には，個人のための娯楽や企業の収益を重視する消費者優先主義のアプローチがある。われわれは両者の違いを検討していく。これにくわえ，別物ではあるが関連する問題，すなわち極端であったり問題を孕むメディアコンテンツは社会に害を及ぼさぬようどの程度規制されるべきか，という問題も検討する。

こうした議論をしっかりと検討するのにくわえ，それらがメディアの運営にどう影響するかを例証するため，本章ではいくつもの具体例をあげる。これにより明らかになっていくのは，ここ数十年間で，公共サービスのアプローチから，商業的自由と消費者主権を重視する消費者優先・営利志向のモデルへと，大きく舵が切られたことである。

2　公共放送

〈公共放送PSB〉を支持する者たちは，ラジオやテレビを大切な資源と見なし，社会全体を利するように用いるべきだ，と主張する。放送が公共の利益に適うよう政府が働きかけるべきだと彼らは論じるが，これは営利企業の優先事項（プライオリティ）とはかなりの程度，あるいはまったく両立しないものだ。

このアプローチは，道徳的保守性と〈社会民主主義〉理念との混交に端を発する。保守的なPSB支持者にとって，公共放送とはメディアを統制し社会のモラルを守ることも意味する。しかし，現在の支持者の大部分にとっては，テレビやラジオを大企業の営利目的から守り，社会全体を啓蒙・エンパワーするのに用いるべき貴重な資源とすることが，肝心なのである。こうした社会民主主義の考えにしたがうなら，われわれは国家の教育制度を民間セクターの好き勝手にさせてはならないし，重要きわまりないマスメディアの運営を民間に委ねるべきではない，ということになる（Webster, 2002）。

リースとBBC

PSBの先鞭をつけたのはイギリスであった。イギリスでは，BBCが短期間民営化されたこともあったが，その後は公共組織となり，情報の提供，教育，そして最後に民衆への娯楽の提供が課せられた。初代会長ジョン・リースの個人的なビジョンが，視聴者の知識・嗜好・モラルの向上，国民の利益と結束の強化を目的とする放送理念の発展に，大きな役割を演じた。ここでは普遍性という考え方が鍵となる。国民の結束と啓蒙を促進するには，BBCが放送事業を独占し，その番組編成はイギリスのどこに行っても同じものであるべきわけだ。またリースは，BBCが商用化や競争から保護されねばならないという，

第8章　公共サービスか，個人のための娯楽か？

固い信念を持っていた。彼の考えでは，それらはなりふり構わぬ視聴者獲得競争につながるものであった。ラジオのようなすばらしき発明を利潤の追求や安っぽい娯楽に引き渡すことは，「発明が持つ威力を売春にかけるようなものであり，国民性や国民の知性に対する侮辱行為となろう」と，リースは語っている（Reith, 1925, Franklin, 1997: 119 による引用）。

　リースは視聴者を挑発し，彼らを向上させようとした。この点は重要である。安直な娯楽で視聴者におもねるのではなく，彼らに有益なものを提供しようとした。彼はこのことを誰はばかることなく認めているし，次のようにも公言した。「われわれは民衆が求めているものではなく，彼らにとって必要だとわれわれが考えているものを与えようとしている，と時に指摘されることがある。だが，彼らが求めているものを理解している者はほとんどいないし，いわんや必要としているものを理解している者など，まずいないのだ」（Reith, 1924, McDonnell, 1991 による引用）。商業的関与に対するリースの抵抗は，1923年にサイクス委員会の支持を受けるところとなった。同委員会は，ラジオを所有するすべての世帯が毎年支払う受信料を，BBC の財源とするよう勧告した。1927年までに，この勧告と1926年の放送調査委員会の勧告とに基づき，BBC はイギリス国王の特許状によって受信料収入を財源とする組織として確立し，イギリスの放送の独占権を得た。BBC は，その独立性を維持するために，国家に直接説明する義務はなく，独立した理事会（現 BBC トラスト）に対してのみ責任を負うものとされた。

PSB のさまざまな形態

　リース率いる BBC の番組編成は，時に批評家が評する以上にバラエティに富んだものであったが（Franklin, 1997），それでもやはり，ニュース，ハイカルチャー，愛国心，キリスト教のモラルに重点が置かれていた。あからさまな家父長主義的統制だとしばしば批判されるこの方針は，リースその人の道徳心と彼の仮借ない BBC 支配をいくぶん反映したものであった。それでも BBC の方針の多くが，世界各国のモデルともなったのである。

　西欧や遠く日本，カナダ，オーストラリアで BBC に相当する公共放送が出現し，それぞれが良質で国民のためとなるラジオのコンテンツ，次いでテレビ

のコンテンツを制作しようとした。とはいえ，その組織構成や財源は国ごとに異なる。西欧諸国や日本では，イギリスのそれに相当する受信料制度が導入されたが，その他の地域では別の制度が導入された。

例えばオーストラリア放送協会（前オーストラリア放送コミッション）は1948年以降，政府からの直接的な助成金を財源としている。この方法は受信料制度よりも公平で運営しやすいに違いないが，助成金を配分する政治家たちからどの程度放送が独立性を保てるか，という懸念が残る。一方，カナダ放送協会は，1936年の設立当初から，政府の助成金と広告収入の両方を財源としている。それはそれで，公共放送が企業の後援と共存できるのかという問題を提起するものである。

早い時期から公共放送が民放と競ってきた国もある一方で，イギリスでは，いかなる営利活動もBBCに視聴者拡大を強い，よって公共性を損ねるものだ，とリースが主張し続けていた。だが，広範にわたる議論を経て，BBCによる放送独占は1955年に崩れ，独立テレビジョン（ITV）のネットワークのもと，地域の合弁会社によってPSBの民放版が設立されるようになった。

こうした動向は，BBCに視聴者獲得競争を強いただけでない。企業の圧力がある環境であっても公衆の利益となる放送は可能だ，という考え方を取り入れたものである。ITVは今も昔も公共放送と見なされており，その系列局は番組編成に関する法令にしたがうものとされている。

今日のイギリスでは，さらにChannel 4とFIVEという2つの公共放送がくわわり，どちらも広告収入を財源としている。FIVEは完全に民放扱いであり，Channel 4はNPOの形態をとっている。

公共放送の方針策定

国や時代によって公共放送のあり方は異なるものの，リースが当初に掲げた方針の多くはいまなお維持されている。2004年と2005年，イギリスのメディアや通信の規制当局であるOfcomが公共放送の将来についてつぶさに協議し，その結果4つの社会的目的が明示された。

・現代の出来事や見解についてのニュース・情報・分析によって，われわ

れ自身や他者に情報を与え，世界についての理解を深めること
- イギリスの良質な全国版および地方版の番組を通じ，われわれの文化的アイデンティティを映し出し強化すること
- 身近で，個人の発達を促し，社会への参加を促進するコンテンツによって，芸術・科学・歴史その他のトピックについてのわれわれの関心と知識を刺激すること
- イギリス国内のさまざまな人びとやコミュニティを映し出し，多様な文化や見解についての理解を促し，時には共有体験によって国民を統合する番組を提供し，寛容かつ包括的な社会を支援すること（Ofcom, 2004）

以上の説明のうちいくつかの点は，リースの時代であったら採用されなかったであろう。とはいえ，啓蒙・教育・情報提供にはっきりと重点が置かれており，国民性と結束の称揚は変わらぬテーマである。もっとも後者の場合，リースの言う一枚岩的な国民性に代わって，寛容・包括性・多様性に重点が置かれるようになっているのだが。

これらのテーマは，マイケル・トレーシーによる公共放送の8原則にも際立っている。この8原則は，なににもまして，教育と情報の提供，国民の一体感の育成，マイノリティへの対応，質の高い番組制作，企業や支配者層による制約から番組制作者を解放することを網羅している（Tracey, 1998）。

さらに，民衆の参加を促すというテーマがある。これには，社会への帰属意識や，社会の運営方法についての議論に有意義に参加できることも含まれる。この点で公共放送は，視聴者を孤立した自己中心的な個人ではなく市民と見なすというアプローチをとる。すなわち視聴者は，国家やコミュニティの成員であり，互いにかかわり合い，社会の向上に関与する（Murdock, 1992）。確かに，いかなる地域，いかなる時にあっても，公共放送の考え方は，マスメディアが「現在よりもわれわれを向上させる」のに用いられるべきだという方針に集約されるであろう（Tracey, 1998: 19, 傍点引用者）。

権限委譲か，押しつけか？

自分の払った受信料や税金が公共放送に使われる者たちの多くは，そうした

組織が自分たちのお金を浪費するものだとして反感を覚える。民放の番組とたいして変わらないと文句を言う者もいれば、視聴者の感覚からかけ離れていると見なす者もいるし、コンテンツの対価を支払うかどうかは自分で決めさせてほしいと考える者も多い。「たいして見てもいないのに、どうして BBC にあんなに払わなきゃならないんだ」という苦情が時に聞かれる。しかし、公共放送の存在意義は、一日のきつい仕事を終えてなにを見ようかという、個人的で刹那的な選択の好みを超えたところにある。言い換えれば、長期的に見て、どのようなサービスがわれわれ全員に最も利益をもたらすか、という点にある。

確かにエンターテイメントと大衆性は、公共放送にとっても大切である。娯楽が社会的・文化的絆を深めるからだけではない。少数のエリートよりも社会全体の要求を満たすこと、これも大切だからだ。だが、公共放送は、視聴者を刺激・啓蒙・エンパワーするといった、より高邁な目標と娯楽とを結びつけ、大衆的なコンテンツを良質にし、良質なコンテンツを大衆的にしようとする (Tracey, 1998)。これはもちろん困難な仕事であり、そうしたバランスをとるのに必ずしも成功してきたわけではない。公共放送はその他にも、考察すべき問題を抱えている。

独立性の限界

まず、政府の影響力という問題がある。原理的にこのことは、放送局にとって特に関心事となる。国家からの直接的な助成金に依存し、それゆえ政治家たちと良好な関係を保つことに、直接の利害関係を有するからである。助成金は政府から一定の距離をおいて使われる。とはいえ、受信料を財源とする放送局にとって、政府の助成は財源確保にきわめて重要なのである。

BBC の歴史は、その独立性が脅かされるような逸話にこと欠かない。その最初のものは1926年のゼネストで、政府が BBC にプロパガンダの道具として協力するよう要請したのを、リースがはねのけた事件である (Briggs, 1961)。リースの成功は BBC の独立性のために放たれた有効な一打であったが、それでも第2次大戦中に情報省の支配下に置かれるのを防げなかった (Curran & Seaton, 2003)。それ以降は二度とこうした直接的支配を受けることはなかったが、BBC の独立性は国家の危機や戦争時になると圧力をかけられ続けた。最

近では2003年に，政府がイラク侵攻を「煽情的に脚色」したことを示唆するニュースを流したとして，政府高官からあからさまに非難された。政府の圧力は，公的調査（これを支配者層による粉飾と見なす論者もいる）と相まって，BBC会長と理事長の辞任という事態を招いた。

質の問題

　政府との関係は常に緊張を孕むものであったが，公共放送にとって最も実質的な困難とは，メディアコンテンツがわれわれに有益かそうでないかを誰が判断するのか，という問題である。リースの信念は，人びとは自分たちにとってなにが有益なのかわからずにいるのであり，彼らに代わってコンテンツを選ぶのはBBCの責務である，というものだった。優れた文化を万人に提供するという彼の意図は賞賛に値するが，この姿勢は非常に非民主主義的でもあった（Garnham, 1978）。現在の公共放送の支持者からは，民衆の嗜好をかくもばっさり切り捨てる声はもはや聞かれないし，公共放送の番組編成はかつてよりも多様性に富んだものとなっている。だが，公共放送の正当化は，野放図な市場にあって選択を民衆に委ねることへの不信感に根ざしているのだ。

　こうした恩着せがましい姿勢は，規制当局や公共放送が〈質〉の維持の重要性に絶えず言及する際に，はっきり見て取れる。例えばイギリスの規制当局Ofcomは，「市場から提供されるよりも多様で良質のコンテンツを，組織として明快に要求する」と述べている（Ofcom, 2005）。

　現在，質と卓越性は価値ある目標だと，大半の人が表向きには認めるであろう。だが，〈質〉とは正確にはなにを意味するのか，誰の基準でそれを計るのかという疑問に，十分な説明がなされることは滅多にない。デビッド・エルスタインによるなら，〈質〉とは実のところ，支配者層側の価値観に適合するエリート主義的な目的を言い換えたものに過ぎない（Elstein, 1986）。メディア王ルパート・マードックも，同様の見方をする。

> 良質なテレビといわれるものの多くは，（イギリスのエリートたちの）偏見と関心を見せびらかすものに過ぎず……階級に取り憑かれ，反営利的態度に支配され，過去ばかり回顧する傾向の番組を作り出す。（Murdoch, 2001: 39）

マードックの見方は彼自身に有利なものかもしれないが、質という概念を社会のエリート層と結びつけるのは、彼に限ったことではない。社会学者ピエール・ブルデューは、芸術的な資質や上品な嗜好とは（決して客観的なものとは言えないのだが）、階級間の根深い分断を反映し強化するものだ、と考えた（Bourdieu, 1984）。基本的にブルジョアジーは、自分たちの高尚で純粋な芸術と、それと対極にある大衆芸術とを区別しようとする。後者は、労働者階級の低俗で薄っぺらな娯楽と見なされるもので構成される。この文化的区分は、階級間の差異を強化する役割を果たす。なぜなら社会的・経済的エリートの世界に入るのを許されるのは、必要な〈文化資本 cultural capital〉、すなわち相応の文化嗜好・知識・経験を持った者に限られるからである。優れた絵画のコレクションから好ましい文学知識の披露に至るまで、文化資本は社会的に受け容れられる道を開き、エリート向け教育や就職といった経済的恩恵をもたらす。

公共放送の支持者たちは、無理からぬことではあるが、次のように主張するだろう。自分たちの言う良質は、ブルデューの言う高尚な芸術とは違う、と。また、大衆に良質なものを配信する中で、階級間の差異を強化するのではなく、むしろそれに挑もうとしているのだ、と。だが、ブルデューが嗜好とは文化的に構築されたものだと強調する時、良質という考え方が常に特定の文化的コンテクスト、もしくはブルデューの言うハビトゥス（habitus）を反映することを思い起こさずにはいられない。もっと単純に言うなら、良質とはかなりの程度、主観的なものである。ある人にとっての良質は、別の人からすればクズ同然であったりする。特定のエリートたちや団体に良質の番組を制作するよう権限を与えるなら、特定の文化的・社会的事物を社会に押しつける手助けをすることになりかねないのである。

とはいえこうした姿勢は、社会が容認し正当化するのなら、それほど受け容れがたいものではないだろう。結局のところ、いかなる階級の出身であれ、どれほどの者が、日々視聴する番組をわれわれや社会にとって有益だと考えたりするであろうか？　なるほど、選択する権利は断固守ろうとするだろう。だが、そうした個人的選択やそれが生み出す市場のニーズによってのみわれわれの未来の文化が決定することを望んでいる、という意味にとってはならない。言うまでもなく、公共放送の方針は社会の特定の層に根ざした理念に由来する。だ

が、特定のタイプの番組を奨励することでそうした理念を追求するのは、やはり正当化されてもよいであろう。ある社会階級の嗜好が本質的に優れているという理由からではない。ある種のコンテンツは他のものと比べ、より大きな公益をもたらしうるからである。

おそらく将来においては、ジョン・ミーハムが示唆したように、質というものは本来の純粋性からではなく、その社会的有用性によって規定されることにもなろう (Mepham, 1990)。ミーハムは言う、なにが有用でなにがそうでないかという議論が今後沸騰するだろう、と。包括的かつ責任ある公共放送においても、まちがいなくそうした議論が繰り広げられるであろう。公共放送は、こうした作業に必ずしも成功してきたわけではない。だが、公共放送は公衆に奉仕し、彼らに対する責任を負わねばならない。これはすなわち、どのような番組が有益であるかという議論に、人びとを絶えず参加させることである。

3 検 閲
──有害コンテンツを阻止する──

公共放送の支持者らは、「ポジティブなメディア規制」と呼ばれるものを是認する。すなわち、放送は望ましいコンテンツの制作を奨励するべきだ、と彼らは信じているわけである。これとは違うが同じくらい重要なのが、社会に害を及ぼすコンテンツを阻止・制限する「ネガティブなメディア規制」、別言すれば〈検閲 censorship〉の必要論である。

検閲容認の議論は公共放送支持の現在の議論とはいささか異なっており、前者を支持する者すべてが後者も支持していると考えてはならない。それどころか、公共放送を激しく攻撃する者の中には、性や暴力についての検閲を支持する者がいる。他方、公共放送の支持者が検閲を是としない場合もある。しかしながら、公共放送是認論と検閲とには、明確な共通項がある。両者ともに、メディアが公益に奉仕するためにも規制を受けるべきだ、とする点にである。

多数派およびマイノリティからの抗議を避ける

検閲容認の議論は、パトリック・デブリンの考えにその根拠を求めることが

できる(Devlin, 1965)。デブリンは,機能的かつ秩序ある社会を維持するには,モラルの合意を形成・保護することが必要だと考えた。例えば,もし同性愛というモラルを逸脱した行為が容認されたり奨励されたりしたのなら,それは社会に蔓延し,人びとの絆やモラルの合意の〈分裂〉を生じさせ,社会の衰退を招く。「男であれ女であれ,善悪に関して根本的な合意のない社会を作り出そうとするなら,彼らは失敗するだろう」と,デブリンは言う。また,「人びとの好き勝手にまかせ,彼らのありきたりの合意がはびこってしまうなら,社会は崩壊するだろう」とも述べている(Devlin, 1965: 10)。

崩壊を食い止めるには,個人が好き勝手にする自由を制限する権利を社会が有する,とデブリンは考えた。ある行為が社会の公益に反すると多数派が考えたならば,その行為は制限されるべきだ。デブリンの主たる関心は個人の行為にあったのだが,その考えは,メディアが多数派の意に沿わない意見・行為・生活様式を扱う際には,深長な意味を持つ。要するに,そのような表現は検閲を受けるべし,というのである。

デブリンが重視したのは,ある行為自体の善し悪しではなく,モラルの合意そのものの重要性であった。だが,彼以外の保守派はもっと有無を言わせぬ姿勢を示し,ある種のメディアコンテンツが端的に言って不道徳で悪であるとの理由で,検閲を大々的に支持したのである。

60年代初め,D. H. ローレンス著『チャタレイ夫人の恋人(Lady Chatterley's Lover)』のペーパーバック版が発禁処分を受けそうになったことがある。その性的内容,不倫のおおっぴらな言語表現が,わいせつで下劣だというのであった。この小説は実際に発禁処分となった国もあったが,イギリスではその文学的価値は出版に値すると陪審が判断し,無罪で結審した。歴史に残る判決である。リベラリズムのこの大きな勝利にもかかわらず,不道徳だとか宗教を冒涜するとされたコンテンツへの検閲を求める声はやまなかった。

有名なのは,イギリスのメアリー・ホワイトハウスがはじめた「クリーンアップTV」キャンペーンで,これは露骨な性描写を食い止めようとするものであった。ホワイトハウスは,お蔵入りしていた不敬法を持ち出して,雑誌『ゲイ・ニュース(Gay News)』を告発した。十字架で刑死したキリストを見て同性愛に目覚める内容を描いたジェームズ・カーカップの詩を掲載した,という

のである。1979年には，モンティ・パイソンによる映画『ライフ・オブ・ブライアン（Life of Brian）』が作られた。この映画はキリストの生涯をパロディ化したものであったが，宗教に対する冒涜だとして，英米や世界各地で抗議を受け上映禁止となった。

最近の例では，BBCが2006年，風刺ミュージカル『ジェリー・スプリンガー——ザ・オペラ（Jerry Springer: the Opera）』を放映し，キリスト教福音派から激しい抗議を受けることとなった。キリストの風刺的描写やゲストが悪魔として登場したことが冒涜的だというのである。しかし，この頃にはそうした抗議集団はもはや大多数のイギリス国民の声を代弁するものではなくなっており，多数派のモラル擁護というデブリンの考え方ともそぐわないものになっていた。サルマン・ラシュディの小説『悪魔の詩（The Satanic Verses）』出版（1989）や預言者ムハンマドを描いた新聞マンガ（2006）に抗議するヨーロッパのイスラム教団体のキャンペーンなどもあって，それぞれの国でマイノリティを形成する宗教団体からの抗議を招かぬよう検閲する，という考え方とは折り合いがよいであろうが。

ポルノグラフィ
検閲容認の議論は，保守的なアジェンダに限られているわけではない。この点は重要である。例えばポルノグラフィ検閲の動きは，宗教的価値を頑なに守ろうとする者たちと，女性搾取を憂慮する左翼フェミニストたちとの間に，呉越同舟の同盟を結ばせる。

保守派は次のような議論を重視する。ポルノは家族の価値と一対の男女間の婚姻を損ない，セックスが結婚した男女の厳かな愛情表現であるという伝統的理解を危殆に瀕せしめ，離婚率の上昇・10代の妊娠・性病といった社会問題を招く。キャンペーン団体のメディアウォッチUKは，これを次のように述べている。

> ポルノグラフィは，セクシュアリティに対するその無頓着でモラルと責任を欠いた姿勢により，性的不能，性病の罹患率の絶え間ない上昇，離婚率の上昇，性犯罪率の上昇といった社会問題におおいに関与していると，わ

れわれは信ずるものである。(mediawatch-UK, 2005)

最後のポイントである性犯罪は，メディアウォッチ UK の主張と，アンドレア・ドウォーキン（Dworkin, 1981）やキャサリン・マッキノン（MacKinnon, 1998）のようなラディカル・フェミニストの主張との，唯一の接点であろう。彼女らはミネアポリスやインディアナポリスで，ポルノグラフィが女性の公民権を侵害するとして，ポルノ禁止運動にくわわった者たちであった。

ポルノグラフィは既存の価値の脅威となるどころか，家父長主義的社会とはまったく相性がよい，とドウォーキンとマッキノンは考えた。家父長主義的社会は数世紀にわたり，女性を性の対象として扱ってきたのだ。ポルノにおいて，女性のセクシュアリティは支配され侵害される。男性によって。屈辱的で下劣で時に危険な性行為を女性に強いることで，金もうけをするポルノ産業によって。ポルノを見て女性のセクシュアリティを消費する男性によって。また，ポルノのテクストに登場する男優によって。それゆえポルノと売春には，さしたる違いはない，とドウォーキンは考えた。どちらも男性が別の男性に女性の身体を売りつけるからだ。レイプもまた，女性を性の商品とするポルノの姿勢と変わるところはない。もっともこの場合，代価が支払われるわけではないのだが。たびたび引用されるロビン・モーガンの「ポルノは理論で，レイプは実践」（Morgan, 1980: 128）というスローガンをドウォーキンも引き，両者は相互に正当化しあう，と明快に述べている。

> ジャンルとしてのポルノグラフィは，女性を略奪したり売買したりすることが力づくの虐待行為ではない，と主張する。なぜなら，女性はレイプされたり売春したりするのを望んでいるからだ，という。それが女性の本性であり，女性のセクシュアリティの本質だから，というのである。(Dworkin, 1995: 240)

暴力

メディアにおける暴力も，検閲の標的の1つである。オーディエンスが消費する暴力の量については，ほとんど疑う余地がないのは事実である。ジョー

ジ・ガーブナーは，アメリカの事情に言及して次のように述べている。

> プライムタイムのテレビドラマの平均的な視聴者は……1週間のうちに平均して41人の公設・私設の法の執行人に対し21人の犯罪者を目にすることになる……さらに毎週平均して150の暴力行為と15の殺人が，視聴者とその子どもたちを楽しませるが，この数字にはアニメやニュースは含まれていない。(Gerbner, 2002)

こうしたテレビ上の暴力が有害たりうるという考え方は，メディアのキャンペーンでもしばしば支持される。テレビ上の暴力が無防備な人びとの目にふれ，世間の話題をさらう殺人を犯す可能性が高まることに注目が集まる。イギリスでは1993年に，ジェイミー・バルガーという名の幼児を殺害した10代の少年2人のうち，ひとりの家に『チャイルド・プレイ3（Child Play 3）』のビデオがあったことで，こうした類いの映画の禁止を求める声があがった。また，アメリカのニュースメディアは，1999年のディラン・クレボルドとエリック・ハリスによるコロンバイン高校銃乱射事件について，コンピュータゲーム『ドゥーム2（Doom 2）』とマリリン・マンソンの音楽および映像イメージに一部責任があるとして非難を浴びせた。

こうしたメディアによるキャンペーンは，政府による規制強化に直接つながることもあった。イギリスでは2008年，女性教師ジェーン・ロングハーストが，「過激ポルノ」に該当するオンライン・マテリアルを大量に視聴していた男に惨殺されると，そうしたポルノの視聴が禁止された。

規制論者たちは，行動主義心理学の実験および調査研究に依拠しつつ（第5章参照），子どものように無防備な人間はメディア上の暴力を直接模倣したり，ストレスを伴う状況に攻撃的に反応する傾向がある，と主張する（Berkowitz, 1984）。また，暴力に長期間ふれることでそれが常態化し，その悪影響に鈍感になってしまったり（Drabman & Thomas, 1974），世界は極端に恐ろしいところだと理解したりする（Gerber, 2002）と主張する者もいる。

テレビ上の暴力は，たとえ模倣行為を招いたり攻撃性を高めたりしなくとも，視聴者を深刻なまでに恐怖・混乱・動揺させたりする。このことだけでも，大

きな社会問題と見なされるであろう。

有害性を食い止めるか，自由を抑圧するか？

　検閲容認論によって，メディアコンテンツには視聴者を動揺させたり怒らせらたり，また害を及ぼす可能性があることに，われわれは思いをいたす。しかしながら，規制当局が有害なコンテンツを規制したり排除したりすべきか，そうすべきだとしたらどのような状況においてかという問題は，複雑で意見の分かれる問題である。

　デブリンの主張の正当化は，現代の多文化社会においては困難かと思われる。社会的連帯が持つ価値は多くの者が認めるところであろうが，そうした絆を深める手段として，マイノリティによる無害な行動や表現を禁じるのは，非現実的なうえに建設的でない。19世紀のジョン・スチュアート・ミルの思想のほうが（デブリンはその向こうを張っているのだが），まだしも現代に通用することはほぼ疑いを入れない。

　ミルは，多数派の暴虐性にとりわけ警戒し，個人の行動と表現の自由が文明化された社会の基礎だ，と論じた。歴史のいかなる時点においても多数派の意見は誤っている可能性があり，社会の進化のためにはさまざまな意見に照らし合わせて検証されなければならない，とミルは考えた。

> 　ある意見の表明を封じることのなにが問題かというと，それが人類に対する略奪行為だということだ……その意見が正しいとしたら，人類は誤謬を真実に置き換える機会を奪われてしまう。その意見が誤っているとしても，同程度の利点を喪失することになる。すなわち，誤謬と対峙することから得られる，真実の生き生きとした感覚を喪失するのである。(Mill, 1975: 24)

　ミルによれば，社会が個人の自由を制限する権利を持つのは，それが他者に害を及ぼすことが明らかな場合に限られる。よって，マイノリティのすることが不愉快だとか，それにより感情を傷つけられたとしても，彼らから社会やその成員を守ろうとするべきではない。また，「自己管理の能力のない者たち

第8章 公共サービスか，個人のための娯楽か？

(主として子どもたち)」を除き，社会がよしとするふうに行動するよう人びとに強いることで，彼らを守ろうとするべきでもない。とはいえ，ミルの「危害の原理」には，おおいに議論の余地がある。結局のところ，検閲容認論の多くは，危害とはなんらかの形でくわえられうるものだ，と主張しているのである。そこで問題となるのが，こうした主張の多くが意見の分かれるものだ，という点である。

メディア上の暴力が有害だという批判でいえば，その根拠は一貫性に欠け疑問が残るものである。メディアが殺人事件のきっかけになったと推測したところで，検閲の論拠とはならない。たとえ事件がどんなに衝撃的であったとしても，である。根拠ということになると，オーディエンスになんらかの影響を与えたとする研究も多いが，明確なエビデンスを示せないとする研究も存在する。さらに，これまでの実験研究・調査研究は広範な批判に晒されており，その研究結果にどれだけ信頼が置けるか判断しがたい（第5章参照）。また，仮にメディア上の暴力のせいで視聴者による暴力が増加するとしても，それはもともと暴力的な傾向を有する一部の者たちに限られるだろう，とする論者が大半である。このように考えてみると，何百万もの視聴者によって連日のように視聴されるメディアコンテンツが非暴力的な人びとに与える影響よりも，異常性格者の生活に潜む要因に目を向けたほうが理に適っている，と言えそうである（Gauntlett, 1998）。

ポルノグラフィによる実害の程度も，論争の的である。多くの性犯罪者がポルノに接していた経歴を持っているものの，ポルノが本当に犯罪行為につながったかは，まったくわかっていないのだ。また，国によっては，性犯罪とポルノの使用には相関が見られない（Segal, 1992）。

ポルノが女性の物象化や男性に対する性的魅力の行使といった女性観を助長するメディア表現につながる可能性は，否定できない（第11章参照）。とはいえ，このより大きな問題を認識すれば，ポルノグラフィだけに原因を求めるのは無理があることに気づく。ポルノの露骨な性描写はためになるとは言えないだろう。だが，それは女らしさの表象という点で，ファッション雑誌の描写やロマンス小説，ハリウッド映画よりも本当に有害なのだろうか？

ポルノを名指しで批判するフェミニストたちは，ポルノが女優たちにとって

屈辱的で有害な点を重く見る。だが，当の女性たちがポルノで生計を得ようと選択したのなら（強制されたのなら，それはもはや犯罪だ），彼女たちがそういう選択をしないよう保護されるべきだという議論は，どうも具合が悪い。人びとは自分自身からも守られねばならないというミルの主張とも矛盾するし，性産業に従事する者たちを非難する危険を孕む，と考えるフェミニストもいる。

> われわれは女性たちを救うべきだと強く言われる……だが，もちろん，性労働者の大半はフェミニストによる救済など求めていない。それどころか彼女たちは，ポルノに反対するフェミニストが，性産業で働く女性たちを非難するのを苦々しく思っているのだ。(Segal, 1992: 9)

　また，女性の体を異性愛の男性オーディエンスに売るほうに偏っているのは，疑いもないところである。だがポルノでは，〈男性の体〉も扱われ，異性愛の女性や，同性愛・両性愛の男女がオーディエンスになっていることも，忘れてはならない。したがって，暴力やポルノグラフィを諸悪の根源と見なす者たちによる議論や根拠には，おおいに疑念が残る。また，検閲を厳しくし自由を制限すべきだという議論も首肯しがたい。とはいえ，そうした表現が手放しで歓迎されるべきだとか，検閲などまったく無用だ，という意味ではない。

　メディアの利用がもたらすものに取り組み理解し続けること，大きな害が及びそうな場合に慎重に介入する用意をしておくこと——社会にとって，これらが非常に大切である。最もわかりやすい例は，子どもたちがさまざまなメディアコンテンツを消費する程度や方法を管理することであろう。その基準には議論の余地が残っているが，法的に義務づけられた分類システムは，多くの親たちが有益だと考えている方法である。デジタルテレビやインターネット向けの任意パスワードや子どもでも使いやすいフィルタリングソフトと同様に，分類システムは親が子どもにふさわしいコンテンツを決める手助けをしてくれる。

　コンテンツの公開性次第で，規制や管理のレベルを変更する場合もある。リチャード・コリンズとクリスティナ・ムローニは，通信がプライベートなものであればあるほど検閲から除外されるべきだ，と主張した (Collins & Murroni, 1996)。したがって，少数の友人間でのEメールのやりとりは，物騒な脅迫・

第8章　公共サービスか，個人のための娯楽か？

脅威・暴力を伴う場合を除き，検閲から除外されるべきだ，ということになる。これに対し，社会のさまざまな層から視聴者が構成される一般放送の場合，ある程度の規制はやむを得ないであろう。コリンズとムローニは，こうした両極の間には，成人視聴者が明確かつ意識的に選択・購入を決定してはじめて消費される，多様なメディアがある，とする。「自発的オーディエンス」への流れは，そうした通信回路（有料テレビチャンネル，ウェブサイト，専門雑誌など）では，規制が緩やかでもかまわないことを意味する。それらを不快に感じる者の目に，偶然にふれる可能性が低いからである。

4　商業上の競争と消費者の選択

　ここまで本章は，政府がメディアを規制し公益に奉仕することを支持する人びと（見解が違っていてもそう支持する場合もある）に，焦点を当ててきた。ここで論を転じ，政府がメディアに干渉するのは社会の利益にならず，〈よくない〉ことだと信ずる人びとを取り上げよう。

　この立場は，公共放送の考え方とは対極にあり，〈新自由主義〉の政治イデオロギーに依拠している。この自由主義の考え方は，18世紀のアダム・スミスの経済理論に影響を受けている。その主要な関心は，個人の政治的自由や道徳的自由にではなく（もっとも，このアプローチの顕著な特徴となることもあるが），〈市場〉の自由，すなわち売買や金もうけの自由にある。

　スミスの学説は自由市場，すなわち「自由放任主義」を提唱した。そこでは政府による介入は最小限にまで制限され，関税や政府による補助金や規制といった障壁なしに，企業は収益拡大を目的として自由に競争する。政府は，市場を操作してなんらかの財政的・社会的成果を達成しようとするのではなく，管理の手を緩め，市場の「見えざる手」に委ねるべし，というのである（Smith, 1904）。

　製品やサービスやアイディアの成否は，政府の介入によってではなく，需要と供給の法則によって決まるとされる。なにか希少なものが必要となれば，その収益性から市場がそれを供給する。反対に過剰供給になったり不要になったりすると，収益性がなくなり，市場はなにか別のものの供給に転じる。

第Ⅱ部　メディア・権力・コントロール

　20世紀中葉に自由放任主義経済の影響力が衰えると，いわゆる新自由主義が80年代以降に勢いを得た。これは，企業に対する規制緩和，減税，政府の支出削減，国有施設の民間への売却を伴うものであった。

新自由主義のアプローチ

　新自由主義者はメディアに関していえば，政府がメディアの目的を決めたり，ものごとを人為的に操作して公益を達成しようとするのはまちがっている，と信じている。そうではなく，営利組織は自分たちがよしとする形でメディア製品やサービスを自由に供給すべきである。その成否は政府が押しつける優先事項（プライオリティ）によってではなく，需要と供給，そして市場での競争によって決まる，というのである。市場の見えざる手が，必要とされる製品やサービスを最も効率的に供給する。というのも，消費者からの需要があるものを供給すれば収益が上がるからだ。さらに企業間の自由競争が，製品の品質を向上させ，新たなアイディアを生み，コストと価格を引き下げる。

　これに対し，政府からの助成金，受信料，市場の限定などによって財源が保証されていると，品質は向上しないけれども，自己満足と停滞が助長される。自由市場体制の消費者はその逆に，社会のエリート層が選んだメディアコンテンツの消費を強要されるのではなく，好きなコンテンツを自分で決める。

　メディア王ルパート・マードックは，80年代末に「放送における自由」と題した講演で，当時BBCとITVに独占されていたイギリスの放送市場の規制緩和を求め，放送への新自由主義的アプローチを次のようにまとめている。

> 競争は消費者に買いたいモノを選ばせる。これに対し，独占や寡占状態では，売り手が売り物を消費者に押しつける。競争によって業者は，よりよい製品を提供するライバル社に負けないよう，自社製品を改良しようと努める。独占状態では売り手は，囚われの身の消費者に時代遅れの製品を押しつける。競争は価格を抑え品質を高める。独占はその逆のことをする。どうしてテレビだけが，こうした需要と供給の法則から逃れるべきなのか？（Murdoch, R., 2001: 38）

第8章　公共サービスか，個人のための娯楽か？

　マードックはこれに続けて，いわゆる公共放送に与えられた「恩恵」が，事業者の独りよがりのサービスに堕し，民衆にはほとんど無関係なものになっていると述べ，公共放送の考え方自体を攻撃している。マードックは公共放送を，「人びとが望むサービスを彼らが購える価格で提供する者」と再定義した（Murdoch, R., 2001: 39）。そして，オープンな市場で最小限度の規制や管理を受ける営利企業こそが，そうしたサービスを最も効率的に提供できる，と主張する。

　マードックは「人びとが望むサービスを提供する」という点を別にすれば，公共放送を真っ向から否定したが，これは議論の核心に迫るものである。この見方にしたがうなら，放送の主たる目的は消費者の満足と娯楽にあることになる。そうした満足を与えることから得られる収益性，これが市場による満足の供給を担保する，とマードックは考えた。新自由主義的アプローチは，社会全体の長期的なニーズを重視するよりも，なによりもまずわれわれを消費者として捉え，われわれひとりひとりを満足させることを重視する。

　2009年のエディンバラ国際テレビ祭におけるマードックの講演の際には，彼の息子のジェームズ（当時ニュース・コーポレーション社のヨーロッパ・アジア部門の会長兼CEO）も，同様の持論を展開した。彼は，メディアを規制しようとする政府の特徴である「独裁主義」と「信頼の欠如」を批判し，制約を受けない商業体制こそが，創造性を拡大し，自立的メディアの多様な声を生み出し，消費者に選択権を与える，と主張した（Murdoch, J., 2009）。

アメリカの放送──自由市場のモデル

　アメリカでは，自由市場の考え方が確立してひさしい。これは憲法修正第一条による出版の自由の保障と相まって，商行為と営利を主軸とする放送の歴史に資するものであった。

　アメリカのラジオ放送はその黎明期から，市場競争とスポンサー体制に支配されていた。とはいえ限られた電波帯域を守るために，ある程度の規制も必要とされた。連邦ラジオ委員会（連邦通信委員会［FCC］の前身）が1927年に設立され，放送は認可制となり，免許を受けた放送局は「人びとの便宜・関心・必要」に奉仕するものとされた。しかし，完全に公共放送の体制をとる諸国とは

違って、アメリカの放送業界はおおむねその主体性に委ねられていたのである（Baker & Dessart, 1998）。

また、各地域に振り当てられる認可の数は決められており、リスナー獲得競争が促された。アメリカ以外の国々では、規制は競争を制限するものであった。ところが初期のFCCによる業界への介入で最も顕著であったのは、独占体制を避けることで競争を維持することを狙いとしていた点である。また、放送局がオーディエンスの関心を追い求め、そのことでオーディエンスは放送局の主たる目標、すなわちスポンサー確保にひと役買ったのであった。

アメリカのシステムも「公共放送」の枠を設けた。初期においては、地域の教育ラジオ・テレビ局は、大学やフォード財団のような非営利組織によって運営されていた。60年代になると、国家からもささやかな助成を受けて制度が整備され、公共放送サービスが設立された。その役割は、政府の交付金を加盟局に分配することであった。最終的にはPBSというネットワークになり、数多くの地方局を統括するようになった（Baker & Dessart, 1998）。PBSはそこそこの成功を収めた。とりわけ子ども向け教育番組で知られ、おそらく最も有名なのは世界的に成功した『セサミ・ストリート（Sesame Street）』であろう。しかしながら、結局のところ、強大な民放ネットワークには太刀打ちできないうえに、政府の交付金が少ないため、企業寄付、視聴者からの寄付、さらに広告収入に依存するようになった。

民放局のコンテンツにも公共サービス的な規制を課そうという試みは、散発的に行われてきた。最も有名なのは、1949年の「公正の原則」である。これは、FCCが認可した局に、公益に適った番組放送を義務づけ、意見の対立のある問題についていずれかの意見に偏るのを禁じるものであった。かくして、放送局は政治や論争を公正に報道する責任を負う、という原則が確立したのだった。

絵が映るトースター──規制の衰退

80年代以降、新自由主義が優勢となるにつれ、アメリカに存在していた規制の多くが緩和されていった。放送を社会的な資源として特別視せず、他の商業製品やサービスとなんら変わらないものとして扱うべきだ、と主張する者もいた。1981年から87年までFCC委員長であったマーク・ファウラーは、「テレビと

は，絵が映るトースターに過ぎない」とまで述べている(Baker & Dessart, 1998: 27 による引用)。

　多チャンネルのケーブルテレビの台頭を背景に，ファウラーはさまざまな規制の緩和を指揮した。1987年の「公正の原則」の撤廃もそれに含まれる。ファウラーに代表される新自由主義の政治勢力は，衛星やケーブル，インターネットの発達と相まって，アメリカとは事情が異なり，公共放送による独占の歴史しか持たない諸国に，さらに劇的な影響を与えることになる。

　多チャンネルテレビは新自由主義にとって完璧な相棒となった。なぜなら狭い電波帯域の時代に終止符を打ち，新自由主義者が夢に描いていたオープンで競争を伴う市場を技術的にも可能にしたからである。視聴者の選択肢はこのように増えたため，政府が市場に介入してどういう番組が提供されるかを決めることに，もはや煩わされる必要がなくなったのである。もしあるチャンネルのコンテンツを不快に感じたのなら，自由市場の多チャンネルシステムは，もっと自分にふさわしい別のコンテンツをたっぷり用意してくれている。同様に，ソープオペラやゲーム番組に退屈したのなら，他のチャンネルでニュースや込み入ったドラマやドキュメンタリーを見ればよい。市場がテクノロジーや政府の制約さえ受けなければ，そうした番組を求める視聴者の要求はかなえられる。そうなるとわれわれは，万人のニーズを満たすよう厳しく規制された少数のチャンネルではなく，有り余るほどの民間専門チャンネルから，めいめいが好みの番組を選ぶことになる。多チャンネルテレビと新自由主義の復活とにより，世界各地で公共放送の地位は地に堕ちた（Tracey, 1998）。イギリスでは，ケーブルテレビ，衛星放送，そしていまでは90年代以降認可されるようになったデジタルチャンネルが，地上波放送に課せられた公共放送の義務を免除されている。

　ITVのような民営の公共放送は，自分たちとは違って軽めで最小限の規制しか受けないライバルとの，激しい競争に直面することとなった。こうした競争はコスト削減と視聴者獲得の圧力を著しく高めた。これは，彼らにしてみると，公共放送の責務と両立しないものである。また，衛星放送，ケーブルテレビ，そしてそれらに続くデジタルテレビやセットトップボックスは相当程度，民間業者の手に委ねられていて，彼らにゲートキーパーとしての影響力を持た

せることとなった (Franklin, 1997)。もっともついに BBC も,「フリービュー」と呼ばれる無料のデジタルテレビサービスに手を染めることとなったのだが。

　主要な公共放送の財源を将来的にどうするかは,不透明なままである。セットトップボックスを使い,さまざまなコンテンツに簡単にアクセスしたりブロックしたりできることで,BBC や CBC でも受信料によって財源を確保する技術的可能性が開けた。人びとから一律に受信料を徴収したり,政府からの交付金をもらったりしなくともよくなるのである。見ようが見まいがおかまいなしに公共放送に受信料を払わされるのではなく,視聴者は見た分に応じて支払う。リースにとってあれほど大切だった普遍性の原理の終焉である。放送事業者は,これと思った市場に赴き,自動的に交付金を受ける代わりに視聴者獲得の競争をする。1986年のピーコック報告書は,技術的な体制が整い次第 BBC もそうするよう提案したが,現在に至るまでイギリス政府はこの提案を拒否している。BBC はイギリス国内でも海外でも知名度が高く,インターネットでのオンデマンド配信の先駆けであった。しかし,他の財源確保の模索は続いており,受信料制度の終焉は時間の問題かもしれない。

　検閲制度も20世紀後半以来,多くの国々でだんだんと衰退している。もっとも,後に見るように,地域によっては道徳的良識についてメディアの規制を求める声は,依然として根強いのだが。検閲制度の衰退は一面では,アーティストや放送局らによる,許容ラインをめぐる激しい抵抗を反映している。また,時を同じくして少なくともいくつかの国々で,検閲を容認する保守派の影響力が衰えたことを反映している。規制緩和はまた,市場での競争が暴力や性に関する許容ラインに挑み,視聴者を釘付けにして一歩先んじるさまを反映する。

　テクノロジーの発達は,検閲反対論に拍車をかけた。コンテンツを不快に感じた者はただチャンネルを変えればよいのだし,害を及ぼしそうなコンテンツは有料の専門チャンネルで放映すればよい。また,第3章で見たように,メディアの複合と,通信の公私の境目がインターネットのせいで不明確になったことが,許容ラインの確立と実施をさらにむずかしくしている。

　しかし,検閲はさまざまな場で健在である。性や暴力,汚い言葉に関する一般的な許容レベルは緩くなったのだが,イギリスは2006年,テロの「賛美」や宗教的憎悪の「煽動」を禁じる法案を成立させた。いずれも反対陣営は,表現

の自由に対する直接的攻撃だとしている。また，意外にも，他の点では「自由放任主義」のアメリカのメディアは，モラルについてはかなり厳格な規制を維持している。「わいせつ」と見なされたコンテンツは全面的に禁じられ，「破廉恥」「冒涜的」なコンテンツは子どもたちが見ていない時間帯に限って放映が許される（FCC, 2008）。さんざん報道されたスーパーボールでのジャネット・ジャクソンの「おっぱいポロリ事件」で，FCCがバイアコムに罰金を科そうとしたのは（第3章参照）失敗に終わったようではある。しかし，新自由主義的な経済思考と保守的な道徳観が混在する国にあっても，性的モラルということになると，介入意欲がまだまだ強いことを示したといえる。この事件は，政治的右派の人びとが，公共放送のこととなると自由な市場を支持する議論を展開するのに，暴力，そしてとりわけ性についての検閲となると介入を支持するという，一般的傾向を例証するものである。

5 おわりに
――商用化の未来はバラ色？――

　検閲と公共放送の意義は認めつつも，規制緩和は今後もいっそう進むと考えられる。マードックが提唱する自由競争は，かつて公共放送の立場をとっていた多くの国々でも，かなりの程度実現している。そして，公共放送の財源と組織が，いずれは自由競争の原理に基づいて改革されるとしたら，BBCの受信料制度のようなものが再び導入されるとは考えにくい。では，公共放送は保護すべきか，それともメディアの商用化は歓迎すべきなのだろうか？

　競争と自由市場は，メディアの多チャンネル化と相まって，視聴者の選択の幅が広がったという点で，恩恵をもたらしたことは疑いない。もはや人びとは，1つか2つの国営放送，もっと言うなら規制当局が選んだ文化を受け入れる必要がないのだ。競い合う民間業者が提供するさまざまなコンテンツの中から，自分が好むものを選ぶ自由を手に入れたのである。人びとのそうした選択は，放送事業者の将来計画にも影響を与える。競争がすべての放送事業者（公共放送を含む）に，視聴者の意向に沿うよう圧力をかけていくことは，否定できなくなるだろう。また，新たなメディア環境では，メディアが多くのマイノリテ

ィ集団をターゲットとするようになり，そうした商用サービスが好きだというマイノリティもいることが明らかになりつつある（第10章参照）。

　しかしながら，メディアの自由市場化には大きな問題もある。規制緩和によって，さまざまな独立事業者からなるオープンな市場が公共放送に取って代わるというよりも，ひと握りの多国籍企業によるマスコミ支配が強化される傾向がある（McChesney, 1999）。さらに，広告収入をめぐる競争の激化が，なりふり構わぬ視聴者獲得の重視と，「消費者文化」に沿うコンテンツ偏重の引き金となった。確かに視聴者の選択の幅は広がったのだが，その選択肢はひと握りのメディア組織が提供するものに限定されている（Murdock, G., 1992）。そして，専門化と斬新さが商用サービスの要素となっていることは疑いないのだが，商用チャンネルの番組の相当部分は，大勢を占める視聴者向けの，コストとリスクを最小限にした，二番煎じの陳腐な番組作りとなっている。グラハム・マードックが指摘したように，「たくさんあれば多様だとは限らない」のである（Murdock, G., 1992: 36）。

　「それがどうした？」と，自由市場主義者なら言うかもしれない。「消費者は自分が欲しいものを手に入れるんだ」，と。この主張の是非はひとまず措こう。おそらく本当の問題は，われわれのコミュニケーションシステムの未来を，リモコンであちらのチャンネル，こちらのチャンネルと切り替えるがごとき，近視眼的で怠惰な決定に委ねてしまってよいのか，という点であろう。そうした目先の判断に未来を託してよいのだろうか？　それとも，メディア運営に関する長期的な優先事項（プライオリティ）や方針を，衆知を集めてよりよくすることを選ぶべきなのか？　さらに言えば，われわれはつかの間の楽しみを味わう消費者であることで満足しているのだろうか？　それとも，真にわれわれのためになると信じられるメディアのシステム――われわれを向上させてエンパワーするうえに，われわれを社会に活発に参加している者として対応してくれるシステム――を希求し続けるべきなのか？

【課題と演習】
(1) テレビを所有する全世帯から強制的に受信料を徴収するBBCの財源のあり方について，賛成論と反対論を列挙せよ。受信料制の代案も念頭に置くこと。

(2) a) テレビ番組を判定するのに用いる「質」とはなにか，定義せよ。
    b) 規制当局が放送番組の質を公正に判定することは可能か？
(3) a) どのような状況においてなら，メディアに対する検閲は社会にとって有益となるか？
    b) ポルノグラフィの検閲を支持する保守的なモラルと，ドウォーキンやマッキノンらフェミニストによる反ポルノ運動との違いはなにか？ いずれも説得力のある議論であるか？
(4) a) ルパート・マードックが競争は消費者に選択肢を与え，技術革新をもたらし，品質を向上させると言う時，彼は正しいのか？
    b) そうした主張に対し，どうしたら公共放送を擁護できるか？
(5) メディアの存在意義とはなにか？ 社会におけるその役割はどのようなものであるべきか？

【読書案内】

Baker, W. and Dessart, G. (1998) *Down the Tube: An inside account of the failure of US television.* New York: Basic Books.
　アメリカにおける民間テレビ放送の歴史を批判的に解説。

Dworkin, A. (1981) *Pornography: Men possessing women.* London: Women's press.［ドウォーキン，A., 寺沢みづほ訳（1991）『ポルノグラフィ――女を所有する男たち』青土社］
　ポルノグラフィを，男性による女性の物象化と搾取であるとして，フェミニストの立場から批判したもの。

Mill, J. S. (1975; 1859) 'On liberty', in J. S. Mill and R. Wollheim, *Three Essays: 'On liberty', 'Reprentative government', 'The subjection of women'.* Oxford: Oxford University Press.［ミル，J. S., 斉藤悦則訳（2012）『自由論』光文社古典新訳文庫］
　表現の自由を自由主義の立場から擁護した古典的著作。

Murdoch, J. (2009) 'The absence of trust', MacTaggart Lecture, 2009 Edinburgh International Television Festival. Available online at: http://image.guardian.co.uk/sys-files/Media/documents/2009/08/28/JamesMurdochMacTaggartLecture.pdf
　ルパート・マードックの息子で，ニューズ・コーポレーション社のヨーロッパ・アジア部門のCEOでもあるジェームズ・マードックによる，イギリスのメディア規制とBBCへの批判。

Tracey, M. (1998) *The Decline and Fall of Public Service Broadcasting.* Oxford: Oxford University Press.
　公共放送の方針を概観し，世界各地で公共放送が衰退している状況を批判的に解説。

第❾章 国民的メディアの衰退
―― 商業化・断片化・グローバリゼーション

主要なポイント

- メディアが公共圏への参加を促す可能性
- ナショナルアイデンティティと文化を構築するうえでメディアが果たす役割
- 商業化したメディアが公益性を歪めるという議論
- 断片化・グローバル化したデジタルメディアと国民文化の衰退
- 公共圏への批判とナショナルアイデンティティ育成の試み

1 はじめに

　人びとが自身のアイデンティティを感じ，社会に参加するうえで，現代メディアはどのような役割を果たすのであろうか？　テレビや雑誌やインターネットは，われわれが国民文化や政治とかかわるのを促すのであろうか？　それとも，人びとが断片化・グローバル化した消費の世界へと「離散」していくのを助長するのであろうか？

　本章では，先行する章で取り上げた議論を踏まえ，メディアと国民文化と民主主義との複雑関係を見ていくこととする。まず，市民性（シチズンシップ）の話題と，〈公共圏〉として知られるものを推進するうえでメディアが果たす役割を検討することからはじめよう。特に，大きな影響を及ぼしたユルゲン・ハーバーマスの研究に注意を払うものとする。さらに本章では，メディアがどのように国民共同体を促進・構築するか，そしてこのことが帰属意識や参加意識にどのような意味を持つかを論じていく。

本章の後半では、メディアの世界で起きた近年の変化がもたらすインパクトに注目する。このインパクトは、国民社会の独自性と凝集性に影響し、さらに政治的・文化的参加にも影響する。これにより、双方向化・断片化・グローバリゼーションをいよいよ深めつつあるメディア環境が持つ意味についても考えていく。

2　メディアと〈公共圏〉

ハーバーマスの〈公共圏〉

　市民性と公共圏の推進役としてのメディアに関する議論は、ユルゲン・ハーバーマスの初期の著作をめぐってなされることが少なくない。ハーバーマスは、フランクフルト学派のドイツの現代思想家である。ハーバーマスはこう論じる。人間解放の試みの成否は、社会とその未来に関する重要な案件についての理性的なコミュニケーションに人びとが参加できるかにかかっている、と。彼の理想主義的な構想によれば、社会とは、金銭や腐った権力の影響とは無縁なところで、理性的な議論の結果として生じた公的合意に基づいて、全体的に進歩・改善すべきものなのである。

　ハーバーマスは60年代の著作の中で、自身の構想のモデルとして、18世紀と19世紀初期のヨーロッパにおけるブルジョアジーの公共圏をあげている（Habermas, 1992）。彼はこう論じる。公共圏とは、共有文化と概念の発展のための空間からなり、「公的権威（政府）」の領域と「市民社会」の私的な領域との中間に位置し、商業的関係と家庭生活の双方を包含する、と。人びとは私人として共有空間に集い、考え方や価値観や出来事についての議論を交わして世論を形成する。こうした議論は政府や商業部門に取り込まれ、その進路を決定づけるとともに、責任の所在を明らかにする。

　18世紀の公共圏の場としては、ヨーロッパ主要都市のコーヒーハウスが主だったものであり、そうした施設にたむろする教養あるブルジョアジーが参加者であった。同じくらい重要なのが、批判的で政治指向の新聞産業の発達であった。これが世論に情報を提供し、その代弁をし、またそれに応えていったのであった。

第❾章　国民的メディアの衰退

　上流人士によるこの18世紀文化が決して包括的なものでなかったことは，ハーバーマスも認めている。しかし，だからといってそれがもたらした可能性から目を逸らしてはならない，と彼は説く。私人としての人びとが集結し，理性的で参加型の公共圏を形成し，個人的利害と商業的利害とについて，より大きな善が生まれバランスがとられる。そのモデルを示すものなのだ，と。
　コーヒーハウスの全盛時代には，国家，ビジネス，家庭，そしてもちろん公共圏自体との間には生産的な均衡がとれていた，とハーバーマスは論じる。しかし，資本主義が拡大するにつれ，国家は膨張し，産業・商業の力と影響が劇的に大きくなり，市民文化は次第に衰退していったとされる。
　行政や市場を含む，このような社会の「舵取り装置」は〈システム〉と呼ばれ，道具主義と，自身の再生産および拡大の重視に支配されていた。日常文化，あるいは〈生活世界〉の領域におけるシステムの影響力は徐々に〈飽和〉し，領域全体での道具主義的・実用主義的なロジックの蔓延と，オープンで自立的で自由かつ批判的な公共圏の縮小をもたらした（Habermas, 1987）。つまり，ハーバーマスがあれほど重視したオープンかつ理性的な市民文化は，社会のあらゆる側面が階層的・道具主義的な機能と思考によって支配されたことで，窒息してしまったのである。
　本章では，公共圏の衰退に関するハーバーマスの議論から抽出した要素が，現代社会におけるメディアの実用主義とどのようにかかわるかを検討していく。

メディアと市民参加
　これまでも多くの論者が，ハーバーマスの初期の著作に描かれた公共圏の理念を，社会がめざすべきビジョンだとして取り上げてきた。その際，メディアの役割に期待することもしばしばであった。彼らが夢に描いた状況とは，市民参加に関していえば，選挙や投票などもはや些末なものでしかなく，日々のミクロ文化的な交流による，肩肘張らないオープンな文化の育成のほうが重視されるものである。そこでは，価値観やアイディアや意見が絶えず共有・交換・論議される。そうした交流から生まれる結果は，実体を伴いタイムリーに統治機構へとフィードバックされるのである。
　市民文化の発展と存続にはメディアとコミュニケーションが大きな役割を果

たすという信念で，これらの思想家たちは一致団結している。以下にその理由を検討することにしよう。

議論を刺激し情報を提供する

公共圏を推進するうえでメディアがまず果たすべき役割は，公益にかかわる出来事・アイディア・議論（とりわけ政府やその他の有力な機関による活動に関するもの）に，詳細かつ信頼しうる評価を加え，提供することである。言い換えれば，ニュースやドキュメンタリーなどは，市民による議論を刺激し，社会参加に必要な背景知識を信頼に足る形で供給しなければならない。

テーマを熟知し，さまざまな既存の見解や証拠に通じていなければ，有意義にして理性的な議論に加わることはほとんど不可能である。すでに見たように，メディアが完全に中立的だとか，「事実に基づいている」とか，偏向していないということは，考えにくい。他方，どんな世界の見方も等しく有効だとか有用だと見なしてはならない，と公共圏を支持する者たちは考える。実効性があり力が備わった公共圏が成立するには，ジャーナリズムも信頼性を高め，理性的で，誠実で，徹底的である必要がある。それにくわえ，あらゆる市民に開かれていなければならないのである。

世論を代弁する

実効性のある公共圏が成立するには，社会全般のミクロな議論がメディアを通じて全員に還元される必要がある。議論をさらに促すためにである。また，企業や政府といった有力な組織に影響力を行使するためにでもある。したがって，メディアは情報を提供したり意見を示す際に，エリート的なアジェンダを押しつけるのでなく，市民の文化や意見におけるさまざまな展開に即応していかなければならない。そこには刺激と伝達の循環があるべきで，社会の対話に絶えず情報を提供し，またそこからフィードバックを受けなければならない。

包括的なディスカッション・フォーラムとして機能する

メディアは，ジャーナリスト・著述家・活動家などを通じて市民文化や世論を自身の中に取り込むだけでなく，人びとがアイディア・意見・情報を直接表

明できるフォーラムの役割も果たすべきである。よってメディアは，仮想空間として存在すべきことになる。そこでは社会の成員が直接交流し，互いにかかわり合うのである。投書欄や視聴者電話参加番組やニュースサイトのコメント機能は，いずれもこの例である。ただし，実際には相当制限されたものである場合が少なくないのだが。

帰属感とコミュニティを育成する

公共圏とは，市民文化への参加や，一体感・共通のアイデンティティ・帰属意識にくわわることも意味する，と考える論者は多い。公共圏の政治機能は，人びとが社会に参加し，その取り組みが価値あるものだと感じない限り，達成されないであろう。

これはある種の共有価値観を育む必要性を意味する，とニコラス・ガーナムは考える（Garnham, 1992: 369）。「実行可能な政策は，少なくともある程度共通の規範的側面なくしては，想定不可能である」。コミュニティ創成のこのような重視は，フランスの哲学者ジャン゠ジャック・ルソーの〈友愛〉の考え方に由来する。友愛とはすなわち，強い結びつきおよび相互の義務と責任とを特徴とする，国家規模の絆のことを言う。

ルソーと同様，公共圏を提唱する者たちの多くが描く帰属意識やコミュニティ意識は，国家を中心に据える傾向がある。結局のところ，ニック・スティーブンソンが指摘するように，ブルジョアジーの公共圏に関するハーバーマスの考えは，地域的または国際的なものというよりは，「明らかに国民国家と結びついている」（Stevenson, 2002: 61）。興味深いことに，ハーバーマスは後年の著作で，政治活動が規範的結びつきやコミュニティに根ざす必要性に対して疑義を呈し，公共圏を自動的に国民国家そのものに据え置くことを拒否している（Habermas, 1996; 2001）。しかしながら，ハーバーマスの初期の著作に影響を受けた論者の多くは，メディアによるナショナルアイデンティティとコミュニティの育成が，私的な個人を公共への参加という文化に結びつけるうえで重要な要素となる，と考えた（Garnham, 1992; Scannell, 1989）。そして，たまたまメディアとナショナルアイデンティティとには，相互に持続的な関係があった。後者を育むうえで，前者はしばしば重要な役割を果たすとされるのである。

3 「想像の共同体」としての国家

　国民的帰属，共同体，自尊心といった概念は，自然に結びついたものではなく，文化的慣習によってかかわり合うものである。アーネスト・ゲルナーは，「ナショナリズムとは，国家が自意識に目覚める，ということではない。国家が存在していないところに国家を作り出すことだ」と論じている（Gellner, 1983: 169）。ここでコミュニケーション技術が重要な役割を果たすことは，まず疑う余地がない。書物や新聞の大量刊行から電信や電話の発達に至るまで，コミュニケーションは地域間の結びつきや共通性を強め，各地域の独自性や物理的距離は，より大きな統一体に比べるなら，次第にその意義を失っていったのである。

　ベネディクト・アンダーソンは，大量出版技術とヨーロッパにおける初期段階の資本主義とが相携えて，国家の領土内のすみずみにまで書物を行き渡らせ，大規模かつ広範な地域にわたる読者層を生み出した，と考えた（Anderson, 1991）。国内市場では書き言葉が次第に標準化され，これが各地域の日常言語の均質化に貢献した。印刷物が文化的アジェンダや経験の共有をなしとげたのも，同じくらい重要である。これにより，それぞれの国家全域で人びとが同じ文献を読み，同じ関心を抱くことが可能になったからである。新聞の発達は，国民に経験を共時的に共有させることでこれに拍車をかけ，国全体が争点や事件を同時に共有するようになった。

　このようにメディアは，バラバラだった人びとに，自分たちにはなにか共通点があるとか，さらには互いにつながっているのだという感覚を植えつける役割を担ったわけである。アンダーソンは，メディアが引き起こすこの一体感を，〈想像の共同体〉と名づけた。彼は言う，「それは想像されたものである」と。「どんな小さな国家の成員であっても，大半の同胞のことを知ることも，会ったことも，聞いたことさえもないだろう。にもかかわらず，それぞれの者の心中には，彼らとの深い交わりのイメージが生きているのである」（Anderson, 1991: 6）。

　20世紀以前にはナショナルアイデンティティの構築に活字メディアの流通が

大きな役割を果たしたとするならば、その後はラジオとテレビがその役割を担ったと言えよう。中小国家の大半では主要な放送局が全国民に同時に情報を伝えたし、アメリカのような地理的に大きな国家でも、地域や州単位の放送局はやがて、全地域に同じコンテンツを流す全国ネットワークに圧倒されることとなった。電波帯域の狭さと規制とによって、日々視聴されるチャンネルや番組は限られたものとなった。これにより、放送の視聴とは、全国民が文化経験をかなりの程度集団的に共有することを意味するようになったのである。とりわけイギリスのように、主だったコンテンツが全国同時に放送されることが多い国々では、全国民が「一緒になって」腰を据え、同じストーリー、同じ思想、同じ音楽を視聴することが可能となった。このことは、市民相互の日常的な認識や彼らが形作った国民文化に、大きな意味を持ったのである。

第8章で見たように、ナショナルアイデンティティの意識的な促進も、リース率いるBBCの草創期から、公共放送の主要な課題であった。1920年代以降事情はおおいに変わってしまったとはいえ、メディア研究者は国民統合における公共放送の重要性を依然として重視している。このことは、より政治的な活動の前提条件と見なされる場合が少なくない。

パディ・スキャネルは、「放送は全国民に共通の文化となり、まったく新しいタイプの共有された公的生活となった」と論じ、テレビによる時間の共有感覚に注意を促す (Scannell, 1989: 138)。日々の共有された活動という形でも、年間を通じたスケジュールという形でも、国民が一定の間隔で集い、象徴的な出来事を経験し祝う、というのである。イギリスを例にとるなら、サッカーの優勝決定戦、議会の開会、終戦記念日、女王のクリスマスメッセージなどがあげられる。一度限りの出来事も、もちろん同じくらい重要なこともある。イギリスでいえば、ダイアナ妃の葬儀の全国津々浦々にわたる報道が、それに当たる。

スキャネルは、共有の公的文化を絶え間なく育成するのは（スキャネルがそれを人びとの参加と市民性に結びつけているのは明らかである）、共通のメディア体験を人びとに提供し続けるか否かにかかっている、と述べている。この点は重要である。それには万人向けに多様な国民的番組のチャンネルを、少数でも継続して維持する必要がある、とスキャネルは考えた。

第Ⅱ部　メディア・権力・コントロール

> 大規模な民主社会において，広範な共通の情報，娯楽，文化番組に誰もが平等に接することができるということは……大切な市民性の1つと考えなければならない。おそらくそれが……現在のところ唯一の手段なのである。それによって，公的生活で，共通の知識や快楽が全国民にとっての社会善として維持されるのである。(Scannell, 1990: 26)

　また，マイケル・ビリッグは，ニュースメディアが国民を結束するだけでなく，視聴者に彼らのナショナルアイデンティティを定期的に思い起こさせる，と考えた（Billig, 1995）。国民感情のあからさまな表出は，国代表のスポーツチーム，移民，戦争の報道にしばしば見出される。だが，そうしたあからさまな表現の表層下には，ありふれていてほとんど気づかないのだが，国家を思い起こさせるものが多数潜んでいる，とビリッグは論じている。

　ビリッグはイギリスの日刊紙のディスコース分析をし，この点を例証した。刊行物の政治的ないし商業的立場のいかんにかかわらず，日常のありふれた話題の大半を形成する手段として，国家が持ち出されることを明らかにした。「イギリスでいちばんのマンガ」「無職でいるのに最悪のイギリスの地」「イギリスは昨日華氏79度でポカポカ陽気」などが，その数々のありふれた例である。「われわれ」という言葉はどこにでも見られるし，大見出しであれキャプションであれ記事であれ，「国民」の暗黙の符号はもっと見られる。「ヨーロッパが・われわれのお金を奪う」「・われわれが政府を変えるべき時」といった具合にである。「われわれ」とは理屈のうえではあらゆる集合を指しうるのだが，こうした文脈では国民を指していることは言うまでもない。こうしたほとんど気づかないような「ありふれたナショナリズム」が，よりあからさまな表現を可能にする，とビリッグは言う。

　このようにあの手この手で国民を特徴づける帰属感や一体感を作り出すのに，メディアは大きな役割を果たしてきた。メディアは公衆(パブリック)が実在するのだと感じられるような共有の国民空間を提供し，人びとを結びつける共有経験やアジェンダを提供した。また，国民としての「われわれ」に明示的かつ反復的に言及することで，われわれの忠誠心を表象したのであった。特に20世紀においては，メディアは〈求心的〉とも呼びうる形で機能し，地理的にも文化的にもバ

ラバラだった人びとを共有空間に引き寄せ，少なくともある程度は彼らを結束したと言えるであろう。

また，人びとのそうした結びつきは，ハーバーマスが公共圏の解説で描いたような，政治活動や市民性の発展に重要な要素になるとガーナムら研究者は考えた（Garnham, 1992）。しかし，後に検討するように，ハーバーマスも彼の著作に影響された論者たちの多くも，さまざまな要因により，ブルジョアジーの公共圏は資本主義と商業的マスメディアが台頭するにつれ衰退していったことを，認めているのである。また，現代の状況は，現代版公共圏の創成という点で，理想とはほど遠いものである。ハーバーマスによれば，メディアがこれに失敗したのは，商業化されたコミュニケーション・システムが民主的参加を促す能力に欠けていたことによる。〈デジタル化〉の結果として，国民共同体が近年，希薄化・断片化しているが，これも意味深長だと考える者もいる。

4 公共圏の衰退

20世紀において国民的経験やアイデンティティの共有を促進するうえで，メディアが果たした役割は大きいものであった。だが，ハーバーマスによれば，公共圏はすでにこの時点で衰退していたのだという。市場や国家や〈道具的理性〉による社会の支配によって，見識に富み理性的な公共の議論を特徴とする，真に自由かつ批判的で包括的な空間という彼の構想は損なわれてしまった，というのである。ハーバーマスは，メディアが犯した失敗をいくつもあげている。これらに共通するテーマは，商業化である。初期フランクフルト学派も主張したように，これは道具主義の台頭と軌を一にするものだ，とハーバーマスは考えた。

促進するものから形成するものへ
　ハーバーマスによれば，18世紀と19世紀初頭においては小規模の新聞や小冊子が，公共の議論を促進するのに適していたと考えられる。これらはさまざまな意見・観察・視点を提示し，かつ吸収したからである。
　その後，資本主義の拡大と激化がメディアの力の集中を促した，とハーバー

マスは言う。新聞や刊行物（やがては放送やその他のメディア）が，営利を目的とするひと握りの組織の掌中に収まっていくのに伴い，メディアの影響力は「促進するもの」から「形成するもの」へと転じていったとされる。「かつて報道は自身の役割を，公共の場に集う私人たちによる理性的・批判的議論の伝達と拡大に限定していた。これに対し，いまやこうした議論は，逆にマスメディアによってまず形作られるのである」(Habermas, 1992: 188)。そして，こうした影響力は，メディア企業によって利用される。自らの収益と力を確実にする政策を推し進めるために，である。もはやメディアは，支配的な組織団体を監視することで人びとをエンパワーしたりなどしない。メディア自体が，権力者と同義となる（ハーバーマスはこれを「システムによる植民地化」と呼ぶ）。

　先行する章で見たように，ハーバーマスがはじめてこの問題を提起した以降も，メディアの支配と所有の集中化はどんどん加速していった。水平的・垂直的に統合された多国籍メディア企業が，新聞・テレビ・映画・出版・インターネットに強大な支配力をふるっている。情報やディスコースのフローにかかわるこうした支配の集中は，人びとへの権力の譲与を促すどころか，権力の集中化を進めるものと考えられよう。

商業性に駆られたコンテンツ

　ハーバーマスによれば，商業主義によるメディアの植民地化がさらにもたらしたのは，公衆に向けられたコンテンツにおいて，収益性がより重視されるようになったことである。文化やディスコースの伝達は，単にオーディエンスを引き寄せ広告収入を上げるための手段になる，というのである。

　ハーバーマスは，アドルノやホルクハイマーといった初期フランクフルト学派の思想家の例にならい，刺激的ではあるが薄っぺらな文化を重視する収益第一の風潮を批判する。だが，彼の関心は，このことが公共圏に持つ意味に向けられている。彼はこう述べる。些末なことやセンセーション，感情や個人化をメディアが重視すると，人びとは公共圏での議論参加から引き離される。代わりに起きる議論といえば，洗練された批判的思考ではなく，皮相で不正確な情報に基づいた，単純な情緒的反応を中心としたものになりがちだ，と。

　なかでもハーバーマスは，あらゆるメディアコンテンツに見られる，消費主

義の腐食作用を嘆いている。オーディエンスは社会に対する彼らの貢献が，民主主義への集団的参加にではなく，物品購入についての短期的な決定にあると信じ込まされているのだ，と彼は言う。「自分が市民として消費の決定をしているという幻想を，民間企業は顧客たちに植えつける」(Habermas, 1992: 162)。グラハム・マードックも，こうした消費者観によるエンパワーメントが皮相なものだと考えている。

> 確かに消費マーケットは，競合する多様な製品を提供してくれる。しかし，そもそも人びとが市場に参加するのに必要な，取引や富の分配をコントロールするルール決定にくわわる権利までは与えてくれない。代価による選択権は与えてくれるが，エンパワーメントまでは与えてくれないのだ。(Murdock, 1992: 19)

第7章でニュースの話題を扱った際にもふれたのだが，メディアによる「愚民化」は，メディアと公共圏との関係に関心を抱く研究者が取り上げることがしばしばある。例えばマイケル・トレーシーは，「主流となっている大衆文化の腐食作用」を口を極めて批判する (Tracey, 1984: 264)。それは，「公共のディスコースを些末なものにし，〈移ろいゆくもの〉を伝道し，とるに足らないものを称揚し，大切なものを周縁化する」ものだ，と彼は非難する。トレーシーはこうした傾向の原因を，規制緩和一般だけでなく，公共放送の衰退にも求めている。概して公共放送は，公共の論議や関心にかかわることを掘り下げて，信頼に足る報道をし，それによって公共の知識や参加を促進することに重きを置いてきたのに，である。

だとすれば，文化・思想・意見の流通はおおむね，薄っぺらな気晴らしや消費主義や時事問題のご都合主義的な報道といったメディア主導のアジェンダに支配された，一方向的な過程だということになる。メディアや国家といった権力機構は示し合わせて人びとを傍観者の立場に追いやる。つまり，公共文化の形成によって人びとを権力の座に据えたりなどしない，というわけである。

だが，問題はそれにとどまらない，と考える研究者がいる。近年の規制緩和は，メディアのデジタル化と相携えて，過去のマスメディアが育んだ国民的な

公共文化を希薄にし，社会の結束や帰属意識を損ねてしまいかねない，と彼らは言う。ハーバーマス自身も，公共圏を生み出すのに文化的統合は重要ではないと，次第に確信するに至った。しかし，帰属意識の低下は社会参加と市民活動の土台を奪いかねない，と危惧する者もいる。いずれにせよ，国民的結束が明らかに弱体化したことは，非常に由々しき展開である。

　国民的公共文化に対する脅威を，2つの面から検討することにしよう。第1に内部からの断片化を，第2にグローバルな文化との接触を通じてである。

5　デジタル化による国民の希薄化

断片化

　スキャネルによれば，20世紀におけるメディアによるナショナルアイデンティティの構築と促進は，限られたコンテンツに国民が一緒にかかわれるか否かにかかっていた。メディアによって結ばれた社会では，コンテンツの少なさと規制のせいで，国民の相当数が同じものを見たり読んだりせざるを得なくなる。社会全体での日々の予定や会話のアジェンダは，万人向けのさまざまなコンテンツを擁する，限られた数の番組に大きく左右された。例えば90年代以前のイギリスでは，国民の大多数が同じ番組を視聴することも珍しくなかった。放送体験の均質性がそんなものであったから，友人や同僚，さらには国土の反対側に住む親戚と昨晩の番組について語り合うのに，人びとはなんの不都合も感じなかったのである。

　しかしながら，デジタル化と規制緩和は，今後国民が互いに共有するメディア体験の量を相当程度減らしていくと思われる。デジタル技術は，数多くの信号を同時に伝送することを可能にし，政府による認可制度の緩和と軌を一にして，テレビ視聴者が数十，時には数百のチャンネルから選択できる，多チャンネル時代へと大きな移行を実現させた。デジタルチャンネルは，アナログ時代の放送局のように万人向けのものを提供するのではなく，特化した視聴者集団に向けられた番組を組み合わせて送り出すことで，広告主にアピールしようとする。来たるデジタル時代の大きな特色は，スポーツ・映画・コメディ・ドラマ・音楽・時事問題・大自然などの専門チャンネルならびに特化した視聴者向

けのチャンネルであろう。スキャネルら国民的共有文化の擁護者たちにとって，このように国民をさまざまな人口集団や愛好家集団に分断してしまうのは，統合された国民という考え方を脅かすものだ。

> 総花的な番組構成は，今日のイギリスの4つのチャンネルで束ねられている人びとを，特定の嗜好を持つ人びとへと分断する。そして広告主は，後者をターゲットとしつつある。そうする中で，万人が公的領域で娯楽・情報・文化に接するという公平の原則は損なわれてしまうのである。(Scannell, 1990: 26)

デジタル化はさまざまな専門チャンネルを提供するだけでなく，番組視聴の時間に関しても，視聴者に大きな選択権を与えている。後で番組を視聴できる「プラスワン」チャンネルの増加にくわえ，Sky Plus や TIVO のような録画技術により，視聴者は生放送のテレビ番組を一時停止したり巻き戻したりできるうえに，ハードディスクに番組を手動・自動で録画し後で視聴できるようになった。また，放送局が視聴者の好きな時にインターネットを介して番組をダウンロードしたりストリーム再生したりするのに対応したため，事前に決められた番組スケジュールにこだわる必要はいっそうなくなりつつある。こうした視聴時間の個人化は，かつて優勢だった共通のメディア体験の消失を示唆するものである。

過去のさまざまな時点でメディアが社会の成員たちを結びつけることで〈求心的な〉影響力を有していたとするなら，新しいメディア環境は〈遠心的な〉影響力を持ち，社会的・文化的断片化を促進するであろう（図9-1参照）。

メディアによるこうした多極化についてトレーシーは，社会による〈報復〉に原因を求めている。また，共有文化や共通の関心事にかかわる議論の終焉にも原因を求めている。彼はこう論じる。「差異と多様性は，社会的に徐々に形成されるものであろう。だがそれらは，過去2世紀の間に発展した新たなコミュニケーション・システムによって，加速しつつある。そうしたシステムは，非常に個人主義的で，集団的でも公的でも共有されたものでも一貫したものでもないことは明らかである」と（Tracey, 1998: 263）。どのようなメディアをい

第Ⅱ部　メディア・権力・コントロール

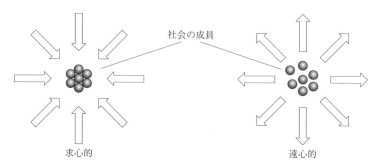

図9-1　求心的／遠心的なメディアの影響

つ消費するかについて多様な選択肢を示されると，人びとは国民的公共圏を嬉々として放擲し，代わりに特化した関心や個人的関心やそれに類するアイデンティティを追求する傾向がある。

グローバリゼーション

　現代メディアは国民的公共文化を内部から断片化させる可能性を持つと同時に，グローバリゼーションの過程にも大きな役割を演じる。これにより，文化は国境を越えて飛び交う。その要因は決してメディアだけではない。おそらく主要な要因は，資本主義のグローバルな拡大であろう。コミュニケーション環境の発達と物流の効率化とによって，企業はグローバルに活動できるようになったのである。

　また，人びとが安価かつスピーディに移動できるようになったことで，文化間の接触が促された。マイノリティ集団と彼らの母国との結びつきが強まっただけでなく（第10章参照），国内での多様化も進んだ。しかし，こうした発達とも関係するのだが，音声・イメージ・思想が国から国へと伝送されることで，国境を越えた共通性やつながりが一段と強化されたのである。

　アルジュン・アパデュライは，グローバリゼーションにおけるメディアとコミュニケーションとその他の要因との関係を，相互に関連しオーバーラップする5つのグローバルな「スケープ（地景）」によって説明する（Appadurai, 1996）。

　まず〈ファイナンスケープ[資本の地景]〉とは，ビジネスがグローバル化した世界のことを指し，〈エスノスケープ[民族の地景]〉とは，旅行にせよ移住

第9章　国民的メディアの衰退

にせよ，人びとが国境を越えて移動する世界のことを指す。アパデュライは，テクノロジーの発達とそのグローバルな普及を〈テクノスケープ［技術の地景］〉と呼ぶ。これには，国境を越えた効率的な伝達を促すテクノロジーも含まれる。〈イデオスケープ［観念の地景］〉は，政治思想・政治イメージ・イデオロギーの世界を構成する。これもまた，国民国家にとどまりがちではあるものの，ある程度はグローバルに広まるものとされる。最もわれわれの関心を引くのは，〈メディアスケープ［メディアの地景］〉である。これは，われわれ全員がかかわるような，国境を越えたメディアの世界のことをいう。これが可能になったのは，コンテンツ自体が国境を越えて急速に伝達されるようになったのにくわえ，メディアを制作・受信する手段がグローバルに普及したからである。

　世界各地の消費者が，同じ映画・テレビ番組・音楽を楽しむ。これらに関連する機材やセレブ文化については言うまでもない。また，影響がグローバルに連鎖し，ヒットした物語構造，番組フォーマット，ジャンルが広まっていく。衛星技術とインターネット技術とによって，世界のニュースを集団的に体験できるようにさえなった。これにより，世界中の人びとが同じ出来事を同時に目にするようになった。2009年のマイケル・ジャクソンの死はその好例だ。ラジオによってにせよ，テレビによってにせよ，インターネットによってにせよ，世界中の何十億もの人びとが，リアルタイムで同じ音声と映像に接したのである。なかでもインターネットは，おそらく最も大きな影響力を秘めている。ユーザーは世界のどこにいようと，無尽蔵とも思えるイメージ・音声・音楽・商取引・思想に接することができるのだから。

　とはいえ，国境を越えたつながりや体験の類似性が，第6章で論じた文化帝国主義が描くような，一枚岩的なグローバル大衆文化と同義であると考えてはならない。確かにハリウッドの超大作映画から有名なポピュラーミュージシャンに至るまで，グローバル・マスカルチャーの製品は枚挙に暇がない。また，消費主義に根ざしたより一般的な文化が，そうしたマス・イメージを通じて普及することにふれておくのも，妥当であろう。しかしながら，大衆文化の製品は，国や地域が異なれば違うふうに受け取られる。さらに言えば，アパデュライがいうグローバルなメディアスケープのほんの一部を構成するに過ぎないの

である。コカ・コーラやカイリー・ミノーグといった超普遍的製品には，やはりグローバルな市場を持つ，小規模ながらより特化されたさまざまな表現がついて回る。現在起こっていることは，グローバルな均質化というよりも，断片化とグローバリゼーションとを合わせたものに近いかもしれない。その結果，画一的な表現にくわえ，特化した独自の文化が国境を越えて拡散していく。ウルフ・ハナーツが言うように，「個人的で小規模なものが必ずしも空間に限定されることはないし，大陸を跨がって広がっていくものが必ずしも大規模である必要はない」ことを，われわれは肝に銘ずるべきである（Hannerz, 1996: 98）。

とはいえ，そうした過程により国民意識が自然に過去の遺物となると考えるべきでもない。グローバルな流れは否定できないものの，国民の独自性は主要なメディアや大半の諸国の文化的アイデンティティにおいて依然として圧倒的だ。このことはとりわけ国内ニュースや，国際的事件でも自国の視点が依然支配的なニュース項目において，顕著である（第7章参照）。また，ビリッグの著作が世に出てゆうに10年以上になるが，新聞は集合的な「われわれ」に言及することで，われわれの国民としての結びつきを定期的に指摘し続けている。

しかしながら，断片化とグローバリゼーションが結びつく中で，国民的公共文化に人びとが日常的に参加する度合いが弱まるのも明らかである。筆者は自分がイギリス人であることを，絶えず思い知らされ，骨の髄までイギリス人だと自覚はしている。だが，アンダーソンの言う想像上の一体性は，私の中では少なくともいくばくかは退行していると感じる。これは，筆者が日々接するメディアと文化が，他の多くのイギリス人とは異なり，むしろ非イギリス人集団のメディアと文化にかつてよりも接近しつつあるからだ。筆者も他の数百万もの人びとと同じで，国民の共有された公共圏を見限り，代わりに自分なりの文化を追い求めようとしているのかもしれない。そして，文化的忠誠が次第に浸食されるのなら，国民の政治文化に加わることへの関心も退行していくのであろうかと自問するのは，もっともなことだろう。

インターネット——このインタラクティブにして断片的なるもの

すでに見たように，ハーバーマスは公共圏の衰退の原因を，メディアの商業化を含めた道具的理性が蔓延したことにあるとした。とはいえ多くの研究者は，

アナログのラジオやテレビといったマスメディアの情報もそれなりの役割を果たしてきた,と考えている。こうしたメディアは,少数者から多数者への直線的な伝達を促した。また,国民意識を生み出すのに効果的であったかもしれないが,社会の一般的な成員たちによる文化や思想のやりとりを直接促すという考え方とは,しっくりこないのである。メディアの力の集中によって生じる階層化は,おそらくテクノロジーの一方向性によって激化したのであろう (Mander, 1978)。電話やスタジオでの視聴者参加番組といった例は,それなりの意義や可能性を秘めているかもしれない (Livngstone & Lunt, 1994)。しかし,そうした番組は,法則を証明するよりも例外を示すことの方が多い。

　20世紀の放送技術が持っていた階層化の性質が,広く認知されるようになった。このため,大きな双方向性を秘めたインターネットが発達・普及すれば公共圏が再生されるのではないか,と考えた者もいた。大量の情報伝達を可能にするインターネットは,何百万ものユーザーがコンテンツを消費・制作できるという双方向性と相まって,一般人が政治に参加し,支配者層から権力と影響力を奪い返せるのではないかという楽観的な予想を生み出した。例えばジョン・ハートレイは,中央集権化されたメディア支配によって人びとが特定の形で表象されるという放送の時代から,誰もがコンテンツの創造に貢献でき,市民がどんどん声をあげるというオンラインの民主的な生産性の時代に移行する,と考える (Hartley, 2009)。また,アル・ゴアは,従来のテレビが持っていた直線的で階層的な性質からの移行により,インターネットが双方向的な公共の議論や市民性という新しい時代を牽引するだろう,と考える。

　　テレビの世界では,情報の大量な流れはおおむね一方向的なものに過ぎず,そのため個人が国民的な対話とされるものに参加することは,ほとんど不可能であった。個人は受信することはできても,発信することはできないのだ。聞くことはできても,声をあげることはできないのだ。「情報に通じた市民」とは,ただ「楽しむ視聴者」となるおそれがあった……。幸いにもインターネットは,憲法の枠組で規定された人民が果たす役割を再生する可能性を秘めている……。インターネットは史上最も双方向的なメディアであり,人びとを相互に結びつけ,知識の宇宙に結びつける可能性を

最も秘めたメディアである。真理を探究し，アイディアを脱中央集権的に創造し配信する場である。(Gore, 2007)

確かにインターネットは，空前の規模と双方向性を実現する。無尽蔵とも思えるほどの情報・予測・文化にわれわれは接し，それによりわれわれはコンテンツを消費するだけでなく，自分からもなにかにかかわって制作するかを選ぶという可能性をふんだんに与えられる。マリア・バカルジエヴァによれば，こうした双方向性により，人びとは政治機構やメディア機構を，自分たちがかかわり合い影響できる日常の生活世界の「手が届く範囲内」にあるものとして体験できるようになるという (Bakardjieva, 2005: 127)。

だとすればインターネットは，従来のメディアに比べ，権力を掌握する少数の者たちの言いなりに社会がなるのではなく，社会自らが真に声をあげるという状況に適しているのであろうか？　戦争中であったり自由を禁じられた国々でブログを書き続ける反体制の市民ジャーナリストから反資本主義のグローバルな運動に至るまで，特定の集団や個人がインターネットを効果的に利用し，自分たちの考えを知ってもらったり支持を得たりする例は，枚挙に暇がない。さらに，数百万もの人びとが，ウェブサイトやブログやディスカッショングループを通じ，日々の文化や政治に関したことがらについて情報を交換している。

こうした例は重要かもしれないが，インターネットが力関係の根本的な移行と民主主義の復活をもたらすという宣言には，慎重であらねばならない。その脱中央集権的な構造にもかかわらず，コンピュータやソフトウェアやブロードバンド接続を扱う企業から人気の高いネット上のコンテンツやサービスを売り込む企業に至るまで，インターネットは大企業がその支配力を維持・発展させるうえで非常に効率のよい手段となっているのである（第2章参照）。この点，Googleのような巨大「ネット企業」と肩を並べているのは，かつて「古い」メディア環境を支配し，オンライン市場でもいち早く，また手際よくシェアを確立した企業が多いのである。

一般ユーザーが制作・配信するコンテンツは，社会文化的発展として，また研究対象として重要かもしれないが，その大部分はわずかなオーディエンスの目にふれるだけである。Wikipediaのようにユーザーが作り上げる有名サイト

や，ユーザーが投稿する YouTube の動画や，社会全体の関心の的となるようなブログといった顕著な例を除けば，最もよく視聴され影響力の強いウェブ上のコンテンツは，なんらかの大組織によるものである場合が多い。結局のところ，なんらかの動きの中で当初から存在し，人びとの関心を常に引きつける手立てを持つのは，大組織なのである。

ハワード・ラインゴールドは，既存の力関係がこのように再生産されるのは驚くに当たらず，公共圏の復活に関する楽観的な宣言など，インターネットの商業的可能性を利用しようと目論む者たちの思うつぼなのだ，と考えた（Rheingold, 2000）。

デビッド・ライアン（Lyon, 1998）らやラインゴールドらは，楽観的幻想を退けるだけでは満足せず，インターネットの双方向性がコンテンツを制作・配信する者を，支配者層による監視と支配に従属させかねない，と説く。Eメールの内容から閲覧したウェブサイト，購入したモノ，ダウンロードした音楽，SNS に投稿した映像に至るまで，インターネット上のすべての活動は追跡・記録が可能なのである。「クモの巣（web）でクモがハエを捕らえようとしているのに，ハエのほうはそうとは知らずにいる」とライアンは言う。さらに彼は，「そもそもインターネットに民主化の可能性が秘められているのかという議論よりも，捕捉・支配し，狙いを定めて捕らえ，監視・操作する〈ウェブ〉の機能を検証に付さねばならない」（Lyon, 1998: 33）と続けている。われわれはネット上で多くを語れるようになりはしたかもしれない。だが，その声を聞く者の数は比較的少ないし，語る内容は支配者側に監視されているかもしれないのだ。

オンラインで公共圏が復活するという楽観的な宣言には，さらなる問題がある。インターネットが日々のメディア利用に大きな双方向性を持ち込むと同時に，その広大さと多様性とによって，デジタル放送以上に断片化の影響を持ちかねない点である。かかわる対象と相手をピンポイントで選べる機能によって，人びとはコンテンツを共有したり社会内の多様な集団とかかわったりするよりも，特定の関心を追究し，限定された集団とのみかかわろうとする。公共圏の議論に関していうなら，このことは 2 つの意味を持つ。第 1 に，インターネットのユーザーが，時事問題や政論といった公的ないし社会的に大切なことがら

にふれるのを，さらりと回避できることである。インターネットは，これまで政治に関心が薄かった者たちに，関心や知識や参加を促すよりも，自分たちがすでに持っている関心を優先し，公共圏のことはいともやすやすと放擲させるのである。

　第2に，政論について知識を得たりかかわろうとしたりしてインターネットを利用する者たちが，社会のさまざまな断面を対象とする多様なフォーラムを経由してそうするとは限らない点である。多くはそれ以外の方法でコンテンツを求めるだろうし，自分の中にすでにある考え方に一致するものだけを求めるユーザーもいるだろう。人びとが考えを同じくする者たちのみと対話し，考えの違う者たちを避けるといった，いよいよ断片化した政治状況が生まれる恐れがある。保守主義者，リベラル論者，環境保護論者，マルクス主義者，さらにさまざまな性的マイノリティ，エスニックマイノリティらが，社会の多様な陣営に自説をぶつけ，鍛えていくのではなく，同類の者たちのみと対話し，視野を広げもせず，転向してきた者たちに自説を説くばかりで，その結果断片化はさらに進んでいく（Hill & Hughes, 1998）。このことは，その他のメディアが次第に特化していくことと相まって，単一の公共圏ではなく，多種多様のいくつもの「公球器 public sphericule」（Gitlin, 1998）が出現する，という事態を生じさせかねない。

6　おわりに
―― 国民の共同体あるいは厄介払い？ ――

　ここまで論じたように，国民共同体の考え方は，文化の断片化・分散化・国境を越えた文化の流れを促す新しいメディア環境（ある程度の双方向性の可能性もあるのだが）によって，さらに希薄なものになってしまいそうである。また，メディア環境のいっそうの商業化は，ハーバーマスが描いたブルジョアジーの公共圏の考えに沿った民主的参加を促すには，最適とは言いかねると思われる。だが，いかなる理由であれ，公共圏が手の届かないものだとすれば，われわれはこれを嘆くべきか，それとも喜ぶべきなのか？　研究者の中には，公共圏の考え方はこれまでもずっと問題を孕んだものだと考える者もいる。

第❾章　国民的メディアの衰退

　彼らはこう主張する。完全に包括的で平等で情報に通じた参加は賞賛に値するものかもしれないが，実際にはハーバーマスが希求したような合理主義的な公衆文化はエリート的な文化概念ばかりを特権化し，その他の文化や表現を排除する，と。とりわけ批判の的となっているのは，ハーバーマスが持論の基盤を置く18世紀ならびに19世紀初頭の公共圏が，経済的に豊かで権力を掌握した白人男性の見解・意見・優先事項（プライオリティ）から，専ら構成されている点である。ケビン・ロビンズは次のように疑問を投げかける。「公共圏の考え方は，一度でも多数派による吟味や参加を受けたことがあろうか？　ましてや多数派によってコントロールされたことがあろうか？」と。「答えがイエスであるのなら，労働者・女性・レズビアン女性・ゲイ男性・アフリカ系アメリカ人の居場所はどこにあったのだろうか？」(Robins, Morley, 2000: 144 による引用)。

　いまならハーバーマスも，ブルジョアジーの公共圏が持つこうした限界を認めるかもしれない。しかしそれでもなお彼を批判する者たちは，ハーバーマスが自分のエリート主義的な要素の多くを撤回しないだろう，とする。例えば，彼の理想に合理的にして批判的な基盤を与えるとする科学的根拠それ自体が，白人ブルジョアジー男性の世界観に由来している，と指摘する者がいる。その世界観は，特定のタイプの議論のみを正当なものと認め，その他の議論を排除するのである (Morley, 2000)。確かにハーバーマスの合理主義的な構想の内には，情緒・感情・主観が入り込む余地はない。これらはいずれも，社会よりも個人を対象に商業的に歪曲されたものだとして，顧みられないのである。同様に，公共圏の擁護者たちは，「愚民化」に批判的であり，ソープオペラ，ゲーム番組，ワイドショー，セレブ文化を一顧だにしようとしない。これらは情緒・感情移入・共感を重視し，また女性や労働者階級に人気が偏っているものだ。

　したがって，公共圏を唱道する者たちの中には，包括性と参加を謳いながらも，下位の表現形式を組織的に排除してしまう者もいる，と考えられるのである。このことは，国民文化とアイデンティティの育成が公共圏への政治的参加の基礎となると主張する思想家に，特に言える。なぜなら，それが階級であれジェンダーであれセクシュアリティであれエスニシティであれ，適合しない者

たちとの間に境界線を引き，彼らを排除し周縁化しないことには，集団の特性・優先事項（プライオリティ）・価値観・目標を定めて強化することは，困難だからである。同様に，公共メディアによって共有文化ないし国民文化にくわわれるような統一空間は，特定の意見やアイデンティティを不可避的に周縁化しかねないのである。モーリーはこの点を次のように説明する。

> ある番組が，特定の集団の成員たちに向けられ，彼らに社会参加を首尾よく促す。まさにそのことによって（そしてその程度に応じて），その番組は必然的に，他の集団の成員たちに対し，番組が彼らに向けたものでないこと，そして実際，番組が提示する社会性にとって彼らが招かれざる者だということを，伝えるのである。(Morley, 2000: 111)

公共圏を支持する者たちの中には，上記の問題についてもっと柔軟な立場をとる者もいる。例えば，多様な「合理的表現」と「非合理的表現」とが，公的な文化と議論に貴重な貢献をすることを認める者もいる (Dahlgren, 1995)。さらに，国民の文化的結束という排他的な目論見を退け，代わりにより緩やかで多様な文化と議論を重視する者もいる。ハーバーマス自身も，国民統合の手段としての公共圏という考え方と，なんらかの強い文化的一体性に公共圏が依存せねばならないという考え方からの脱却を模索してきた。断片化とグローバリゼーションへの流れについては，ハーバーマスはポスト国家的公共圏が発展することを求め，汎ヨーロッパ圏を潜在的例の1つにあげている (Habermas, 2001)。

しかし，ハーバーマスの言う汎ヨーロッパという公共圏は説得力に欠ける。そして彼が理想とする社会参加は，残存が見込まれるさまざまな層の文化的な結びつきと共通基盤から，本当に切り離せるかどうかという点で，依然疑問が残る。多様な文化的背景を持つ人びとが，ほとんど利害関係を感じられないような未来につながる政治的対話に，本気で取り組めるだろうか？　多様な集団や個人を結びつけ，彼らが同じ市民としてのアイデンティティを持てるようななんらかの「共通領域」が必要だと主張する点で，ダールグレン (Dahlgren, 1995) はまさに正しいのである。

第 **9** 章　国民的メディアの衰退

【課題と演習】
(1) 公共圏の推進に，メディアはどのような役割を果たしうるか？　この点でメディアは，これまでどのような貢献してきたか？
(2) a) 「想像の共同体」という言葉でアンダーソンはなにを言おうとしたのか？国民的な想像の共同体の構築に，メディアはどのように貢献してきたか？
　　 b) 日刊紙を一部取り上げ，その記事を自分なりに分析せよ。国民を指す「われわれ」を含め，国民への言及をできる限りあげよ。
　　 c) 公共圏における政治参加を促すには，共通のナショナルアイデンティティと文化を育成することが，必要条件となるか？
(3) a) メディアが「求心力から遠心力へと」移行したというのは，なにを意味するのか？
　　 b) メディアの近年の発達は，断片化やグローバリゼーションの過程にどのように寄与したか？
(4) インターネットの利用は民主主義と公共圏を強化するのだろうか，それとも衰退を助長するのだろうか？　できるだけ多くの要因を考えよ。
(5) a) 公共圏の考え方には，包括性という意図があるにもかかわらず，下位の集団を排除し周縁化するエリート主義的なものだとされる。それはなぜか？
　　 b) 完全に包括的な国民共同体というものは存在するのだろうか？

【読書案内】

Billig, M. (1995) *Banal Nationalism*. London: Sage: Chapter 5.
　ナショナルアイデンティティが日刊紙で定期的に「標榜」される状況を分析したもの。

Butsch, R. (ed.) (2007) *Media and Public Spheres*. Houndmills, Basingstoke: Palgrave Macmillan.
　メディアと大規模・小規模共同体との関係に焦点を当てた論考集。

Morley, D. (2000) *Home Territories: Media, mobility and identity*. Abingdon: Routledge: Chapter 5.
　メディア・公共圏・ナショナルアイデンティティの排他主義的構築との関係を論じたもの。

Rheingold, H. (2000) *The Virtual Community: Homesteading on the electronic frontier* (revised edn). Cambridge, MA: MIT Press: Chapter 10.［ラインゴール

ド, H., 会津泉訳（1995）『バーチャル・コミュニティ――コンピューター・ネットワークが創る新しい社会』三田出版会]
　インターネットが自動的に民主主義と公共圏の復活をもたらすとする考え方を批判した論考。

Scannell, P. (1989) 'Public service broadcasting and modern life', *Media, Culture and Society,* 11(2): 135-66.
　公共放送が国民的統合を生み出す役割を演じることを擁護したもの。

第Ⅲ部

メディア・アイデンティティ・文化

第10章 メディア・エスニシティ・ディアスポラ

主要なポイント

- ナショナリズムと人種差別的排斥との結びつき
- エスニックマイノリティについてのメディアによるステレオタイプ的表象
- エスニックマイノリティの「ポジティブな」イメージを推進することについての議論
- 「ニュー・エスニシティ」という概念と「ディアスポラ」の表象
- エスニックマイノリティ集団による特化したメディアの利用

1 はじめに

　エスニックアイデンティティの構築と人種間の関係に，メディアはどのような役割を果たすのであろうか？　多様なエスニック集団が相互に理解し受け容れ合うような気風に，メディアは貢献するのであろうか？　それとも相互に排斥したり誤解を生んだり分断したりするケースのほうが多いのであろうか？　多くの国々は，長期にわたって移民を受け入れ，また近年も受け入れた結果，多様なエスニック集団を抱えることとなった。戦争と自然災害にくわえ，市場のグローバリゼーションにより，人びとの移動はさらに加速しそうである。

　本章では現代社会におけるメディアとエスニックアイデンティティとの関係を扱うが，まずメディアによるナショナルアイデンティティの構築と人種的排他性との関係に着目する。これは，第9章での公共放送についての議論にも示唆を与えるものがあるだろう。続いてわれわれは，メディアに見られるエスニ

ックマイノリティの表象を具体的に検討する。この過程で，ステレオタイプ化の問題を扱い，状況改善のためのさまざまなアプローチを検証していく。

　最後に，さまざまなエスニック集団によるメディアの利用，とりわけ特化したメディアと国境を越えたメディアの利用に焦点を当てる。ここにおいてわれわれは，そうした特化したメディアがグローバルなエスニックコミュニティの形成に持つ意味，そしてエスニック集団と彼らの移住先の国との関係を，重点的に検討することとなる。

2　人種差別主義と排他性

　今日では人種の差異とは，そもそも生物学的な差異ではなく，ヒトの行動・思考・ディスコースのある特定の歴史に基づいて，文化的に構築された概念である，と広く認められるようになった。人間の違いを際立たせる特徴の中には無視されがちなものもあるが，肌の色などの特徴のように人種の生物学的特徴と見なされ，人種のタイプ分けに用いられるものもある。だが，人種の区分を決定づけたのは，この歴史上の交流や表象なのである。

　この点を深く理解するうえで大切なのが，奴隷制や植民地支配の時代に非白人の特徴を，西洋社会がネガティブに捉えて表象したことである。文学であれ，音楽であれ，演劇であれ，報道であれ，マンガであれ，搾取を受ける側の者たちを，非合理的・動物的・怠惰・未開・幼稚・状況まかせの奴隷もしくは野蛮人と描くことで，白人による搾取は正当化された（Pieterse, 1992）。例えばトーマス・カーライルは非白人を，「その性質たるや，陽気で，笑い，踊り，歌う，リズムと従順さに満ちた，愛すべき生き物」として描いている（Carlyle, 1849）。また，ラドヤード・キップリングは，「よるべなき民，野蛮で……陰鬱なる，半ば悪魔で半ば子どもである民を平定するのが，白人の高貴なる責務なのだ」と述べている（Kipling, 1899）。

　こうした語り口は，多年にわたり文化に浸透することとなるネガティブな認識を確立した。それだけでなく，人間を内的には同じでも外的には異なる「人種」として分断し，本質的にどちらが優れているとか劣っているとかまでも決定づけたのであった。

第10章　メディア・エスニシティ・ディアスポラ

白人による最近の人種差別主義は（旧植民地から西洋諸国への移民という文脈で生じたものであるが），生物学的劣性の考え方から脱却し，文化の本質的差異という考え方に向かうようになった。それによると，エスニック集団は，本来的に妥協しえぬほど独自の，価値観・優先事項（プライオリティ）・忠節・生き方を持つとされる。このため，同じテリトリーに別の集団が共存すると，互いのアイデンティティは脅かされ，自然のなりゆきで敵愾心を生み，紛争を招く。マーティン・バーカーは，こうしたテリトリーへの重視という文脈で，この「新人種差別主義」がナショナルアイデンティティと複雑に絡んでいると強調している（Barker, 1981）。

20世紀中葉以降，黒人，南アジア人らがイギリスに移民としてやってきたが，それに対する政治的反応はうってつけの好例となっている。反移民のレトリックは，本質的に異なる「他者」がイギリスの領土に侵入し，（白人による）イギリスの文化的アイデンティティへの脅威となる，という認識に基づくものだった（Solomos, 1993）。その結果としての紛争は，避けがたいものと見なされた。政治家イノック・パウエルが1968年に移民たちの本国送還を求め，イギリスでは白人がよそ者になりつつあり，血で血を洗う抗争が起こる瀬戸際にあると警告したのは周知のことである。その10年後，マーガレット・サッチャーは「イギリスの国民性の危機」を嘆き，最近では政治難民・経済移民らによって，イギリス文化が「氾濫」していると，さまざまなイギリスの政治家や新聞が仄めかす（Malik, 2002）。そこで，一貫したナショナルアイデンティティというものが，「アウトサイダー」とされる者たちの排斥を正当化するのに持ち出されるのである。

このように国民文化と排他的な人種差別主義が一体化したことを契機に，メディアのあらゆるナショナリズムを批判した研究者もいた。ナショナリスティックな表現には経験の共有と帰属意識とが必要とされるが，そこにはインサイダーとアウトサイダーとの区分が避けがたく存在する。アイデンティティとは，煎じ詰めれば，相対的なものである。つまり，「われわれ」ひとりひとりが，「彼ら」とはその意味や意義において違う，ということを根拠とする（Woodward, 1997）。パウエルの発言中の「われわれ」とは，イギリスの白人アイデンティティからなるものであり，移民たちの文化とは本質的に異なることではじ

めて意味を持つ。例えば、「アジア人の目を覗き込むなら，イギリスは誰のものかという問題をめぐって論争をしかけてくる者たちと，イギリス人はまさしく向き合うことになる」といった言葉にそれが表われている（Baker et al., 1996: 4 の引用による）。パウエルの論調はそれほど受け容れられなくなったが，イギリス人らしさには，ポール・ギルロイが「イギリス国旗ユニオンジャックには黒色がない」といみじくも主張したように，依然白人という要素が支配的なのである（Gilroy, 1987）。

　こうした議論は，メディアそのものを厳しく批判するだけでなく，規制当局や公共放送が国民文化を代表したり育成したりするコンテンツを作るべきか，というむずかしい問題をつきつける（第8章・第9章参照）。このような目標は，その動機においては寛容で民主的なものである。だが，周縁化された「彼ら」を生み出すことなく，「われわれ」国民という明快にして意味のある意識をはたして育てられるのであろうか？　ナショナルアイデンティティが，その定義からして排他的な要素を含むなら，ユニオンジャックに黒色は存在し得ないのであろうか？　それともユニオンジャック自体に問題があるのだろうか？

　公共放送による寛容な国民性の育成を唱える者たちには気の毒だが，BBCなどの公共放送はエスニックマイノリティの視聴者にそっぽを向かれ，代わりに彼らは民放番組に向かう傾向がある。そうした視聴者の多くが，公共放送による国民文化の育成という企てから，自分たちが疎外されていると感じているのである（Morley, 2000; Ofcom, 2007b; Sreberny-Mohammadi and Ross, 1995）。

3　表　　象

　この点に関するエスニックマイノリティの不満を踏まえ，周縁化された集団が居住する国々の主要メディアで彼らがどのように表象されるかという，長きにわたる議論を検討したい。そうした議論はまず，エスニックマイノリティがいかなる形にせよ表象される頻度を扱い，次にどのように扱われるかを問題にする。

第10章 メディア・エスニシティ・ディアスポラ

過小化された表象

　大西洋の両岸のメディアでは，エスニックマイノリティは過小に表象されてきた。デビッド・クロトーとウィリアム・ホインズは，種々の調査から，1990年代に至るまでアメリカのテレビに登場するアフリカ系アメリカ人の比率は，人口に占める黒人の割合に比べ，はるかに小さいことを明らかにした（Croteau & Hoynes, 2000）。この状況は，さまざまなケーブルチャンネルが新たに出現したこともあって次第に改善したとされるが，南米人やアジア人などその他のマイノリティは，依然として過小に表象されている。一方，イギリスのメディアにエスニックマイノリティが登場する比率は，1980年以前は低いものであったが，この時期に人種間の緊張が高まり，より寛容な取り組みがなされるようになった。

　その後数十年間に事態は相当改善したのではあるが，アナベル・スレバーニーは1999年，「どのチャンネルを回しても白人だらけ」と結論し，注目を浴びた（Sreberny, 1999: 27, Morley, 2000 による引用）。この感覚を，2001年に当時のBBC会長グレッグ・ダイクも裏づけたものと思われる。彼はBBCを，「不気味なほど白人的」と評したのだった。ダイクの批判は，BBCの放送番組だけでなく，職員，それもとりわけ経営層に向けられたものであった点も重要である。

　表象の問題を組織論的・業界論的視点から検討するなら，状況は大幅に改善したことは明らかである。もっとも，重要な意思決定の役職において過小化された表象は依然存在するのだが。例えば監督官庁Ofcomの報告によると，エスニックマイノリティはイギリス放送業界の従業員の9.3%を占めるものの（これは，彼らがイギリスの人口に占める比率7.9%よりも，やや高い），彼らが経営層や重役陣に占める比率は6.6%に過ぎない（Ofcom, 2007a）。

ステレオタイプ的表象

　おそらくもっと重要なのは，メディアでのエスニックマイノリティの取り上げられ方が〈ステレオタイプ的〉で，彼らの生活やアイデンティティを矮小化・一般化していることであろう。マイケル・ピッカーリングによるなら，ステレオタイプは，何度も繰り返されるうちに，「ある特徴を持つ人びとを，み

231

な同一のものにしてしまう」(Pickering, 2001: 4)。例えばゲイの人びとが，なよなよとして，おおげさな身ぶり手ぶりの存在としてのみ取り上げられ続けると，オーディエンスは〈すべての〉ゲイ男性がそうした特徴を持っており，さらにはそれが同性愛の紛れもない特徴だという印象を抱いてしまうかもしれない。メディアには優勢な集団についてもステレオタイプがあることは疑いないのだが，ステレオタイプの蔓延と影響を最も被りやすいのは，マイノリティ集団である。この点は重要である。スチュアート・ホールは，「ステレオタイプは〈差異〉を減じ，特徴のみを取り出し，当然化し，固定化する。それは，権力の著しい不均衡があると発生する傾向がある」と論じている（Hall, 1997: 257-8）。

　メディアコンテンツ史上，エスニックマイノリティのステレオタイプ的な描き方は，ずっと変わらぬ特徴であった。奴隷制と植民地支配の時代にできあがった黒人のステレオタイプには，忠実で子どものような「アンクル・トム」，無知蒙昧の「くろんぼ」、堂々たる体躯の「黒人ばあや」、「極楽とんぼ」の芸人，そしてもちろん，動物的で危険な土人などがあり，どれも黒人を道理をわきまえない劣った存在として描くものであった。

　白人の優越性をあからさまに示す表現は，20世紀のうちに次第に影を潜めたが，黒人やその他のマイノリティ集団の描かれ方は，千編一律のわずかな役柄に押しとどめられた。アフリカ系アメリカ人の映画俳優は，白人優勢のメディア業界では，ステレオタイプ的な奴隷や家政婦，凶悪犯を演じるしかなかったのである。こうした事情は，1987年の映画『ハリウッド・シャッフル（Hollywood Shuffle）』で痛烈にパロディ化されている。この映画には「黒人俳優養成所」という皮肉たっぷりの広告が登場する。この養成所では，白人講師が黒人の俳優の卵たちに奴隷やレイプ犯やギャングの親玉の演じ方を教え，ちゃんと「黒人らしく」歩いたり話したりしないと叱りとばすのである。

　一方，テレビ草創期におけるアフリカ系アメリカ人の表象として最も有名なのが，ラジオのコメディ番組を翻案した『エイモスとアンディ（Amos and Andy）』である。無学の黒人2人組という設定は，無知とおどけという奴隷制に絡んだステレオタイプにおおいに依拠したものであった（Corea, 1995）。テレビ版では黒人俳優が演じていたが，もともとラジオ版では，白人がアフリカ系

第 10 章　メディア・エスニシティ・ディアスポラ

アメリカ人に扮するというミンストレルの伝統にのっとり，主役は白人が演じていた。

　60年代と70年代の公民権運動はメディアに大きな影響を与え，アフリカ系アメリカ人に配されていた役柄の幅も徐々に広がっていった。90年代までには，黒人が警官，医師，アナウンサー，さらにはシットコムの立派な家庭を演じることも，まれではなくなった。また，最近では，デンゼル・ワシントン，ウィル・スミス，ハル・ベリー，ウェズリー・スナイプス，モーガン・フリーマン（1998年の大ヒット映画『ディープ・インパクト（Deep Impact）』では合衆国大統領を演じた）らハリウッドの黒人俳優が主役に起用されるようになった。2008年には現実に黒人大統領が誕生し，これがメディアにおける黒人の表象にどう影響したかは，おおいに興味を引くところである。

　このように改善は見られるものの，アフリカ系アメリカ人の主だった表象は，依然ステレオタイプ的なままである。音楽業界を例にとると，黒人アーティストの活動の場は主にR&Bやヒップホップに限られており，このジャンルは都会のギャング・カルチャー，とりわけ犯罪・暴力・異性愛的攻撃性と，受動的・性的・商品化された女性の追っかけファンとを両極としたステレオタイプに支配されている（Perry, 2003; Rose, 2008）。こうしたイメージは，初期の，また反体制的なヒップホップの草の根的なエンパワーメントの動きとはかけ離れたものであるが，アメリカや世界各地で見られる黒人文化の表象の相当部分を形成しているのである。

　メディアにおけるアフリカ系アメリカ人の表象は次第に改善されていったのだが，同じことは他のマイノリティ集団には当てはまらなかった。南米人の表象が相変わらず限定されたままであることが，その一例である。

　イギリスでもやはり，移民集団はステレオタイプ化の標的となった。アフリカ系カリブ人や南アジア人の取り上げられ方は，一貫して犯罪・暴力・トラブルをめぐるものであった。そこには，1970年代の路上強奪のニュースで生じた〈モラルパニック〉（Hall et al., 1978），またその後数十年間の都市暴動，ギャング・カルチャー，銃やナイフによる襲撃のニュースで生じたモラルパニックの中心にあった，怒れる非白人の若者というイメージがつきまとった（Alexander, 2000; Malik, 2002）。テレビにおける表象は時を経るうちにいくぶん

多様化したのだが，ニュースでのこうしたイメージがヒップホップの商業的ステレオタイプと呼応し，後者のイメージの払拭をむずかしくしたのであった。

また黒人は，指導者やスポーツ番組司会者として登場することはまれであるものの，運動選手として表象されるケースは少なくない。これは，潜在的にはステレオタイプを覆す要素を持つのだが，思慮・知性・責任の対極にある黒人の攻撃性や身体能力といったステレオタイプを時に強化することになりかねない。

一方，南アジア人の表象は，コンビニ店主というステレオタイプを強化するものであり，これには不正行為や経費節減といったニュアンスがつきまとう。南アジア人の表象には，宗教上の保守主義，子育ての厳格さ，イギリス文化に「溶け込む」ことへの拒絶，見合い結婚といったテーマをめぐるものがあった。南アジア人の女性は，物静かで受動的，男性に従属する犠牲者として取り上げられることが少なくなかった。こうしたステレオタイプ的な取り上げ方は次第に退けられつつあるが，その進展は部分的なものにとどまっている。

海外の出来事の報道は，エスニックマイノリティの表象に，しばしば深甚な影響を及ぼす。2001年の同時多発テロ事件以降，多くの非イスラム諸国では，イスラム教徒のイメージが，フィクションにせよそうでないにせよ，宗教上の過激主義とテロリズムとに結びついていった。ニュースバリューからしても，西洋のメディアでアフリカや中東や南アジアが報道されることはまれになり，報道されたとしても紛争・飢餓・腐敗・過激主義といったネガティブな側面が誇張して伝えられる傾向がある。おそらく，こうした極端でネガティブなイメージは，旅行者向けのイメージにあるような，伝統文化のロマンチックな取り上げ方と相まって，オリエンタリズム——エキゾチックで非合理な「他者」に対する恐怖と魅了（Said, 1978）——の一端をなすのであろう。こうして白人優勢の国々では，黒人・アラブ人・アジア人マイノリティのステレオタイプが，彼らの母国の人びとと同様に，強化されるのである。

従属の再生産

エスニックマイノリティの過小化された表象やステレオタイプ化が及ぼす影響を正確に測ることは不可能だが，エスニック集団間の関係に大きな意味を持

第10章 メディア・エスニシティ・ディアスポラ

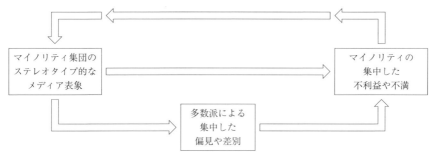

図10-1 単純化した従属の循環

つという点で，研究者たちの見解はおおむね一致している。第1に，そうした表象は，マイノリティたちが支配的な多数派から見られ処遇されるあり方に，好ましくない形で影響を与えかねない。例えば，ヨーロッパや北米においては，黒人・アジア人・南米人についての一般化された先入観が強化され，敵意や差別に結びつく恐れがある。その結果，就職や昇進で壁に突き当たったり，警官に呼び止められ職務質問を受けたり，部屋を借りるのを断られたりするかもしれない。

第2に，ステレオタイプは，その対象となる集団の自己評価・活力・態度に影響を与える恐れがある。メディアの中であなたやあなたの仲間に似た人びとのほぼ全員がある特徴を示したなら，好むと好まざるにかかわらず，その特徴を自分のものとして受け容れるようになるであろう。多様な表象の欠如，とりわけ成功モデルの欠如は，既存の社会経済的搾取と日常的差別を助長し，希望や活力を削いでしまいかねない。

さらに，エスニックマイノリティがメディアのステレオタイプ化やその他の差別を経験すると，彼らを拒絶するかに見える社会の価値観や目標を，今度は彼らが拒絶してしまうことが考えられる。汚名を着せられたり抑圧されたりすればするほど，彼ら独自の対抗しうる価値観，アイデンティティ，「生き残り戦術」(Hall et al., 1978) を練り上げていくことになる。

表象と権力構造との相互作用は循環的なものであるから，メディアのステレオタイプによって生じる多数派側の先入観やマイノリティ側の敵愾心は，どんなものであれ，その後の表象にフィードバックされる。だとすれば，そこには

永続的な悪循環が生まれる恐れがある。すなわち，白人ブルジョアジーが支配するメディアにおいて，マイノリティ集団の文化的・物質的従属が強化され，他方ではその強化によってステレオタイプ的表象がさらに強化される，という悪循環である（図10-1参照）。大体において，メディアによって制限をくわえられたりステレオタイプ化された表象は，さまざまなエスニック集団を固定化し，権力構造を強化する過程の一環をなすものだと捉えることができるであろう（Hall, 1997; Pickering, 2001）。

4 「ポジティブな」イメージを推進する

ステレオタイプが有害であることはおおむね認識されているが，この問題への有効な対処法となると，議論は百出している。70年代と80年代には，ステレオタイプをなんらかの形で覆（くつがえ）し，エスニックマイノリティの「ポジティブな」イメージを推進しようとするさまざまな試みがなされた（Hall, 1997）。だが，こうした試みは，変革を目論む「ネガティブな」イメージとはなにか，なにをもって「ポジティブ」とするかという点で，まちまちだったのである。

受動性のステレオタイプを覆す

アフリカ系アメリカ人についていえば，70年代の活動家の中には，奴隷制の時代に由来する受け身・無知・服従といったステレオタイプを覆すことが優先だ，と考えた者がいた。服従と無知に替えて，強さ・自己主張・対抗心・白人に対する優越を標榜する，さまざまなアメリカ黒人の表象が生まれた。特に，「ブラックスプロイテーション映画（黒人を売り物にした映画）」と呼ばれるものは，黒人オーディエンスをターゲットに，ファンクやソウル音楽を散りばめ，黒人ゲットーを舞台に，タフな黒人主人公が活躍する映画であった。白人が腐敗や犯罪や単なる揶揄の対象としてネガティブに描かれることも，特徴の1つであった。

このジャンルで最もよく知られる映画に『黒いジャガー（Shaft）』（1971）がある。これはタフで自信満々で女にもてる黒人刑事の活躍を描いた映画であった。スチュアート・ホールはこの映画を取り上げ，この種のステレオタイプの

逆転は，それ自体問題を孕むと論じている（Hall, 1997）。主人公ジョン・シャフトは，映画のヒーローであるだけでなく，反ステレオタイプの狙いに沿って，権威と崇拝の対象でもある。一方，その一匹狼的で掟破りのキャラクターは（ジェームズ・ボンドやダーティ・ハリーにもなぞらえるものであったが），白人の同僚や上司に臆したり屈服したりすることなど決してなく，ゲットー出身であることや黒人仲間への親近感も隠したりしない。このことは，オープニング曲の歌詞が，簡潔に物語っている。「奴は誰の指図も受けない，だけど仲間のためなら命もかける」（Hayes, 1971）。しかしながら，ホールも言うように，ブラックスプロイテーション・ジャンルの多くの映画と同様，『黒いジャガー』も結局のところ，黒人のさまざまなステレオタイプを強化し，黒人男性の絶倫さ（オープニング曲によると，「奴は黒人刑事，セックスマシーンさ，女はみんな奴のもの」）というお馴染みのテーマを扱い，ステレオタイプ的な黒人のポン引き，麻薬の売人，ギャングだらけのゲットーを舞台とする。つまり，1つのステレオタイプが別のステレオタイプに置き換えられただけなのだ。

> ステレオタイプの逆転とは，必ずしもそれを転覆したり破壊したりすることではない。ある極端なステレオタイプの呪縛（黒人は貧しく，子どもじみていて，卑屈だ）から逃れることは，たんにそのステレオタイプの「別面」（黒人はカネで動き，白人に対し威張り散らすのを好み，謀略や犯罪に走り……ドラッグと犯罪と相手かまわぬセックスに耽溺する）に囚われることを意味しかねない。（Hall, 1997: 272）

成功の先にある順応と統合

　ブラックスプロイテーション映画は服従から抵抗と連帯への移行を訴えたが，80年代以降より一般的になったのは，成功した善良な市民としてのエスニックマイノリティというイメージであった。イギリスでは，メディアにエスニックマイノリティの「ポジティブな」イメージを盛り込むという努力が80年代にはじまり，注目すべき成果をあげた。いまや黒人やアジア人のニュースキャスター，ドキュメンタリーや子ども向け番組などの司会者を目にすることは珍しくないほどである。同様に，エスニックマイノリティの俳優が，医師や教師や警

第Ⅲ部　メディア・アイデンティティ・文化

官の役で登場することもしばしばである。

　ここでいう「ポジティブな」イメージとは，孤立と犯罪といったステレオタイプを切り離し，社会の統合された成員としてエスニックマイノリティを描くことを意味する。彼らは影響力と責任ある地位につき，世界内で自分が占める位置に満足し，至極真っ当な向上心を抱く。

　なかでも重要な例が，オール黒人キャストのアメリカのシットコム『コスビー・ショー（The Cosby Show)』である。この番組はアメリカ内外で，多様なエスニシティからなるオーディエンスに人気を博した。ドラマの主役は，仲むつまじい中流のハクスタブル一家。黒人一家であることを除けば，主流のシットコムの家庭と変わるところはない。父親も母親も成功した職業人で子どもたちを愛しており，子どもたちも聡明でよい子である。マイケル・ダイソンによれば，番組の脚本と主演を担当したビル・コスビーが，裕福な黒人一家を扱った番組を成功させたことで，「アメリカ人が黒人を人間として見るきっかけを与えた」という（Dyson, 1993: 82）。だが，このように評価する一方で，ダイソンも番組を批判する。

　争点は，『コスビー・ショー』が，裕福な中流家庭の健全さを徹底的に重視する中で，アフリカ系アメリカ人の実生活を適切に描いているか否か，というものである。ハクスタブル一家は「ポジティブ」であるだろうが，その裕福さや仲のよさは，アメリカ黒人の大多数が置かれた低い社会経済的地位からかけ離れている。このことからマーク・ミラー（Miller, 1988）は，『コスビー・ショー』がアメリカの人種問題を緩和するどころか，アメリカン・ドリームの神話を強化し，大多数の黒人が社会的地位を得るうえで障害となっている不平等を，巧みに隠蔽する役割を演じている，と論じた（Corea, 1995による引用から）。番組の功績は認めながらもダイソンは，不平等や人種差別の問題が取り上げられていないことを問題視する。特定のタイプの中流黒人が社会的に受容されていくという物語を展開することで，それ以外のタイプの黒人たちが周縁化されることをコスビーは容認したのだ，とダイソンは考える。

　こうした批判は，1つのテレビ番組に浴びせかけられたものとしては厳しすぎると思われる。結局のところ，多様性はそれ自体が貴重なものであり，『コスビー・ショー』は当時のアフリカ系アメリカ人の表象の多くとは，明らかに

第 10 章　メディア・エスニシティ・ディアスポラ

対照的であったに過ぎないのである。また，この番組は，黒人を扱った番組すべてが貧困・犯罪・人種を話題にする必要はないことも示したのである。とはいえ，メディア全体における，統合され成功し裕福であるエスニックマイノリティという表象を推進するという点になると，評論家たちの見解もおおいに検討するに値する。十分に注意しないと，上記のような社会的に受容された表象を，オーディエンスが真に受けたり，多くのエスニックマイノリティが蒙(こうむ)っている貧困や不利な状況が曖昧になる危険性があるからだ。さらに言えば，社会の主流から「ポジティブ」とされる特徴を過度に追求するならば，エスニック同化政策者を利し，エスニックな特徴を帯びたものはなんでも「ネガティブ」だというレッテルを貼られることになりかねない。ダイソンも言うように，「人種を超越し，もって人道主義を標榜するのは，けっこうなことだ。だがそれは，多様性を難詰し，他者との差異を罰し，相違点をなくすといった，空虚で無味乾燥の普遍性に与することとは違う」のである（Dyson, 1993: 87）。

　こうした議論には，2つ大きなポイントがある。第1に，なにが「ポジティブ」でなにが「ネガティブ」であるかについてはさまざまな考え方があり，両者の折り合いをつけるのは決して容易ではない，という点である（Malik, 2002）。刑事シャフトは自信にあふれ不敵な黒人だから「ポジティブ」だと受けとめる者もいれば，彼が相手かまわぬセックスと分離主義と暴力というネガティブなステレオタイプを強化している，と受けとめる者もいる。同様に，きちんとした中流風のテレビタレントをポジティブと捉える者もいれば，統合の利点を強調するそうしたイメージが，エスニックな特性に負のイメージを植えつけると考える者もいる。

　第2に，「ポジティブなイメージ」を推進することは，それが有意義な試みであるか否かはさておき，エスニックマイノリティの生活の実像を，必ずしも反映しているわけではない。この点は重要である。結局のところ，どんなに問題のあるステレオタイプでも，現実ときわめて選択的に結びついている場合が少なくないのである。南アジア人がコンビニを経営したことなどないとか，犯罪行為に黒人がかかわったことなど絶えてないと言う者は，やはりいないであろう。ステレオタイプの問題は（南アジア人のコンビニ店主や黒人の犯罪行為を含め），それがある特徴を選択・誇張し，他方ではその他のさまざまな特徴を捨

象している点にある。残念ながら,「ポジティブ」イメージを推進しようとする試みのうち少なくともいくつかに, 同じことが当てはまる (Pickering, 2001; Barker, 1981)。

表象の重圧

さらに「ポジティブ」イメージの推進には, メディアや芸能におけるエスニックマイノリティに対し, 表象の重圧を課すという問題があった。彼らは, 白人優勢のメディアで孤立した結果, 自分の属するエスニック集団全体を代表するよう期待されるに至ったのである (Mercer, 1990)。白人は西洋諸国では多数派の地位にあるため, そのエスニシティが不可視となる。けれどもエスニックマイノリティのメディアにおける態度や行動は, 同じ肌の色・出自・宗教の者たち全体を代表するものと見なされてしまう。

ポジティブイメージの推進により, 脚本家・監督・アーティスト・俳優たちに対し, 社会的に受容される印象を与えるように, というプレッシャーがくわわる。その結果, 登場人物のタイプや話の筋に制限がくわえられる。表象の重圧には, エスニックマイノリティが一枚岩で, ひと握りの登場人物やタレントによって代表されうるという前提がある。この点は重要である。現在の表象が(時として)まずまずのところポジティブであっても, オーディエンスはやはり, エスニックマイノリティのアイデンティティを〈本質主義的〉に捉えようとする。すなわち, 黒人はみな本質的に似かよっていて, 南アジア人とは違う, などというふうにである。ネガティブイメージをポジティブイメージで置き換えようという試みは,「既存のステレオタイプの基盤となっている前提を駆逐するうえでほとんど役立たない」とサリータ・マリックが述べているのは, まさにこのためである (Malik, 2002: 29)。

この問題は,〈トークニズム tokenism〉の問題とも関係する。トークニズムとは, 黒人やエスニックマイノリティの登場人物・司会者・ゲストをひとりだけ象徴(トークン)としてくわえることで寛容だという印象を与えようとすることをいう。だが, そのエスニックな差異やマイノリティの特徴は, 白人キャストの中で浮き上がり, 彼らの演技や話の筋は, 彼らひとりひとりの個性や状況よりも, エスニシティと結びつけられてしまう。

第10章　メディア・エスニシティ・ディアスポラ

　人種問題のニュース報道や時事問題の番組にも，別の形のトークニズムが見られる。ジャーナリストたちは，まったくの善意からとはいえ，エスニックマイノリティの体験や見解を，「黒人社会」「イスラム社会」といった単数形を用いて伝える。その結果，彼らは共有体験と統一見解を持つ均質な集団だという印象が強化されるのである。こうした集団には「代弁者」とか「代表」といった言葉も同じくらいよく用いられるが，これがトークニズムをさらに強化する。かつては完全に無視されていた見解を取り上げるという効用はあるものの，エスニックマイノリティの見解を本質的に異質なもの，普通でないもの，「他者」的なものとして固定する。もし西欧や北米で「白人代表の見解」といった言葉がニュースで使われたらどれほど馬鹿げているか，想像してみてもらいたい。

5　ニュー・エスニシティとディアスポラ

ニュー・エスニシティ
　多くの研究者が，上述の諸問題への回答として，十把一絡げの本質主義論から脱却し，エスニシティ・人種内の多様性や複雑さに目を向けるようになった。〈ニュー・エスニシティ〉の考え方は，ホールの著作に触発され，エスニシティの文化的構築性と可塑性とに光を当てる（Hall, 1992）。
　エスニシティとは本質的なものでなく，人間の思考や表象の産物だと考えれば，現在〈そうである〉といった固定的状態というより，常に発展・変化し，〈そうなりつつある〉ものだ，ということになる。固定的ないし共有された要素は保持しつつも，社会状況の変化（とりわけ移住）に応じ，常に発展，外部からの影響，多様化を受け容れる余地がそこにはある。この過程は，新たな文化的影響との遭遇にくわえ，社会階級・ジェンダー・セクシュアリティ・地域性・職業・余暇の過ごし方といった，アイデンティティの諸相との長期にわたるやりとりを伴う。こうした流動性により，エスニシティは内的な差異化と外的な多重化に晒されることとなる。
　ホールは，イギリスなどの国々で，マイノリティ集団の二世・三世のアイデンティティがどのように変化するか，という点に着目した。こうした若い世代が自らのエスニックな出自に寄せる思いは，メディアが氾濫する都市部の西洋

的環境で育った経験と深く絡んでいる。彼らはたんに「ムスリム」「中国人」「黒人」であるにとどまらず，明確に「黒人かつイギリス人」となりつつあり，同じ近隣・同じ年齢層・同じ文化的関心・同じ仲間といった帰属感を強めつつある。

　こうした複雑なアイデンティティが生まれていることは，ハイブリッドなポピュラーカルチャーによっても明らかだとする研究者もいる。例えば，インド系イギリス人の若者に人気のバングラやポスト・バングラの音楽は，伝統的なインド音楽の要素と西洋の都会的なダンス・ミュージックのリズムの融合を引き起こした（Huq, 2006）。バングラのハイブリッドな性格は，ヒップホップのさまざまな地域変種や「混成の」文化様式と相まって，こうした音楽を創り出し楽しむ者たちの陰影に富むエスニックアイデンティティを例示し，また，伝統と日々の多人種的状況との折り合いをつける役目を果たす（Back, 1996; Gidley, 2007）。

　ニュー・エスニシティの考え方は，若者たちによるこうした文化活動を，あらゆるエスニシティの複雑性と流動性の一環として捉える。それは，一枚岩としてのエスニシティを強化するメディア表象に対し，ポジティブイメージの推進をすることも，トークニズムのアプローチをとることも，拒否するのである。インド系イギリス人が，さまざまな地域性・世代・年齢・ジェンダー・階級・階層・仲間意識によって構成されるのであれば，彼らの表象をひとりの人物に代弁させるのは単純に過ぎる，ということになる。しかし，だからといって，エスニシティは無意味だとか，共有体験や帰属意識や集団としての差異がもはや生まれ出ない，というふうにとってはならない。移住の歴史におけるエスニックな体験がいまなお重要であることを示すために，多くの研究者はディアスポラの考え方に目を向けるようになった。

ディアスポラ

　もともとは生物種が拡散していくことを表わす言葉であった〈ディアスポラ〉は，社会学用語としては，起源を同じくする人びとが世界中に離散することを意味する。ディアスポラは，離散者も定住先で育った子孫も含む。それぞれのディアスポラ集団内で差異（特に，年齢・世代・定住先での経験）が生まれる

第10章 メディア・エスニシティ・ディアスポラ

余地を持つのだが，それと同時に，国境を越えたディアスポラ集団と，とりわけ元の居住地（通常「祖国」と呼ばれる）とに対する強い帰属意識で，ディアスポラは目を引く。

ディアスポラには，祖国が同じという出自（ルーツ）の絆だけでなく，同じ道（ルート）を辿ってきたという共有された離散体験も伴う，とポール・ギルロイは考えた（Gilroy, 1993）。アフリカ起源の人びとを例にとれば，ギルロイが名づけた〈黒い大西洋（ブラックアトランティック）〉に，移住の三角形を見ることができるであろう。この三角形は，主に奴隷制時代にアフリカ・カリブ諸島・合衆国の3地点を結んで行われた強制的な移住と，第2次大戦後にカリブ諸国とアフリカから自発的に行われたヨーロッパ諸国への移住によって成り立つものである。インド亜大陸を起源とする人びとの場合，20世紀中葉以降，特に西欧・北米・中東に移民が集中した。その他のディアスポラ集団や，さまざまな方法・理由・時期に形成された移住ルートは，枚挙に暇がない。

どんな考え方も完全ではないが，ディアスポラの概念は，ある集団内の流動性と差異を探る手がかりとしてのエスニシティを，われわれに提示する。同時にまた，集団の成員らを，時に緩やかに，時に強く結びつける同一性の感覚を理解する手がかりとなる。

ディアスポラを表象する

ことさらにポジティブイメージを推進する試みとは対照的に，イギリスのエスニックマイノリティの映画制作者たちは，より複雑な表象を生み出そうとしてきた。複雑さや差異を探り，同時にエスニックマイノリティのリアルな人生に忠実な表象を生み出そうとしたのである。いわゆる「ディアスポラ映画」には，さまざまな登場人物たちが，彼らのエスニシティにつながる文化的伝統と，定住先社会での生活とのはざまで，自分たちの進むべき道を模索するというテーマを扱うものがしばしば見られる。

その目的は，陰影に富む生身の登場人物たちの特徴・苦難・葛藤を描くことで，ステレオタイプやエスニシティについての本質論的発想に異議申し立てをすることである。その描写に当のエスニック集団の一部からも抗議を受けることがあったのだが，こうした映画としては，『マイ・ビューティフル・ランド

レット（My Beautiful Laundrette）』（1985）『ぼくの国，パパの国（East is East）』（1999）『ブリック・レーン（Brick Lane）』（2008），そしてグリンダ・チャーダ監督の2本の映画『バジー・オン・ザ・ビーチ（Bhaji on the Beach）』（1993）『ベッカムに恋して（Bend It Like Beckham）』（2002）などがあるが，最後の2本をごく手短かに検討することにしよう。

『バジー・オン・ザ・ビーチ』は，イギリスの典型的な海辺の街ブラックプールに出かけていった，さまざまな世代の南アジア人女性の人生を垣間見せてくれる。映画のタイトル・サウンドトラック・あらすじは，南アジアの伝統とイギリスでの生活とのはざまで登場人物たちが揺れ動く姿を描く。そこには，10代のセックス・家庭内暴力・夫婦の別居・異なるエスニシティ間の恋愛・未婚の母親・白人からの人種差別の共通体験を糸口に，世代間や男女間の違いが映し出されている。

世代間の葛藤や異文化のはざまで揺れ動く姿というテーマは，より一般受けを狙った10年後の監督作品『ベッカムに恋して』でも取り上げられている。ストーリーは，シーク教徒のティーンエイジャーの少女ジェス（ジェスマインダー）がサッカーに打ち込む姿と，そのことから生じる両親との葛藤を中心に描く。ジェスも姉のピンキーも，両親の言いつけを守らないのだが，ピンキーはどこまでも女性らしく，結婚前にセックスを体験したこともあって，結局は昔ながらの結婚に縛られていく。一方，ジェスの夢は，プロのサッカー選手になることと，白人コーチへの恋（これがさらに両親との間に葛藤を生む）を実らせることである。トニーという名のゲイの友だちや，その他大勢の粗暴な若者たち，といったアジア人青少年のさまざまな表象も描かれる。

ディアスポラ映画に見られる多様かつ複雑な表象は，エスニックマイノリティの生き方をテーマとするその他のメディアでも作られた。これにはコメディも含まれる。BBCのコメディ番組『グッドネス・グレイシャス・ミー（Goodness Gracious Me）』は，エスニックな伝統とイギリスでの生活の双方にふれながら，アジア系イギリス人のさまざまな姿を風刺的に描く。若者も年配者も，そのさまざまな面が，エスニック社会の内部を知る者の自虐的な視点からネタにされる。これはアジア人の取り上げ方を含め，イギリス文化では確立した手法である。例えばあるショートコントでは，インド料理レストランに行くとい

第10章 メディア・エスニシティ・ディアスポラ

うイギリス白人の願望が、アジア人たちによって茶化されている。彼らアジア人は宵の口に一杯ひっかけたあと、「イギリス人っぽく行こうぜ」と気勢を上げる（げっぷしたり、ウェイターに威張ったり、「いちばん味のないもの」を注文したり、というように）。マリックは、この番組がきわめて興味深いとする（Malik, 2002: 103）。なぜなら、この番組は「ステレオタイプに切り込み」、正面からぶつかり、時にはそれと共謀するのだが、そこには決定的に自虐ネタの自覚があるからである。

こうした表象で、批判を浴びていないものは1つもない。ディアスポラ映画の監督たちは、さまざまな描き方をすることで、エスニシティの一枚岩的な見方に抗しようとするのだが、結局お定まりのステレオタイプを強化してしまうことがある（Hussain, 2005）。ディアスポラ集団の揺るぎない伝統と、現代イギリスの文化や社会の受容に熱心な若い世代という、あまりに粗雑な分け方をするテクストにおいて、抑圧的なアジア人の夫とか、退嬰的(たいえい)なアジア人の両親とか、伝統といったイメージが強化されるのは、確かなところである。

さらに問題なのは（『ベッカムに恋して』は例外としてよいだろうが）、エスニックマイノリティの生き方やアイデンティティに重点を置くことが、ディアスポラ映画をエスニックマイノリティのテクストという枠に押し込めてしまうことである。一般視聴者にも相当程度受け容れられた『グッドネス・グレイシャス・ミー』の場合も、その露骨で意図的な「アジア性」によって、やはり枠に押し込められる恐れがある。さまざまな風刺的キャラクターが登場したにもかかわらず、多くの視聴者がこの番組をアジア的見せ物（「他者」を面白おかしく描いたもの）と見なしていた可能性は否定できない。それでもやはり、こうした複雑な表象は、より多様な表象への移行に、徐々にではあるがひと役買ったのである。そしてその一環として、「ポジティブ」「ネガティブ」「統合した」「統合してない」といった、単純な枠に収まりきらない複雑な登場人物の造形につながったのである。

6 オーディエンスの分断

さまざまなエスニック集団の表象の幅と複雑さが次第に増すにつれ、似たよ

うなことが他の面でも起こった。オーディエンスが享受できるメディアが多様化し、その一環として、エスニックマイノリティが特化したメディアを利用するようになったのである。この傾向は、メディアテクノロジーと規制緩和の流れに呼応し、多くのマイノリティ集団が、彼らが表象される既存のあり方に飽き足らなくなったことを反映するものである (Gillespie, 1995; Sreberny-Mohammandi & Ross 1995)。

しかし、これはまた、ディアスポラと祖国との結びつきを強めるようなメディアの表現手段が増え、その訴求力が明白であることにも関係している。離散集団にとって、「共有された想像やイメージや声を構築することは、コミュニティを維持するうえで、常に重要な要素であった」とミリア・ゲオルギウは説明している (Georgiou, 2002: 3)。

新聞、ビデオ、ボリウッドの世界進出

エスニックマイノリティ集団による特化されたメディアの利用は、なにもデジタル時代に限った現象ではない。新聞は、ディアスポラ集団の情報ネットワークで長きにわたって重要な位置を占めてきたし、今日でもそうである。ある集団が集中する地域の販売店が、そうした刊行物を扱うことが多い。その多くは地域に根ざし、地域を指向したものであるが、世界中に流通するものもある。例えば、タミール人のディアスポラ社会を対象とする新聞を例にとるなら、『プツヒナム (Puthinam)』はロンドン在住のタミール人を読者対象とし、『イーラムラズ (Eelamurazu)』はヨーロッパとカナダ全域にわたるタミール人社会に流通している (Antony, 2009)。地元ラジオも重要な役割を果たす。例えば、ロンドン在住のギリシア系住民にとって、ロンドン・ギリシア語放送が、コミュニティ参加の足がかりとなっている、とゲオルギウは力説する (Georgiou, 2001)。

80年代と90年代には、ディアスポラ集団のアイデンティティを促進するうえで、ビデオが大きな役割を果たした。マリー・ガレスピーは、ロンドン郊外のサウスオール地区に住むパンジャブ系の若者たちによるメディアの利用状況を調査した (Gillespie, 1995)。その結果、イギリスのテレビでは得られない、ディアスポラに関したメディアコンテンツにふれる手段として、ビデオが重要な役

第 **10** 章　メディア・エスニシティ・ディアスポラ

割を担っていることを明らかにした。例えばサウスオールではボリウッド映画の需要が非常に大きく，ために専門のレンタルビデオ店のチェーンができたほどであった。ガレスピーによれば，こうした映画やその他のビデオの視聴は，親たちが推奨することもあるという。家族の絆を深め，モラルの問題を話し合い，子どもたちがヒンズー語やパンジャブ語や伝統文化にふれる手段として，である。とはいえ，それとは違う形で，ボリウッド映画とそこに表われるファッション・セレブリティ・雑誌に，若者たち，とりわけ少女たちが熱狂していることも，ガレスピーは指摘しているのだが。

　メディアのグローバリゼーションが一方向的だとする研究者たちに抗するかのごとく，ボリウッド映画は商業的に大成長した。この成功の理由の1つは，インド人ディアスポラ集団（しばしば非居住インド人^{ノン・レジデント・インディアン}，NRIと呼ばれる）に向けて，大規模な輸出がなされたことである。実際，ボリウッド映画は，そのファッション・音楽・セレブリティといった商品と相まって，次第に海外市場に目を向けるようになり，制作本数を増やしていった。その中には，ロンドンを舞台としたボリウッド映画『勇者は花嫁を略奪する (Dilwale Dulhania Le Jayange)』(1995) があり，これは NRI の登場人物や，世代間の葛藤といった事情を扱った作品である。こうした傾向は，映画のテイストやクオリティが向上したこともあって，新旧両世代に市場を拡大し，インド人のディアスポラにおける文化の共有に確固たる地位を占めるようになった。

デジタルな特化

　近年のメディアテクノロジーの発達は，ディアスポラ内コミュニケーションの可能性を飛躍的に高めた。テレビのデジタル配信により，従来のなんでもありのチャンネルの代わりに，一部もしくは全部がエスニックな内容のチャンネルを選択することも可能となった。例えば，バイアコムのブラック・エンターテイメント・テレビジョン・ネットワークは，アメリカのアフリカ系アメリカ人向けの音楽・映画・宗教・ニュース番組を手がけ，2008年にはイギリスでも放送を開始した。また，ズウィー・テレビ・ネットワークは，イギリス・ヨーロッパ・アメリカの南アジア人オーディエンス向けに，ドラマ・コメディ・ニュース・ドキュメンタリー・映画を放映している。こうしたコンテンツは家庭

内で楽しまれることが多いのだが，ロンドン在住のギリシア・キプロス人を調査したゲオルギウによると，国境を越えたテレビ局は，マイノリティの集会場といった公共の場でも視聴され，重要な役割を果たしているという（Georgiou, 2001）。

こうしたテレビ放送の人気が高いのは，居住国の放送への幻滅と呼応している。イギリスのメディア規制当局である Ofcom の調査によると，マイノリティたちの間では，白人に比して公共放送の視聴率が低く，また彼らはデジタル配信の契約率が高いが，それが専門番組を見たいという願望に関係していることが明らかであるという（Ofcom, 2007b）。こうした状況に対応するため，近年 BBC はエスニックマイノリティに特化したラジオ番組を提供するようになった。例えば，さまざまな黒人音楽のジャンルを扱うラジオ1エクストラ，アジア系イギリス人の若者向けの音楽・文化・討論番組を扱う BBC アジア・ネットワークなどがそうである。過去に BBC が普遍的番組編成によって国民の統合を重視したことを考えるなら，マイノリティたちに向けた番組の提供は，小さからぬ新展開だと言えよう。

オンライン・ディアスポラ

国境を越えたディアスポラ社会の強化と発展の点で，インターネットが持つ可能性も重要である。Ofcom の調査によると，エスニックマイノリティ集団のインターネット接続率は，イギリスの人口全体のそれよりも高く，インドやパキスタン出身の成人はネット利用時間が他の集団よりも長い（Ofcom, 2007b）。また，質的調査によれば，マイノリティによるインターネット利用の主要部分を占めているのは，エスニックな自文化とのつながりを維持することだとされる。ゲオルギウによると，インターネットは，主流の国内メディアから見放された集団に，「国境を越えた場でアクセスし発言する」機会を与えているのである（Georgiou, 2002: 2）。

ゲオルギウは，ヨーロッパのディアスポラ集団を調査した（Georgiou, 2002）。その結果，情報サイトやニュースサイト，個人が直接意見を交換できるフォーラムなどの，インターネットの広範な利用が明らかになった。例えばニュース・ビジョンというサイトは，エチオピア難民に支援サービスを提供し，彼ら

第10章　メディア・エスニシティ・ディアスポラ

の情報源となり，さらに政治動員の中核となり，共有アイデンティティと社会ネットワークの推進を促していた。こうしたサイトは，同様の指向を持つネットワークとハイパーリンクでつながり，国境を越えたエスニシティの「想像の共同体」とでも呼ぶべきものを促進する（Dayan, 1998）。同様に，マリア・バカルジエヴァのカナダを対象とした調査によると，エスニックマイノリティによるインターネットの利用では，祖国向けのニュースサイトとネットラジオの利用が中心を占めていた（Bakardjieva, 2005）。ある回答者は，そうしたサイトから得た情報を使って，居住先の都市に暮らすエチオピア系住民向けのラジオ番組を制作していた。またある回答者たちは，ディアスポラ集団向けのオンライン・フォーラムに定期的に参加していた。このような手段を用い，カナダのエスニックマイノリティは，祖国と伝統文化に「いつでも手が届き，再生できる」ようになった，とバカルジエヴァは考える（Bakardjieva, 2005: 125）。また，マルチメディア・コンテンツのダウンロードやストリーム視聴が容易にできるようになるにつれ，祖国のテレビ・ラジオ・映画のコンテンツも直に視聴できるようになり，その結果国境を越えたつながりがいっそう強まっていくものと考えられる。

　インターネットは，ディアスポラ集団内の公的なコミュニケーションを促進するのにくわえ，私的なコミュニケーションによって個人間の緩やかな結びつきを維持・促進する。ゲオルギウの調査でもバカルジエヴァの調査でも，数千マイルも離れた親戚や友人とのつながりが，Eメール・インスタントメッセンジャー・写真の交換などによって維持されていた。MySpace・Facebook・TwitterといったSNSは，私的・公的双方のコミュニケーションの要素を組み合わせることで，ディアスポラの個人的・社会的ネットワークを，より効果的かつ柔軟に強化していく可能性がある。

7　おわりに
――エンパワーメントか，それともゲットー化か？――

　エスニックマイノリティ集団にとって，ローカルなものにせよ国境を越えるものにせよ，多様なメディアが利用できるようになったことは，多くの点でこ

249

の章を締めくくるにふさわしい歓迎すべき事態であろう。長きにわたり過小に表象されたり，ステレオタイプ化されたり，表象の重圧に苦しんできた人びとが，ローカルにもグローバルにも，友人たちや親族との個人的な絆を保つだけでない。エスニシティを同じくする人びとに向けて，公的な文化活動・議論・意見交換を大々的に発信できるようになったのである。ディアスポラ集団の多くの人びとが，自分のアイデンティティを確認できるような表象・交流・理念に強く結びつけられている。その結果，国境を越えた〈想像の共同体〉は明確な形をとり，そこへの帰属意識は，それがもたらす社会的・政治的利得(メリット)と相まって，強化されるものと思われる。

　エスニックマイノリティに特化したメディアの発達は，彼らが自分たちの差異とエスニックな自己決定を肯定するうえで重要な位置を占め，特異性を放棄し滞在国の文化に溶け込めという体制側からの圧力を拒否するものだ，とジョン・ダウニングとチャールズ・ハズバンドは言う（Downing & Husband, 2005）。エスニックマイノリティが自らを表現する機会を増やし，多様なエスニシティの領域を新たに広げるためにも，政府はそうしたメディアのさらなる発展を後押しすべきだ，と彼らは考える。

　ダウニングとハズバンドの楽観主義は，〈統合〉の拒否という点では評価できるが，多様なエスニック集団に応じた多様なメディアという点では，いささか楽天的に過ぎるであろう。もしさまざまなエスニック集団が，バラバラでパラレルにコミュニケーションをとるようになれば，集団間のコミュニケーションや共有体験は少なくなり，その結果相互の先入観や差別意識は減少するどころか逆に増大する危険性はないだろうか？　主流メディアがエスニックマイノリティに提供するサービスを改善する必要性という点では，メディアを放任することは望ましくないのだが，さりとて分離されたメディアに閉じこもってしまうことも，メディアのゲットー化を促し，近在のマイノリティの物理的なゲットー化を補完してしまう。内部の結びつきやコミュニケーションが強固なものであることにはおおいに利点があるのだが，マイノリティ集団が社会からいっそう疎外されるという代価を伴う恐れがある。

　とはいえ，状況はそれほど単純ではないのかもしれない。調査が示すところによれば，若い世代の場合特に顕著なのだが，マイノリティに特化したメディ

第10章 メディア・エスニシティ・ディアスポラ

アは，各人の嗜好のほんの一部でしかない。人の嗜好は，さまざまなジャンルや情報を包含するものなのだ。例えば，パンジャブ系の若者たちを調査したガレスピーの研究では，回答者たちはヒンズー語の映画や明らかにディアスポラ的なメディアにくわえ，イギリスや海外の若者向けの多様なポピュラーカルチャーを享受していることが明らかにされた（Gillespie, 1995）。その中には，ストーリーや登場人物が自分たちの日常生活とアイデンティティに複雑に絡む『ネイバーズ（Neighbours）』のようなソープオペラも含まれていた。また，エスニックマイノリティ集団が，特化したメディアを指向し，種々雑多なコンテンツのメディアを拒否しているのだとしたら，それは決して彼らに限ったことではないことに注意を促したい。デジタル革命がさらに深く根を張っていくにしたがい，あらゆるバックグラウンドを持つオーディエンスは，多彩な人口学的特徴や文化嗜好に応じ，細分化していく可能性がある。

エスニックマイノリティ集団がエスニックないしディアスポラ的なメディアに明らかに関心を寄せているとしても，そのせいで彼らがその他の成長を遂げつつあるメディアから締め出されるわけではない。この点は，やはり重要である。さまざまなメディアにおいて，表象と文化様式の多様性を取り入れることで，進歩は加速する。これがなにもまして，重要となってくる。とりわけBBCのような公共放送が，特化した番組においてのみならず，さまざまな番組においても，エスニックマイノリティのオーディエンスのニーズを優先させなければならない。おそらくそうした動きにより，ディアスポラのメディアの普及とあわせ，互いの差異の是認，本質主義や先入観の消滅へと，調和のとれた形で進んでいくのであろう。

【課題と演習】

(1) 人種差別はナショナリズムとどのようにかかわっているのか？
(2) a) メディアによるエスニックマイノリティのステレオタイプ化は，なぜ憂慮されるのか？ ステレオタイプと権力との関係はどのようなものか？
   b) 現代のメディアにおいて，エスニックマイノリティの表象はどの程度過小なものであり続けているか？ さまざまな具体例をあげて考察すること。
(3) a) 「ポジティブな」表象を推進する方法として，『黒いジャガー』と『コス

ビー・ショー』とではどのような違いがあるか？　どちらの方法が望ましいと思うか？

　　　b）「表象の重圧」とはどういう意味か？　ポジティブイメージの推進とはどのように関係するのか？

(4)　a）〈ニュー・エスニシティ〉と〈ディアスポラ〉とは，それぞれどういう意味か？

　　　b）エスニシティとディアスポラの描かれ方の観点から，『ぼくの国，パパの国』『バージ・オン・ザ・ビーチ』『ベッカムに恋して』『ブリック・レーン』のいずれかを詳細に分析せよ。その映画の長所と短所は何か？

(5)　エスニックマイノリティ向けの，国境を越えたメディアの利用が増大しつつあることは，望ましいことか，それともそうでないかを述べよ。

【読書案内】

Dyson, M. (1993) *Reflecting Black African-American Cultural Criticism.* Minneapolis, MN: University of Minnesota Press.
　アメリカ黒人文化のさまざまな表象を詳細に論じたもの。『コスビー・ショー』の批判的分析も所収。

Georgiou, M. (2006) *Diaspora, Identity and the Media.* Cresskill, NJ: Hampton Press.
　グローバルなディアスポラのネットワークとアイデンティティの促進にさまざまなメディアが果たす役割を探る。

Gillespie, M. (1995) *Television, Ethnicity and Cultural Change.* London: Roultedge.
　ロンドンに住む南アジア系若者たちの生活における伝統と変化の相互作用に，テレビが果たす役割を調査したもの。

Hall, S. (1997) 'The spectacle of the other', in S. Hall (ed.), *Representation: Cultural representations and signifying practices.* London: Sage.
　『黒いジャガー』などの映画作品におけるステレオタイプ逆転の試みを，批判的に分析した論考。

Malik, S. (2002) *Representing Black Britain: Black and Asian images on television.* London: Sage.
　イギリスのテレビにおけるエスニックマイノリティ集団の表象を広範に論じたもの。

第11章 メディア・ジェンダー・セクシュアリティ

主要なポイント

- メディアに現われたジェンダーの表象に対するフェミニズム的批評
- 女らしさの表象の変化——家庭内のよき母からゴージャスなキャリアウーマンへ
- 「能動的」女性メディアユーザーと文化制作者についての研究
- メディアに現われた男らしさの表象の理解
- メディアにおける同性愛者の周縁化に関する議論

1　はじめに

　マスコミュニケーションとジェンダーとセクシュアリティとの関係をめぐる問題は，これまでにも無数の書籍・記事・学術論文のネタとなってきた。エスニシティの場合と同様に，メディア内の表象が持つ性格とその影響についての議論が，これまでずっとそうした著作物の核心にあった。本章ではまずそれらに焦点を当て，メディア内での女性の扱われ方に対するさまざまなフェミニズム的批評の概略を示す。次いで扱うのは，何百万もの女性たちが享受する文化様式や表象をあまりにも軽視するアプローチである。これにより，恋愛小説・ソープオペラ・雑誌といった一般には軽んじられているメディアの形態を，女性たちはどのように用い，楽しみ，理解するかというオーディエンス研究に，われわれの論点は移るであろう。その後，男らしさとメディアに関して蓄積されつつある諸研究を論じてから，メディアにおける同性愛行為とアイデンティティの表象という問題に取り組む。

第Ⅲ部　メディア・アイデンティティ・文化

　本章の底流にあるのは，ジェンダーとは文化的に構築されたカテゴリーだという考え方である。男性・女性・男らしさ・女らしさについての理解や経験は，黒人・白人・アジア人の概念と同様に，歴史の産物なのである。ジュディス・バトラーは，ミシェル・フーコー（Foucault, 1990）に言及しながら，男性・女性とはどうあるべきかという一般に流布している理解に基づいた，一連のパフォーマンスとしてジェンダーを理解すべきだと論じている（Butler, 1990）。だとするとジェンダーとは，われわれが〈そうである〉ところのものというより，われわれが〈するところのもの〉であると考えられる。

　男性・女性のパフォーマンスの核心にあるのも，異性への性欲を軸とする，セクシュアリティについての構築された理解である。この点は重要である。したがって，男らしさ・女らしさの構築は，異性との差異および異性への欲望というディスコースをめぐってなされる。これに不可欠なのが，同性愛の周縁化である。他方でフェミニストは次のように論じる。現在流布している男らしさ・女らしさの概念は，恣意的でも平等なものでもなく，男性の支配と女性の服従を正当化する家父長体制の一部をなすものである，と。

2　女らしさの構築

女性の周縁化

　メディアコンテンツ全般にわたって女性が登場する割合は突出して大きいにもかかわらず，その役割は男性のそれに比べると二次的である。女性が主役をつとめる大ヒット映画の数は，女性が男性スターの「相手役」をつとめる映画と比べると，依然として少ない。もっとも，その他さまざまなドラマのジャンルの状況を反映し，事情は改善しつつあるのだが。

　一方，ニュースや時事番組という花形分野では，グローバル・メディア・モニタリング・プロジェクトが，「ニュースとは女性がほとんど不可視な世界である」と結論づけている（Global Media Monitoring Project, 2005: 17）。世界中のニュースを内容分析したこの調査によると，ニュースが女性を取り上げる割合は，男性に比して1対5であり，女性の数が男性よりも多い話題は1つもなかったという。「専門家」としてインタビューを受けた者となると，実に83％が

第11章 メディア・ジェンダー・セクシュアリティ

男性であった。リポーターの男女比となると状況はいくらかましで，37％が女性であった。とはいえ，政治のような「堅い」とか「まじめ（シリアス）」とされるニュースでは，やはり男性優位であったのだが。

　メディア組織で女性が重要な意思決定の役職に就いている割合も低い。Ofcomによると，イギリスの放送業界で女性が占める割合は，2007年の時点で44.9％であった（Ofcom, 2007a）。だが，管理職に女性が占める割合は35.1％，重役となると18.8％であった。

　運営やメディアコンテンツで女性が依然として周縁的地位にいることの意味は重要ではあるが，これまでの研究の多くは女性が表象される役割の分析に集中している。そうした分析は，明らかにフェミニズムの視点でなされることが多く，男性優位の社会に女性が従属するという〈家父長体制〉を強化するものだとして，メディアを攻撃する。

男性の凝視

　メディアでの女性の扱われ方に対する批判で最も有名なのは，1970年代の映画を論じたローラ・マルヴィの短い論文であろう。マルヴィは，フロイトの精神分析理論によりながら，映画とは「男性中心的社会の無意識」を映し出し，男性による支配と欲望に女性を隷属させるものだと論じた（Mulvey, 1975: 6）。映画の核心にあるのは〈窃視症 scopophilia〉だ，とマルヴィは言う。窃視症とは，フロイトの用語で，幼児期の覗き見の快感，すなわち「他者をモノとして捉え，支配的で興味本位の凝視下に他者を置く」快感のことを指す（Mulvey, 1975: 8）。外界から隔離された，暗い，人知れぬ映画館で，映画は窃視的な媒体（メディウム）として働き，客体化されたプライベートな環境を見ることで快感を得るようわれわれに促すのだ，とマルヴィは論じる。

　重要なのはこの過程が性差に基づくものであることで，映画中で窃視の対象となるのは女性であって，男性は支配的であり，性的客体化の凝視を行う。このことは，女性キャラクターの造形や提示にセックスアピールが強調されることからも明らかである。

　これまでの露出的な役どころにおいて，女性は見せて，また同時に見られ

る存在であった。その外見は視覚的かつエロティックな影響を強く与えるようコード化され，見られることを含意すると言えるであろう……女性は男性の欲望に合わせて装い，演じ，男性の欲望を象徴する。(Mulvey, 1975: 9)

　視覚的対象としてのこの役割は，映画の虚構世界の中で機能するのだが，究極的には映画のオーディエンスである〈男性の凝視〉に向けられている。オーディエンスによる凝視が映画中の男性キャラクターを媒介してなされることもあるのだが，それ以外の場合ではこの媒介は素通りされ，女性の姿がカメラに直接向けられることになる。
　性差上の不均衡は，別の面でも映画中の窃視になっていく。これは〈自己愛narcissism〉，すなわち自分自身の姿を凝視して快感を得ることに関係している。ジャック・ラカンは，子どもの成長における「鏡像段階」の概略を説明するに際し，次のように論じている (Lacan, 2001)。子どもは鏡に，自分自身の姿ではなく，全然別個の，より優れた，完全に近いもの——自分が立ち向かって成長していくような，外在的で理想化されたイメージ——を見出すのだ，と。映画がこの優れた鏡像の役割を模し，オーディエンスに対して自分もそうありたいと望むような理想化されたイメージを構築するのだ，とマルヴィは考えた。
　また，この自己愛的要素は，男性オーディエンスに強く向けられたものにならざるを得ない。女性キャラクターが男性の凝視のための性的対象という役割の中で最適化されるのに対し，映画中の男性は，オーディエンスが自分を同一化し，そうありたいと望む対象として描かれる。「したがって，男性スターの魅力的な特徴は，凝視のエロティックな対象としてのそれではない。鏡の前ではじめて自分自身を見た瞬間に胚胎した，より完璧で完全，より力強い，理想的な自我としてのそれである」(Mulvey, 1975: 11)。だとすると，男性の映画観客は，活動的で力強い男性スターに自分を投影し，スターと共謀して女性を所有し客体化していることになる。
　要するに，マルヴィは映画が一貫して男性中心的だと言うのである。すなわち，男性が活動的で自立しており，自分の運命を手中に握っているのに対し，女性は男性の凝視を満足させ，究極的には所有されるのが，その役割なのだと。

第 11 章　メディア・ジェンダー・セクシュアリティ

男性中心の恋愛と家庭生活

　男性による凝視の概念とメディアによる女性従属への着目によってマルヴィはとてつもない影響を及ぼし，ジェンダーの表象批判の一角を形成することとなる。第7章で見たようなポルノグラフィについてのフェミニズム的批評は，女性客体化の考え方を，メディアによる女性のセクシュアリティの最もあけすけな描写に当てはめる（Dworkin, 1981; MacKinnon, 1988）。他方，男性に従属し依存する女性，とりわけ家庭内での妻と母親の役どころの女性を描く，もっと日常的で主流のメディアに着目する研究者もいる。

　アーヴィング・ゴフマンの研究は，雑誌広告の男性・女性の表象に浸透している一連のテーマを明らかにした（Goffman, 1979）。男女のカップルが描かれる際，男性のほうが背が高いか，もしくは高い位置におり，その暗黙裏の優位性は，女性のあがめるような視線で強化される。また，女性はしばしば，従属的なポーズ（横たわり，膝を折ったり，首をかしげたり，うやうやしく微笑んだり）で描かれる。

　もう1つのよく見られる特徴は，「お墨付きの退行（ライセンスト・ウィズドローアル）」と呼ばれるものである。すなわち，女性がぼんやりする姿のことである。例えば，アイコンタクトを避けたり，注意を逸らしたり，白日夢を見たり，モノを弄ったり，という姿を指す。この点に関連し，ゴフマンは指摘する。男性のモノの使用が機能的で明確（シェービングフォームをてきぱきと吹き出したり，手際よく歯ブラシを扱ったり）なのに対し，女性はぼんやりと，情緒的に，あるいはセクシーにモノを弄る姿で描かれることが多い，と。

　ゴフマンの結論は，広告において男性が自立し，きっぱりとし，明晰な思考をするものと描かれるのに対し，女性は従属的で，人頼みで，情緒的で，しどけないものとして描かれる，というものである。

　一方，雑誌における女性の表象には，さまざまなフェミニズム批評家が注目してきた。彼（女）らは，そうした表象を男性による支配体制の一環と断じる。アンジェラ・マクロビーは1970年代に，10代の少女向け雑誌『ジャッキー(Jackie)』を記号論的に分析し，そこに異性間の恋愛についての執拗な強調があることを指摘した。例えば，「あなたがわたしのものであるかぎり」といったタイトルの絵物語では，「潤んだ瞳の女性」と「がっしり顎（あご）の男性」との陳

腐なラブストーリーが展開する (McRobbie, 2000: 81)。男性をつかまえ自分のものにすることが，少女たちの最大の関心事として描かれる。それを達成することは，誰かと恋愛で結ばれたいという女性の自然な願望と，誰かれかまわずお相手したいという男性側のこれまた自然な願望との，和解を意味するのである。

この雑誌のその他の主だったコードも，男をつかまえ自分のものにするという価値観を強化する。ポップミュージックの記事は男性スターの恋愛にページが割かれ，同様にファッションや美容についての執拗な強調も，マクロビーによれば，「それが引き起こす恋愛の可能性に根拠を置く」(McRobbie, 2000: 101)。マクロビーはマルヴィの見解に首肯し，『ジャッキー』の読者は見られる対象として，また美人モデルの画像やファッションとメイクの記事に注目せざるを得ないものとして，想定されていると強調する (McRobbie, 2000: 76)。

男性に依存する女性という考え方のせいで，メディアにおけるジェンダーの表象に対し，とめどもない批判が繰り返されてきた。ガイ・タックマンもそんな批判をしたひとりであるが，「女性の象徴的消滅」はニュースやテレビ，広告のせいだと論じている (Tuchman, 1978)。タックマンはさまざまな量的研究を渉猟し，女性は不当なほど家庭内で描かれ，そのことが男性への経済的依存と，女性は料理や育児をする存在だという観念を強化している，と論じた。また，まれに職場に姿を現わすことがあっても，看護師や事務員といった補助的な役割に限られており，そうした役割の女性はしばしば軽んじられている，とも主張している (Tuchman, 1978: 8)。さらにタックマンは，ソープオペラや新聞の女性面，女性雑誌といった女性向けのメディアでも，このような慣習が支配的であると言う。女性向けメディアは，進歩的な社会変化にはテレビよりも敏感なのだが，とどのつまり母親であることや家庭生活を明らかに重視しているわけである (Tuchman, 1978: 24)。

ポスト・フェミニストの自立？

1970年代以降，女性の表象は大きく変化を遂げた。とりわけタックマンらが明らかにした家庭生活，服従，伝統的恋愛の偏重は，より自立した，自己主張する女性像に部分的には取って代わられた。時にその女性像は，自信をもって

あけすけにセックスを希求することもある。経済的に自立したキャリアウーマンを読者対象とする『コスモポリタン（Cosmopolitan）』『グラマー（Glamour）』といった雑誌は，長い時間をかけて，少なくとも表向きには，自ら打って出て欲しいものを手に入れる女性像を構築してきた。そのことは，彼女たちの職業，収入，思いのままに性的関係を結ぶ能力に表わされる。そうした雑誌は，男性のヌード写真を特集することさえある（Gauntlett, 2008）。

　時に「ポスト・フェミニスト」と呼ばれる，自信に満ち自立したこの女性は，広告にもしばしば登場する。一例をあげよう。2000年代初頭，シャネルの香水アリュール（Allure）の広告キャンペーンは，自立という暗示的意味をコンセプトとして展開した。その方法としては，自己主張し成功した女性の姿を，「彫刻家，ロンドン」とか「女権活動家，ソマリア」といったキャプションつきで，前面に押し出した。おそらくシャネルの広告キャンペーンは，アメリカにおける女性解放と自社製品のタバコとを結びつけようとしたバージニアスリムの例からヒントを得たものであろう（第6章参照）。

　女性の自立に対するこうした称揚は，映画やテレビにも及ぶ。最近の例で最も話題に上るのが，テレビドラマや映画版でも制作され，世界的にヒットした『セックス・アンド・ザ・シティ（Sex and the City）』である。ドラマは30代のキャリアウーマンたち（広報コンサルタント，弁護士，美術商，新聞のコラムニスト）の奔放なセックスやピンチを中心に繰り広げられる。4人はセックスについての考え方がそれぞれ異なる。シャーロットは完璧な結婚生活を夢見るし，サマンサは男を取っ替え引っ替えしてはセックスするし，ミランダは自立していることに誇りを感じている。4人とも短い逢瀬を楽しんだり，ひとりになったり，長期にわたる関係を結んだりする。

　ドラマは彼女たちめいめいの個性を称揚するとともに，女性の自立と自己主張とにぴたりと焦点を当てる。彼女たちは気の向くままに消費し，思うままに関係を結び，時には男性を操作したり利用したりする。その一方で，彼女たちの同性間の友情は，いつも変わらず頼り甲斐のあるものとして描かれている。

凝視は続く

　女性の初期の表象と比べるなら，独身で経済的にも性的にも自立した女性像

が登場し人気を博している事実は，正当に評価されねばならない。女性であることと，社会における女性の役割について，人びとの見方が変化しつつあることを示し，またそれに貢献しているからである。とはいえすべてが変わったわけではない。いまや女性は，家庭のよき母ではなく，成功したキャリアウーマンであるかもしれない。恋愛に受け身ではなく，性的に自己主張するタイプかもしれない。だが，かつて批評家たちが明らかにした2つの要素は，依然残されたままである。すなわち，美人でなければならないことと，男性の注意を引かねばならないこと，である。そしてもちろん，これらの要素は，マルヴィの言う男性の凝視の考え方に，分かちがたく結びついている。このせいもあって，マクロビーは，そうしたイメージがポスト・フェミニストの虚構を構成すると主張する（McRobbie, 2008）。すなわち，女性の自立のお決まりのパターンを強調する一方で，他方では〈家父長主義〉の要素を強化している，というわけである。

　強いて言うなら，自信に満ちた都会の女性像への転換は，美しくあること，それも消費によって美しくあることの価値観を高めたと言える。エレン・マクラッケンによると，この価値観は，メディアと化粧品・ファッション業界との癒着に関係している（McCracken, 1992）。女性雑誌を調査したマクラッケンは，そうした出版物の編集方針が，化粧品・ファッション業界に広告スペースを売る必要性と切れ目なくつながっていることを示した。これらの女性雑誌は，魅力的であることと，ファッション・美容製品を消費することという2つの要素を，3つ目の要素——（異性への）性的関心と性的関係——に結びつける。

　自己主張と自立は再三強調もされ奨励もされるのだが，『コスモポリタン』が描く女性の生活は，もっとお馴染みの目標（男性の関心を引きつけること）をめぐって展開する。マクラッケンはこう述べる（McCracken, 1992）。女性雑誌の表紙に登場するモデルやセレブのポーズさえもが，そこには写っていない男性の存在を示唆するものであり，異性に見られ，賞賛され，凝視されることに結びついた，彼女らの自信・地位・美を含意する，と。完璧な女らしさと男性とのすばらしい恋愛というこうした表紙のイメージは，読者にとって「未来の自分への窓」として機能する。読者は，ファッションや恋愛のアドバイスに飛びつき，広告に載った洋服や靴，化粧品を買うことで，「未来の自分」をめざ

第11章 メディア・ジェンダー・セクシュアリティ

そうとする。

『セックス・アンド・ザ・シティ』にも，似たような話題が見られる。主人公たちは，少なからぬ収入を散財するという点で一致している。その大部分は洋服やアクセサリー，すなわち魅力的であることをめざすモノである。ファッション雑誌と同様，テレビ局が洋服や化粧品などを番組内で取り上げることでかなりの収益を上げているとしても，驚くに当たらない。しかし，4人の女性全員のアイデンティティと目標は，男性との関係をめぐるものである。この点がなによりも優先する。確かにいくつもの点で，その関係のパターンは（性に奔放なサマンサの場合が特にそうであるが），かつて支配的であったイメージとは対照をなすものである。だが，回を重ねるにつれ，彼女たちの束縛されないライフスタイルは徐々にその意義が疑われるようになり，代わってロザリンド・ジルの言う「運命の人」という昔ながらのテーマが立ちはだかる（Gill, 2007: 242）。

6シーズンを通じ，番組の主人公キャリーの物語は，ひとりの男性「ミスター・ビッグ」との，くっついたり離れたりといった関係を軸に繰り広げられる。番組の大仰に過ぎるクライマックスでは，ビッグははるばるパリまでやって来て，キャリーが初対面の時からずっと聞きたいと願っていた言葉，すなわち「愛している」を彼女に告げる。2008年の劇場版では，さらに話は進み，キャリーはビッグと結婚し，番組の要であった独身生活に別れを告げる。シリーズの終わりには，4人全員が男性との長期にわたる恋愛関係にあり，サマンサは第1作映画のエンディングの前に消えてしまう。こうしたことから，『セックス・アンド・ザ・シティ』は「番組が崩すかに見えた境界を再び確立し，確実に肯定する」と，ジルは結論づけている（Gill, 2007: 246）。

『セックス・アンド・ザ・シティ』が例示したゴージャスなキャリアウーマンの表象は，それが除外したものについても批判を受けることになる。ファッション業界で主流となっている表象の例に漏れず，キャリー，サマンサ，シャーロット，ミランダの4人はいずれも白人，細身，ゴージャス，異性愛，裕福，アッパーミドルの階級という属性を持つ。美やエンパワーメントについての番組の解釈は，有色人種で労働者階級というずっと多数の女性たちをほぼ完全に除外する。この傾向は劇場版ではさらに顕著となる。劇場版ではキャリーの職

業は話の筋とほとんど無関係で,暗に白人で高収入の美人女性であることを伝えようとするのみである。白人ブルジョアジーという女らしさのイメージは,映像でも活字でも一貫して異性愛的である。同性愛の描写は,すぐに忘れ去られるような興味本位のシーンに限られており,ゴシップ好きでファッションに夢中なゲイの男友達というステレオタイプで取り上げられるのはもちろんのことである。

とはいえ,近年主流となっている「進歩的」女性のイメージがどれも皆,富裕な消費主義者で(異性愛的な)セックス指向というステレオタイプに,ぴたりと当てはまるわけではない。『女刑事キャグニー・アンド・レイシー (Cagney and Lacey)』『ジュリエット・ブラボー (Juliet Bravo)』『第一容疑者 (Prime Suspect)』などの警察ドラマでは,主人公はタフな女性であり,消費やセックスよりも彼女たちの仕事に焦点が当てられる。いくつかの病院ドラマも同様である。

また,大作映画では,相変わらず恋愛や性の対象として女性を描く場合が少なくないのだが,活発で力強い女性を主人公に据えるケースが徐々に増えている。『エイリアン (Alien)』シリーズの主人公リプリーは,男女を問わず仲間の誰よりもはるかにタフで聡明で意思が強い。同様に,『ターミネーター (Terminator)』の最初の2作とテレビシリーズでは,主人公サラ・コナーがなにものにも頼らぬ,肉体的にも精神的にも強靱な女性へと成長していく。興味深いことに,『エイリアン』でも『ターミネーター』でも,伝統的な女性の特性,すなわち母性に焦点が当てられている。この点,しかし,リプリーとコナーの獅子奮迅の役どころは,家庭内のよき母親のそれとはおよそかけ離れたものであろう。とはいえ,女性がタフな主人公を演じるその他の映画では,女性のセックスアピールにも同じくらい重点が置かれる。例をあげるなら,『トゥーム・レイダー (Tomb Raider)』のララ・クロフト,『チャーリーズ・エンジェルズ (Charlie's Angels)』『ウォンテッド (Wanted)』『バフィー〜恋する十字架〜 (Buffy the Vampire Slayer)』などがそうであり,また『マトリックス (The Matrix)』『007 ダイ・アナザー・デイ (Die Another Day)』の男性主人公の相手役も然りである。

また,もっと明快に客体化の印象を与える女性像もある。主に『FHM』『ロ

ーディッド (Loaded)』『ナッツ (Nuts)』『マキシム (Maxim)』といった青年雑誌に，そうした表象が見られる。男性の凝視についてのマルヴィの洞察が依然として重要であることは，男性雑誌と女性雑誌の表紙に登場するゴージャスな女性のクローズアップ写真が，なによりも雄弁に語っている。青年雑誌では，そのイメージは明らかに性的なものとなり，半裸の身体や煽情的なポーズにはっきり焦点が当てられる。出版社は女性ポップスターやテレビキャスターや女優らを説き伏せて雑誌に出させようとするし，セレブの階段を上ろうとする女性タレントにとって，男性雑誌に写真を掲載されることが成功への一歩ともなる。女性は成功することもできれば，知的にもなれるし，自立することもできる。だがそれは，性的対象としての自分の役割を忘れないことによって，はじめて可能なのである。この観察は，ニュース，テレビ番組，映画，そしてとりわけ広告といった，メディア全体の女性イメージに当てはまると，ジルは考えた。彼女は次のように論じている。

　　会議室であろうが寝室であろうがキッチンであろうが車中であろうが，妻であろうと母親であろうと重役であろうと10代前の少女であろうと，女性は蠱惑に満ちた性的存在として描かれている。(Gill, 2007: 81)

3　エリート主義批評家？

　問題を孕む女性像が根強く残っているのは事実だが，フェミニストの中には，そうした女性の取り上げ方を批判するのに慎重な者もいる。彼（女）らは，メディアやポピュラーカルチャーを軽視するアプローチには懐疑的である。ガイ・タックマンらの妥協を許さぬ批評は，多くの一般女性の日常生活に大きな位置を占めるライフスタイルやメディアのジャンルを貶めかねないという懸念が，80年代初めから表明されていた。この懸念には，3つの要素がある。
　第1に，批評家たちは，自分たちが批判する表象は「ネガティブな」ものであり，女らしさを歪曲していると示唆した。しかし，そうした「ネガティブな」イメージと何百万もの女性たちの日常生活とにある調和を無視していると，逆に批判されることとなった (Pickering, 2001)。エスニシティに関する議論

第Ⅲ部　メディア・アイデンティティ・文化

（第10章参照）と同様に，「ネガティブな」イメージを「ポジティブな」イメージに置き換えようという動きは，困難に直面する。なにが「ポジティブ」なのか，誰がそれを決めるのか，「ポジティブ」であることと女性の生活を忠実に描くことはどう関係するのか，といった疑問が投げかけられたからだ。概して言うなら，初期のフェミニズム批評家たちは，「ポジティブ」が「自己主張する」「自立した」「力強い」「合理的な」「キャリア指向の」といったイメージと同義であると考えた。これは，家庭生活や結婚や家族の絆といったイメージが，「ネガティブ」で女性の本来の姿ではないものだとして，捨て去られかねないことを意味した。

　第2に，フェミニズム批評家の中には，エリート主義的な陥穽(かんせい)にはまり，ある種の文化テクストを見下してしまった者がいる。特に，（女性雑誌からロマンス小説に至る）女性オーディエンスを対象としたメディアへの攻撃は，批評家たちと多くの女性たちとを分断することとなった。そうしたメディアが女性オーディエンスに人気が高いことを考えるなら，女性たちが無知で，だまされていて，誤った意識を持っているということが仄めかされている，というわけである。

　フェミニズム批評の中には，フランクフルト学派や現代の「愚民化」論者のように，大衆文化やイデオロギーに対する攻撃的なトーンを帯びたものもある。こうした批評は，男性の学者によってなされることが多いのだが，女性に人気が高いメディアを標的にする傾向があった。いくつか例をあげるなら，ポピュラーミュージック，コンシューマーマガジン，昼間のトーク番組，ソープオペラ，芸能ニュースといったものである。そうしたジャンルは，その個人的，情緒的，家庭的性質のために，時として見下されることがある。これらの性質は，いずれも伝統的に女性らしさを連想させるものであった。そうした批評は，冷静で，男性的で，社会に向けられた方針にかなうような質(クオリティ)を希求するが，他方では女性的な嗜好を攻撃する。「女性」ジャンルを攻撃することで，初期のフェミニズム批評家たちは（理由はともあれ），女性の意識や嗜好のこうした分断にひと役買ってしまったのである（Modleski, 1982）。ジョーク・ハーメスは，彼女の懸念を次のように述べている。

第11章　メディア・ジェンダー・セクシュアリティ

フェミニスト批評家は，その多くが「自分たちも普通の女性だ」と主張するのだが，実は予言者であり除霊者でもあるのだ。フェミニストたちは……女性雑誌のようなメディアがどんなに有害なものであるかを，自分ではわからない女性たちのために，代弁する。この女性たちは啓蒙されねばならない。すなわち，誤った意識から救い出され，誤った表現から解放された人生を生きるために，フェミニズムのよいテクストを必要とする……そうして女性は幸福を見出すのである，と。(Hermes, 1995: 1)

ここでわれわれは第3の問題に向き合うことになる。メディアコンテンツを脱構築した結論が多くの場合そうなるように，フェミニズム批評家たちには，ジェンダーによる意味合いはあらかじめ決定されたもので，オーディエンスがそれに受動的に影響される，と考える傾向があった。例えばマルヴィの映画批評によれば，オーディエンスの凝視は常に男性によって固定されており，女性オーディエンスさえも映画のコードによってこの見方を強いられることになる。オーディエンスの力学をもっと深く考えてみれば，この考え方が厳格に過ぎることは明らかである。また，映画には家父長制のコード化という傾向があるにせよ，男性キャラクターを異性愛的に凝視したり，同性愛的に女性キャラクターを凝視したりすることで，女性にも視覚的ないしエロティックな悦びを得る機会がさまざまにあることも明らかである (Gauntlett, 2008)。だとすれば，ある表象が家父長的だとか反ヘゲモニックだとか言い切ってしまうと，オーディエンスがテクストを解読する仕方を不十分にしか説明できない恐れがある。1980年代以降の女性オーディエンス研究は，この問題の解決をめざしたものであった。

4　エンパワーの可能性

恋愛小説を読む

女性オーディエンスを詳細に研究した先駆けは，恋愛小説の世界を分析したジャニス・ラドウェイである。この文芸ジャンルは，女性オーディエンスには人気を博しながらも，フェミニストからは徹底的に批判されてきた。そうした

批評家は，自分を見失い満たされない女性が，たくましく強引な恋人の男性の腕の中に救いを見出すという，お決まりの，家父長的で異性愛的な物語性を攻撃した。ラドウェイもその批判を退けたわけではないが，しかし彼女は，恋愛小説の意味を完全に理解するには，それがオーディエンスによってどのように消費されるかまでも検討しなければならない，と主張した（Radway, 1987）。ラドウェイは，熱心な読者たちを相手に詳細な質的インタビューを行い，家事や育児に追われる日々の生活で小説が果たす役割を明らかにしてみせた。

彼女たちが読書する最も重要な動機の1つは，読書という〈行為自体〉によって家庭内で時間と空間を求めることができる，というものであった。読書は，妻や母親という社会的役割につきまとう責任から一時的にせよ逃れる手段であり，「独立宣言」でさえあったのだ（Radway, 1987: 9）。そのうえ彼女たちは，読書によって孤立するのではなく，地域の読者仲間とつながり，さらには恋愛小説の読者集団という仮想のコミュニティともつながっていたのである。

女性読者と内容自体とのかかわりでは，自分の好みにあった作家やストーリーについて，洗練され情報に通じた選択が行われていると，ラドウェイは強調する。読者自身も理解しているのだが，彼女たちが好む結末は，ヒロインが男性のセクシュアリティに屈服するだけでなく，男性のほうも女性の願う愛の形にしたがう，というものであった。絶えず他者を支えたり面倒を見たりするよう求められる女性たちにとって，こうしたストーリーは情念的補完を与えるものだと，ラドウェイは言う。なぜなら，性的に満たされるだけでなく，自分が慈しまれ支えられているという幻想を与えてくれるからである。けれどもラドウェイが着目したこの点もその他の点も，読書という行為を反＝家父長的にするわけではない。結局のところ男性への依存は，こうした筋書きや女性による逃避的な読書行為によって補強されるものと思われる。それでもやはり，女性はテクストを少しばかり自分に引き寄せ，自分たちの日常的不満を解消するようにストーリーを解釈するのだと，ラドウェイは主張する。

破壊的快楽？

ラドウェイの仕事は，女性オーディエンスについての先駆的研究と広く見なされている。とはいえ彼女も，自分の研究対象の女性たちからやはり遊離して

いると、イエン・アングによって批判された（Ang, 1996）。すなわち、彼女たちがメディアを享楽することを理解しようとはせず、「外部の」フェミニストとしての立場で彼女たちの発言の政治的意味を解釈している、というのである。アングの最もよく知られる著作は、アメリカのソープオペラ『ダラス (Dallas)』に対するオーディエンスの反応にも焦点を当てた（Ang, 1985）。『ダラス』は人気を博しながらもしばしば批判の対象となり、アメリカの皮相な大衆文化の吹きだまりの一角をなすものだと、ごうごうたる非難を浴びていた。アングはそうした「象牙の塔」的非難を退け、虐げられたオーディエンスへの補償としてテクストが提示されるという考え方に抗した。それよりもアングは、「ダラスを愛する」ことに伴う日常的な快楽の根本的な重要性を強調する。この快楽とは、番組の情念的リアリズムに結びついたものであり、「逃避」として働くのではなく、日常生活やアイデンティティに複雑に絡みつくものである。アングはまた、『ダラス』のファンたちが、自分たちが番組から得る快楽と、番組を大衆文化の1つとして批判する声との折り合いをつけるもろもろの方法を、例示してみせた。

　女性たちがソープオペラから革新的ないし破壊的な意味を生み出す可能性を重視した研究者もいる。例えばクリスティーン・ジェラティは、ソープオペラの強く影響力のある女性キャラクターとその視点とによって、「男性と女性の……関係が、いかに女性の意のままに構成されうるか」について、オーディエンスに知らしめると論じている（Geraghty, 1991: 117）。同様にジョン・フィスクは、反＝家父長的な解釈を可能にするようなさまざまな特徴を示してみせた。例えば、ソープオペラの間断なき多様な物語構造は、はじまりと中盤と異性愛的なハッピーエンドを持つ一方向的な男性中心の物語とは著しい対照をなす（Fiske, 1987）。

　男性的なクライマックスのエンディングとは違って、ソープオペラの物語は進行をやめず、そのため恋愛は決して成就せず、常に破綻したり脅威に晒されたりしている。物語は女性が直面する日常的な困難をしばしば取り上げ、不倫も無理からぬ反応だとか自立のための感情の爆発だと解釈する余地を与えている。ソープオペラは他のジャンルに比べ、女らしさの視点をあからさまに中心に据えてはいないとされる。また、「人間関係の快楽の源泉、あるいは男性中

心の世界で女性が力をつける手段」としてのセクシュアリティを重視するとされる（Fiske, 1987: 187）。とはいえフィスクも，ソープオペラが家父長的な解釈を生む可能性を認めている。例えば，女性の不倫は身持ちの悪さというステレオタイプで理解される場合もあることを指摘している。

ラドウェイ，フィスク，ジェラティらの研究は，多様な解釈や享受に重点を置いてはいるのだが，やはり焦点を当てているのは，意味の生成とその基礎としてのテクストの意義という問題である。これとは対照的に，女性雑誌の読者を調査したジョーク・ハーメスは，テクストの分析をひとまず棚上げし，読者の日常生活内で読書そのものが果たす役割のみに焦点を絞った（Hermes, 1995）。実際，この研究で明らかになったポイントは，読者自身が内容を必ずしも重視していない，というものであった。たいていの読者は，雑誌のなんらかの特徴が実際的ないし気分的に役に立つと感じ，その特徴を自分の生活に選択的に取り込んでいた。だが，ハーメスが実施したインタビューでは，雑誌購読という行為と日々の雑事との両立という内容が大部分を占めていた。女性雑誌は，メディアの形態としては，手に取りやすく，また「息抜き」には絶好である。「息抜き」とは，場合によっては，仕事，悩み，他者から逃避することを意味するであろう。したがって雑誌購読とは，ページ上の表象と部分的にのみかかわる能動的体験の提供，と解釈される。

デビッド・ガントレットは，雑誌の特定の内容に読者がどのようにかかわるかを，さらに詳細に分析した（Gauntlett, 2008）。その結果，読者がどんな記事を読み，自分自身の生活に取り込むかについて，「好きなものの取り合わせ」というアプローチをとることを明らかにした。雑誌の画像やアドバイスは自分を高めるうえでの目標や手段を示してくれる，と捉える者がいた。またある者は，自分がチョイスしなかったものをけなすことに喜びを感じていた。さらにある者は，自分の生活にはあまり関係ないが，現実から逃避する喜びを与えてくれるもの，それが雑誌なのだと感じていた。また読者は，雑誌が持つ潜在的影響力について，さまざまな見解を示している。なかには雑誌が提示する女らしさ・男らしさを辛辣に批判する者もいた。

ガントレットは，雑誌の内容に関するフェミニズム批評を完全に否定したりはしないが，雑誌が一般に考えられている以上に相矛盾する考え方を提示して

おり，読者はそうした考え方にさまざまな形で依存したり反応したりする，と主張している。

消費者から制作者へ

　研究者の中には，オーディエンスとしてではなく自らメディアテクストの制作者として活動する女性たちに着目した者もいた。例えば，1990年代のポピュラーミュージックや若者文化では，ライオットガール（Riot Grrrl）というムーブメントが起こった。女性だけによるガールズバンドが誕生し，音楽業界における男性支配に抵抗した。こうしたガールズバンドは，伝統的な男女の役割について怒りをこめて拒絶し，音楽や映像やステージ上のパフォーマンスを通じ，エネルギッシュで妥協を許さぬセクシュアリティを標榜した。

　ビキニ・キルやホール，L7といった人気ガールズバンドはおおいに注目を浴びる一方で，そのDIYパンク主義に特徴が見られた。すなわち，観客たちも演奏したりイベントを開いたりし，さらに紙ベースかネット上の〈ファンジン fanzine〉を草の根的に刊行したのだった。その中身は，バンドやイベントに関したものもあれば，ジェンダー，セクシュアリティ，女性のエンパワーメントについての記事，イラストや詩歌も掲載された（Leonard, 1998; Schilt & Zobl, 2008）。このムーブメントは次第に世間の目には触れなくなったが，クリステン・シルトとエルク・ゾブルは，DIYコミュニケーションのネットワークがウェブサイトやブログやオンラインフォーラムに姿を変え，現在も水面下で盛んに活動していると論じている（Schilt & Zobl, 2008）。

　ファン研究は，伝統的なジェンダーの役割に挑む生産活動にも着目する。例えばコンスタンス・ペンリーは，「ファン・フィクション」という女性主体の現象に注目した（Penley, 1991）。これは，既存のフィクションの設定やキャラクターをベースに，ファンが各自でストーリーを作り流通させる現象である。こうしたファンによる自前のストーリー（たいていの場合，オンラインフォーラムを通じて別の読者に配信される）にはさまざまなものがあるが，ペンリーが注目したのは，恋愛や性的なテーマに特化した「スラッシュ」（訳注：日本でいう「やおい」にあたる）と呼ばれるサブジャンルであった。この手の典型的ストーリーでは，男性キャラクターどうしのホモセクシュアルな関係を描くことで，

家父長的で異性愛的なオリジナルストーリーをひっくり返す。こうした解釈は,『スタートレック (Star Trek)』や最近では『ハリー・ポッター (Harry Potter)』といったメジャー作品についての支配的な理解に反旗を翻し,柔軟で固定していないセクシュアリティの理解を提示する。異性愛とそれにつながる男性支配や女性の従属といった物語とは,対照をなすものである。

　ライオットガールもスラッシュもその意義は大きいのだが,一般のメディア商品に比べると規模においては相当に小さい。それでも近年,何百万もの若い女性が,男性同様に,MySpace や Bebo や Facebook といった SNS によって独自のメディアの流通をはじめた。こうしたウェブサイト利用の中心を占めるのは,自分自身や友人の写真公開であり,エイミー・ドブソンによれば,この行為は若者たちがジェンダーの構築について寄与したり学んだりするうえで重要な役割を果たす (Dobson, 2008)。ドブソンは,MySpace 上の少女たちの写真を取り上げ,女らしさについての支配的な考えを打ち破るものが多々あると論じた。女性たちは依然見られる対象であるかもしれないが,女性美のほぼ完全な形を追求するのでなく,自己主張があり,ユーモラスで,男っぽいポーズや動きをとる傾向がある。例えば,

> 少女たちが「おバカ」ないしおどけた表情をする画像――大きく開いた口や突き出した舌,「男っぽい」体を暗示するポーズ(ペニス挿入のまね,しゃがむ,大股開き,両手を腰に当てる,場所をふさぐ),酔っ払った姿や下品な振る舞い。(Dobson, 2008: 6)

　こうした画像には,性的要素がまちがいなくあることもドブソンは認めている。なかにはポルノまがいと受け取られかねないものさえある。だが,活発でユーモラスでグロテスクな身体表現に力点が置かれており,このことはファッション・美容業界が発信する女性像とは著しく対照をなすものだ,とドブソンは考える。

批判的であり続ける

　女性オーディエンスや女性制作者の活動を研究すると,大衆メディアをフェ

ミニズム的に批評することの限界が見えてくる。とはいえ、オーディエンスの快楽やエンパワーメントに満足してしまい、テクストを批判的に分析することを放棄すべきではない。

例えば、アングは視聴の快楽を肯定したが、これは一般視聴者からの批判をかわすうえで政治的に便利なものだ。しかし、そうしたアプローチには、ジェンダーの構成という点で、制作者側の好き勝手にさせてしまうという危険が伴う。同様にハーメスは、雑誌購読が積極的でかつ部分的にせよ女性たちをエンパワーするものだとしてその意義を認めたが、テクスト本位の批判的なアプローチをあっさり放棄した点には、議論の余地が残されている。フェミニズムによるオーディエンス研究には「的外れなポピュリズム」に陥る危険が伴うというウィリアムソンの批判 (Gill, 2007: 16 による引用) は苛烈に過ぎるが、フェミニズムはその批判性を失わないよう慎重であらねばならないという警告自体は傾聴に値する。

女性オーディエンスによる証言は、メディアとの多様なかかわり方——その中には時に批判的なやりとりもあるのだが——についての複雑な諸相を明らかにする。それは、メディアの社会的役割や影響を当然視してはならないことを、われわれに教える。だが、そうした諸相は、メディアの表象に現われたテーマが広範な影響を持ちうることを否定するものではない。任意の広告、雑誌、映画、テレビ番組中に見られる女らしさの理解の幅に限界があるのなら、そしてその限界が女らしさについて主流となっている理解に沿うものであるのなら、そのテクストはそうした理解を補強するものと見なしても差しつかえあるまい。もちろん、あらゆるテクストがそういうものであるとか、オーディエンスがテクストとかかわるあり方を誇大に提示すべきだという意味ではない。しかし、メディアコンテンツ内のジェンダーの構成がなんらかの制約を受けており、批判的分析によってそれが改善されうることが示唆されるのである。

5 メディアと男らしさ

ジェンダーとメディアの研究にフェミニズムが多大な貢献をしたこともあって、このテーマについての文献の多くが、女性を中心に据えたものであった。

本章の構成もそれを反映している。しかしながら，男らしさがメディアでどのように構築されているかは，制作者として，またオーディエンスとしての男性の役割と相まって，ジェンダーとセクシュアリティとアイデンティティの議論には同じくらい重要である。この問題には，過去20年以上にわたり学術的関心が寄せられている。

男らしさは単数なのか，それとも複数なのか？

　ローラ・マルヴィが指摘するように，映画の典型的な男性主人公は，強引で力強く，男性中心のオーディエンスにとって性的に成功した（モテモテの）人物である。さまざまな特徴はあるものの，過去40年間の人気映画では，活動的で力強い男性キャラクターの表象が支配的であった。そうしたキャラクターは自らの力を（身体的なものであれそれ以外のものであれ），立ちはだかる敵を倒し，さらにヒロインの愛を獲得するために用いる。

　メディアにおける男らしさの表象の主要な要素には，目標達成に向けた実践的な態度がある，とジョン・フィスクは考えた（Fiske, 1987）。それゆえ男性向けテレビシリーズの物語構造は，男性的な演技が引き起こすクライマックスに向かった，一方向的なストーリーラインで構成されがちだ，とフィスクは言う。男性の力は，殴り合いのケンカに勝った筋肉隆々の肉体のイメージあるいはトラックや疾走する車や銃を男性が扱うことで，最も明快に強調される。フィスクの分析の対象は，『特攻野郎Aチーム（The A-Team）』『ナイトライダー（Knight Rider）』『私立探偵マグナム（Magnum）』といった1980年代の番組であり，その後物語やテーマが多様化したことは多くの批評家も認めるところである。それでもやはり，現在のアクション番組（『24』『プリズン・ブレイク（Prison Break）』）や大ヒット映画（『007 カジノ・ロワイヤル（Casino Royale）』『ダイ・ハード4（Die Hard 4）』『ダークナイト（The Dark Knight）』），そしてもちろん無数のコンピュータゲームやビデオゲームにおいて，男性的な目標やタフさが強調されているのが，容易に見て取れるであろう。肉体的に頑健な役として出てこない場合でも，男性は決まって活動的，目標指向で，競争心旺盛で，権力や権威や責任を占める地位で登場する。

　とはいえ，メディアにおける男らしさは，それほど一方向なわけではない。

第11章　メディア・ジェンダー・セクシュアリティ

映画に現われた極端な男らしさでさえ，その社会的意味という点では，曖昧さを含んでいる。例えば男性の肉体の力を視覚的に表現したものを，場合によっては，女性のほうが性的対象として捉えたり，ゲイの男性が凝視の対象としたりすることもある。『007 カジノ・ロワイヤル』の予告編で，主演のダニエル・クレイグが水着姿で海から上がってくるシーンは，その一例である。男性の見事な肉体の表象が，ゲイでない男性オーディエンスにどのような意味を持つかも曖昧である。

　フィスクは，そうしたイメージが，男性の日常的な経験を補強するというよりも，大多数の男性の生活，とりわけ職場において特徴的となっている，自立性や権力の欠如を補うための非現実的な幻想となっている，と考えた（Fiske, 1987）。製造業において男性が伝統的に就いていた仕事が減少したことが，一般男性と映画のヒーローたちの活躍との分断を加速したことはほぼまちがいないであろう。また，女性の就業数の増加とジェンダーに対する態度が変化したことも，男らしさの曖昧さにひと役買っている。

　日常における男らしさの変化それ自体が，メディアの表象で扱われることもある。1990年代初めには，男女平等を容認し，自分の外見やスタイルを気にする「新しい男性」をメディアがもてはやした。このことは，『ザ・フェイス（The Face）』『i-D』といった男性向け雑誌の刊行が相次いだことや，男性化粧品やファッションの広告が急増したことにも表われている。女性誌も，見かけを気にするこうしたセンシティブな男性が，女性にとって好ましいものだと煽ったのだった。

　男性イメージの「ソフト化」には，1990年代に再出現した，テイク・ザット（Take That）のようなボーイズバンド現象もひと役買っている。ボーイズバンドは，特に若い女性やゲイの男性のオーディエンスを指向し，伝統的な男らしさの要素と，スタイルを意識したセンシティブで傷つきやすくちょっぴり「となりの少年のような」といった特徴とを結合した。また，『フレンズ（Friends）』のような人気シットコムは，ガントレットも指摘するように，伝統的な男らしさの特徴と，「繊細な感受性と穏やかさと男性の絆といった特徴」とを組み合わせた（Gauntlett, 2008: 65）。

青年雑誌，そして相矛盾する表象

　だが，男らしさの変容は，強引で力強いというステレオタイプからセンシティブで思いやりのある表象へとスムーズに移行したわけでは決してなく，いまだに葛藤や矛盾に満ちているのである。ボブ（現在では女性名のレイウィンに改名）・コンネルは，歴史のいかなる時点でも，他のどれよりも影響力の強いヘゲモニックな考え方が，男らしさについては必ず存在する，と論じている（Connell, 2000）。これに対しロザリンド・ジルは，男性とはなにかという点について，相克したり共通したりするさまざまな見方があるため，コンネルの言う唯一の支配的な考え方といったものを示すのは困難だ，と考えている（Gill, 2007）。この点，1990年代と2000年代の青年雑誌は，啓発的な例を示してくれる。これらの雑誌は，セックス，酒，車，スポーツ，小物，「男性」ポピュラーカルチャーを中心に据え，センシティブな「新しい男性」に対抗し，本来の男らしさと自分たちが呼ぶものを標榜した。「新しい男性」を，女々しいとかホモセクシュアルだとして嘲笑したのである。ピーター・ジャクソン，ニック・スティーブンソン，ケイト・ブルックスの研究によると，青年雑誌の語り口は，女性をセックスの道具として扱い，抜き差しならない関係に陥って自分の男らしさを損ねないようにする，というものであった（Jackson, Stevenson & Brooks, 2001）。だとすると，女性とは快楽を与えてくれるものではあるが，冒険，酒，仲間との楽しみを生来愛する男性にとって，脅威でもあることになる。

　しかしながら，女，ビール，車，スポーツ，笑いなどでヒステリックなまでに標榜されるうわべの男らしさの下には，伝統的な男らしさとはしっくりこない「新しい野郎」の要素が見え隠れする。ファッションやグルーミングはひっきりなしに特集される。これは，女性雑誌と同様に，化粧品や衣料品の広告のオンパレードにつながる。自分の外見をほとんど気にしないといったステレオタイプ的な男性は，これといった収益につながらず，そのため見た目をよくするよう訴えることが，商業的には重要な戦略となるからだ。

　青年雑誌についてのジャクソンらの分析は総じて手厳しいが，ガントレットはもっと同情的で，男性読者による多様な読み方の可能性と，男性の弱さや混乱がコンテンツに絶えず現われていることを指摘する（Gauntlett, 2008）。彼はまた，うわべの男らしさにつきまとう誇張やアイロニーは，男女平等を内心で

は受け容れていることからくる,おどけたパフォーマンスの反映であると論じている。例えば,

> 『FHM』誌の書き手も読者も,女性が男性と同等,あるいは同等以上であることを,実はわかっているのだ。男女差別が愚かしく,自分たち男性も女性と同様に愚かしいのだと内心では思っていて,女性への蔑視は……馬鹿げていると気づいているのだ。(Gauntlett, 2008: 177)

ガントレットの主張は,テクストとオーディエンス双方の分析に基づいており,一見薄っぺらと思われるテクスト内の表象が,実は複雑なのだと理解するうえで,説得力に富む。しかし彼の主張には,ややひとりよがりの感もある。非＝家父長的な読みが可能なことを示唆してはいるが,たいていの読者がガントレットのようなリベラルな視点で記事を解釈しているかとなると,はなはだ疑わしい。また,アイロニーがあるからといって,性差についての偏見をさらに強化する恐れは否定できないし,性差の構造への批判をかわすのにひと役買うことさえあるかもしれない(Jackson et al., 2001)。

6 異性愛を超えて

ガントレットも認める青年雑誌の問題の1つは,自分たちが構築した男らしさから,異性愛的でないものをあからさまに除外する傾向である。そして,ゲイやバイセクシュアルの男性たちに対しては容赦ないのが通例であるが,彼らの周縁化に貢献しているのは青年雑誌のみでは断じてない。同様に,ホモセクシュアルな欲望やアイデンティティは,主流メディアにおける女らしさの表象から締め出されがちなのも,すでに見たとおりである。異性の性的魅力,異性との出会いと交際は,メディアが男らしさと女らしさを構築するうえで中心を占めるものであり,異性愛的でないものを周縁化することは,この異性愛的基盤やヘゲモニーにとって欠くべからざるものなのである(Butler, 1993)。

ラリー・グロスは,メディアにおける女性の表象を攻撃したタックマンに言及し,同性愛者たちはマスメディアによって「象徴的には全滅された」か,不

可視なものとされたと論じた（Gross, 1995: 63）。グロスはさらに,「同性愛者が現われるとしたら，それは自然界の秩序を守る役割としてである」と述べている（Gross, 1995: 63）。言い換えれば，性的マイノリティのセクシュアリティの表象は，異性愛的なヘゲモニーに挑むのと同じくらい，その強化もする傾向があったわけである。これは，性的マイノリティが，エスニックマイノリティと同様に，ステレオタイプ化された少数の役割や物語に押し込められてきたからである。例えば，過去に主流のメディアに登場したレズビアンの多くには，男っぽく攻撃的，機能不全，もしくは不幸，といった人物造形がなされていた（Arthurs, 2004）。一方，マルゲリート・モーリッツは，フィクションにおいてレズビアンが異性愛的秩序を取り戻すという話の流れがあることを指摘した（Moritz, 2004）。レズビアンを，心の安まらない，機能不全かつ不愉快な人物で，最後には罰を受ける（例えば，皆殺しにされたり，刑務所に入れられたりする）か，異性愛的な女らしさに回帰することで幸せを取り戻すという物語が，時おり見られたのであった。

　近年では，これまでとはまったく違うレズビアンのイメージへの変化があった。若く，魅力的で，極端に女性らしいレズビアン像である。レズビアンをテーマとした『シュガー・ラッシュ（Sugar Rush）』『Lの世界（The L-Word）』といったテレビシリーズが，ここでは大きな意味を持つ。また，『ブルックサイド（Brookside）』『バフィー〜恋する十字架〜』『ホーム・アンド・アウェイ（Home and Away）』『ガイディング・ライト（Guiding Light）』『グレイズ・アナトミー　恋の解剖学（Grey's Anatomy）』といったさまざまな番組で，レズビアンの登場人物や恋愛が描かれる。こうした表象は，主流となっている女らしさの境界を曖昧にし，女性の魅力と男性の凝視を無意識に結びつけてしまうことについて，疑問を投げかける可能性がある。

　しかしながら，主だったソープオペラやドラマ内のレズビアンは，当たり前ではなく例外的な存在であるし，一時のアバンチュールの相手として登場するだけ，ということがしばしばである。そうした関係は，やがて異性愛に戻るか，番組から削られるかする。いずれにせよ，番組が依拠する異性愛的均衡を取り戻す働きがある。とりわけソープオペラの物語は，同性愛のキャラクターが登場しにくい期間が非常に長期にわたって続いた。物語の舞台となる異性愛的社

第11章　メディア・ジェンダー・セクシュアリティ

会では，2つ以上の恋愛関係を描こうにも相手役が足りないからという理由に過ぎない。一方，魅力的で昔ながらの女らしさを保ったレズビアンの表象は，限界に挑む面はあるものの，女性美と，性的に示される女らしさの概念を強化するものと思われる。物語の世界では，女性対女性の性的魅力に比べれば，男性の凝視など二の次かもしれない。しかし，若く魅力的なレズビアンが画面一杯に映し出されると，男性視聴者に向けられた性的見せ物と受け取られることも，ままあるのである。

　レズビアンやその他の性的マイノリティに比べると，ゲイ男性がマスメディアに登場する頻度はおそらくもっと高いであろう。彼らは，ゲーム番組の司会者，ポップスター，ゲイだとカミングアウトした俳優など，さまざまな形で登場するが，ゲイの愛情行為を取り上げることは依然としてまれである。わざとらしくなよなよした突飛さというステレオタイプが誇張され，ゲイ男性を奇矯な見せ物扱いし，男らしさの支配的な構造からは安全なところに置かれる。また，男性の同性愛は，その中産階級的で，清潔で，脅威を及ぼさない外観にも表わされる（Arthurs, 2004）。『ふたりは友達？　ウィル＆グレイス（Will and Grace）』『セックス・アンド・ザ・シティ』などの女性をターゲットにしたテレビ番組や，『ベスト・フレンズ・ウェディング（My Best Friend's Wedding）』といったラブコメ映画では，セックスの対象とはならない「ゲイの親友」が，お馴染みのステレオタイプとなっている。

　ゲイ男性を愛すべき友好的な人物として提示している点では，こうした描き方は「好意的」だと言えるかもしれない。だが，ゲイ男性を特定のパターンに押し込めているだけでなく，同性愛者のそれほど社会的には受容されていない面を排除する傾向がそこには見られる。ゲイの親友の恋愛話は周縁化され，男性間の濃密な性行為は依然タブー視される。おそらくは，音楽業界の数多い高名なゲイの男性アーティストについても，同じことが言えるであろう。彼らの多くは，歌詞や映像，インタビューや公の場で，自分のセクシュアリティを赤裸々に語ろうとはしない。異性愛的なオーディエンスにも受け容れられたいからである（Doty & Gove, 1997）。

　ゲイの親友というキャラクターは，異性愛的な物語においてゲイやレズビアンやバイセクシュアルのキャラクターが二の次の存在であることも，例証して

いる。アレクサンダー・ドーティとベン・ゴウブによれば，たとえ同性愛がもっと中心に据えられることがあったとしても，それは異性愛的な視点からのものになりがちである。「異性愛的な物語構造は，結局のところ，異性愛的なキャラクターや文化が，レズビアンやゲイやおかまにどう反応するかをめぐって筋が展開する」と，彼らは言う（Doty & Gove, 1997: 88）。このことは，多数派のオーディエンスに照準を合わせると，異性愛的な環境やコミュニティ内で，非＝異性愛的な人物が孤立してしまう要因となることを意味する。その結果，ゲイのグループやコミュニティを目にすることはまれであるし，ましてや彼らの政治活動への参加などは望むべくもない（Arthurs, 2004）。

もちろん，どこに行っても同性愛的な物語が周縁的だというわけではない。レズビアンを取り上げた『シュガー・ラッシュ』『Lの世界』にくわえ，90年代のイギリスのテレビシリーズ『クィア・アズ・フォーク（Queer as Folk）』は，男性同性愛者の生活や人間関係，恋愛をつぶさに取り上げ，さまざまなゲイ男性の姿を描いてみせた。『クィア・アズ・フォーク』では，他の無菌化されたゲイのキャラクターとは違って，社会的には受け容れがたい面も取り上げた。その内容は，29歳と15歳の同性愛や性行為をはっきりと取り上げるなど，あからさまに性的である。最近では，アニメ番組『リック・アンド・スティーブ（Rick and Steve）』が，3P，レズビアンの母親，HIVなどのテーマを交えて，ゲイを風刺的に取り上げている。

無菌化ないしは二次的なゲイのイメージと袂を分かったものに，オスカーを受賞したヒット映画『ブロークバック・マウンテン（Brokeback Mountain）』がある。この作品は，ワイオミングで羊の放牧に従事する2人の季節労働者の秘められた恋愛を取り上げたものだ。この映画が大きな興行収入をもたらし，『クィア・アズ・フォーク』『リック・アンド・スティーブ』なども置かれていたゲイの物語という狭い枠を破り，世界中のオーディエンスに広く受け容れられたことは意義深い。

このことは頼もしく感じられるかもしれないが，知的ないしはゲイやレズビアンに特化した分野の外では（後者については第12章参照のこと），同性愛者は不可視な存在であるか，例の「他者」としてのステレオタイプに固定されたままであり，それが異性愛の強化につながっているのが，やはり実情なのである

(Foucault, 1990)。

　明快な同性愛の表象は依然として少ないままだが，主に異性愛的にコード化されながらもオーディエンス次第で「クィア」と解釈されうるキャラクターも，少なからず存在する（Doty & Gove, 1997）。例えば，カルト番組の『ゼナ──ウォリアー・プリンセス（Xena: Warrior Princess）』の主役2人の間には，あからさまではないものの，時おりレズビアンの関係を示唆するものが見られ，多くのファンは2人をレズビアンのアイコンとして理解し楽しむのである。こうした鑑賞の仕方は，番組が進行するに伴い，制作側も同調し，助長したものだった。また，本章のはじめのほうで述べたように，異性愛的かゲイかバイセクシュアルかを問わず，ファンたちは主要なテレビシリーズのキャラクターが繰り広げる同性愛の筋書きの物語を自分たちで作り出し，ネット上で公開するようになった。

　一見するとストレート（異性愛的）なキャラクターを同性愛者として扱うことは，あるファン層には人気である。これによりドーティとゴウブは，「テレビのほぼすべてのキャラクターが，なんらかの形や程度で，ある視聴者には，同性愛を〈表象〉していると思われる」と述べている（Doty & Gove, 1997: 89）。われわれはいま改めて，テクストの表象に対するオーディエンスの反応の多様さを認識する必要を知り，またそうした解釈が意味の支配的構造をどのように転覆するかを知るのである。

7　おわりに
──バランスのとれたアプローチ──

　フェミニズムがジェンダーとメディアの研究発展におおいに貢献したのに対し，男らしさの研究の蓄積は，男性や女性としてのアイデンティティを形成し生きていくうえで，ジェンダーを理解することが大切なのだと気づかせてくれる。また，メディアにおけるゲイ，レズビアン，バイセクシュアルの表象の理解が進むにつれ，セクシュアリティについての支配的な理解の強化と，一般に流布している男らしさ・女らしさの構造との間には，きわめて重要な連鎖があることが明らかになる。

第Ⅲ部　メディア・アイデンティティ・文化

　メディアとジェンダーとの関係をバランスよく理解するには，メディアコンテンツ内の表象を重視し，あわせてオーディエンスがジェンダー・アイデンティティを形成していく方法にバランスよく目配りすることも大切である。われわれは，テクスト批評による決定論的立場をとることにも，オーディエンス研究を手放しで受け容れる立場をとることにも，慎重であらねばならない。メディア産業の構造や目的が果たす役割は，特にあるジェンダーの成り立ちとメディアの収益との関係の点で，失念してはならない。結局のところ，メディアにおける男らしさ・女らしさの支配的表象は，広告スペースを売りつけたり，あるいは商品自体を売りつけたりするうえで，最も効果的なものが選ばれる傾向があるからである。

【課題と演習】

(1)　a) 最近のヒット映画を1つ選び，その男性キャラクターと女性キャラクターとを，ローラ・マルヴィの方法によって分析せよ。その映画はマルヴィの結論に，どの程度合致するものであるかを述べよ。

　　 b)『セックス・アンド・ザ・シティ』の女性らしさの表象は，ジェンダーの支配的理解を揺さぶるものか，それとも強化するものであるか？

　　 c)『チャーリーズ・エンジェル』『トゥーム・レイダー』『バフィー～恋する十字架～』などの女性アクションヒロインが増えたことは，好ましいことかそうでないかを述べよ。

(2)　a) ポジティブな女らしさの表象とはどんなものであるかを述べ，またその理由を述べよ。男らしさについてはどうか？　それぞれ例をあげよ。

　　 b) メディアのジェンダー表象をフェミニズム的に批評すること自体が批判を受けた理由を述べよ。

(3)　a)「女性ジャンル（female genre）」といったものは存在するか？　存在するとして，そのカテゴリーにはどのようなものが含まれると考えられるか？

　　 b) 女性オーディエンスの研究がもたらしたものはなにか？　オーディエンスが能動的・創造的であれば，メディアで取り上げられるものについて憂慮する必要はないのであろうか？

(4)『FHM』『ローディッド』『ナッツ』（訳注：いずれもイギリスの雑誌なので，日本であれば『週刊プレイボーイ』『ポパイ』『Men's NONNO』）といった青年雑誌を一冊取り上げ，分析せよ。表紙，特集記事，イラスト，解説記事，広告に

おいて，男らしさ・女らしさはどのように構築されているかを述べよ。
(5) a) メディアで取り上げられるレズビアンの恋愛関係では，若く魅力的な女性が登場することが増えている。これは，ジェンダーとセクシュアリティの支配的理解を揺さぶるものか，それとも補強するものか？
　　b) 一見するとストレート（異性愛的）なキャラクターが，オーディエンスによってゲイとして捉えられるのは，どのような過程によるものか？できる限り多くの例を示すこと。

【読書案内】

Doty, A. and Gove, B. (1997) 'Queer representation in the mass media', in A. Medhurst and S. Munt (eds), *The Lesbian and Gay Studies Reader.* London: Cassell.
　メディアにおける性的マイノリティを分析した論考。オーディエンスによるキャラクターやストーリーの「同性愛化」についても言及。

Gill, R. (2007) *Gender and the Media.* Cambridge: Polity Press.
　メディアとジェンダーとに関するさまざまな議論と具体例を解説。

Jackson, P., Stevenson, N. and Brooks, K. (2001) *Making Sense of Men's Magazines.* Cambridge: Polity Press.
　業界，コンテンツ，オーディエンスの視点から男性雑誌を詳細に考察。

Mulvey, L. (1975) 'Visual pleasure and narrative cinema', *Screen,* 16(3): 6-18.
　メディアの取り上げ方によって女性が男性の凝視に晒されるという考え方を，はじめて主張した論文。大きな影響力を持つ。

Radway, J. (1987) *Reading the Romance: Women, patriarchy and popular literature.* London: Verso.
　女性向けメディアのオーディエンスをフェミニズムの視点で研究したものとしては，最も先駆的にして有名な著作。

第12章　メディアコミュニティ
―― サブカルチャーとファン・グループと
アイデンティティ・グループ

> **主要なポイント**
>
> - コミュニティの絆を弱めるものとしてメディアを理解すること
> - 抵抗的マイノリティの集団アイデンティティを構成するマスメディアのモラルパニック
> - 異質なコミュニティを意図的に推進・構築するローカルかつニッチなメディア
> - DIYメディア，オンライン・コミュニケーション，「バーチャルコミュニティ」をめぐる議論
> - 若者のサブカルチャー，テレビ番組のファン・コミュニティ，消費者グループ，性的マイノリティ

1　はじめに

　メディア・文化・社会をめぐる議論の多くが，マスコミュニケーションと，オーディエンスやユーザー層を形成する人びととの関係に着目してきた。概して言えば，多くの者が，「公衆(パブリック)」ないし国民の意見・知性・モラル・アイデンティティとメディアとの関係を中心に論じる。他方では，普遍的なマスカルチャーを推進するマスメディアの可能性に着目する者もいる。

　しかし，第10章でエスニシティを論じた際に見たように，現代のメディアは，小規模なマイノリティないしは特化した集団の形成に関与することがある。広範な対象に向けられたマスメディアでも，そうした周縁的集団が表象されるとなんらかの役割を果たすことになる。だが，重要性を次第に高めつつあるのは，(地域性・消費の嗜好・政治性・エスニックアイデンティティ・性的指向のいずれによ

るにせよ）特定のグループを対象にした，特化メディアおよびDIYメディアである。

　この章では，若者のサブカルチャー，テレビ番組のファン・コミュニティ，性的マイノリティといったさまざまな例をあげながら，小規模集団のアイデンティティとメディアとの関係を検証していく。まずはしかし，コミュニティを，メディアの外部にあって，メディアに対抗するものとして捉えるアプローチから検討することにしよう。

2　メディア対コミュニティ

均質化とアトム化

　コミュニティの存在意義の凋落を招いた社会変化に，メディアが関与したとされることがしばしばある。19世紀ドイツの社会学者フェルディナント・テンニース（Tönnies, 1963）は，社会集団の主流のあり方としての〈ゲマインシャフト（有機的コミュニティ）〉が，〈ゲゼルシャフト（利益社会）〉によって徐々にその座を奪われつつある，と指摘した。

　テンニースの理解では，ゲマインシャフトとは，産業化以前の村落生活の血縁・宗教・地理的な隔絶から生まれた，有機的な共有理解・相互依存・自給自足を基盤とする，自然発生的で濃密な社会集団のことである。ここで重要なのは，集団を構成する個人の利害よりも，集団自体の利害が優先される点である。メディアのことはテンニースの主たる関心事ではなかったが，ゲマインシャフトの衰退は近代化と産業化の結果だと考えられている。それには，都市への人口移動，かつてはバラバラだった地域間で通信・通商が増大したこと，資本主義的生産様式が拡大したこと，などが含まれる。こうした発展によって，ゲゼルシャフトの存在意義が高まった。ゲゼルシャフトとは，大規模だがバラバラ，自分の利害のみに関心を持つ個人間の，機械的・合理的関係を中心とする社会集団である（Delanty, 2003）。

　テンニースのゲマインシャフトの考え方は，ロバート・レッドフィールドに継承された（Redfield, 1955）。レッドフィールドはゲマインシャフトを，有機的に成り立っているうえに，自足し，独自性を持ち，外界と比して明らかに結束

第12章 メディアコミュニティ

が固く，さらに成員全員の間で濃密なコミュニケーションが可能なほど小規模の均質な集団，と定義した。現代においては，そのような純粋なコミュニティを見つけるのは容易ではないが，『コロネーション・ストリート（Coronation Street）』『イーストエンダーズ（EastEnders）』といったイギリスのソープオペラのローカルな集団的アイデンティティの描写には，ゲマインシャフトの少なくともいくらかの要素を見出すことができる。たまたま同じところに住んでいるという理由だけで，登場人物たちは顔見知りであり，互いを頼りにし，地元の数少ないカフェやバーや店でつきあい，自分たちのアイデンティティや価値観に誇りを持っている（Geraghty, 1991）。こうした表象が視聴者の琴線に触れる。なぜなら，たとえこの種のコミュニティが希少になっているとしても，ローカルで，人びとの顔が見える，有機的なコミュニティという理念は，不朽のものだからである。

ジグムント・バウマンによると，テンニースやレッドフィールドが示したコミュニティという伝統的な概念は，外界からの隔絶を前提としているため，メディアの発達により弱体化する運命にあるという（Bauman, 2001）。他所の人びとと絶えず接触することで，内部の人間と外部の人間との境界が曖昧になり，特異性や相互依存は弱まる。すると，コミュニティとは必然的なものというよりも選択されたものとなる，とバウマンは論じる。他にも，コミュニティ崩壊にメディアが重要な役割を果たしていると指摘した論者がいる。電信から印刷，テレビ，衛星通信，インターネットに至るまで，メディアがさまざまな集落，村落，都市，国々の人びとの間で接触や共有体験の量を増大させたことが，しばしば取り上げられる（Anderson, 1991; Bauman, 2001; McLuhan, 2001; Meyrowitz, 1985）。ここで示唆されるのは，メディアが人びとの生活に浸透すればするほど，コミュニティはより大きな，より無個性の社会存在へと溶解していく，ということである。

議論はマスカルチャーのこととなると，きわめて先鋭になる。そうした議論は，皮相で画一的な文化によって一般大衆の嗜好を満足させることを狙いとしたマスメディアの成長の結果，エリート主義的な高度の教養が衰退したことを嘆くものとして，つとに知られている。しかし，自然発生的なコミュニティの衰退において，産業化とともに画一化されたマスメディアが果たした役割につ

第Ⅲ部　メディア・アイデンティティ・文化

いても，やはり声高に主張する。ドワイト・マクドナルドは，かつての民俗文化は一般人の有機的で顔が見えるようなコミュニケーションと，結束したコミュニティを映し出していたが，マスメディアによって押しつけられた人工的で均質なマスカルチャーに蝕(むしば)まれ取って代わられた，と嘆く。この過程は，「お互いが個人としてもコミュニティの成員としても結ばれていないため，人間としての自己表現ができない群衆」を生んだとされる（MacDonald, 1957: 59, Strinati, 1995による引用）。マクドナルドは，固い絆で結ばれ，固有の伝統と価値を持っていたコミュニティの衰退を嘆きつつ，「大衆の中の個人」を，「他の何億もの原子(アトム)と一緒で，均質の，よるべない原子(アトム)」と表現した。

別の観点からではあるが，ネオ・マルクス主義的アプローチをとった初期フランクフルト学派も，マスカルチャーがメディアを均質化・アトム化する勢力だと表現したのはもちろんのことである（第6章参照）。テオドール・アドルノは，文化産業が画一的な商品を可能な限り多くのオーディエンスに売りつけるという経済的動機にふれつつ，「世界が陥った抽象性と自己同一性」を辛辣に批判した（Adorno, 1990: 57）。

マスカルチャー（およびマスメディア）に抵抗する——若者たちのサブカルチャー

研究者の中には，マスカルチャー論の悲観主義に挑む者もいた。彼らの言い分は，メディアに支配された社会でも，有意義で創造的，さらには異議申し立てさえするようなコミュニティが出現する可能性が残されている，というものであった。

60年代と70年代にバーミンガム大学現代文化研究所（CCCS）は，一連の研究を行った。それは，特異かつ特有のスタイルをした若者たちの出現に焦点を当てたものであった。その中には，テディボーイ（訳注：エドワード7世時代風の華美な服装を好んだ反抗的な若者。50年代から60年代初めに流行），モッズ，スキンヘッド，パンクなどが含まれる。いずれも強烈で反抗的な集団的アイデンティティを前面に押し出していた連中である。CCCSの研究者たちの共通した見解は，そうしたサブカルチャーが，ファッションを通じた若者たちの集団的・草の根的抵抗を表象する，というものであった。さらに言えば，伝統的な労働者階級の衰退と大量消費文化への破壊的な抵抗であったともされる（Clarke et al., 1976; Cohen, 1972)。

　こうした集団は，メディアや消費文化と無縁だったわけではなく，むしろ音楽とファッションを軸とするものであった。とはいえ，大量消費文化の場合と異なり，サブカルチャーにくわわった者たちは，文化産業の製品を破壊的な形で用いることを旨としてコミュニティを形成したと考えられる。それまでバラバラであった製品に，〈ブリコラージュ〉，すなわち加工され，寄せ集められ，それらの製品を製造した企業が思いもしなかったような新たな抵抗的な意味がくわえられる。モッズを例にとるなら，スクーター・洒落た服・金属製のクシが野放図で快楽主義的なサブカルチャーのアイデンティティと結びつき，これはディック・ヘブディジに言わせると，大衆文化をパロディ化しそれに挑むものだということになる（Hebdige, 1979）。つまり，サブカルチャーにくわわった者たちは，周囲で起こっている大衆化とは一線を画し，メディアや商品を素材として利用し，抵抗的で独自の草の根的コミュニティを生み出したのである。

　CCCS は，メディアや大衆文化製品が，やみくもにあらゆるコミュニティの形式を破壊するのではなく，それらが能動的に消費されるのなら，独自の抵抗的な集団的アイデンティティの基礎を作りうる，と主張した。こうした点で，サブカルチャーについての彼らの解説は，それまでのコミュニティの考え方に挑むものであった。明示的なシンボルへの愛着（Cohen, 1985）に基づく，こうした現代的で消費型のサブカルチャーは，孤立していたわけでもなく，長期にわたるものでもなく，自己完結したものでもなかったかもしれない。しかし，明確な独自性・態度表明・相互の仲間意識がそこにはあった。この原則を確立したことで，CCCS は後続のオーディエンスとファン・コミュニティ研究（この話題は本章で後述する）への道を開いた。

　だが，その他の点では，CCCS のアプローチは，コミュニティが明らかにメディアとは切り離され対置される，という考え方を補強する。CCCS によれば，文化産業の役割とは結局のところ，スタイルの素材をそうとは自覚のないまま提供することに過ぎない。一方，サブカルチャー自体は，周囲の社会環境への自然で創造的な反応に駆られた，若者たちによる有機的・草の根的な産物として示される。これに対し，そうしたサブカルチャーの外の世界は，完全にメディアによって形作られ，それがゆえに均質だと示唆される（Thornton, 1995）。

メディアの直接的な関与が、ここでいう草の根的コミュニティとは本質的に相容れないことは、ヘブディジによる〈統合〉(インコーポレーション)の過程の解説において、とりわけ明快に示されている。そこでは次のように論じられている。サブカルチャーは、抵抗的な草の根コミュニティとして出現すると、いずれはメディアと商業の金もうけの標的となり、新聞・テレビ・目抜き通りのショップにおいて水で薄めた形で登場することになる、と (Hebdige, 1979)。このメディアとの協働が発生した途端、サブカルチャーのコミュニティはその本質と意義を喪失する、とヘブディジは考えた。ここでもやはり、メディアはその本質からして、コミュニティを侵食する希薄化と均質化の原動力となると示されている。

　興味深いことに、サブカルチャーの研究者の中には、メディアに対し相当大きな役割を付与する者がいる。近年では若者たちの独自で有意義なコミュニティが登場する可能性は低い、と彼らは考えている。彼らは、CCCSによる説明が妥当か否かという問題はひとまず措き、70年代以降のメディアと商業の拡大および多様化によって、若者たちが独自のスタイルや音楽のコミュニティをもはや生み出せない状況が出現した、と論じる。文化産業は若者文化のほんの一片を、また一時的な流行を金もうけのタネにしようとするあまり、チャンスと見るや、すぐに新しいスタイルや流行を取り上げる。その手管は見事なものだ。ストリートの流行がまだそれと十分に認識される前に、「流行ハンター」の出番となる。文化産業が目ざとく見つけて金もうけのタネにできるようにだ。一方、若者のメディアは絶えず新しいシーンを生み、それを進展させる (Osgerby, 2004)。

　ここで示唆されることはなにか。それはこうだ。現代の若者のスタイル（ロックのエモから最近リバイバルしたアングラのヒップホップに至るまで）は、創造的で草の根的な初期段階を経てから文化産業に組み込まれるのではなく、発生したまさにその時点でメディアと産業とが完全にかかわっている。若者たちは、有機的コミュニティを形成する機会がないまま、文化産業が仕立てたさまざまなスタイルから選ぶしかなくなる、ということになる (Polhemus, 1997)。

　メディアが構築したこうした消費スタイルは、有機的に育まれたコミュニティの集団的参加や相互依存を欠いており、手早く試したりさっさと放り出したりするのにぴったりだ。若者たちは時には同じシーンに緩やかに溶け込む場合

第12章 メディアコミュニティ

もあろうが，他にもさまざまなスタイルが選択されうるので，そうした集団化は一時的で結びつきが弱いものと考えられる（Muggleton, 1997）。

このような緩やかで一時的な集団化は，時に〈ネオトライブ〉と呼ばれることもあり，コミュニティとしての実体よりも，個人があるスタイルから別のスタイルへと移行する点で顕著である，と理解される（Bennett, 1999）。この枠組では，メディアや消費者による選択にどっぷり浸かった文化は，実体を伴ったコミュニティの発展にブレーキをかけることになる。ここでもやはり，メディアはコミュニティの希薄化の原動力として示される。

上に述べたアプローチや例はいずれも，細かい点ではさまざまな違いがあるものの，実質的なコミュニティが浸食される過程にメディアが大きな位置を占めるとする動きを明らかにしている。確かに，少なからぬ状況においてこの種の社会的脱＝分化に，メディアはひと役買っているのであろう。だが，メディアが逆のことをする状況も依然残されている。つまり，小規模ないし周縁的なコミュニティの形成や促進に，メディアが重要な役割を果たしうる，ということだ。そうしたコミュニティは，テンニースやレッドフィールドが描いた，自足的なコミュニティの理想とはかけ離れているかもしれない。しかしそれでも，われわれの分析に値するような，集団的アイデンティティを示しうるものである。そうした集団にとって，ローカルでニッチな〈DIYメディア〉といった，特異なコミュニケーションはきわめて重要である。しかしながら，このようなコミュニケーションを検討するに先立ち，マスメディアによるネガティブな報道の観点から，周縁的なコミュニティの形成について詳しく見ることにしよう。

3　モラルパニックとマスメディアによる非難

第9章と第10章で見たように，エスニックマイノリティ，性的マイノリティ，その他のマイノリティ集団は，メジャーな新聞・テレビ番組・映画において，ステレオタイプ化されたり非難されたりすることがしばしばである。そうした表象は，あらゆる差異を統合ないしはアトム化された群衆に吸収させるどころか，周縁化された集団を内的に均質で，われわれとは本質的に異なる集団として構築し，かえって集団的差異を増幅しかねないのである。このことが，偏見

や差別につながるだけでなく、偏見や差別を受ける集団のアイデンティティや独自性や相互のかかわりを実は強化する、と逸脱理論やラベリング理論やモラルパニック理論は述べている。非行少年集団の文化の研究（Cohen, A., 1955）から薬物使用者の研究（Becker, 1963; Young, 1971）に至るまで、研究によって明らかにされたのは、集団的に排除され烙印を押されるという体験を通じて周縁的な集団にいる者たちは互いの絆を強め、独自の価値観を持つようになり、社会に対し敵意を募らせる、ということであった（時には人生に対し、もっと逸脱的で反ヘゲモニックな態度を持つようになったりもする）。メディアがある人びとを逸脱的とか「他者」と呼ぶことは、〈自己成就的予言〉となったりする。

60年代のモッズとロッカーズ間の暴力をめぐるメディアのモラルパニックを扱ったスタン・コーエン（Cohen, S., 1972）の研究は、古典的な事例研究となっている。コーエンは、実際にあったものにせよそうでないにせよ、メディアが煽情的な見出しで暴力を報道し続けたことにより、モッズやロッカーズにフォーク・デビル、すなわち一般社会にとって脅威となりかねない、危険な「他者」というレッテルを貼る効果があった、と考えた（Cohen, S., 1972）。

コーエンによれば、このことの機能の1つは、戯画化された他者の姿に対し、主流となっている価値観の正常性が強化されることである。報道はまた、モッズやロッカーズ自体についての古典的なレッテル貼りを引き起こしたと考えられる。報道を通じ、それぞれの集団の特徴や意味合いは、相互の敵愾心とともに、彼らの心に刻まれる。サブカルチャーとしての彼らの絆や独自性は強まり、その悪評や興奮は新たなメンバーの獲得につながり、他方では古参のメンバーの結びつきを強めたのであった。

一方、メディアからの非難に対する反感によって、メンバーらはいっそう逸脱し、ついには彼らの行動がメディアによる表象に似かようまでになった。コーエンも言うように、「社会の反応は、逸脱者が演ずる機会を増しただけでなく、セリフや演出までも用意する」のである（Cohen, S., 1972: 137）。

その後、さまざまな出来事に対し、無数のモラルパニックが発生した。スラム地区の若者たちであれ、ストライキ中の労働者であれ、ニューエイジの旅人であれ、「飲んだくれども」であれ、ゴスであれ、移民であれ、特定の「他者」集団に向けられたヒステリーを伴うこともしばしばであった。サラ・ソーント

ンは，レイヴ文化についての新聞のネガティブな報道が，結局はそうした動きを強化・拡大するのに重要な役割を演じたことを明らかにしてみせた（Thornton, 1995）。ドラッグ漬けのパーティを驚愕して報じるヘッドライン，放送禁止の曲，警察による弾圧，取り締まり法案。こうしたものすべてが，レイヴに共鳴する者たちの決意・参加意欲・連帯感を強め，さらには熱狂的な新参者たちを獲得していったのであった。ソーントンは，「ネガティブな新聞報道や放送ニュースが逸脱に洗礼を施した」（Thornton, 1995: 129）と論じ，そうした報道が，レイヴムーブメントを伝え非難したことで，かえってレイヴが一時的な流行ではなく，強固で抵抗的な集団的アイデンティティを軸とした，より深く長期にわたる運動へと変貌を遂げる手助けをした，と示唆している。

このようにラベリング理論やモラルパニック理論は，マスメディアによって無意識のうちに独自のコミュニティが明確にされ，構築され，強化されるさまを例証してみせた。これは，コミュニティとはメディアが不在のところにあってはじめて自発的に存在しうるという考え方に疑問を投げかけるものである。特にコーエンとソーントンの研究は，しっかりと確立した若者たちのサブカルチャーが，CCCSの言うような完全に自発的なコミュニティなのではなく，部分的にはマスメディアのネガティブな報道によって構築された可能性があることを示唆している。とはいえ，マスメディアによる非難の結果としてコミュニティが構築されるというのは，きわめて独自で目立った少数のマイノリティに限られることを認めねばならない。また，モラルパニックは異様な集団を根絶やしにするような，「正常な」文化の優位性を強化する役割を果たすことも，認めるべきである。社会全体でより多くのコミュニティが発展するのにメディアは貢献する。小規模かつ対象を絞った表現手段の役割の検証をはじめた時にこそ，そのことがもっと明快になる。

4　ターゲットを絞ったコミュニティ

対象を広くとるマスメディアに関心が向けられる中，実は多くのメディア表現が小規模集団の関心に的を絞っていることは，時として忘れられがちである。このような特化したメディアは，ここではきわめて興味深い。というのも，社

会のさまざまな小集団にターゲットを絞る中で，コミュニティの発展や統合に寄与する場合があるからである。このことは，規制緩和とデジタル化の結果，細分化がどんどん進行する現代のメディア環境において，重要性を増しつつある。しかしながら，とりたてて新しくもなければハイテクでもない，狙いを絞ったメディアの例もある。最もわかりやすい例は，地方紙と地元ラジオ局である。

地域メディア

　初期の新聞の大半は，特定の地域の人びとを対象としたものであった。その後州単位や全国区のメディアが勃興したにもかかわらず，地方紙は都市や町や村のアイデンティティの重要な要素であり続けてきた。同様に，特定の地域の人びとを対象とするラジオ局も数多い。近年くわわったインターネットの地域向け情報と相まって，こうしたメディアが示唆するのは，直接顔を合わせて接触することが可能な地域でも，メディアの利用により結びつきと共有アイデンティティが弱まるどころか逆に促進されるケースもある，ということである。
　地域メディアは主に特定の地域内で消費され，外界と接触することはまれであるため，オーディエンス内に集団的排外性を構築する。互いに無関係であったかもしれない住民たちが，同一のコミュニケーション空間へと誘われ，出来事や討論や娯楽を共有する。
　その結果が，ベネディクト・アンダーソンの言う「想像の共同体」(Anderson, 1991) の，小規模な地域版といったものであろう。ただしこの場合，他の成員たちと顔を合わせたり知り合ったりする見込みはずっと大きいのだが。地域メディアのコンテンツは，共有アイデンティティが育まれ，地域の考えを取りまとめる場の重要性を重視する。人びとは，地元民としての自分の立ち位置を，絶えず思い起こされる。またこのことが，マイケル・ビリッグの言う「ありふれたナショナリズム」(Billig, 1995) に比すべき形で，彼らのアイデンティティに意義を持つことを思い起こさせる（アンダーソンとビリッグの議論については，第9章を参照のこと）。
　地域メディアは，住民同士が直接接触する橋渡しもし，コミュニティの住民に言葉をかけることも可能にする。報道内容が地元の政治であれ，犯罪であれ，

第12章 メディアコミュニティ

学校の文化祭であれ，スポーツであれ，記事は住民たちの意見や声，さらに彼らの体験や成し遂げたことに満ちている。一方，投書欄や視聴者の電話参加は，地域の意見を直接に交換するフォーラムの役割を担う。また，全国版メディアと違って地域メディアは，エディトリアル・カバレッジの形であれ，コミュニティの掲示板としてふるまう場合であれ，地域内での対面型イベントを促進・広報もする。

とはいえこのことは，地域メディアが自らの可能性を常に認識していることを意味しない。ボブ・フランクリンとデビッド・マーフィー (Franklin & Murphy, 1998)，アンドリュー・クライセル (Crisell, 1998) といった論客らは，地域メディアの商業化が自らの存在意義を損ねるのでは，と懸念を表明している。大半の「地方紙」は全国規模の，ないしはグローバルなメディア企業によって所有されており，発行部数の落ち込みにより価格を下げるか無料化を余儀なくされ，その結果広告だらけになってしまっている。フランクリンとマーフィーによれば，紙面が広告だらけになるだけでなく，犯罪・娯楽・生活情報・消費情報が中心を占め，大衆迎合のニュースが取り上げられるようになった。地方紙は，地域にとって重要な問題を深く掘り下げて検証したり，住民間の強い責任感を育んだりする代わりに，当たり障りがなく商業化された話題を取り上げる，と彼らは言う。

地域メディアが取り立てて地域的でなくなる場合もある。例えばクライセルは，地元ラジオ局がオーディエンスを拡大する必要に駆られ，放送時間の大半をコミュニティの話題に割かず，代わりにどこでも受け容れられるポップミュージックを流している，と指摘している。最も詳細をきわめた地元指向のメディアの場合でさえ，コミュニティの結びつきに与える影響は依然として比較的小さいままである。このことを銘記するのも重要である。どうしてそうなるかというと，全体として人びとがメディアに目を向けるのは散発的でしかなく，また地元メディアの熱心な読者や視聴者は，全国メディアやグローバルメディアにも接しているという事実があるからだ。とはいえ，その影響力に限界はあるものの，メディアがコミュニティの振興に貢献しうることを，事例研究は示している。

ニッチ雑誌と消費者のグループ化

　地域メディアがたまたまある土地に住んでいる多様な人びとを対象とするのに対し，〈ニッチ・メディア〉は，地理的にはバラバラだがなんらかの特徴や関心によって結びついた人びとを対象とする。先行するものとして特定の社会エリートを狙ったハイブロウな新聞が長く存在していたが，時に〈ナローキャスティング〉と呼ばれるものの急増は，20世紀末の消費文化の多様化と軌を一にしたのだった。

　20世紀前半は，対象を広くとったマスメディアと〈フォーディズム〉が支配していた。フォーディズムとは，標準化され普遍的に通用する製品を，巨大工場の流れ作業で大量に生産し，できる限り多くの人びとに売りつける，というものである。しかし，可処分所得が上昇し，戦後に商業が盛んになるにつれ，この標準化の手法（大衆文化研究者からの批判を招いたこともある）は，〈ポスト・フォーディズム〉へと変貌を遂げていった。その特徴は，「1つの規格がすべてに当てはまる」というアプローチからの離脱であり，また集団のニーズや願望，すなわち〈ニッチ市場〉に狙いを定めた，製品の多様化の動きである。洗練された消費者意識調査とマーケティング戦略により，企業はそうした消費者層と商品を掘り起こせるようになった。その製品は，対象となる集団のアイデンティティに象徴的に結びつくように配慮されている（Osgerby, 2004）。

　メディアのいくつかの分野でも，ニッチ市場への移行が反映された。20世紀末の十数年間には，人口構成や関心ごとの，過剰なまでに数多い集団に向けられた，雑誌やその他の特化された出版物の刊行が急増した。こうした出版物のコンテンツは，広告主が狙いを定めたニッチの消費者集団をあざやかに引き込み，おおいに収益を上げた。人びとをはっきりと弁別できる小集団にふるい分けるだけでなく，成員間に集団的アイデンティティの感覚を引き出して育みもする（次いで広告主は，自社製品を彼らに売り込もうとするのだが）。このように雑誌は，読者コミュニティを反映すると同時に，コミュニティを構築することもある。

　雑誌が対象とする集団が，かなりの程度広範な場合もある。男性雑誌や女性雑誌といった一般的なカテゴリーが，明確だが一貫性などまるでないニッチ市場をターゲットとしているのに対し，一般向けの自動車雑誌やハイファイ音楽

第12章 メディアコミュニティ

　雑誌はその内容が専門的であるものの、あまねく行き渡った関心を扱っている。だが、もっと明確なアイデンティティ集団をカバーする雑誌もある。例えば、ロッククライミング、サーフィン、スノーボード、オートバイといった趣味を扱う雑誌には、緊密な関係にある読者集団がついている。それぞれの集団は、独自の価値観・知識・アイデンティティを持つ。雑誌は、そうしたグループのためだけのスペースを提供することで、共通の話題や体験を作り出し、アイディアの交換やイベント・装備に関する情報のやりとりを促す。

　他にも『スター・トレック』『ドクター・フー（Doctor Who）』といった、マスメディア作品のコアなファン向けの出版物が例としてあげられる。そうした出版物は、メイクや脚本や特殊効果や配役に関した内輪話やゴシップを提供し、コアなファンたちに自分たちは他の連中とは違うんだという満足感を与える（Jenkins, 1992）。マシュー・ヒルズは、『カルト・タイムズ（Cult Times）』『ドクター・フー・マガジン（Doctor Who Magazine）』といったファン向け出版物とは、ファン集団の特徴である熱烈な忠誠心に商業的につけこむものだ、と考えた（Hills, 2002）。しかし、そうした出版物がファンの忠誠心を形成し強めていることを認識しておくのも、同じくらい重要である。

　若者の音楽雑誌も同様の役割を演じうる。ありとあらゆるジャンルを扱う雑誌があり、それぞれがさまざまな集団的アイデンティティを充足させる。CCCSはサブカルチャーのコミュニティを自発的かつ抵抗的なものとしてモデル化したが、実はその後の数十年間では、ニッチ・メディアがスタイルの形成や音楽による若者たちの集団化を進めるのに大きな役割を果たしたのだった。

　サラ・ソーントンは、レイヴ文化の発展にメディアが果たした役割は、モラルパニックについての新聞のネガティブな報道だけだったわけではない、と考える（Thornton, 1995）。そうしたネガティブな非難は、『i-D』『ザ・フェイス（The Face）』などの若者向けライフスタイルマガジンに取り上げられた者たちについての広範かつポジティブな報道と協働した、とソーントンは論じる。このような「サブカルチャーのコンシューマーマガジン」（Thornton, 1995: 155）は、サブカルチャーにくわわった者たちと歩みを共にし、新聞側の誤解に対する不満を共有し声をあげたのだった。他方では、両者はともにサブカルチャーのレトリックと価値観を反映し強化していったのだった。

第Ⅲ部　メディア・アイデンティティ・文化

　ソーントンは，アシッドハウス（単調なリズムのシンセサイザー音楽）文化がひとたび根づき，それを補強する，といった単純な問題ではなかったと考える。サブカルチャーのコンシューマーマガジンは，バラバラのサウンドやイベントが，名称とアイデンティティを与えられて1つの運動へと結実していった初期の段階で，重要な役割を果たしたと考えられる。ニッチ・メディアについてのソーントンの結論は，次のとおりである。「ニッチ・メディアは，社会集団を区分し，サウンドをアレンジし，ファッションをアイテム化し，すべてのものに名前をつける……シーンに洗礼を施し，文化的独自性の維持に必要な自己意識を生み出す」（Thornton, 1995: 151）。ニッチ・メディアは，商業メディアにすり寄ったり，若者たちが飛びついてはすぐに捨て去るような皮相なスタイルを生み出したりして，当初は有機的であったコミュニティを希釈するようなことはしない。むしろ，強固な集団的個性・アイデンティティ・参加を特徴とするコミュニティの構築に，おおいに貢献するものと思われる。

　ニッチな活字メディアがコミュニティの構築にひと役買うその他の例には，ゲイやレズビアンたちによるものがある。市場をリードする『ゲイ・タイムズ（Gay Times）』のような，どんどん多様化しつつあるライフスタイルマガジンは，同性愛者のアイデンティティの表現に競って誌面を割き，ご自慢の「同性愛産業」を披露する。そうした出版物は，マスメディアからはしばしば排除され非難される集団に対し，彼らが求める特化した情報・議論・娯楽を提供し，適切なスタイル・嗜好・見解・内部情報と相まって，ゲイのアイデンティティを構築する。そうすることで，コミュニティの参加と結びつきを促し，他者を自分たちのコミュニティに受け容れるか排除するかの境界を確立するのである。

　市場では，白人で裕福で若いゲイ男性のアイデンティティを対象とした出版物がいくぶん優勢であるが，『ディーバ（Diva）』『カーブ（Curve）』といったレズビアン向けの雑誌もやはり，中産階級の消費者を対象とする傾向がある（少なくともその一因は，この集団が広告主にとってより大きな価値を持つことにある）。とはいえ，イギリスの『ピンク・ペーパー（The Pink Paper）』（訳注：『フィナンシャル・タイムズ（The Financial Times）』の別称）のような寛容で政治的でニュース指向の刊行物を除けば，労働者階級や非白人の同性愛者は，バイセクシャルやその他の性的マイノリティと同様に，過小に表象されている。その結果，

第12章　メディアコミュニティ

これらの出版物がきわめて重要な表象と受容の形を示しながらも，ある特定の同性愛者のアイデンティティが優位であり続けることに手を貸しかねないことになる。国民とエスニシティの構築の場合と同様に（第9章・第10章参照），こうしたコミュニティの構築が示唆するものは，ポジティブでもありネガティブでもある。

ニッチなデジタルメディア

　ニッチな活字メディアは依然，アイデンティティ集団にとってコミュニティ形成の主要な推進役である。その一方で，インターネットの発達とともに，テレビとラジオのデジタル化が進み，現代の消費者が享受できる特化されたメディアは，その多様性を劇的に増した。

　『カルト・タイムズ』を購読するSFファンたちは，かつてならお気に入りの番組が一般チャンネルで時おり放映されるだけで辛抱しなければならなかった。しかしいまでは，Sky OneやBravoといった専門チャンネルが，彼らのために存在する（Hills, 2002）。これらのチャンネルは，以前からイギリスの新しいSF番組や古いSF番組の再放送に力を入れており，現在でもいっそう精力的に放映を続けている。こうしたチャンネルはファンたちに，自分たちのアイデンティティに最も近い番組を集中的に視聴できる，という期待を抱かせる。これはもちろん，DVDによってもすでに可能になっていたが（Jenkins, 1992），DVDではテレビが生み出すリアルタイムの共有体験という感覚は味わえない。

　もう1つ例をあげよう。今日では，カナダのOUTtvやアメリカのLogoのような，性的マイノリティ向けのチャンネルも存在する。レズビアン，ゲイ，バイセクシュアル，トランスジェンダーといった集団は，テレビというメディアではしばしば排除ないし非難されがちである。しかし，これらのチャンネルは，そうした集団に向けた多様なコンテンツを提供するのである。

　音楽に目を転じてみよう。80年代の放送メディアでマイナーなアーティストを見たり聞いたりすることはまれであった。それが2000年代になると，さまざまなニッチ系音楽専門チャンネルが現われ，それぞれのジャンルを専門に扱うようになった。その多くが，なんらかの形でサブカルチャーと結びついたものである。イギリスを例にとるなら，R&Bやアーバン・ミュージックなら

第Ⅲ部　メディア・アイデンティティ・文化

MTV や Flava や Channel AKA，ロックなら Q，メタル・ミュージックなら Kerrang! や Scuzz，ダンス・ミュージックなら MTV Dance，クラシック・ロックなら VH1 Classic，オルタナティブ・ロックなら MTV2 や NME や Rockworld TV といった具合に，視聴者の選択肢は数多い。

　一方，デジタルラジオ局やインターネットラジオ局，ストリーミング配信の急増により，放送サービスはさらに磨きがかかった。その専門性の度合いにばらつきはあるものの，こうしたテレビ放送やインターネットサービスの多くは，サブカルチャー意識を持った熱心なマーケットを対象としており，現存のムーブメント内の連帯を強め，絶えず新たな進化を掬(すく)い上げ，育もうとする。インターネットの出現も，バンドの公式サイトやネットマガジンなどの形で，音楽シーンを対象とした商業サイトの発展を促したのだった。

5　DIY メディアとインターネット・コミュニケーション

　近年のコミュニケーションテクノロジーの発達も，より小規模でターゲットを絞った「マイクロ」ないし「DIY」メディアの普及をもたらした。そうしたメディアは必ずしも「サブカルチャー的」ではないのだが (Atton, 2002)，独自のコミュニティが自分たちのために自ら制作し，そうした集団を育むのに不可欠な役割を演じている。

ファンジン

　インターネット時代の到来前に最も話題となっていた DIY メディアは，ファンジンまたはたんに「ジン」と呼ばれるものであった。マリオン・レナードはこれを，「趣味，音楽，映画，政治などの多様な話題を扱った自主制作のテクスト。通常は営利を目的とせず，個人もしくは少数の人びとによって細々と制作される」と定義している (Leonard, 1998: 103)。先行するものとしては初期の SF 雑誌や，60年代のカウンター・カルチャーと結びついた「アングラ出版」があるが，ファンジンの成長は，パンクのサブカルチャーに広範な影響を及ぼしたことで頂点をきわめた (Atton, 2002)。その後もファンジンは，若者ファッションのサブカルチャー，スポーツファン，周縁的な政治団体，さまざま

第12章 メディアコミュニティ

なSF・ホラーやその他のファン集団にとって重要な部門であり続けた。一般には無料か実費のみで配布されたり，制作者間で交換されたりする。ファンジンは，印刷技術が身近なものになるにつれ次第に低価格化し，制作が容易になっていった。

ファンジンは専門業者によるニッチ・メディアに比べオーディエンスが限られており，コミュニティの草の根的ネットワークに近似した脱中心的コミュニケーションを示してみせる（Leonard, 1998）。ヘンリー・ジェンキンスは，テレビのファン・コミュニティにおけるファンジンの語り口がインタラクティブな性格を持つことに着目した（Jenkins, 1992）。ジェンキンスによると，そうした出版物のコンテンツには批評や討論，さまざまな種類のイラストやアートワーク，そして「ファン・フィクション」が含まれていた。「ファン・フィクション」とは，テレビ番組の登場人物やコンテクストをベースに，ファンが書いたストーリーのことである。

自らファンジンを制作することの敷居が低いだけでなく，他者の出版物に原稿を送ってファン文化に貢献することも，同じくらい容易になった。ファンたちのやりとりが進む中で，作り手と読み手の境界は完全に不分明になった。商業的なニッチ・メディアとは対照的に，ファンジン文化は相互の互恵と，コミュニティとしてファン文化そのものを永続化しようという共通の関心を中心に据えているものと考えられる（Jenkins, 1992）。

脱中心化の動きにもかかわらず，ファンジンがコミュニティの結びつきや団結に貢献する可能性は，大きなものであった。ファンジンはサブカルチャーの価値観についての信頼のおける伝道者として，またレイヴ文化においては経験が共有・強化される手段として重要であった，とソーントンは論じている（Thornton, 1995）。ところで筆者は，90年代末のイギリスのゴス・カルチャーを研究してきた。そこで明らかになったのは，商業音楽誌がこのサブカルチャーを無視していた時も，ファンジンはバンド，イベント，ファッション，論争に関する情報交換の大切な場となっていたことだ。また，ゴスの演奏会場，イベント，ショップ，レーベルについての掲示板となっていたことも明らかになった。サブカルチャーの外にあってはほとんど入手できないような，どこに行ってなにを買うかについての情報を，ファンジンは収集し，それによってサブカ

ルチャーの日々の活動を一丸となって下支えしたのだった。その編集者たちは，なにがサブカルチャー的でなにがそうでないかを低次のレベルで選別し，新しいものが流行に組み込まれる手助けをし，同時にサブカルチャーの明確な独自性を確立していったのだった（Hodkinson, 2002）。

オンライン・マイクロ・コミュニケーション

　インターネットは，現代のコミュニケーション環境の一角を占める DIY メディアの役割を，改変・拡大した。以前であればファンジンに寄稿していた者たちの多くが，今日ではウェブサイトやブログやフォーラムを運営しコンテンツをアップロードする。そしてネット上でのコンテンツ制作がだんだんと容易になるに伴い，さまざまな人びとが，レビューを投稿したり，フォーラムの議論に加わったり，オリジナル曲・写真・動画をファンサイトにアップロードしたり，ブログや SNS の個人ページを運営したりして，コンテンツを制作するようになった。草の根的コミュニケーションにおけるこうした革命は，かつての DIY メディアよりもはるかに大きな規模で，権力と影響力の問題に関する議論を引き起こしたが（第9章参照），アイデンティティとコミュニティにも同じくらい重要な意味を持つ。

　インターネットは，ボタン1つでどんなモノ・人ともインタラクティブにつながる可能性を与え，一見すると結束が固く独自性の高い活発なコミュニティにとどめを刺すのではないかと思われる。1995年，マイクロソフト社は，「今日はどこへ行きましょうか？（Where do you want to go today?)」という CM を流した。これが意味するのは，われわれはどこにでも即座に出かけ，なんでも買ったり作り出したりでき，誰とでもやりとりできる（翌日にはまったく別の選択もできる），ということである。これは，テンニースとレッドフィールドが論じた，地理的に他とは切り離されたコミュニティというイメージからは，考えうる限りかけ離れたもののように思われる。つまるところ，われわれが日常的にさまざまな人びととさまざまなことができるのであるとすれば，なぜ特定の場所に縛られている必要があろうか。かつて論者たちの中に，インターネットによって個人がディスプレイ上にありとあらゆるタイプのアイデンティティを作り出し，同時にいくつものアイデンティティを演じることになるだろう，

と考えた者がいたのは，まさにこの理由による（Turkle, 1995）。

　ところが大半の人びとは，インターネットを通じてなにか新しいことをやみくもに探すのではなく，すでに自分が持っている関心や人間関係を拡張する手段としてインターネットを利用することが，明らかになった。実際，どこに行き誰とつき合うかは，すでに自分にとって馴染みのあることに思いを凝らせば自ずと決まってしまうものだ。サブカルチャーの研究プロジェクトで私がインタビューしたゴスたちの大半は，自分たちのネット利用はゴスのバンドやファッションやイベントや人びとに関係するウェブサイトやフォーラムが中心だ，と答えたものだった。

　この点で，どんな話題についてでもたちどころにサイトを見つけ，サイト間のハイパーリンクをたどることで話題を掘り下げられるというウェブの効率性には，2つの重要な意味がある。第1に，ゴス・ミュージックのようなサブカルチャーにすでに関心を持つ者たちが，仲間を見つけ，自分たちの関心に関する情報にアクセスすることを，インターネットはこれ以上ないほど容易にする。第2に，人びとは自分たちが探しているものを見つけ出し，いくつもの話題にまたがることよりも，既存の話題をさらに掘り下げるのが通例である。したがって，多くのユーザーが，ゴスを扱う特殊なサイトや情報に偶然遭遇することは，まずないであろう（Hodkinson, 2002）。リア・リブロウによれば，このことはインターネットの利用によって，「限られた関心事に対する人びとの同質化」と，「自分たちは他者とは違うという彼らの感覚」が強化されることを意味する（Lievrouw, 2001: 22）。われわれの直感とは逆に，なんにでも即座にアクセスできるメディアの利用によって，集団は弱められるどころかかえって強固なものになっていくのかもしれない。

バーチャルコミュニティ

　この結果，多くの研究者が，インターネットの利用によってコミュニティが〈再生〉するのではないか，とその可能性を探ってきた。

　いわゆる「バーチャルコミュニティ」「サイバーコミュニティ」に関する研究は，政治団体（Hill & Hughes, 1998），ロックのファン（Watson, 1997），ソープオペラの熱心な視聴者（Baym, 2000）といったものを対象とするさまざまな

専門フォーラムの増加に、まずは目を向けた。そうしたフォーラムは、その話題によって明確な名称を持ち、すでに共通する強い関心を有する者たちを引きつけ、草の根的体制やコミュニティの補強のための共有スペースを提供したのだった。ファン文化の場合でいえば、フォーラムは広く知識を収集し、同好の士と毎日のようにすぐさま接触するのを可能にすることで、個々のファンの情熱が正当化・強化される手助けをしたのだった（Baym, 2000; Jenkins, 2002）。

こうした集団にくわわった者たちが示す帰属意識・参加意識の高さと、相互のコミュニケーションの頻度と濃密さには、研究者もしばしば注目した（Watson, 1997）。時としてこれは、ケイト・ブッシュのファンたちによるメーリングリストのように、中心メンバーどうしの強い親近感に結びつくことがある。実際、このメーリングリストは、「互いのことをよく知り、しばしば個人情報や古いジョークを共有する、主のようなメンバーたち」が牛耳っていたのだった（Vroomen, 2004: 249）。

そうした集団には明確で一貫した価値観と規範があり、主宰者からもメンバーからも厳しく監視されていることにも、研究者たちは注目した。それに違反すると、しばしば無視される結果となり、さらに悪くすると他のメンバーたちによって「炎上 flamed（言葉による攻撃）」させられることになる。そうした罰を集団で加えることは、集団としての責任を重視する傾向を例証するものだ、とネシム・ワトソンは考える。

> 行動規範の自覚と他のメンバーたちからの監視が頻繁であること……これらは個人の行為が常にフォーラムの制約内でなされるというコミュニティの感覚を、強く示唆するものである。（Watson, 1997: 111）

このような規範の維持は、内部の者たちの行動を縛るだけでなく、「自分たちの電子的境界を精力的かつ首尾よく防衛する」手段としても働く（Hill & Hughes, 1998: 69）。インターネットは境界のない空間だという考え方とは対照的に、熱心な「新米ユーザー」は古株のメンバーから対等に扱われる前に、彼らの敬意を勝ち取ることがしばしば求められる（Whelan, 2006）。直接顔を合わせる接触にはさまざまな身体的手がかりが伴うが、ネット上の集団にはその

ような手がかりが得られない。それでも多くの集団が，内部の者と外部の者を区別する独自の方法を生み出すのである。

コミュニティか個人か？

　だが，バーチャルコミュニティの研究に問題がないわけではない。場合によっては，個々のディスカッショングループが他とは切り離された形で注目を浴び，そうしたグループとファン・コミュニティや政治団体との関係に十分な注意が払われないことがある。同様に，ディスカッショングループの取り組みが，参加者たちの日常生活やアイデンティティとに結びついていないきらいがある。「バーチャルコミュニティ」という用語を使うと，研究対象であるインターネット空間と参加者の「実生活」とは切り離されたものであるという感じが強まってしまう。本当はネット上のコミュニケーションを，さまざまな物理的空間とバーチャル空間で生きられるアイデンティティの不可欠な部分として研究したほうが，よい場合もあるのだから（Miller & Slater, 2000）。ベイムの研究で扱われたソープオペラのファンたちや，ワトソンの研究で扱われたロックのファンたちが，「オフ」ではなにをしているかについて，われわれは十分に知り得ていない。彼らはメーリングリストをやっていない時間にも，Eメールやインスタントメッセンジャーや電話や直接顔を合わして交わされる会話と同じ話題について，同じ人びとと会話して過ごしているのだろうか。それとも彼らのコミュニケーション生活は，さまざまな関心と社会的ネットワークとで，分裂しているのだろうか。

　この最後の問題を考察した研究者の中には，ネット上のコミュニティにおける人びとの絆の強さに疑義を覚える者もいる。バリー・ウェルマンとミレーナ・ギリアによると，そうした集団は，参加者のアイデンティティにおいて部分的な役割しか果たしておらず，彼らの注意は他のさまざまな交友関係や人間関係にも向けられていて，そうした関係はそれぞれが彼らの日常生活のさまざまな局面にかかわるものである（Wellman & Gulia, 1999）。ウェルマンとギリアは，ディスカッショングループ上のやりとりがある種の独自性を示しているとしながらも，話題についていかなければならないという条件によって，メンバー間の広くて「強い絆」が育まれるのでなく，特化したプラグマティックなや

第Ⅲ部 メディア・アイデンティティ・文化

りとりに人間関係が限定されてしまう,と論じている。

ウェルマンとギリアは,インターネットには,われわれひとりひとりがネット空間で紡ぐ〈弱い紐帯〉の総量を拡大する可能性がある,と確信している。しかし,ディスカッショングループが濃密で広範な結びつきを育むかどうかについては,それほど確信を持っていない。マニュエル・カステルも同様の見方をしており,ディスカッショングループの特徴は「敷居が低く,機会費用が低い」点にあるが,このことはディスカッショングループが各人の複雑な「社交性のポートフォリオ」のほんの一部を形成するに過ぎないことを意味する,と論じている(Castells, 2001: 132)。

とはいえ,しっかり結びついたコミュニティへの深くて強い帰属意識が見られた,とする研究もある。筆者が行ったゴスの研究でも,参加者たちはサブカルチャーや仲間への強いこだわりを示した。こうしたことは,さまざまな物理的空間でもバーチャル空間でも実現しており,ディスカッショングループもその一端であった。インターネットの利用は,参加者が情報交換し,討議に加わり,興味をかき立てられ,サブカルチャー的な友情関係を育み強化することを可能にし,それによってコミュニティをいっそう充実させる(Hodkinson, 2003)。同様にヘンリー・ジェンキンスは,テレビ番組の熱心なファンの間では,インターネットのさまざまなコミュニケーションの形態によって集団的アイデンティティが豊かなものになった,と報告している(Jenkins, 1992; 2002)。また,マリア・バカルジエヴァは,国境を越えたエスニックコミュニティの発展に,インターネットによるコミュニケーションが大きな役割を果たすことを示してみせた(Bakardjieva, 2005)(第10章参照)。

こうした例は典型的なものではないかもしれない。その点は認めるべきであろう。多くのディスカッショングループやウェブサイトは,特殊なコミュニティを対象としたものではない。むしろ,家屋の修繕とかセレブの目撃情報とかパソコンゲームの裏技とかガーデニングといったバラバラな話題を扱うのが普通である。同様に,多くのインターネットの利用者は,ゴスやテレビ番組のファンほど1つの集団に入れ込んでいるわけではない。その結果,相当程度折衷的・多面的な出発点からインターネットを利用し,すでに持っている関心を追い求め,それをもってさまざまな話題や人間関係を調整するうえでの予行演習

にする。しかし，状況次第では，特化したウェブサイトやディスカッショングループがコミュニティを育む場合もある。

　公開型のディスカッショングループは，多くのバーチャルコミュニティ研究の対象ともなり，依然として非常に大切なものと受けとめている者たちもいるのだが，全体としての重要性は減じてしまった。この点は重要である。日記形式のブログやジャーナルは，ユーザー集団によっては非常に重要なものとなったが（Bruns & Jacobs, 2006），なんといっても近年最も大きな進展を見せたのは，Bebo，Facebook，MySpace，Twitter といった SNS の成長である。こうしたサービスにはコミュニティの機能も含まれることが少なくないのだが，その要となるポイントは，個々のユーザーのアイデンティティである。ユーザーは，自分自身の日常とアイデンティティから選び出した要素を，絶えず更新して提示する（boyd, 2008; Livingstone, 2008）。

　ユーザーは，既存の共有空間でコミュニケーションをとるのではなく，自ら選んだ「友だち」と自分たちなりの仕方でやりとりする。とはいえ，SNS がコミュニティを育めない，というわけではない。例えば，ゴスたちの友だちリストでは，やはりゴスが中心を占めるのが普通である。これが示唆するのは，既存のコミュニティのメンバーたちが SNS を使って集団としての結びつきを強化しうる，ということである（Hodkinson, 2007）。しかし，それ以外の者たちにとって，SNS は生活のさまざまな局面から生じるさまざまな話題や交友を伴った，分散型の人間関係を育むものとなろう。SNS の意義については，第13章でさらに検討することとしたい。

6　おわりに
――定義がすべて？――

　メディアと小規模のコミュニティとは互いに相容れないとする議論の紹介から，この章ははじまった。しかし，前者が後者の発展と強化に貢献しうるいくつもの方法を，われわれは明らかにした。

　この議論により，メディアは一様なものではなく，いくつものタイプに分かれ，それぞれがアイデンティティやコミュニティの類型にさまざまな意味を持

つことが示された。マスメディアによるネガティブな報道が周縁的コミュニティの抵抗と結束を惹起する一方で、ローカルないしニッチ・メディア内のポジティブで内輪の語り口が、アイディアや交流や集団的アイデンティティの共有スペースを用意する。また、草の根的ないしDIYメディアの広がりは、オンラインでもオフラインでも、場合によってはコミュニティを土台から構築し促進する。たとえ他の場合には結びつきがいくぶん弱い人間関係を築くことがあるとしても、である。

しかしながら、われわれが検討したさまざまなメディアコミュニティの本質と意義のレベルに関する大事な議論は、未解決のままである。性的マイノリティ集団のアイデンティティと結束の強さは、多くの人が認めるところであろう。第10章で見たエスニックマイノリティ集団と同様に、彼/彼女らは主要なメディアから排除・非難されがちであり、ニッチで草の根的なコミュニケーションに依存している。だが、これが特定の趣味や商品選択を軸に据えた集団の構成となると、事情はそう明快ではなくなってくる。極端なまでのスポーツ狂、SFファン、若者向けの音楽シーンは、実体を伴ったコミュニティを本当に形成しているのだろうか。それともそうした集団は、あまりに結びつきが弱く、バラバラで、一時的なものであって、実体を伴っているとはとても言えたものではないのだろうか。その答は、コミュニティをまずどのように定義するかにかかっている。

テンニースやレッドフィールドのように従来の定義を真剣に捉える者にとって、コミュニティとは相互依存を強いられた状況にのみ現実的に存在する、長期にわたる共生とかかわり合いを意味する（Bauman, 2001）。純正で濃密なコミュニティの有機的な強さは、人びとに生まれつき備わっていて選択の余地のない、所与の要因を反映したものと考えられる（最もわかりやすいのは地理的な孤立であるが、社会階層・エスニシティ・宗教的伝統によるものもある）。

この観点からすると、メディアは距離の制約を取り除き、人びとが社会や文化をまたがってさまざまな選択をできるようにしたことで、自分たちがつながる相手やモノを決めるという〈選択〉を持ち込んだのである。そして、そうした選択の幅は、メディアと消費文化の普及によって飛躍的に大きくなった。

そのせいもあって、地域性、社会階層、宗教、その他もろもろのコミュニテ

ィの基盤は，われわれの生活を形成する度合いの点では役割が小さくなったと考えられる（Bauman, 2001）。その結果，個々人は確たる結びつきを喪失し，自分の選択によって自らのアイデンティティを形作るものとされる。ジグムント・バウマンは，なにかに所属したいという燃えるような欲求が，人びとをしてあらゆる種類の象徴や組織に自らを帰属せしめる，と考えた（Bauman, 2000; 2001）。その多くが，メディアやポピュラーカルチャーに関係するものなのである。われわれは，自分が生まれ落ちた地域や階層や宗教によって定義されるのではなく，ホラー映画ファン，ゴルフファン，ゲームのプレイヤー，セレブ・ウォッチャーとして自分をアイデンティファイすることを自ら選択するのである。

〈個人化理論〉の観点からすると，こうしたメディアや消費に関係したアイデンティティは選択されるものであるから，選ばれない可能性も同じくらいある。したがって，コミュニティに対するわれわれのかかわりも，常に「じゃあまたね」といった性質のものとなる（Beck & Beck-Gernsheim, 2001）。人びとは，特定のなにかに入れ込んだ形で自らを帰属させるのではなく，部分的・一時的な帰属をしたり離脱したりを繰り返す，と考えられる。そうした集団は，コミュニティの特徴である，互いに対する感情や責任の揺るぎない強さを示すこともない。集団自体が移ろいやすく，皮相なのである。そうした集団は，（テンニースがゲマインシャフトを定義した際に考えたような）各成員の個人的利害より集団が優先するという状態とはかけ離れており，集団から集団へと流れゆく移り気な個人に隷属する。この観点からすると，メディアが広範で包括的であればあるほど，また選択の幅が大きければ大きいほど，〈個人化された〉社会（すなわち，安定して実体を伴ったコミュニティではなく，いくつものかかわりの間を浮遊する個々人を中心とした社会）にメディアは資することになる（Bauman, 2000）。

こうした見方が示唆するものはなにか。それは，地域メディア，専門誌，ニッチなテレビ放送，DIYファンジン，対象を限定したインターネットサービスには，その見かけほどの実体やかかわりが欠如している，ということである。意のままにそれらに参加したり離れたりできるということで，それらはコミュニティではなく，個人の便宜で集まった烏合の衆となるのである。

しかし，こうしたコミュニティに関する絶対的な予見をとる必要はないのかもしれない。相互依存や孤立を強いられた結果による100％の自足と参加こそが，コミュニティと呼ばれるにふさわしい条件だと主張したとしたら，懐古趣味に陥る危険を冒すことにもなる。また，現代の集団内にも，明確にして重要な共同体的特徴が存在することを見落としかねない。さらに，そうした集団を促進するメディアの役割を理解する機会を逸してしまいかねない。

確かに選択という側面があろうし，必ずしも生涯にわたるものであったり排他的であったりするとは限らない。だが，相当数の小規模な社会集団が，強い帰属意識，独自の価値観と慣習，内部の濃密なコミュニケーションを示し続けている。過去の理想化された基準に適合しないからといって，こうした集団の意義を見過ごすのは慎みたい。その共同体的特徴の規模と性質や，さまざまなメディアがコミュニティ発展のために果たす役割を注視していきたい。

【課題と演習】

(1) 以下のアプローチは，メディアによるコミュニティの希薄化を，どのように捉えているか。
　　a) 大衆文化論
　　b) CCCS のサブカルチャー論
　　c) 個人化理論
(2) 特定の社会集団を標的とする最近のモラルパニックの例をあげよ。そうした報道はどのようにコミュニティを構築しうるか。
(3) 地方紙や地元ラジオ局のコンテンツを詳細に分析せよ。このようなメディアはどのようにコミュニティを構築したり育んだりするか。どのようなタイプのコミュニティが形成されるのか。コミュニティに取り込まれるのはどのような人間で，取り込まれないのはどのような人間か。あなたがあげた例は，フランクリンやマーフィーやクライセルによる地域メディアへの批判に，どの程度当てはまるか。
(4) a) メディアが独自のアイデンティティ集団を対象とすることによって収益が得られるのは，どのような場合か。
　　b) コンシューマーマガジンやテレビの専門チャンネルが扱う集団は，本当にコミュニティと見なせるほど結びつきが強いのか。このようなメディアの存在は，集団の帰属意識を強めているのだろうか。
(5) a) バーチャルコミュニティ論はどのように批判されたか。そうした批判は当を得たものか。

b）インターネットは既存のコミュニティの帰属意識を強めるのであろうか。それともつかの間の結びつきをいくつも形成するよう，人びとに働きかけるのであろうか。

【読書案内】

Atton, C.（2002）*Alternative Media.* London: Sage.
　さまざまな個人や集団による小規模メディアの利用を詳細に論じたもの。

Bauman, Z.（2001）*Community: Seeking safety in an unsecure world.* Cambridge: Polity Press.［バウマン，Z., 奥井智之訳（2008）『コミュニティ──安全と自由の戦場』筑摩書房］
　個人主義社会において失われたコミュニティを追い求めることを，理論的に分析したもの。

Baym, N.（2000）*Time In, Log On: Soaps, fandom and online community.* London: Sage.
　熱心なソープオペラファン向けのディスカッショングループを研究したものとして，影響力がある。

Osgerby, W.（2004）*Youth Media.* Abingdon: Routledge.
　さまざまなメディアと現代若者文化との関係を批判的に概観したもの。

Thornton, S.（1995）*Club Cultures: Music, media and subcultural capital.* Cambridge: Polity Press.
　レイヴ文化の研究として影響力がある。サブカルチャーを形成するのにさまざまなメディアが果たす役割に着目する。

第13章 メディアによる飽和・集団の流動性・意味の喪失

> 主要なポイント

- メディアと消費文化による現代生活の飽和の進行
- 飽和がメディアによる表象と現実との境界を曖昧にするというポストモダン理論
- アイデンティティが流動的になり断片化され，メディアとポピュラーカルチャーがアイデンティティの中心になるという考え方
- イメージとシミュレーションのポストモダン文化として，インターネットを理解する
- メディアの飽和についてのポストモダン的解釈に対する批判

1 はじめに

　メディアは社会を映す鏡と見なすべきか，それとも当の社会を形成するものと見なすべきか。われわれは本書の至るところで，再三にわたりこの自問を繰り返してきた。その答えを平たく言うなら，メディアは世界を無邪気に反映するのではなく，世界のある特定の表象を形成し，メディアが選択するそうした現実の姿が逆に，未来の社会関係や文化価値などに影響力を持つことが示唆されたのである（第1章参照）。

　この循環的な考え方は，部分的かつ単純な社会反映論や〈社会形成論〉を超克し，これまで見てきたさまざまな論点を理解するのに有益な枠組を与えてくれる。しかしながら，メディアによる選択的表象という考え方自体にも，批判に晒される余地がある。すなわち，メディアと社会との関係を複雑で双方向的

なものと見なしながらも、メディアによる表象と、それらが言及し影響するとされる「現実世界」との間には根本的な違いがある、と依然として強調しているからである。こうした単純化はメディアの働きを理解するのに役立つかもしれないが、結局のところメディアは現実世界の外部にあるのではなく、その欠かせざる一部として機能し、われわれの社会環境と文化環境の一部を形成しているのである（Alexander, 2003）。

　〈ポストモダン〉の思想家たちは言う。メディアによる表象はわれわれのあらゆる思考や行動の中枢となっており、それから切り離された現実を想定するなどもはや不可能だ、と。この観点からすると、現代社会はメディアによる飽和状態にあり、現実とメディアの表象は同一である、すなわち表象が現実であり、現実は無数の表象から構成されていることになる。目の前で起こる事件から個人のアイデンティティの構築に至るまで、すべてのものはメディアとは不可分の関係にあるわけだ。

　思想家の中には、メディアによる社会の飽和が進んだため、真実・安定性・確実性・意味といったものは急速に失われつつある、と考える者がいる。本章では、彼らの主張と予測を扱う。ここでわれわれが検討する考え方は、本書の中でも最も説得力に富み、魅惑的かつ重要で、しかし意見の分かれるものである。だが、必ずしも理解しやすいものではない。そこで1つずつ見ていくこととしよう。

2　意味の喪失としての飽和

消費主義——その拡大と加速

　ここ数十年の間に、利潤追求と新たなテクノロジーとによって、社会に流通するメディアコミュニケーションと消費物資の量は急速に拡大した。また、文化と日常生活におけるそれらの意義も同じように拡大した。ここで重要なのは、第12章で概略を述べた画一的な〈フォーディズム〉経済から〈ポスト・フォーディズム〉経済への移行である。後者は、さまざまなメディアと文化製品の無秩序な普及に支配され、製品それぞれが独自の消費者集団を対象としている。

　ポストモダンの思想家フレドリック・ジェイムソンによると、先進国におけ

第 13 章　メディアによる飽和・集団の流動性・意味の喪失

る可処分所得の急増は，規制緩和が進む市場での競争激化と相まって，文化産業がわれわれにできるだけ新しく多様なものを消費するよう，絶えず煽り立てるようになったことを意味する。「これまでになかったような新奇なモノ」の希求は，既存のジャンルや製品の範疇内で可能な限り多くのバリエーションを生むとともに，新たなマーケットの絶えざる開発を伴う（Jameson, 1991: 4; Featherstone, 2007 も参照のこと）。

　メディアと商工業は，ニッチな市場をどんどん開拓するだけでなく，われわれの日常生活・習慣・アイデンティティの領域にもどんどん浸透していった。確かに，なんにせよ営利目的とは無縁な文化活動を思い浮かべるのは困難になっている。例えば，人気スポーツは完全にメディアに主導されており，放映権，ロゴ入りシャツ，後援企業，CM，賭けごと，ファンジン，ウェブサイト，カレンダー，コンピュータゲーム，マグカップなどなど，あらゆる要素が営利を中心とし，営利によって形作られている。スポーツやその他の活動に参加するのもやはり営利目的に毒されており，目新しい装備，ウェア，その他さまざまな消費物資やメディア製品を絶え間なく開発しようとしている。

　製品のこうした普及に関する問題の 1 つは，消費者がじゃぶじゃぶお金を使うよう煽り立てられていることである。それも，実用のためではなく，モノが持つアイデンティティやステータスシンボルとしての象徴的価値のために，である。テレビ・ファッション・車・携帯電話・コンピュータ・家の装飾品の役割が，持ち主は何者であるかを象徴的に述べることであるとすれば，われわれが購入するモノの数や，買い換えの定期性は，ほとんど無限だということになる。いまのテレビはまったく問題なく映るのだが，流行に遅れていないとか洗練していると思われるためには，やはりもう一台買い揃えなくてはと感じる。いまの手持ちの衣類だけでも向こう何年かは問題なく過ごせるのだが，仲間内でそれなりにお洒落に見られるには新しい服が欲しい。象徴的価値の勝利は消費主義を劇的に煽り，まだ使えるモノをさっさと新しいモノに買い換えさせてしまう。

　新製品の回転率と，それに関連する流行のサイクルの加速は，現代のメディアと商工業のさらに重要な特徴だとされる（Harvey, 1989）。企業がわれわれの注意とお金をできるだけ早く別のところに移そうと競うにつれ，製品の寿命は

どんどん短くなっていく。かくしてわれわれの生活のあらゆる局面において，多様な象徴的製品とサービスが，せわしなく野放図に氾濫していく。

情報過多

　もちろんメディアは，このポスト・フォーディズムの消費主義の拡大に重要な役割を果たしてきた。また，メディアが近年氾濫し多様化したのも偶然ではない。公共放送の衰退と政府による規制緩和が追い風となり，さらに衛星放送，デジタル化，インターネットの発達と相まって，メディアもかつてのように大量のオーディエンスに向けて配信される少数の製品から，特化した，複雑で，かつ成長をやめぬサービスへと移行していった。その多くは，消費者が望む時に利用可能なものとなっている。

　メディアの氾濫は，現代生活の飽和と軌を一にするものであった。朝起きればテレビやラジオを視聴し，車中では音楽を聴き，街では広告看板やポスターやデジタル・ディスプレイに目をやり，職場ではネットサーフィンをしたり新聞を読んだりする。夜は夜でDVDを鑑賞したり，コンピュータゲームに興じたり，映画館で映画を見たり，バーでテレビや新聞や音楽で時間をつぶす。また，ポータブルメディアの性能向上により，どこに行こうとインターネットやコンピュータゲームや音楽の全コレクションやその他のコンテンツを持ち歩けるようになっている。どこにいようとも，メディアによるいくつものメッセージが，ソースはバラバラではあるが，われわれの注意を引こうと競っている。眠りにつくためにメディアを用いる者さえいる。

　イメージや情報のこうした日常的な氾濫を歓迎すべきものと心得ている者もいる。規制緩和された自由市場を提唱する者たちは，決まって選択肢が増えたことを指摘するし，デジタル民主主義の信奉者たちは，かつてないほど情報へのアクセスが自由になったことを指摘する。だが，（おそらく最も有名なポストモダンの思想家であろう）ジャン・ボードリヤールは，意味や理解や実体といったものが，電子メディアの氾濫によって〈強化〉されるのではなく，むしろノイズでかき消されている，と考えた。この見方にしたがうなら，コミュニケーションのチャンネルが増えれば増えるほど，われわれは皆，情報過多に苦しむことになる（Baudrillard, 1983）。

第 13 章　メディアによる飽和・集団の流動性・意味の喪失

　ニック・スティーブンソンは，ボードリヤールの主張を，読者に次のように例解している。「バーに腰を据え，テレビや宣伝ポスター，グローバルな雑誌，絶え間ないラジオのおしゃべりに囲まれているひとりの男を想像してもらいたい」(Stevenson, 2002: 161)。彼の注意はこうしたさまざまな情報源の間を絶え間なく行き来しているが，それぞれにかかわれるのは最も皮相なレベルにおいてのみである。同時に流入する情報量は「被験者の解釈能力を超え」(Stevenson, 2002: 162)，彼の理解は上っ面なものにとどまってしまう。
　また，それぞれの回路で伝達されるコンテンツは，利那的な刺激や興奮をどんどん指向するようになる，とボードリヤールは言う。なぜなら喧噪の中でわれわれの注意を引くには，そうするしかないからだ。どのジャンルでも，動きが速く，絶え間なく他のものと取り替えられるイメージが重宝される。よって，バーにいる男の注意は——あるいは，リビングルームでノートパソコンを操ってネットサーフィンしながら，テレビのチャンネルを回している人物は——複雑で穿った理解を得ようとするよりも，いっときだけ魅惑的な無数のイメージや表象の間を行き来することになる。文脈やこれまでの人生の重要性は減じ，眼前にあるイメージに対するわれわれの反応は，情緒的反応，即断，そしてしまいにはもう一口ほしいなという思いに支配されていく。

3　メディア＝現実

　メディアのこうした集中砲火にわれわれの生活は溢れかえっているのだから，メディアによる表象と社会自体との間にはもはや区別など存在しない，とボードリヤールは考えた。われわれの日常経験に対してメディアは確かなものとなり，生涯を通じて蓄積されるメディアの影響力は圧倒的なものとなる。すなわち，メディアがわれわれの文化的諸関係，価値観，経験，世界についての理解を規定・支配するのである。まれにメディアに「接続」していない時でさえ，われわれの思考や活動は，われわれの生活を構築した無数のメディア経験との関係で規定される。同様に，現在におけるわれわれのメディアとの接触１つ１つが，過去のメディアとの接触に由来する既存の理解によって規定される。
　ボードリヤールら思想家は次のように考えた。こうした幾層にも重なるメデ

ィアの飽和によって，すべてのイメージや表象の根底に潜む現実社会，本物の文化的アイデンティティ，世界についての真の説明といったものを思い描くことは不可能となる，と。能動的オーディエンス論は，メディアとのかかわりがメディアとオーディエンスの社会的・文化的コンテクストの双方向的やりとりからなる，とする。だが，そもそも後者が過去の膨大なメディア経験と不可分なものだとすると，事態は過去のメディアによる表象と新たな表象との相互作用だと見なすのが真相に近いのではないだろうか？

そうなると，政治・戦争・飢餓・環境などの問題についてのわれわれの理解は，ニュース・ドキュメンタリー・映画・雑誌・テレビ番組・ウェブサイトなどのメディアによる表象の堆積に完全に依存したものと見なすべきだ，ということになる。2001年9月11日の出来事を，当時のわれわれはテレビ・インターネット・新聞報道といったメディアの直接的な表象によって理解した。だが，事件の「客観的」見解に接して「現実」と対照しながら事件を評価する手立ては一切なかったのである。さらに，われわれが遭遇したメディアの直接的報道の1つ1つは，過去のさまざまなメディア経験によって形作られたものであった。例えばパニック映画，過去のニュース報道，正義の味方・悪者・犠牲者・テロリスト・戦争をめぐるあらゆる物語など，である。

現在のメディアによる表象が過去のメディアによる表象を通じてのみ理解されるとすれば，媒介されていないありのままの真実や現実といったものは想定しにくい，とボードリヤールは考える。この点を「1991年の湾岸戦争は起こらなかった」と宣言したことで例証してみせたのは，周知のとおりである。すなわち，メディアによる紛争イメージの氾濫の根底には，もはや識別可能な現実など存在しない，と述べたのである（Baudrillard, 1995b）。

プライベートな領域に関した問題や経験の理解も，同じくらいメディアによって飽和している。人間関係，家庭生活，興味，趣味，日常の行動をどう扱うかは，こうした生活の諸相を扱った過去のメディアによる表象との関係で決定していく。とりわけ小説・ソープオペラ・映画・雑誌・ニュース報道・トークショー・広告などによってである。成長著しい「リアリティTV」番組のことは，言うまでもない。デジタルカメラやSNSといったDIYメディアの利用によって，われわれの生活が映し出されるというよりも，生活そのものが形作ら

れていることも,これにくわえてよいであろう。かくして公私の境界は曖昧になっていく。

メディアは日常生活の主要な部分を構成するだけでない。われわれの価値観や,われわれが世界に占める位置をどう理解するかといったことについて,その枠組を支配する。したがって,われわれ自身や日々の生活についての理解は,世界についての見方と同様,メディアに絡め取られているのである。

真実からイデオロギー,シミュラークルへ

ボードリヤールは,メディアの氾濫を,イメージや表象(もっと正確に言うなら,記号)の文化的役割における4段階の変容の一環と位置づける(Baudrillard, 1995a: 6)。はじめの2つの段階では,イメージや記号は「深遠なる現実」に対置される。後の2つの段階では,記号は増大してついには現実に取って代わる。

最初の段階では,イメージは記号がかねてから持つ象徴的役割を果たし,世界の現実面を忠実に描写する手段として働く。記号論風に言えば,シニフィアンが明快な指示対象(現実に存在する被対象物)を持つ,と言うことができる。ボードリヤールの第2段階では,記号やイメージの主たる役割は,現実世界を忠実に描写することではなく,現実を曖昧にしたり歪曲したりすることになる。この段階は,メディアがイデオロギーの一形態として状況の本質から人びとの目を逸せるという,マルクス主義の考え方に相当する(第6章参照)。現実は不正確な表象に覆い隠されているが,この段階ではやはり,イメージ下に存在するのである。この点は重要である。

ボードリヤールの枠組では,第3段階への移行が非常に重要である。ここではイメージの増大が進み,その下にはありのままの現実などもはや存在しない。イメージは現実を描写したり誤写したりするのではなく,「本物のフリをする」(Baudrillard, 1995a: 6)。すなわち,本物を表象するものだとわれわれに勘違いさせる。イメージは,まさにその増大によって現実を消し去る際にも,やはり現実のシニフィアンとしてわれわれの前に姿を現わす。そうすることで,イメージはもはやなにも現実的なものなどないという事実を,隠蔽してしまうのである。

第Ⅲ部　メディア・アイデンティティ・文化

　テレビは現実の不在を隠蔽するのに殊のほか効果的だ，とボードリヤールは考えた。連続する音声と動きの速いイメージとの目まぐるしい組み合わせは，テレビを外の世界の表象として経験するようにわれわれを促す。その実，そうやって描かれる世界は，テレビの無数のイメージの集積でしかないのである。ディズニーワールドのような遊園地も，こうした現実隠蔽の例である。ボードリヤールは言う。ディズニーワールドは，本物のアメリカの，ミニチュア版・ファンタジー版の表象としてわれわれの前に現われる，と。それを，現実の第1段階の象徴として理解する者もいれば，アメリカの資本主義の欠陥と搾取から人びとの目を欺くという，第2段階の歪曲だと考える者もいよう。しかし，ボードリヤールに言わせれば，ディズニーの機能はアメリカの現実を描写したり誤写したりすることにあるのではない。そうではなく，そうした現実の不在を覆い隠すことにあるのだ。実は描写する現実がないのにもかかわらず，ディズニーは「本物のフリをする」。なぜならアメリカも，同種のイメージや記号から成り立っているという点で，ディズニーワールドとなんら変わるところがないからである。

　こうしてわれわれは，最後の第4段階へと誘(いざな)われる。この段階になると，イメージはもはや本物や表象のフリさえしなくなり，イメージ相互の言及がなされるばかりである。記号でもなければ表象でもない。空虚な〈シミュラークル〉に過ぎない。すなわち，対象を欠いたイメージ，実体なき形式，深層なき表層に過ぎなくなるのである。

　この世界では，メディアと現実との関係を論じたり，メディアが十分に現実的だとか真実だとか正確だとかを論じたり，メディアが偏向しているか否かを論じたりするのは不可能である。メディアは社会を反映もしなければ，形成もしない。メディアこそが社会なのだ。これは〈ハイパーリアル〉の世界である。真実と虚偽との区別はなく，さまざまな物語・ディスコース・観念・イメージが数限りなく存在するだけとなる。実際のところ，基準となるような現実，メディアが介在しない現実がもはや存在しないとしたら，あるイメージ・言説・物語が「真実」かそうでないか，どうして判定できようか？

　ボードリヤールが描いてみせた，皮相で自己言及的なイメージの例は，枚挙に暇がない。「現実」と「虚構」の両方面で，さまざまなジャンルにわたって

第13章　メディアによる飽和・集団の流動性・意味の喪失

見つかるだろう。なかでもセレブ文化の現象は，最もわかりやすい例を示してくれる。

ハイパーリアルとしてのセレブ文化

　多くの点でセレブとは，メディアの究極的な創造物であり，それゆえにシミュラークルの考え方を体現している。

　ずっと昔，親しみやすさの象徴として「スター」を育て，映画やポピュラー音楽と抱き合わせた時代から，セレブ産業という巨大産業が誕生していった。その主たる役割は，セレブのパーソナリティやブランドやイメージを，注意深く構築し宣伝することである（Turner, 2004）。この業界は，セレブを利用し，引き合いにし，その製造に寄与するさまざまなメディアと交差する。それゆえセレブは，映画やテレビで「役になりきって」演じるだけでなく，トーク番組・雑誌・広告・リアリティ番組・ニュースに「素顔の自分として」も登場する。セレブ産業は，あるメディアから別のメディアへと展開していくが，それは他のどんな業種よりも顕著である。そして，彼らの外部のいかなる現実にもふれないような，空疎なシミュレーションを並べ立てる。

　ブリトニー・スピアーズやアンジェリーナ・ジョリーやトム・クルーズやパリス・ヒルトンの突飛な行動が，ニュースのヘッドラインやドキュメンタリーでクローズアップされることを，他にどう解釈できようか？　ボードリヤールの考えにしたがうなら，すべてがシミュラークルなのである。セレブ報道であれほど強調される「セレブの素顔」は，彼らが演じる「虚構の役柄」と寸分たがわぬよう構築されている。さらに，そうした役柄で成り立つソープオペラは，現実と最も近い関係にあると自負する「実話ジャンル」に対してさえも支配を強めつつある。時にセレブたちは，一般人の感情が溢れ出る，メディアの大イベントの中心となることさえもあった。有名なところでは，ダイアナ妃やマイケル・ジャクソン，またイギリスの場合に限られるが，人気リアリティ番組『ビッグ・ブラザー（Big Brother）』のスターであったジェイド・グッディの早過ぎる死が，例としてあげられる。彼らセレブの友人や家族を除けば，誰にとってもメディアのキャラクターに過ぎない人物たちなのに，である。ボードリヤールの目には，セレブの死をあれほど多くの人びとが嘆き悲しむ光景は，

319

〈ハイパーリアリティ〉のほぼ完璧な例と映ったに違いない。
　現代社会におけるセレブの役割は，ボードリヤールの第3の段階，すなわちイメージが「本物のフリ」をして，現実の不在を隠蔽するという段階を例証するのにも用いることができる。映画スターの「素顔」と彼らが演じる「虚構の役柄」との区分が，1つの例を示してくれる。『ビッグ・ブラザー』のようなリアリティTV番組出身のパーソナリティは，そのジャンル名のせいで，それ以外のセレブよりも本物らしいという印象をわれわれは受ける。もちろん，「リアリティ」という言葉は，ジェイド・グッディらに人為的に加えられたものに過ぎない。彼女の人生と死は，過剰なまでのメディアの語りによって相当部分が規定されたのである。実際，「リアリティTV」という概念自体が，メディアによる逆転なのである。というのも，それが示しているものは，メディアによる現実生活の植民地化であるにもかかわらず，まるで現実の表象であるかのようにわれわれの眼前に現われるからである。
　だが，セレブ産業の場合，第3の段階にもっと根本的な隠蔽の層がある。セレブ産業は，見世物とファンタジーの別世界として立ち現われて，われわれが日々暮らす「現実社会」がどれほどメディアの空疎なシンボルとイメージで溢れかえっているかを，曖昧にする働きがある。セレブにまつわる語りや願望が日常生活に浸透し，社会全体にわたってセレブについての理解やアイデンティティが氾濫している事実が，そうした飽和の一例を示している。

4　アイデンティティ
——断片化と流動性——

　メディアの氾濫とハイパーリアリティが示唆する多くのことがらの中には，われわれの周囲を浮遊するシニフィアンによって個人のアイデンティティがどんどん規定され，引き寄せられていることがあげられる。すなわち，われわれはわれわれ自身を規定し，他者から差別化する際に，住んでいるところや仕事の性質によってではなく，ファッション・化粧品・音楽・家の調度品・車・その他の消費財が持つ象徴的価値を基準にする，ということである。
　メディアによるイメージや消費財を中心にアイデンティティを決定するとい

第 13 章　メディアによる飽和・集団の流動性・意味の喪失

うことは，ボードリヤール以外の思想家たちにとっても重要であった。その中にはポストモダンの思想家もいるし，特定の呼ばれ方を嫌う者もいる。しかし，彼らに共通するのは，メディアの世界と消費との象徴的関係の結果，アイデンティティがどんどん断片化され不安定になったという認識である。

再使用とパスティーシュ

　フレドリック・ジェイムソンは，彼が「ポストモダン状況」と呼ぶところのものの概略を示しながら，消費財の急速な増加と転回とによって，それらを固定した意味に結びつけることがどんどん困難になっている，と述べている（Jameson, 1991）。この観点からすると，「使用価値」は「象徴的価値」によってほぼ完全に取って代わられ，さらにその象徴的価値自体が次第にフレキシブルになってきていて特定が困難になっている，とされる。「目新しい」製品を開発せよという圧力がもたらす影響の1つが，過去のスタイルや流行を絶えず改変・再循環させることだ，とジェイムソンは考えた。音楽やファッションの世界では，この例をあげるのは雑作もないことである。個人の持ち物であるフレアージーンズやタイトジーンズから，ロックンロール，グラム，ゴス，ニューロマンティックに至るまで，それこそ枚挙に暇がない。そうした流行と本来のコンテクストと象徴的意味との関係は，再使用されるたびに緩くなっていくとされる。この点は重要である。

　再使用が意識的な再生となる場合がある。オリジナルとのつながりがリスペクトされて取り入れられることもあれば，わざとキッチュや〈パロディ〉として扱われることもある。この場合は，緩やかなものであれ単純化されたものであれ，オリジナルの象徴的意味への明快な言及が残っているものである。しかし，ジェイムソンは，もう1つの再使用のモード，すなわち〈パスティーシュ〉に比べれば，パロディの意義は小さいと考えた。ここでいうパスティーシュとは，オリジナルの意味に言及するのではなく，以前の意味を融合し，新たなコンテクストの新たな消費者に向けて新製品を作り出す中で，モノやスタイルが抽出されることをいう。例えば，イアン・チャンバーズは，過去のジャンルから選び出された要素を融合するという，ポピュラー音楽のジャンルの台頭に注意を向けている（Chambers, 1985）。その結果，過去のそうしたジャンルの

321

境界が，かつてのライフスタイルや価値観やグループ分けとともに，曖昧になっていく。同様にディック・ヘブディジは，80年代の音楽では，「いくつものソースからリズムやイメージやサウンドを換骨奪胎する」のが主流となった，と述べている (Hebdige, 1988: 212)。そうした主張でとりわけ注目されたのは，ダンス・ミュージックでさまざまな素材からのフレーズを，サンプリングしたり再利用したりアレンジしたりすることについてのものであった (Connor, 1997)。

このことが示唆するのは，再使用やパスティーシュが続けば続くほど，新たに生み出されるハイブリッドは空疎で無意味なものになっていくことである。もはや実質的な意味を持たず，代わりに「自らの姑息な手法」を示すだけである (Chambers, 1985: 199)。その間にも，スタイルやジャンル間の境界は曖昧になり，高尚な芸術とポピュラーカルチャーといった区分さえもが，両者の要素が混交するに伴い，危うくなっていく。

このことは，かつてならモノの象徴的意味が限定されていたのに対し，現在ではいわば野放し状態にある，ということを示唆する。すなわち，ハイブリッドの消費財が絶え間なく流通し，思いのままに選んだり組み合わせたりすることができ，思いのままの意味を持たせることができる。このことは，アイデンティティの形成に大きな意味を持つといわれる。われわれのアイデンティティが，流動的・一時的・多義的なシミュラークルにつながればつながるほど，われわれ自身も次第にハイブリッドで流動的なものとなり，われわれの自己認識も多くの一時的なスタイルやモノで構成されていく，とされる。パンクの演奏を聴きに行かなくともパンクのファッションを取り入れることができるし，ヒップホップのルーツがスラム地区にあることを知らなくてもヒップホップの曲を聴くことができる。こうした断片的なモノは，われわれが望むとおりのものを意味してくれるし，明日にはそれを捨てて新しいモノに交換することもできる。

ポストモダンの「スタイルのスーパーマーケット」では，われわれは本物であることや意味をどうでもよいとさえ見なすようになり，代わりに偽物に耽溺するようになる，とテッド・ポヒマスは考えた。「ファッションは変化を歓迎し，サブカルチャーのスタイルは集団的アイデンティティを歓迎したが，流行の世界の住人たちは偽物の真実，シミュレーションの本物らしさ，意味不明さ

の意味深長さを歓迎する」(Polhemus, 1997: 149-50)。

現代の消費財やメディアのイメージがその意味においてこのようにフレキシブルであるとか，消費者はもはや意味の構築・伝達や本物であることに関心さえなくなったと，誰もが認めているわけではない。それでもやはり，ポストモダンの思想家たちが主張する，メディアと消費によってもたらされた断片化と流動性は，第12章末尾で述べた個人化の理論と符合する。無意味性の問題に関しては，ボードリヤールやジェイムソンほどではないにせよ，バウマン (Bauman, 2000) やベックとベック-ゲルンスハイム (Beck & Beck-Gernsheim, 2001) が，次のように声をあげている。アイデンティティは消費者とメディアの慣習とに結びついており，人びとは非常に多様なモノや象徴的意味から選ぶことができるため，いかなるものに所属しようともその結びつきは部分的かつ一時的なものにしかならないであろう，と。ここでいう人とは以前と変わらぬものと見なされるが，しかし，ポストモダンの考え方によるなら，そのアイデンティティ自体が流動的で非常に複雑なものになっているのである。

5 バーチャルな遊び場としてのインターネット

シミュレートされたアイデンティティ？

別段驚くほどのことではないだろうが，初期のインターネット研究者の中には，インターネットがボードリヤールの言うシミュラークルや無意味性といったハイパーリアル文化を，凝縮した形で表象する，と考えた者もいた。例えばシェリー・タークルは，インターネットを「シミュレーションの文化」と表現し，ディスプレイ上で人びとは単なる恣意的な言葉やイメージ，言い換えれば相互に作用するシンボルから構成される，と考えた (Turkle, 1995: 10)。さらに，こうしたバーチャルなシンボルは物理的には存在しないため，シンボルと実体を伴った「リアルな」人間との結びつきは曖昧になる，とも考えた。物理的にその場に存在しなければならないという制約と距離の制約がなくなったので，ユーザーは自分が望むままのバーチャルなアイデンティティを作り出せるようになった。このようにわれわれは自分の好みに合ったパーソナリティを作り出し，ジェンダーやセクシュアリティやエスニシティや国籍その他までも好きに

第Ⅲ部　メディア・アイデンティティ・文化

選べるようになった。ネット上では物理的制約から解放されるということは，アイデンティティが柔軟で流動的なものとなるのを可能にする，と言われる。ディスプレイ上の自分のイメージやテキストを好きなだけ変えられるだけでなく，テクノロジーはいくつものバーチャルなアイデンティティを同時に持つことも可能にする。タークルは，市場をリードするマイクロソフト社の基本ソフトとインターネットとの関係に言及しつつ，「ウィンドウズの日常とは，多くの世界に存在し，同時に多くの役割を演じる，偏心化した自己のそれである」と述べている（Turkle, 1995: 14）。

ネット上の自分は，安定した内部の核や物理的に存在する身体からなる統一された主体ではなく，ちぐはぐでいくつも存在し，常に変化するものと理解される。さらに，並列するバーチャルな人物たちに時間や労力や感情がどんどん費やされるため，どのアイデンティティが「本物」で，どれが人工的なものなのか，次第に曖昧になっていく。ディスプレイの前に座る人物の人生が，彼のバーチャルな分身たちによる行動や人間関係よりも本物であるのかそうでないのかさえ，曖昧になることもある。それゆえネット上のサイボーグ・アイデンティティは，人間とテクノロジー，本物と人工物，現実と表象との境界を曖昧にする，とされる。タークルは，「われわれはディスプレイ上（on the screen）ないしはディスプレイ内（in the screen）で人生を生きているのか」と疑問を投げかけ（Turkle, 1995: 21），さらに「人びとは現実の表象を現実の代用とすることに満足しつつある」と続けている（Turkle, 1995: 23）。

タークルの著作はインターネット黎明期のマルチユーザーのオンラインゲーム（MUD）を中心として述べたものだが，その要点は「セカンドライフ（Second Life）」といった現在のバーチャル環境との関係でも例証できる。セカンドライフでは，ユーザーは「虚構の人物」になりきって，完全な仮想空間で歩き回り，仕事をし，遊び，売り買いをし，他の人物たちと関係を育む（Boellstorff, 2008; Geser, 2007a; 2007b）。こうした環境について多くの社会学者が関心を抱く問題はこうだ。「バーチャルな」キャラクターと「虚構の」人間関係にユーザーは大量の時間とエネルギーを注いでいるが，それらはいかなる場合にディスプレイを離れた自分のアイデンティティよりも，重要ないしリアルとなるのだろうか。2008年には，エイミー・テイラーとデビッド・ポラードというイギリ

第13章　メディアによる飽和・集団の流動性・意味の喪失

ス人夫婦が「現実世界」で離婚した。セカンドライフで夫のキャラクターが他のユーザーのキャラクターとバーチャルに「浮気」した，というのである。

　シミュレーションというポストモダン文化の発展の一環としてインターネットを捉える思想家のひとりに，マーク・ポスターがいる (Poster, 1995; 2001)。インターネットとは，外界を観察し理解し働きかけることができる自立した個人という啓蒙主義的思考が，衰退して最後の段階に入ったことを示すものだとポスターは見る。ポスターが設定した段階の1つ1つは，メディアテクノロジーの発展と対応する。どこかマーシャル・マクルーハンの「メディア論」を思わせるものがある。

　第1段階（活字メディアの時代）——知識を有し批判的で理性的な個人が，書物や新聞の文脈的な深みや個人主義的指向によって形成される，と考えられる。

　第2段階（放送メディアの時代）——個人の主体は，少数のメディア制作者に働きかけられ構成されることで，部分的に拡張する。しかし，その他の点では次第に退化していく。ボードリヤールに明らかに呼応するかのように，ポスターはこう論じる。テレビ上の皮相なイメージの増大は，イメージが外界を指すよりもイメージ相互を指す状況につながった，と。個人の主体としてはなんの変化もないかもしれないが，断片化は進行し，外界の現実を観察しそれに働きかける能力は衰退していく。

　　　印刷物や新聞は……外界の表象のようなものであった……放送メディアもある程度まで同じ働きをするのだが，それ以上に表象と外界との関係を損ない，表象とメディア自体との関係を前景化する。(Poster, 2001: 15)

　最終段階（インターネットの時代）——観察しうる外界という概念は内部から完全に崩壊し，個人の主体そのものが断片化する。インターネットは範囲と量の両面でメディアコンテンツのさらなる拡大を加速し，メディアの双方向性はそうしたコンテンツのソースを多様化する。消費者と制作者との境界は曖昧になり，コンテンツが増大すればするほど，それは自己指示的になっていく。

　タークルの説明と同様に，インターネット上では，現実と現実の表象との区分はほとんど存在せず，すべてが皮相なイメージやシミュラークルの次元のも

のになる,とポスターは言う。言い換えれば,インターネット上では,すべてのものがディスプレイ上で相互に指し示すイメージとなる。また,メディアの多様なシミュラークルは,放送の時代にとって重要な存在であったオーディエンス集団を断片化し,主体の解体をもたらす。この時点で個人の主体は,仮想世界で演じられるいくつものバーチャルな役割の寄せ集めに過ぎない。したがって,個人が観察したり理解したりするような,「リアルな」外界などもはや存在しない。その代わりに,個人の主体はイメージの仮想空間で機能するようになる。「もはや自己は自己でなくなる。なぜなら自己は,外から世界の輪郭を定めることをせず,機械装置の中の回路の点のようになるからである」(Poster, 2001: 16)。

日常生活の拡張としてのインターネット

　タークルやポスターらポストモダンの思想家は,インターネットに関していくつもの卓抜な観察をしているが,社会に与えるその影響を誇張する傾向にある。こうした解釈は,〈テクノロジー決定論〉との批判を免れ得ないであろう。インターネット技術を社会変化の主要な要因だとする一方で,そうしたテクノロジーの利用に個人や組織や社会的コンテクストがどのような役割を果たすかを軽視しているからである。彼らはインターネットの可能性をご都合主義的に選び出し,ありきたりな予測に変えてしまう。例えばタークルは,インターネット技術が状況次第で人びとに自分のアイデンティティを試したり拡張する可能性をもたらすので,その直接的な結果として,社会全般でアイデンティティが流動的になったり断片化したりし,バーチャルなアイデンティティは本来のそれから本質的にかけ離れたり,同じくらい重要になるとする。だが,インターネットが自分の既存の立場を強化する可能性もあるのに,まったく新しいバーチャルなアイデンティティを作り出すほうを人びとがわざわざ選ぶと,どうして言い切れようか?

　ポストモダン理論でいう無意味性と断片化が,仮想空間で完璧に体現されているとするタークルの主張には,紛らわしいという問題がある。なぜならこの主張は,実社会がポストモダンの理念にそぐわないことを,暗に認めていると思われるからだ。つまり,インターネット上のポストモダン的な仮想空間とは

第 13 章　メディアによる飽和・集団の流動性・意味の喪失

対照的に，現実世界は不変性や境界や意味を依然として保っている，ということになる。こうした分析は，ボードリヤールにとっては不都合なものであったことはまちがいあるまい。タークルがインターネットだけを選んだことは，ボードリヤールからすれば，メディアの飽和とハイパーリアリティを隠蔽するだけだ，といったところであろう。ボードリヤールの考えでは，この２点はインターネットにとどまらず，あ・ら・ゆ・る・社会生活を特徴づけるものなのである。

　世界全体においてどの程度「リアル」かそうでないかということは，ひとまず措くとしよう。だが，インターネットを「リアル」だとか物理的な世界とは別物だと見なすことは，現在では誤りと見なされる場合が多い。そのような解釈は90年代初めのオンラインゲームの場合になら当てはまるものであったろうし，「セカンドライフ」や「ワールド・オブ・ウォークラフト（WoW）」といった，現在の「パラレルな」オンラインゲーム環境を理解するには，ある程度有効かもしれない。そうした環境では，ゲーム参加者は外界とは異なるアイデンティティ・人間性・交友関係を育むよう，露骨に求められるのである。しかし，最近のユーザーにとって，インターネットは仮想世界を構成するものではなくなっている。むしろ，現実の生活やアイデンティティを豊かにするためのコミュニケーションツールとなっているのである。われわれの大半は，インターネットに夢中であったとしても，オフラインでの生活に密接に関連した，平凡で日常的なことのためにそれを利用する。例えば，電車の時刻表を確認したり，論文を調べたり，買い物をしたり，天気予報をチェックしたり，職探しをしたり，ニュースを読んだり，というように。そしてもちろん，ネットによって仲間やコミュニティと連絡を取り合うのである（Wellman & Haythornthwaite, 2002）。

　とはいえ，インターネットが日常生活に完全に組み込まれているからといって，タークルやポスターらの考えをあっさり放棄すべきだ，ということにはならない。例えばポスターの考え方についてはどうか。主体の死や現実の喪失をめぐる彼の議論は，それを受け容れるにせよそうでないにせよ，有効なものである。文化と社会に氾濫するイメージとメッセージの野放図な増大の触媒としてインターネットが機能していることに，注意を向けさせるからである。

　同様に，インターネットが緩やかで複雑ないし移ろいやすいアイデンティテ

327

ィを促進するという主張も，必ずしも放棄すべきではないだろう。第12章でも見たように，ウェルマンとギリア（Wellman & Gulia, 1999）やマニュエル・カステル（Castells, 2001）らは，次のように言う。人びとのアイデンティティは，いかなる話題についてもネット上でイメージや情報の入手あるいおしゃべりが簡単にできることによって，さまざまなサイト・関心・団体の間をさまよい歩くことになるだろう，と。

　バリー・ウェルマンとキャロライン・ヘイソーンスウェイトはインターネットを，ジグムント・バウマン（Bauman, 2001）らの論究に関連づけて，次のように言う。インターネットは，われわれひとりひとりを，各人のネットワークの中心で社会的スイッチボードとして機能させる。これにより，彼らの言う「ネットワーク化された個人化」を促進する，と（Wellman & Haythornthwaite, 2002: 32）。ここで主張されているのは，主体は死んだとか，自己はもはや無意味である，といったことではない。そうではなく，いまや社会の主要な単位は，国家や地域社会や社会階層といった固定的な存在ではなく，いくつもの団体の間を浮遊する個人だ，ということである。

事例研究——SNS

　何百万もの人びとが，FacebookやBeboやMySpaceやTwitterなどのSNSを利用している。このことは，ネットの利用と人びとの日常生活やアイデンティティとの関係を知るうえで，有益な事例研究となる。インターネットに真っ先に飛びついた者たちが大部分を占めていたかつてのディスカッション・フォーラムやチャットルーム（これらはインターネットについて書かれた初期の文献の基礎資料となった）と違って，SNSは何百万もの一般人が日常生活の一環として利用している。例えば2009年1月には，6800万ものユーザーがSNSにアクセスした。また，当時最も急成長していたSNSはTwitterであったが，同月に約600万ものユーザー数を達成している（Kazeniac, 2009）。

　SNSについて最初に目につくのは，すでに述べたように，ユーザーの日常生活に密接に結びついている点である。若者たちが匿名の他者と接触するのではないかと，かつては懸念されたが，この懸念はだいぶ沈静化した。大半の人びとは実生活ですでに知っている人たちとコミュニケーションをとる目的で，

MySpace, Facebook, Bebo, Twitter といった SNS を利用することが，たび重なる学術調査で明らかにされたからだ（boyd, 2008; Livingstone, 2008）。実際，多くの者がプライバシー設定を利用し，自ら選んだ友人だけにプロフィールを公開したり，彼らと対話しているのである。

また，そうしたサイトでのコミュニケーションの内容は，ネットから離れた日常生活の平凡な諸事に関した短い発言や写真から構成される傾向がある。例えば，週末の出来事や仕事についてのコメント，天気にケチをつけるといった類いのものである。また，SNS 上で提示する自分と，SNS 外で示すアイデンティティとには，明確なつながりがあるのが一般的である。ある特徴を誇張したり，その他の特徴を抑え気味にすることはあるだろう。しかし，完全に虚構のアイデンティティをでっちあげる者はほとんどいない。アイデンティティのいくつかの部分をいくらか操作するのは避けがたいが，SNS におけるアイデンティティの構築は，世界に占める自分の位置を確立し，測り，理解する手段となる傾向がある。

ティーンエイジャーの部屋の壁飾りのように，SNS はユーザーが，自分の生活を構成するさまざまなコンテクスト・関心・交友関係から，一貫したアイデンティティを構築し提示することを可能にする（Hodkinson & Lincoln, 2008）。こうしたサイトの利用は，ポストモダンでいう自己の崩壊を加速させるどころか，「自分自身を存在に書き入れる」手段となる場合が少なくない（boyd, 2008）。さらに，おそらくネットワーク化された個人主義の考え方と符合するであろうが，SNS によって各ユーザーは社会的スイッチボードとなって，自分だけのオンライン空間から，過去や現在のさまざまな局面につながる多種多様な人びとや集団と対話する。

日常生活に密接に結びついているものの，SNS が特定のコミュニティではなく浮遊する個人を軸に据えているという事実は，アイデンティティの流動性の度合いを高め，それを促しさえする可能性がある。コミュニティサイトやフォーラムと比べると，すでに決められた話題にしたがう必要性は小さく，集団への参加度を示す必要性も小さい。むしろユーザーに求められているのは，さまざまな関心やかかわりや日々の出来事を提示し続けることで，個人としてのユニークさを示すことである。その過程で自分のアイデンティティ全般の統一

性を保つのは非常に大切なのではあるが，なにか特定のことに根を張るのではなく，大勢の人びとに向ける以上，地点や焦点がいくつもあって絶えず移行するようなアイデンティティとなっていくだろう。第12章で見たように，SNSは既存の集団への帰属を促進する可能性も持つ。だが，たとえそうだとしても，SNSは変化のやまないアイデンティティの操作や生成を可能にすることで，アイデンティティの流動性にいろいろな意味で寄与していると言えるだろう。

とはいえSNSの普及は，皮相なイメージとメッセージによって世界が溢れかえっていることの，1つの証拠と見なすこともできよう。TwitterやFacebookのユーザーは，「つぶやき」の連発に寄与し，かつそれを消費する。その大半は，「昼メシなう」「メディアの飽和について，執筆なう」「あ～あ，今日が週末だったらなあ」といった，日常のありふれた活動や感情や感想に関するものだ。大半のユーザーに投稿されるつぶやきは，他愛ないものであり，詳細さやコンテクストに欠け，しかも大量に届くものであるから，1つのメッセージにはほんのつかの間注意が向けられるだけで，すぐに別の友人たちから押し寄せるつぶやきに取って代わられてしまう。

そうなると日常生活は，SNS経由で送られてくる皮相で刹那的な大量の情報で埋め尽くされることになる。これを，日々山のように遭遇する細切れの刹那的情報と合わせるならば，SNSの利用はボードリヤールやポスターらが論じた情報過多とハイパーリアリティをさらに助長するものと見なすことができるだろう。こうしたうわべだけのおしゃべりの中にあって，われわれはどうすれば重要なメッセージを識別し，その意味を理解できるのであろうか？

6 おわりに
――飽和はしているがリアル？――

メディア・文化・社会の間の関係を理解するうえで，ポストモダンのメディア論は，貴重な洞察を与えてくれる。本書のテーマに即して言えば，その主要な貢献は，メディアが社会生活や文化生活を外部から形成したり反映したりするのではなく，社会の中心にあって，われわれの理解・価値観・生活様式・アイデンティティを飽和させている，と看破した点である。先進国において，イ

第 13 章　メディアによる飽和・集団の流動性・意味の喪失

メージやコミュニケーションの世界の外にあるといえるような活動・出来事・価値観・人間集団を想像するのは，実に困難である。

　一方，われわれを取り巻くチャンネルやメッセージの数，それらのイメージの皮相で刹那的な性質ばかりに目を向けることにも危険が潜んでいる。つまり，「情報」は多ければ多いほどよいのだと考えてしまうのは，危険ということだ。同様に，商品やイメージの野放図な増大によって文化の動きが極度に速まり飽和している状況について，ポストモダンの思想家は有益な示唆を与えてくれる。また，われわれが象徴的価値のある層から別の層へと移行し，ついには外界とはほとんど無関係なイメージやメッセージを購入するまでになる状況についても，示唆を与えてくれる。その結果，さまざまな境界がかつてよりも曖昧になっているという主張も首肯されよう。とりわけ「事実」のメディアと「虚構」のメディアとの境界，さまざまな文化ジャンルや形式間の境界，地域間の境界，アイデンティティやコミュニティ間の境界，そして最後に本物と作り物との境界が，曖昧になっている。

　問題は，ボードリヤールやジェイムソンらポストモダンの思想家たちが，自分たちが観察したことがらから，意味やリアリティや主観性が大規模に失われていると，過剰なまでに一般化した結論を主張している点である。そうした主張は，自分たちが慎重に選んだ例によって裏づけられたものに過ぎないのに，である。例えば，ドミニク・ストリナチが指摘したように，社会において象徴的価値の機能が高まったという観察は正しいが，使用価値のほうがほぼ消滅したとするのは言い過ぎである (Strinati, 1995)。日常のさまざまな消費財（車やメガネ，電気掃除機やコンピュータに至るまで）のことを考えてみれば，ものごとはそれほど単純でないことがわかるだろう。確かにこうした商品すべてが，われわれのアイデンティティをめぐるイメージとしての象徴的役割を持つ。例えば，2009 年 Dell の最新型ノートパソコンの広告は，カラーとデザインにポイントが置かれたものであった。だが，Dell のノートパソコンや上記の商品には実用性がないとか，その機能は無意味だと言ったら，それは言い過ぎというものだろう。

　同様に，先進国はメディアのイメージで氾濫していると唱えること（あるいは，メディアによる表象が相互に指し示している傾向にあると認識することさえ）と，

現実が完全に消失し、アイデンティティや生活様式や理解がシミュラークルのみによって構成され、自己と主体は解体したと主張することとは、まったく別物である。現実や真実と作り物とはまったく見分けがつかないという主張や、その意味であらゆる表象やイメージを現実同様に確かなものと見なすべきだという相対主義は、とりわけ重要である。こうした主張は、メディアの理解や評価に大きな意味を持つ。特に、ニュースやドキュメンタリー、「事実を扱った」ウェブサイト、学術論文や研究報告といったものに、このことが当てはまる。

確かにわれわれは、メディアによる表象の層におおいに依存しており、そうした表象のすべては作られたものであり、正確さや現実性の度合いを測るのはむずかしい。しかし、だからといって、表象は現実の出来事とまったく無関係だとか、相対的に信頼性があり誠実なものを識別するのは不可能だ、ということにはならない。フランク・ウェブスターは、1991年の湾岸戦争はメディアによる見世物でしかなかったというボードリヤールの発言を厳しく批判し、「あの戦争は、ニュースの名に値するあらゆるニュースには、表象的性質がある明白な例である」と論じた（Webster, 2002: 256）。言い換えると、「事実を扱った」メディアの言葉やイメージは現実の事件や状況とまさに関係していて、この関係の性質を理解するためにできる限りのことをする必要がある、とウェブスターは考えたのだ。

結局のところ、現実や真実は存在せず、あるのは無数の多様なシンボルと表象だけだという議論は、誇張であるばかりか自己矛盾している。真実など存在しないという言説自体が真実だ、と主張しているからだ。実際、真実についての主張としては、考えうる限り最大級のものである。真実と虚構を区別するのが不可能であるとしたら、ボードリヤールはなにを根拠に、他の思想家のものではなく、自分の主張を受け容れよ、と言うのだろうか？　多くのポストモダンの思想家と同様にボードリヤールは、あらゆる真実についての主張を、自分のもの以外は否定する。実際、彼は自説に自信を持っていて、ディズニーランドに関するような「虚偽の理解」を見分けられるという。このこと自体が、彼の言葉にしたがうなら、真実を隠蔽していることになる（Larrain, 1994）。

しかし、本章で扱ったポストモダンの思想家たちの誇張された主張が持つ最大の問題はこうだ。すなわち、メディアが氾濫し意味を喪失した状況を批判す

第13章　メディアによる飽和・集団の流動性・意味の喪失

る場合であっても，なんとか状況を把握し改善しようとする試みを，彼らの主張が台無しにしてしまう点である。その結果，彼らはメディア産業を野放しにし，批判から免責してしまう。とどのつまり，真実と虚構，誠実と不誠実，高級と低俗，有益と有害とを判別できないとしたら，それ以上の分析は意味がないことになる。もしそうなら，メディアによる断片化したアイデンティティを受け容れ，楽しんだほうがましであろう。

　読者はしかし，これが本章ないし本書の結論ではないと聞いても，驚きはしないだろう。それどころか，社会と文化がメディアによってどんどん飽和している事態により，コミュニケーションの過程をできる限り正確に理解することは，かつてないほど重要になっているのである。また，それと同じくらい重要なのは，そうした理解を武器に，メディア組織に責任を持たせることである。コミュニケーションの持つ可能性が，生活やアイデンティティや民主主義を損ねるのではなく，可能な限り向上させるように，である。

【課題と演習】

(1) 現代の文化や社会全般がメディアと消費主義によって飽和しているというのは本当に正確であろうか？　メディアによって規定・支配されていない公私の生活の要素をあげよ。

(2) a) ボードリヤールが，メディアによる社会の飽和に，意味の喪失や，メディアのイメージと現実との関係の浸食を結びつけるのは，どういう理由によるものか？

　　b) ボードリヤールの議論は，ニュースメディアの価値を評価するうえで，どのような示唆を与えてくれるか？

(3) セレブ文化はボードリヤールのハイパーリアリティの概念をどのように例証するか？　例をあげよ。

(4) a) セカンドライフやWoWのようなバーチャル環境への参加は，ポストモダンのいう自己の断片化や，虚構と現実の境界が曖昧になることを，どの程度示すものと考えられるか？

　　b) インターネットのユーザー全体に比して，そうした環境におけるユーザーの行動はどの程度典型的なものと考えられるか？

(5) TwitterやFacebookのようなSNSの利用は，ポストモダンのメディア論を例証するものか，それともそうした理論の限界を示すものか？

第Ⅲ部　メディア・アイデンティティ・文化

【読書案内】

Baudrillard, J. (1995a) *Simulacra and Simulation*. Ann Arbor, MI: University of Michigan Press.［ボードリヤール, J., 竹原あき子訳（2008）『シミュラークルとシミュレーション』法政大学出版局］

　シミュラークルによって文化と社会が飽和し意味が喪失したとする議論。頻繁に引用される。

boyd, d. (2008) 'Taken out of context: American teen sociality in networked publics'. PhD thesis, University of California. Available online at: www.danah.org/papers/TakenOutOfContext.pdf.

　若者のアイデンティティ形成におけるSNSの役割を，エスノグラフィーの手法で調査したもの。

Featherstone, M. (2007) *Consumer Culture and Posmodernism* (2nd edn). London: Sage.［フェザーストン, M., 川崎賢一・小川葉子編著訳，池田緑訳（2003）『消費文化とポストモダニズム』（上・下）恒星社厚生閣］

　ポストモダンの理論を通して消費主義の拡大を分析した論考で，大きな影響力を持つ。

Polhemus, T. (1997) 'In the supermarket of style', in S. Redhead (ed.), *The Club Cultures Reader.* Oxford: Blackwell.

　若年層消費者に提供されるスタイルやアイデンティティが増大したことを，ポストモダンの観点から論じたもの。

Turkle, S. (1995) *Life on the Screen: Identity in the age of the Internet.* London: Phoenix.

　インターネット文化についての初期の論考。境界が曖昧になり，アイデンティティが多様化することに着目する。

キーワード解説

あ

アイコン Icon　記号論の用語。対応するシニフィエに見かけや音などで類似性を持つシニフィアンのこと。

アジェンダセッティング Agenda setting　ニュースやその他の「情報メディア」が、どういう話題や出来事に焦点を当てるかについて決定した結果、公衆にとっての優先的な事項が形成されるとする考え方。

暗示的意味 Connotation　ロラン・バルトの用語。意味の「第2段階」。シニフィアンに関連するか、またはそれから推測される意味。「明示的意味」も参照のこと。

一時的 Ephemeral　つかの間の、あるいは絶えず変化に晒されている、の意。

イデオロギー Ideology　世界についての観念・信念・想定の体系。具体的には、既存の力関係を反映・強化する、支配的で時に誤謬を招くような観念体系を指す場合がしばしばである（マルクス主義理論がその一例）。

インデックス Index　記号論の用語。対応するシニフィエとの類似性はないが、因果関係的に、あるいは感覚的に結びついているシニフィアンのこと。ゆえに、恣意的なものではない。

遠心性 Centrifugal　メディア研究や社会学で用いられる用語。複数のバラバラなものからなるメディアシステムによって、さまざまな集団や個人が中心から離脱していく過程を指す。

オーディエンス・エスノグラフィー Audience ethnography　メディアユーザーの生活におけるメディアの役割を深く理解しようとする、メディア研究の方法。通常、詳細な観察や面接をその手段とする。

か

寡占 Oligopoly　少数の有力企業が市場を支配し互いに競争している状態。

合体 Convergence　かつては別個のものであったコミュニケーション手段の境界が曖昧になること。

家父長制 Patriarchy　ここでは男性の権威と女性の従属を軸とする社会システムをいう。

記号論 Semiology　メディアコンテンツ研究の方法の1つ。記号の配列による意味の生成に着目する。

疑似個性化 Pseudo-individualization　テオドール・アドルノの用語。画一化した文化製品によって、見せかけの差異や独自性を示そうとすること。

規制 Regulation　メディア組織の活動に対する、政府または政府が指名した団体による統制のこと。

規制緩和 Deregulation　ある産業への政府による規制が緩められ、市場の力が大きな役割を果たすようになること。

機能主義 Functionalism　社会のさまざまな要因を説明しようとする考え方。社会全体の円滑な機能に、それらの要因が寄与する役割に着目する。

求心性 Centripetal　メディア研究や社会学で用いられる用語。共通のメディアを利用することで、バラバラの個人や集団が1つにまとまること。

虚偽意識 False consciousness　プロレタリアート（あるいはその他の被支配集団）が、彼らを支配する体制を強化するような歪んだ思想や信念を受け容れること。

虚偽のニーズ False needs　ヘルベルト・マ

ルクーゼの用語。個人を抑圧・隷属することが利益になる特定の社会勢力が，個人に対して押しつけ，（自ら経験し求めてしまうほどに）内面化させる，歪められた諸欲求。しばしば消費主義への批判として用いられる。

クール・メディア　Cool media　マーシャル・マクルーハンの用語。その見解によれば，テレビのような，情報の密度が低く，オーディエンスの参加度が高いメディアを指す。

グローバリゼーション　Globalization　貿易・経済・政治・社会生活・文化において世界各地の連結が集中的に進む過程のこと。メディアが重要な一翼を担う。

経済決定論　Economic determinism　経済的ないし物質的諸関係が歴史の動向を定め，社会の非物質的な側面，例えば文化規範・思想・信念・表現形式までも決定する，という考え方。唯物論の考え方と関係が深い。

形成理論　Shaping theory　メディアが社会に直接的な影響力を持つとする立場。

ゲートキーピング　Gatekeeping　メディア機関が社会のどういったことがらをコンテンツに含めるかを選ぶ過程。ニュースの取材・報道におけるフィルタリングの過程を概念的に説明するのにしばしば用いられる。

ゲゼルシャフト　Gesellschaft　「社会」を意味するドイツ語。フェルディナント・テンニースの用語で，ゲマインシャフトとは対照的に，バラバラの人びとによる，複雑かつ実際的で，各自の利害関係で構成される社会形態。

ゲマインシャフト　Gemeinschaft　「共同体」を意味するドイツ語。テンニースが用いた用語で，具体的には，親密で情愛に満ち，全人格的な集団的結合と相互依存の形態をとる。

検閲　Censorship　不快であるとか社会的に有害であるといった理由で，ある種のコンテンツを制限・禁止する，規制の一形態。

効果研究　Effects research　オーディエンス研究の実証的方法。メディアの消費がオーディエンスの態度や行動にどの程度，どのように影響するかを計測する。

公共圏　Public sphere　政府の領域と私的・商業的な領域の間に介在し，他者と集団的に意見を交換・発展させる空間。公的論議や共有文化の促進にメディアが果たす役割との関係で，論じられることが多い。

公共放送　Public service broadcasting（PSB）　公益を目的とする放送のこと。その目的は通常，政府主導の助成金と規制とによって達成される。

構造　Structure(s)　確立した社会制度・集団・ヒエラルキー・生活様式の集合体。人びとは構造の中に生まれ落ちる。個人生活やアイデンティティを束縛・形成するものと見なされることが多い。

個人化　Individualization　これまで安定性・安心感・方向性を与えてくれたものから個人がどんどん切り離され，その結果，多種多様の一時的かつ部分的なアイデンティティの間をさまよい歩く，という考え方。

国家のイデオロギー諸装置　Ideological state apparatus　ルイ・アルチュセールの用語。家庭・教育システム・宗教団体・メディアなどの機関を指す。これらは相対的には自立しているものの，「土壇場になると」社会の経済的基盤の影響を受け，支配的イデオロギーの強化のために機能する。

コミュニティ　Community　価値観・利益・予測・連帯感・参加意識を共有する人びとからなる集団。もっと緊密で外部から隔絶した地域コミュニティを指す場合もあるが，多種多様な集団を指すのに用いられることが多い。

コンテンツ　Content　メディアテクノロジーによって伝達されたメッセージ・ディスコース・文化様式。

さ

サブカルチャー　Subculture　若者文化論に関連する用語。通常，強いアイデンティティの感覚を特徴とし，自他を差別化するスタイル・価

値観・嗜好を重視する集団にかかわるものである。

産業 Industry メディア産業で言えば，メディアの発達・運営・配信を支配する機関の集合のことをいう。

サンプル Sample 調査研究の対象となる「母集団」を代表するとされる，抽出された人びとやコンテンツの具体例を指す。

自己愛 Narcissism 自分自身の姿を凝視・賞賛することから快楽を得ること。子どもの発達の「鏡像段階」に関するジャック・ラカンの考え方に由来する。メディアにおけるジェンダーの表象をめぐる議論に取り入れられた。

自己決定能力 Agency 自分でものごとを決める能力。社会構造によって自己決定能力がどのように制限されるかという文脈で論じられることが多い。

自己成就的予言 Self-fulfilling prophesy それ自体の影響力によって実現するような予言ないし表象。予言したという事実がその実現をもたらす。例えば，デモ行進で暴力が起きる可能性があるとメディアで喧伝されると，それがデモ参加者の気分に影響し，実際に暴力が発生しやすくなる。

シニフィアン Signifier 記号論の用語。それによって概念やシニフィエを表象するもの。

シニフィエ Signified 記号論の用語。シニフィアンによって意味されたり表わされたりする概念や意味内容のこと。

自発的オーディエンス Volunteer audience あるコンテンツを消費することを自発的に選んだとされるオーディエンス（チャンネルを切り替えるうちに偶然そのコンテンツに到達したのではない）。

シミュラークル Simulacra ボードリヤールの用語。ボードリヤールによれば，社会生活や文化生活を飽和させてしまった意味のないイメージをいう。シミュラークルは，いかなる外的現実や真実に言及するのではなく，イメージを相互に指すのみである。

市民ジャーナリズム Citizen Journalism 一般人がアマチュアのジャーナリズム活動に活発に参加すること。ニュースになりそうな写真を撮影し配信することから，インタビューの実施，記事や論評をインターネット上に掲示するまで，幅広い活動がある。

社会 Society 制度・関係・相互作用のネットワーク。その中で個人の生活が営まれる。

社会民主主義的 Social democratic 民主主義と市場経済の資本主義の要素を肯定する一方で，他方では平等・社会正義・公益のために国家による相応の介入もやむなしとする政治的立場。

ジャンル分析 Genre analysis コンテンツ研究の方法の1つで，個々のテクストとジャンル（あるいはカテゴリー）との関係を検証する。各ジャンルには，特有の慣習やオーディエンスによる想定がある。

使用価値 Use value 商品の実用的機能から得られる価値。

象徴的価値 Symbolic value 商品に関連する象徴的意味に由来する価値。例えば，モノはアイデンティティや地位の指標としての意味を持つ。

消費文化 Consumer culture 消費が文化生活を支配し，消費習慣がアイデンティティ・地位・幸福の指標となってしまうほどに，物品の売買で飽和した文化。

新自由主義 Neo-liberalism アダム・スミスの著作に見られるような，18世紀・19世紀の自由主義的経済学における自由市場の考え方を，現代に再生させた政治理論。メディアについての新自由主義的見解は，コンテンツの規制から公共放送への助成に至るまでの国家による介入を，緩和するよう求める。

シンボル Symbol 記号論の用語。シニフィエとは先験的な関係を持たないシニフィアンのことであり，それゆえ恣意的なものである。より一般的な意味であらゆるシニフィアンを指すのに用いられる場合もある。

神話　Myth　バルトの用語。個々のテクストの暗示的意味に取り込まれ強化された，支配的ないし「常識的」理解を指す。

垂直的統合　Vertical integration　合併や買収によって，メディア企業が制作と配信のさまざまな段階にわたり拡大していくこと。「水平的統合」の項も参照のこと。

水平的統合　Horizontal integration　メディア企業がさまざまなメディア部門（テレビ，新聞，出版，ゲーム，音楽など）で，買収や合併により拡大していくこと。「垂直的統合」の項も参照のこと。

ステレオタイプ　Stereotype　ある社会集団やカテゴリー（例えば，エスニシティ，ジェンダー，年代，性的傾向）の成員についての，見慣れたり聞き慣れたりした特徴づけ。ステレオタイプが広まると，その集団全体の特徴を矮小化・単純化・一般化してしまうという影響が見られる。

窃視症　Scopophilia　他者を好奇に満ちた視線に晒すことで物象化し，そこから快感を得ること。映画における男性の凝視の意味を論じたローラ・マルヴィの考え方を取り入れたもの。

想像の共同体　Imagined community　ベネディクト・アンダーソンの用語。まったく面識がないにもかかわらず，同じ国籍を持つ人びとが共有アイデンティティを抱くといった，象徴的な感覚のことをいう。

相対的自律性　Relative autonomy　アルチュセールの用語。文化や思想といった社会の非経済的領域が，その経済的基盤から部分的に独立している状態を指す。

疎外　Alienation　マルクスの用語。資本主義社会において労働者が自分の労働で製造したモノから引き離されてしまうことを指す。自分の労働による製品から疎外されることは，実質的に自分自身からの疎外につながる，とマルクスは考えた。

た

大衆文化論　Mass culture theory　エリートのハイカルチャーや草の根的な民俗文化が，マスメディアや消費文化に由来する皮相で画一的な大衆文化に取って代わられたことを嘆く言説。参加型のコミュニティが細分化された大衆に取って代わられたとする大衆社会の考え方に関連している。

対人間メディア　Interpersonal media　少数の人びととの間での，インタラクティブなコミュニケーションを可能にするメディアのこと。

多義的　Polysemic　記号論の用語。ある記号がいくつもの意味を持つこと。

多元主義　Pluralism　多様な意見や視点の共存を許容する見解ないし状態。

男性の凝視　Male gaze　異性愛の男性による好奇に満ちた視線に，女らしさの多くの表象が晒されている，とする。ジェンダーと映画に関するローラ・マルヴィの著作による考え方だが，他の文脈でも広く取り入れられている。

断片化　Fragmentation　社会的断片化とは，かつては結束していた社会が，相対的に結びつきの弱い多数の個人や集団へとバラバラになることを意味する。

地球村　Global village　マーシャル・マクルーハンによる造語。メディアテクノロジーによる国境を越えた通信の増大の結果，地球が実質的に縮小していることを指す。

強い紐帯　Strong ties　強い個人的親近感とかかわりを伴う，実質的・持続的関係。こうした関係は，相互のやりとりの数多くの面にわたって持続される。

DIYメディア　DIY media　アマチュアによるメディアで，通常は小規模な形態をとる。マイクロメディアと呼ばれることもある。

ディアスポラ　Diaspora　出身地やアイデンティティを同じくする集団が，移住の結果，世界中に散り散りになること。

ディアスポラ映画　Diaspora film　ディアスポラ集団の生活や経験を扱う映画。

ディスコース分析　Discourse analysis　コンテンツ研究の1つの方法。言語使用によって意味が構築される過程に着目する。批判的ディスコース分析は，世界の支配的な見方が強化される際にディスコースがどのような役割を果たすか，を重視する。

テクノロジー　Technology　メディアテクノロジーについては「メディウム」の項も参照のこと。広義には，科学知識をある目的のために応用することや，そうした試みの結果のことをいう。

テクノロジー決定論　Technological determinism　テクノロジーが単独で社会や文化を形成し，社会変化の最も重要な要因となる，とする見解。メディア論の欠点に目を向けさせるために用いられることが多い。

デジタル化　Digitalization　アナログ形式のメディアがデジタルなものに置き換えられること。

同化　Assimilation　エスニックマイノリティやその他の周縁集団の成員が，多数派の生活様式・文化価値・アイデンティティを受け容れることを奨励ないしは強要されること。

同期的通信　Synchronous communication　リアルタイムで発生する通信。電話やラジオの聴取，テレビの視聴は同期的である。

道具的理性　Instrumental reason　想像力・判断力・推理力・合理的思考といった人間の能力を，それ自体が目的だとするのでなく，目的（例えば，生産性や効率や収益の向上）への手段だとして，発達させ利用すること。

統語分析　Syntagmatic analysis　記号論の分析方法の1つ。テキストのさまざまな要素間の関係を，意味の構築という視点で理解しようとする。

道徳的保守主義　Moral conservativism　伝統的な道徳価値を守ろうとする政治的見解。

トークニズム　Tokenism　うわべだけ包括的に見せるため，マイノリティ集団や周縁集団から1名ないし少数の者を，組織・イベント・文化テクストに取り入れること。

独占　Monopoly　ある市場の製品やサービスのすべてまたは大半が，単一の供給者から供給される状態。

な

内容分析　Content analysis　コンテンツについての体系的・量的研究方法。統計的に一般化しうるサンプルについて，コンテンツの特定のパターンが発生する頻度に着目する。

ナラティブ分析　Narrative analysis　コンテンツ研究の方法の1つ。メディアテクストにおける構造や約束ごとの役割に着目する。

ナローキャスティング　Narrowcasting　限定されたオーディエンスに対するメディアの配信のこと。

二段階の流れ　Two-step flow　コミュニケーションモデルの1つ。人びとへのメディアの影響は，直接に伝わるのではなく，コミュニティの有力メンバー（オピニオンリーダー）によって濾過され伝達されるとする。

ニッチ・メディア　Niche media　特定の集団や消費者に対象を限定したメディア。

ニュー・エスニシティ　New ethnicities　スチュアート・ホールの用語。エスニック・アイデンティティの複雑にして流動的な性質を指す。特に，エスニックマイノリティの二世・三世の若者たちが持つ多面的なアイデンティティの研究に由来する。

ニュースバリュー　News values　ニュースの選択・立脚点・構成について報道側が行う判断の基準となるニュースの重要性・価値。

ネオトライブ　Neo-tribe　ミシェル・マフェゾリの用語。緩やかに結びついて，風通しのよい集団を指す。若者文化研究者の中には，「サブカルチャー」の代わりにこの用語を用いる者もいる。

ネオ・マルクス主義　Neo-Marxism　カール・

339

マルクスの思想をなんらかの形で取り入れたり修正したりした立場。アントニオ・グラムシやルイ・アルチュセールらの思想がこれに当たる。

は

バーチャルコミュニティ Virtual community 主にインターネット上のコミュニケーションによって生まれ維持されるコミュニティを指す。

ハイパーリアリティ Hyperreality ボードリヤールの用語。社会にはシミュラークル（類像）が幾層にも重ねられており、そうしたすべての虚像の下にある外的リアリティや真実が、もはや判断できない状態をいう。

培養理論 Cultivation theory ジョージ・ガーブナーの主張。テレビが提示する世界観に長期間接していると、視聴者の象徴的現実がそれに支配され、特定の態度・意見・理解を培養するという。

パノプティコン Panopticon 一ヶ所の監視塔からすべての監房が一望のもとに見渡せる刑務所。インターネットのような、個人の生活を終日監視に晒す電子メディア技術の特性の比喩としてしばしば用いられる。

パラダイム分析 Paradigmatic analysis 記号分析の方法の1つ。テクストの各要素を交換可能であったはずの選択肢のパラダイムと比較する。「統語分析」も参照のこと。

パロディ／パスティーシュ Parody/pastiche フレドリック・ジェイムソンによる区分。オリジナルのコンテクストに言及しつつ、そのイメージをアイロニーを交えて再使用するのがパロディ。オリジナルのイメージをその他のイメージと組み合わせることで、オリジナルのコンテクストをまったく欠いたまま再利用するのがパスティーシュ。

反映理論 Reflection theory メディアが既存の社会価値や諸関係を映し出すとする立場。

非同期的通信 Asynchronous communication リアルタイムで実行されない通信、コミュニケーション。新聞は、書籍や書簡、Eメールと同様に非同期的である。

批判的政治経済学 Political economy メディアについての政治経済学的立場とは、メディア産業の働きとその政治経済的コンテクストに着目するものをいう。

批判的ディスコース分析 Critical discourse analysis 「ディスコース分析」の項参照。

表象 Representation メディアコンテンツが社会現象や文化現象を象徴したり代行したりするありようを指す。事件・人びと・集団・文化・文化流行・社会関係などを選択的に描くことを意味する場合が多い。

表象の重圧 Burden of representation エスニックマイノリティのアーティスト・監督・俳優・司会者などが、自分たちや自分たちの仕事が彼らのエスニシティ全体を代弁するのではないか、と負担に感じてしまうこと。性的マイノリティやその他のマイノリティにも当てはまる。

ファン Fan ある文化様式に熱烈に傾倒する支持者のこと。その熱意は、彼または彼女のアイデンティティの相当部分を形成し、ファンコミュニティへの参加を伴うこともある。

ファンジン Fanzine ある話題や関心を共有するコミュニティに関連した、アマチュアによる小規模の冊子または雑誌。

フォーディズム Fordism 資本主義体制の企業形態の1つ。とりわけ標準化された万人向けの製品の大規模なベルトコンベア式生産ラインと、そうした製品を消費者集団に大量に売り込むことを特徴とする。

物象化 Reification 人間的・主観的・社会的なことをモノに転化すること。例えば、資本主義体制下で労働者の人間性を奪い単なる歯車にしてしまうことや、テクノロジー決定論者が人間的コンテクストからテクノロジーを脱文脈化することなどがあげられる。

物神崇拝 Commodity fetishism 商品が、それが生み出された社会状況から切り離されること。社会関係はモノと金銭との関係に物象化さ

キーワード解説

ブリコラージュ Bricolage　サブカルチャーの用語。もともとはバラバラだったものを寄せ集め、新しい形式を作ること。それぞれの構成要素は、新しいコンテクストで破壊的な意味を持つ。

ブルジョアジー Bourgeoisie　マルクスの用語。資本主義社会の支配階層であり、生産手段を所有し支配する。

プロレタリアート Proletariat　マルクスの用語で、労働者階級を指す。マルクスは、生計を得るために労働を売る、多数の無産階級のことを言った。

文化 Culture　複雑な用語である。ここでは、ある社会や集団とに結びついた、生活様式を意味する、と捉える。その社会や集団とに結びついた、創造的・芸術的表現の様式を意味することもある。

文化産業 Culture industry　テオドール・アドルノとマックス・ホルクハイマーの用語。画一的文化製品の商業的大量生産ならびに配信を行う機構を指す。

文化資本 Cultural capital　ピエール・ブルデューの用語。それを所有する者に地位や社会経済的優位性を与えるような、文化知識・嗜好・経験を指す。文化資本は、環境やハビトゥスによって伝達され、階層間の境界の維持に寄与するとされる。

文化主義的視点 Cultural/culturalist perspective　「文化主義的」という用語は、カルチュラル・スタディーズという学問領域に関連しており、メディア研究の姿勢の1つである。メディアテクストやオーディエンスによる解釈の詳細な分析によって、ディスコースや意味の問題を重視するとされる。しばしば「批判的政治経済学」と対比される。

文化帝国主義論 Cultural imperialism theory　文化のグローバリゼーションについての批判的解釈。西洋のメディアや文化製品を配信する多国籍企業が、小さな国々を文化的に支配している、と主張する。

ヘゲモニー Hegemony　ヘゲモニーあるいは文化的ヘゲモニーとは、アントニオ・グラムシの著作に関した用語であり、文化や思想の領域における支配階層による支配のことを指す。文化的ヘゲモニーは、経済的諸関係によってあらかじめ決定されているのではなく、イデオロギー的な挑発や闘争に絶えず晒されている。

偏向 Bias　個人・団体・言説・ニュースなどにおける偏りないし客観性の欠如。

飽和 Saturation　メディアの飽和とは、媒介されたコミュニケーション・情報・イメージが幾層にも重なって、社会・文化・日常生活のすべてもしくは大半の局面が支配されていることをいう。

母集団 Population　調査研究においてサンプルが代表するとされる、人びとの集団またはコンテンツ全体。母集団からサンプルが抽出される。

ポスト・フォーディズム Post-Fordism　資本主義企業の柔軟なアプローチの1つ。その主たる特徴は、ニッチな市場に狙いを定めていることや、市場の変化に応じて新商品を迅速に開発・促進する能力にある。

ホット・メディア Hot media　マクルーハンの用語で、情報の密度が高く、オーディエンスの参加度が低いメディアを指す。ホット・メディアには大半の活字メディアが含まれ、孤立化を促し非民主主義的だと見なされた。

ま

マスメディア Mass media　通常、大企業による、不特定多数のオーディエンスに向けられた、一方向的なメディアの配信のことを指す。

マルクス主義 Marxism　カール・マルクスの思想に基づく見解。資本主義社会の特徴とされる搾取と疎外に着目し、また、経済的諸関係による非経済領域（例えば、文化や思想）への規定にも着目する。メディアに関するマルクス主

義的見解は，マスコミュニケーションが資本主義の唯物論的諸関係をどのように反映・強化するかに着目する傾向がある。

明示的意味　Denotation　バルトの用語。意味の「第1段階」。シニフィアンの直接的かつ明示的な意味。「暗示的意味」も参照のこと。

メディア　Media　メディウム（medium）の複数形。大規模なメディア機関の全体的な構造や活動や影響を指す場合もある。

メディウム　Medium　電信・電話・テレビ・書物などのように，起点から目的点までコンテンツが伝達される技術的手段のことをいう。

メディア論　Medium theory　コミュニケーションテクノロジーが社会変化や文化の変化にどのように影響するかに着目する理論。

モラルパニック　Moral panic　既存の社会価値や生活様式が脅威に晒されていることに対する，激烈な社会的反応。センセーショナルなメディア報道が引き金になる場合が多い。スタン・コーエンによると，脅威に関係しているとされる者たちは，「生け贄」として非難されるのが常である。

や

友愛　Fraternity　「兄弟のような同胞愛」を指し，公共圏の論者が，市民生活の一環としての共有アイデンティティを指す場合に用いることがある。

ユーザー　Users　オーディエンスとしてであれ，対人コミュニケーションにおいてであれ，コンテンツのアマチュア制作者や配信者としてであれ，メディアを利用するさまざまな一般人のことをいう。

優先的意味　Preferred meaning　メディアテクストのコーディングにおいて優先される意味のこと。

弱い紐帯　Weak ties　狭く限定的な関係。強さや相互のかかわりに欠け，特定の関心・共通項の分野に限定され，交流も1つの場に限られることが多い。

ら

ラベリング理論　Labelling theory　「アウトサイダー」集団や個人に，社会が（メディア報道などによって）否定的なラベリング（レッテル貼り）をすることで，彼らの逸脱感が増幅され，そのレッテルに関連した価値観や人びとと，より強く自分を同一化するようになるとする議論。

流動性　Fluidity　社会的・文化的な不安定性，可変性，一次性。

利用と満足研究　Uses and gratifications　個人が自分のニーズを満たし欲求を満足させるために，メディアを能動的に選択・利用することに着目する研究方法。

訳者による読書案内

読者の便宜のために，原著にはないが日本語で読める文献を以下に記しておく。いずれも訳書ではなく，日本語で書き下ろされた文献である。

〈第2章〉

水越伸（2014）『21世紀メディア論』放送大学教育振興会。

 19世紀の無線通信技術から20世紀のテレビジョン技術，21世紀の3G携帯電話といったメディアの変遷と，それらがわれわれとどうかかわるかについて歴史的な観点も踏まえつつ概観した教科書。

小田原敏・アンジェロ・イシ編著（2014）『マスコミュニケーションの新時代』北樹出版。

 20世紀の大衆（マス）の変化，そして隆盛を誇ったマスメディアのネットによる相対化で浮き彫りにされたものを，メディアの発展と社会状況の変化の両側面から幅広く捉え直した書。

〈第3章〉

藤竹暁（2012）『図説日本のメディア』NHKブックス。

 第2次大戦後からのメディア状況の変遷を踏まえながら，インターネット普及後の変動著しい日本のメディアの現状を分析し，将来を展望した定番のハンドブック新版。

NHK放送文化研究所編（2015）『NHKデータブック世界の放送2015』NHK出版。

 66の国と地域の放送事情を，「概況」「放送制度」「放送サービス」「その他のサービス」「放送略史」などの項目別に解説。世界の地上デジタル放送についても最新データを収載している。

〈第4章〉

岡本裕一朗（2015）『フランス現代思想史——構造主義からデリダ以後へ』中公新書。

 本章で取り上げられたバルトをはじめ，フーコー，ラカン，アルチュセールらの思想をコンパクトに知るうえで好個の書。巻末でポスト構造主義以後の新たな潮流とはメディアを語ることだと述べているのは，本書のテーマとも共鳴し，きわめて予言的。

有馬明恵（2007）『内容分析の方法』ナカニシヤ出版。

 量的内容分析の手法について，具体例を用いて丁寧に解説した唯一とも言える和書。

岩男寿美子（2000）『テレビドラマのメッセージ——社会心理学的分析』勁草書房。

 暴力や性描写がテレビ番組でどのように扱われているかを中心とした，テレビの影響力を改めて考えるための冷静な議論と適切な対応の前提となる，客観的な番組分析。

〈第5章〉

橋本良明（2011）『メディアと日本人——変わりゆく日常』岩波新書。
　日本人によるメディア受容の歴史と利用実態，さらにはメディア界の構造転換を，実証的に明らかにした書。日米のメディア研究の動向も紹介。

〈第6章〉

蒲島郁夫・竹下俊郎・芹川洋一（2010）『メディアと政治改訂版』有斐閣アルマ。
　メディアと政治の関係を，政治学者・メディア研究者・ジャーナリストが体系的に解説したテキストの改訂版。

川上和久（1994）『情報操作のトリック——その歴史と方法』講談社現代新書。
　ナポレオン，ヒットラーによる情報操作から，投書や広告を利用した1990年代の情報操作まで，具体的な事例を通して，真実と異なる「事実」がいかに作られていくのかを社会心理学的な観点から見る一冊。

〈第7章〉

小玉美意子編（2008）『テレビニュースの解剖学——映像時代のメディア・リテラシー』新曜社。
　圧倒的影響力にもかかわらず日本では論じられることの少ないテレビニュースをめぐり，映像データの録画から内容分析の仕方まで丁寧に解き明かした貴重な入門書。

伊藤守・岡井崇之編（2015）『ニュース空間の社会学——不安と危機をめぐる現代メディア論』世界思想社。
　世界的な経済危機や東日本大震災を経た現在，メディアと私たちの関係について「不安」と「危機」を伝えるメディアが作り出すニュース空間を，多角的に論じたもの。

〈第8章〉

松田浩（2014）『NHK 新版——危機に立つ公共放送』岩波新書。
　創立以来の危機にあるとされるNHKの構造的問題にメスを入れ，公共放送の意義について問う，定評ある前著の全面改訂版。

〈第9章〉

指南役（2011）『テレビは余命7年』大和書房。
　世界的に見ても珍しい発展を遂げてきた日本のテレビに対し，若者が関心を示さなくなったとして，衰退へと向かいつつあるテレビというメディアにその"余命"を宣告した本。

武市英雄・原寿雄責任編集（2003）『グローバル社会とメディア』ミネルヴァ書房。
　2000年代前半に起こったメディアのグローバル化の流れを受け，地球規模での「報道」の社会的影響力とメディアとしての役割，課題について考察した書。

〈第10章〉

日本マスコミュニケーション学会編（2011）『マス・コミュニケーション研究79——特

集　多文化社会とメディア』学文社。
　　多文化社会とメディアをテーマに，コリアン，アメリカ，在外ブラジル人，そして日本におけるコミュニティラジオの営みなど，各領域の専門家による多角的な論考を収めている。

〈第11章〉
国広陽子・東京女子大学女性学研究所編（2012）『メディアとジェンダー』勁草書房。
　　マスメディアとパーソナルメディアが相互補完的に多様なコミュニケーションを生み出す現代社会において，メディアによるジェンダー固定化の側面を批判的に検討するとともに，ジェンダー変容を起こすメディアの可能性を論じている。

四方由美（2014）『犯罪報道におけるジェンダー問題に関する研究——ジェンダーとメディアの視点から』学文社。
　　女性が犯罪報道の当事者となった場合，犯罪報道の「問題」がより深刻になったり，男性の場合と異なる問題が生じたりする事象を研究。

宮台真司・辻泉・岡井崇之編（2009）『「男らしさ」の快楽——ポピュラー文化からみたその実態』勁草書房。
　　格闘技，ラグビー，性風俗，オーディオマニア，鉄道ファン，ロック音楽などの事例を取り上げ，楽しさの実態を内在的かつ詳細に記述しながら，「男らしさ」を捉え直した一冊。

〈第12章〉
松井豊編（1994）『ファンとブームの社会心理』サイエンス社。
　　マスメディアが発達し，大量消費時代を経てきた日本において，1980年代，90年代にファン層を生み，ブームを引き起こしたモノやコトを取り上げ，意識調査や記事分析などの手法により，その心理を分析した結果をわかりやすく紹介。

〈第13章〉
水野博介（2014）『ポストモダンのメディア論——過渡期のハイブリット・メディアと文化』学文社。
　　エジソンから初音ミクまで「メディア」の変遷やそれに伴う文化の変化を歴史の大きな流れの中に位置づけ，モダン期よりも「ポストモダン期」の社会・人間・文化の方に重点を置いた明解なメディア論。

津田大介（2009）『Twitter社会論——新たなリアルタイム・ウェブの潮流』洋泉社。
　　リアルタイム性の高さと強力な伝播力によって，コミュニケーションを変えたTwitter。Twitterの新たな活用法である「tsudaる」の造語者でもある著者がジャーナリズム，政治，ビジネスの世界に新たなメディアがもたらす変化と可能性を語る。

訳者あとがき

> メディアに依拠しないでいられるものは世界中のどこにもありませんし，そのような政治権力や経済力がないのも，確かです。これはまったく自明なことです。
> ——ジャック・デリダ『デリダ，脱構築を語る』谷徹・亀井大輔訳

　2014年8月9日，ミズーリ州ファーガソンで，18歳の黒人少年マイケル・ブラウンが白人警官に射殺される事件が起きた。事件発生時ブラウン少年が丸腰で，さらに両手をあげていたにもかかわらず警官が発砲したという複数の目撃証言もあって，抗議デモが一気に拡大，一部は暴徒化した。これを鎮圧しようとした警察は，軍から提供を受けた武器で重武装したため，多くの批判を招くこととなった。デモは全米各地に飛び火し，"Don't Shoot. I'm Michael Brown.（撃たないで。ぼくはマイケル・ブラウン）"のプラカードを掲げた大勢の参加者が街をねり歩く。事件を伝える3大ネットワークのニュースでは，どこかあどけなさの残るブラウン少年の写真が繰り返し放映され，人びとの同情と怒りをいっそうかき立てた。

　だが，これが事件の全貌ではない。事件の直前，ブラウン少年がコンビニエンスストアで万引きし，制止しようとした店員に暴行をくわえているようすが防犯カメラに収められていたのだ（だからといって射殺の口実にならないのは当然だが）。また，事件発生直後からFBIなども介入して真相解明のために調査が続けられてきた。その結果ブラウン少年が，抵抗の意思がないことを示す両手をあげるポーズはとっていなかったか，とっていたとしても一瞬のことで，猛烈な勢いで警官に向かって突進していった疑いが濃厚になった。マスコミに流れた写真の印象とは違って，身長約2メートル，巨大な体躯。当の白人警官ダレン・ウィルソンは，「銃を奪われそうになり，恐怖を感じ発砲した」と話したそうだが，事実だとすれば事件はまったく別の様相をおびてくる。

人種差別的偏見にとらわれた白人警官による，無抵抗の黒人少年の殺害（第10章参照）。このわかりやすいストーリーの枠組を，意図してか否かは知らぬが，作り上げたのはメディアにほかならない（第7章参照）。もしニュースでブラウン少年の別の写真，コンビニ店員の胸ぐらをつかむ映像が何度も流されていたらどうであったか（第4章の記号論的分析の項参照）。

　むろん，人種差別も無抵抗の市民の殺害も許されるはずはない。この点は強調しておく。それよりもこの事件は，真実を知ること，伝えることのむずかしさをわれわれに思い知らせる。真実とはなにか。真実はどこにあるのか。われわれはそれを前に立ち尽くすしかないのか。真実を語る者とは誰か。メディアになにができるのか。われわれはメディアとどう向き合うべきなのか——メディアが描く黒人の表象1つとっても，これだけの問いかけが不協和音のように響きわたる。その他にも検証すべき問題は山ほどある。

　本書はそうした問いかけに，完全ではないにせよ，手応えのある回答を用意する。いや，そもそも〈完全な答〉など期待してはならない。本書は読者のよき案内人となり，メディア・文化・社会がダイナミックに共振する世界，さまざまな思わく・情念・イデオロギーがせめぎ合い，さんざめく多声空間へと誘う。しかし，答を探し求めるのはあくまで読者自身である。これこそが，本書がメディア研究のすぐれた入門書たるゆえんである。いささか迂遠なあとがきになってしまったが，本書の魅力の一端を伝えられたとしたら，これに過ぎる悦びはない。

　メディア研究は，メディアの歴史が最も長いイギリスと，現代の諸メディアを牽引するアメリカ，すなわち英語圏に一日の長がある。わが国にも良書が多いが，あえて本書の邦訳を手がけたのは，この理由による。

　ここで著者ポール・ホドキンソン（Paul Hodkinson）について紹介しておこう。70年代一大ブームとなったカルチュラル・スタディーズの拠点バーミンガム大学で学んだホドキンソン氏は，現在イギリスのサリー大学社会学部上級講師として，若者文化論やサブカルチャー論を講じる。自らゴス・カルチャー（サブカルチャーの一派）のムーブメントに身を投じた経歴を持ち，理論と実践の往還から紡ぎ出される文章は，学術的な説得力に富むうえにわかりやすく，みずみずしい。本書を一読すればただちに了解されるように，難解な理論も

訳者あとがき

数々の具体例を取り上げて平易に語る姿勢が一貫して見られる。

　入門書とはいえ原著はなかなか大部なものであり，非才の身である訳者にとって，訳出は大仕事だった。しかし幸いにも，訳者は強力な助っ人を得た。監修を引き受けてくださった武蔵大学教授・山下玲子氏（メディア社会学）と，テクニカルアドバイザーとして訳文の校閲・図表の作成・参考文献の整理を一手に担当してくれた武蔵大学大学院の藤井達也氏である。お二人はメディア研究の専門家として，訳文への貴重なアドバイスを数知れず提供してくださった。おかげで正確かつ読みやすい訳書に仕上げることができたと考える。どんなに感謝しても感謝しきれない。また，神戸大学大学院の土屋有里香氏には，草稿の段階から訳文を読んでもらい，その意見やコメントを随所で反映させてもらった。あわせて感謝したい。このように訳出には万全を期したつもりであるが，不正確な箇所，晦渋に過ぎる箇所が万一あったとしたら，一切の責任は訳者が負うものである。

　ミネルヴァ書房の担当編集者・涌井格さんは，その慧眼をもって原著の邦訳の意義を見抜き，企画から刊行にいたる長い道のりを共に歩んでくださった。本当にありがとうございました。最後に，本書は武蔵大学研究出版助成を受けて刊行されたことを述べておかねばならない。武蔵大学の知的刺激に満ちた環境，多くのすばらしき同僚，有能な事務担当者，そして学生諸君に深い謝意をささげながら，擱筆とする。

　　2015年9月

　　　　　　　　　　　　　霧に沈む津軽の山里にて　　土屋武久

文　献

Adorno, T. (1990; 1941) 'On popular music', in S. Frith and A. Goodwin (eds), *On Record: Rock, pop and the written word*. London: Routledge.
Adorno, T. (1991; 1944) 'The schema of mass culture', in J. Bernstein (ed.), *The Culture Industry: Selected essays on mass culture*. London: Routledge.
Adorno, T. and Horkheimer, M. (1997; 1944) *Dialectic of Enlightenment*. London: Verso.（＝2007, 徳永恂訳『啓蒙の弁証法——哲学的断想』岩波文庫）
Allan, S. and Thorsen, E. (eds) (2009) *Citizen Journalism: Global perspectives*. New York: Peter Lane.
Alexander, C. (2000) *The Asian Gang: Ethnicity, identity, masculinity*. Oxford: Berg.
Alexander, V. (2003) *Sociology of the Arts: Exploring fine and popular forms*. Oxford: Blackwell.
Allen, A. and Zelizer, B. (2004) *Reporting War: Journalism in wartime*. Abingdon: Routledge.
Althusser, L. (1971) *Lenin and Philosophy and Other Essays*. London: New Left Books.（＝1970, 西川長夫訳『レーニンと哲学』人文書院）
Anderson, B. (1991) *Imagined Communities*. London: Verso.（＝1997, 白石さや・白石隆訳『想像の共同体——ナショナリズムの起源と流行［増補版］』NTT出版）
Ang, I. (1985) *Watching Dallas: Soap opera and the melodramatic imagination*. London: Methuen.
Ang, I. (1996) *Living Room Wars: Rethinking media audiences for a postmodern age*. London: Routledge.
Antony, R. (2009) 'Second-generation Tamil Youth in London'. Ongoing PhD Project, University of Surrey.
Appadurai, A. (1996) *Modernity at Large: Cultural dimensions of globalization*. Minneapolis, MN: University of Minneapolis Press.（＝2004, 門田健一訳『さまよえる近代——グローバル化の文化研究』）平凡社）
Arthurs, J. (2004) *Television and Sexuality: Regulation and the politics of taste*. Maidenhead: Open University Press.
Atton, C. (2002) *Alternative Media*. London: Sage.

Back, L. (1996) *New Ethnicities and Urban Culture: Racisms and multiculture in young lives*. London: Routledge.
Bagdikian, B. (2004) *The New Media Monopoly*. Boston, MA: Beacon Press.
Bakardjieva, M. (2005) *Internet Society: The Internet in everyday life*. London: Sage.
Baker, W. and Dessart, G. (1998) *Down the Tube: An inside account of the failure of US television*. New York: Basic Books.
Baker, J., Houston A., Diawara, M. and Lindeborg, R. (eds) (1996) *Black British Cultural Studies: A reader*. Chicago, IL: University of Chicago Press.
Bandura, A., Ross, D. and Ross, S. A. (1961) 'Transmission of aggression through imitation of aggressive models', *Journal of Abnormal and Social Psychology*, 63: 575-82.
Bandura, A., Ross, D. and Ross, S. A. (1963) 'Imitation of film-mediated aggressive Models', *Journal of Abnormal and Social Psychology*, 66: 31-41.
Barker M. (1981) *The New Racism: Conservatives and the ideology of the tribe*. London: Junction Books.
Barnett, S. (1998) 'Dumbing down or reaching out: is it tabloidisation wot done it?', in J. Seaton (ed.), *Politics and the Media: Harlots and prerogatives at the turn of the millennium*. Abingdon: Blackwell.
Barthes, R. (1968; 1964) *Elements of Semiology*. London: Cape. (=1971, 渡辺淳・沢村昂一訳『零度のエクリチュール——付・記号学の原理』みすず書房)
Barthes, R. (1972; 1957) *Mythologies*. New York: Hill & Wang. (=1967, 篠沢秀夫訳『神話作用』現代思潮社)
Baudrillard, J. (1983) 'The ecstasy of communication', in H. Forster (ed.), *Postmodern Culture*. London: Pluto Press. (=1987, 室井尚・吉岡洋訳「コミュニケーションの恍惚」H. フォスター編『反美学——ポストモダンの諸相』勁草書房所収)
Baudrillard, J. (1988) *The Ecstasy of Communication*. Cambridge, MA: MIT Press.
Baudrillard, J. (1995a) *Simulacra and Simulation*. Ann Arbor, MI: University of Michigan Press. (=2008, 竹原あき子訳『シミュラークルとシミュレーション』法政大学出版局)
Baudrillard, J. (1995b) *The Gulf War Did Not Take Place*. Bloomington, IN: Indiana University Press. (=1991, 塚原史訳『湾岸戦争は起こらなかった』紀伊國屋書店)
Bauman, Z. (2000) *The Individualized Society*. Cambridge: Polity Press. (=2008, 澤井敦・菅野博史・鈴木智之訳『個人化社会』青弓社)
Bauman, Z. (2001) *Community: Seeking safety in an insecure world*. Cambridge:

Polity Press. (=2008, 奥井智之訳『コミュニティ——安全と自由の戦場』筑摩書房)

Baym, N. (2000) *Tune In, Log On: Soaps, fandom and online community*. London: Sage.

Beck, U. and Beck-Gernsheim, E. (2001) *Individualization*. London: Sage.

Becker, H. (1963) *Outsiders: Studies in the sociology of deviance*. New York: Free Press. (=2011, 村上直之訳『完訳アウトサイダーズ』現代人文社)

Bell, A. (1991) *The Language of News Media*. Oxford: Blackwell.

Bennett, A. (1999) 'Subcultures or neo-tribes? Rethinking the relationship between youth, style and musical taste', *Sociology*, 33(3): 599-617.

Berelson, B. (1952) *Content Analysis in Communication Research*. New York: Free Press.

Berelson, B., Lazarsfeld, R. and McPhee, N. (1954) *Voting: A study of opinion formation in a presidential campaign*. Chicago: University of Chicago Press.

Berkowitz, L. (1984) 'Some effects of thoughts on anti- and pro-social influence of media events', *Psychological Bulletin*, 95(3): 410-27.

Billig, M. (1995) *Banal Nationalism*. London: Sage.

Boellstorff, T. (2008) *Coming of Age in Second Life: An anthropologist explores the virtually human*. Princeton, NJ: Princeton University Press.

Bourdieu, P. (1984) *Distinction: A social critique of the judgment of taste*. London: Routledge. (=1990, 石井洋二郎訳『ディスタンクシオン——社会的判断力批判[I・II]』藤原書店)

boyd, d. (2008) 'Taken out of context: American teen sociality in networked publics'. PhD thesis, University of California. Available online at: www.danah.org/papers/TakenOutOfContext.pdf

Boyd-Barrett, O. (1977) 'Media imperialism: towards an international framework for the analysis of media systems', in J. Curran, M. Gurevitch and J. Woollacott (eds), *Mass Communication and Society*. London: Arnold.

Briggs, A. (1961) *The History of Broadcasting in the United Kingdom: Birth of broad-casting, Volume 1*. Oxford: Oxford University Press.

Bruns, A. and Jacobs, J. (eds) (2006) *Uses of Blogs*. New York: Peter Lang.

Brunsden, C. and Morley, D. (1978) *Everyday Television: Nationwide*. London: British Film Institute.

Bull, M. (2007) *Sound Moves: iPod culture and urban experience*. Abingdon: Routledge.

Butler, J. (1990) *Gender Trouble: Feminism and the subversion of identity*. New York: Routledge. (=1990, 竹村和子訳『ジェンダートラブル——フェミニズムとアイデンティティの撹乱』青土社)

Butler, J. (1993) *Bodies That Matter: On the discursive limits of 'sex'*. London: Routledge.

Butsch, R. (ed.) (2007) *Media and Public Spheres*. Houndmills, Basingstoke: Palgrave Macmillan.

Carlyle, T. (1849) 'Occasional discourse on the negro question', *Fraser's Magazine*, February.

Castells, M. (2001) *The Internet Galaxy*. Oxford: Oxford University Press. (=2009, 矢澤修次郎・小山花子訳『インターネットの銀河系——ネット時代のビジネスと社会』東信堂)

Castells, M., Fernandez-Ardevol, M., Linchuan Qui, J. and Sey, A. (2006) *Mobile Communication and Society: A global perspective*. Cambridge, MA: MIT Press.

Chambers, I. (1985) *Urban Rhythms: Pop music and popular culture*. London: Macmillan.

Chandler, D. (1994a) 'The transmission model of communication'. Available online at: www.aberac.uk/media/Documents/short/trans.html

Chandler, D. (1994b) 'Semiotics for beginners'. Available online at: www.aber.ac.uk/media/Documents/S4B/semiotic.html

Chandler, D. (1995) 'Technological or media determinism'. Available online at: www.aber.ac.uk/media/Documents/tecdet/tecdet.html

Clarke, J., Hall, S., Jefferson, T. and Roberts, B. (1976) 'Subcultures, cultures and class: a theoretical overview', in S. Hall and T. Jefferson (eds), *Resistance Through Rituals: Youth cultures in post-war Britain*. London: Hutchinson.

Cohen, Albert (1955) *Delinquent Boys: The culture of the gang*. London: Collier-Macmillan.

Cohen, Anthony (1985) *The Symbolic Construction of Community*. Chichester: Ellis Horwood. (=2005, 吉瀬雄一訳『コミュニティは創られる』八千代出版)

Cohen, P. (1972) 'Subcultural conflict and working class community', *Working Papers in Cultural Studies*, 2: 5-70.

Cohen, S. (1972) *Folk Devils and Moral Panics: The creation of the mods and rockers*. London: MacGibbon & Lee.

Cohen, S. and Young, J. (eds) (1973) *The Manufacture of News: Social problems, deviance and the mass media*. London: Constable.

文 献

Collins, R. (1990) *Culture, Communication and Political Economy*. Toronto: University of Toronto Press.
Collins, E. and Murroni, C. (eds) (1996) *New Media, New Policies: Media and communications strategies for the future*. Cambridge: Polity Press.
Connell, R. W. (2000) *The Men and the Boys*. Cambridge: Polity Press.
Connor, S. (1997) *Postmodernist Culture: An introduction to theories of the contemporary* (2nd edn). Oxford: Blackwell.
Corea, A. (1995) 'Racism and the American way of media', in J. Downing, A. Mohammadi and A. Sreberny-Mohammadi (eds), *Questioning the Media: A critical introduction*. London: Sage.
Crisell, A. (1998) 'Local radio: attuned to the times or filling time with tunes?', in B. Franklin and D. Murphy (eds), *Making the Local News: Local journalism in context*. London: Routledge.
Croteau, D. and Hoynes, W. (2000) *Media/Society: Industries, images and audiences* (2nd edn). Thousand Oaks, CA: Pine Forge Press.
Curran, J. and Seaton, J. (2003) *Power Without Responsibility: The press, broadcasting and new media in Britain* (6th edn). New York: Routledge.
Dahlgren, P. (1995) *Television and the Public Sphere: Citizenship, democracy and the media*. London: Sage.
Dayan, D. (1998) 'Particularistic media and diasporic communications', in J. Curran and T. Liebes (eds), *Media, Ritual and Identity*. London: Routledge, 103-13.
de Certeau, M. (1984) *The Practice of Everyday Life*. Berkeley, CA: University of California Press. (=1987, 山田登世子訳『日常的実践のポイエティーク』国文社)
Delanty, G. (2003) *Community*. London: Routledge. (=2006, 山之内靖・伊藤茂訳『コミュニティ――グローバル化と社会理論の変容』NTT出版)
de Saussure, F. (1974; 1915) *Course in General Linguistics*. London: Fontana. (=1972, 小林英夫訳『一般言語学講義』岩波書店)
Devlin, P. (1965) *The Enforcement of Morals*. London: Oxford University Press.
Dobson, A. (2008) 'The "grotesque body" in young women's self-presentation on MySpace', Conference Paper, TASA Conference, University of Melbourne. Available online at: www.tasa.org.au/conferences/conferencepapers08/Social%20Networks/Dobson,%20Amy,%20Session%2010%20PDF.pdf
Dorfman, A. and Mattelart, A. (1971) *How to Read Donald Duck: Imperialist ideology in the Disney comic*. New York: International General. (=1984, 山崎カヲル訳『ドナルド・ダックを読む』晶文社)

Doty, A. and Gove, B. (1997) 'Queer representation in the mass media', in A. Medhurst and S. Munt (eds), *The Lesbian and Gay Studies Reader*. London: Cassell.

Downing, J. and Husband, C. (2005) *Representing Race: Racisms, ethnicity and the media*. London: Sage.

Drabman, R. and Thomas, R. (1974) 'Does media violence increase children's toleration of real life aggression?', *Developmental Psychology*, 10: 418-21.

Du Gay, P., Hall, S., Janes, L., Mackay, J. and Negus, K. (1997) *Doing Cultural Studies: The Story of the Sony Walkman*. London: Sage. (＝2000, 暮沢剛巳訳『実践カルチュラル・スタディーズ——ソニー・ウォークマンの戦略』大修館書店)

Dworkin, A. (1981) *Pornography: Men possessing women*. London: Women's Press. (＝1991, 寺沢みづほ訳『ポルノグラフィ——女を所有する男たち』青土社)

Dworkin, A. (1995) 'Pornography and male supremacy', in G. Dines and J. Humez (eds), *Gender, Race and Class Media: A reader*. London: Sage.

Dyson, M. (1993) *Reflecting Black African-American Cultural Criticism*. Minneapolis, MN: University of Minnesota Press.

Edwardson, R. (2008) *Canadian Content: Culture and the quest for nationhood*. Toronto: University of Toronto Press.

Eldridge, J., Kitzinger, J. and Williams, K. (1997) *The Mass Media and Power in Modern Britain*. New York: Oxford University Press.

Elstein, D. (1986) 'An end to protection', in C. MacCabe and O. Stewart (eds), *The BBC and Public Service Broadcasting*. Manchester: Manchester University Press: 81-91.

Fairclough, N. (1995) *Critical Discourse Analysis: The critical study of language*. Harlow: Longman.

Featherstone, M. (2007) *Consumer Culture and Postmodernism* (2nd edn). London: Sage. (＝2003, 小川葉子・川崎賢一編著訳・池田緑訳『消費文化とポストモダニズム(上・下)』恒星社厚生閣)

Federal Communications Commission (FCC) (2008) 'Obscure, indecent and profane broadcasts', *FCC Consumer Facts*. Available online at: www.fcc.gov / cgb / consume-facts/obscene.html

Feshbach, S. (1961) 'The stimulating versus cathartic effects of a vicarious aggressive activity', *Journal of Abnormal and Social Psychology*, 63: 381-5.

Fiske, J. (1987) *Television Culture*. London: Methuen. (＝1996, 伊藤守・藤田真文・常木瑛生・吉岡至・小林直毅・高橋徹訳『テレビジョンカルチャー——ポピュラー

文化の政治学』梓出版社）

Fiske, J. (1990) *Introduction to Communication Studies* (2nd edn). London: Routledge.

Fiske, J. (1991a) *Understanding Popular Culture*. London: Routledge.（＝1998, 山本雄二訳『抵抗の快楽──ポピュラーカルチャーの記号論』世界思想社）

Fiske, J. (1991b) *Reading the Popular*. London: Routledge.

Fiske, J. and Hartley, J. (1988; 1978) *Reading Television*. London: Routledge.（＝2000, 池村六郎訳『テレビを〈読む〉』未来社）

Flew, T. (2003) *New Media: An Introduction*. Oxford: Oxford University Press.

Foucault, M. (1990; 1976) *The History of Sexuality: Volume 1*. Harmondsworth: Penguin.（＝1986, 渡辺守章訳『性の歴史1』新潮社）

Franklin, B. (1997) *Newszak and News Media*. London: Arnold.

Franklin, B. and Murphy, D. (1998) 'Changing times: local newspapers, technology and markets', in B. Franklin and D. Murphy (eds), *Making the Local News: Local journalism in context*. London: Routledge.

Fulton, H., Huisman, R., Morphet, J. and Dunn, A. (eds) (2005) *Narrative and Media*. Cambridge: Cambridge University Press.

Galtung, J. and Ruge, M. (1973) 'Structuring and selecting news', in S. Cohen and J. Young (eds), *The Manufacture of News: Social problems, deviance and the mass media*. London: Constable.

Garnham, N. (1978) *Television Monograph 1: Structures of television*. London: British Film Institute.

Garnham, N. (1992) 'The media and the public sphere', in C. Calhoun (ed.), *Habermas and Public Sphere*. Cambridge, MA: MIT Press.（＝1999,「メディアと公共圏」山本啓・新田滋訳『ハーバマスと公共圏』未来社所収）

Garnham, N. (1995; 1979) 'Contribution to a political economy of mass communication', in O. Boyd-Barrett and C. Newbold (eds), *Approaches to Media: A reader*. London: Arnold.

Gauntlett, D. (1998) 'Ten Things Wrong With the Effects Model', in R. Dickenson, R. Harindranath and O. Linné (eds) (1998), *Approaches to Audiences: A reader*, London: Arnold.

Gauntlett, D. (2008) *Media, Gender and Identity: An introduction* (2nd edn). Abingdon: Routledge.

Gellner, E. (1983) *Nations and Nationalism*. Oxford: Blackwell.（＝2000, 加藤節監訳『民族とナショナリズム』岩波書店）

Georgiou, M. (2001) 'Crossing the boundaries of the ethnic home: media consumption and ethnic identity construction in the public space: the ease of the Cypriot Community Centre in North London', *International Communication Gazette*, 63(4): 311-29.

Georgiou, M. (2002) 'Diasporic communities on-line: a bottom up experience of transnationalism', *Hommes & Migrations*, 1240: 10-18. Also available online at: www.lse.ac.uk/collections/EMTEL/Minorities/papers/hommesmigrations.doc

Georgiou, M. (2006) *Diaspora, Identity and the Media*. Cresskill, NJ: Hampton Press.

Geraghty, C. (1991) *Women and Soap Opera: A study of prime-time soaps*. Cambridge: Polity Press.

Gerbner, G. (1956) 'Toward a general model of communication', *Audio Visual Communication Review* IV, (3): 171-99.

Gerbner, G. (1994) 'Reclaiming our cultural mythology', *In Context*, 38.

Gerbner, G. (2002) 'Global media mayhem', *Global Media Journal*, 1 (1). Also available online at: http://lass.calumet.purdue.edu/cca/gmj/fa02/gmj-fa02-gerbner.htm

Gerbner, G. and Gross, L. (1976) 'Living with television: the violence profile', *Journal of Communication*, 26: 173-99.

Gerbner, G. and Gross, L., Jackson-Beeck, M., Jeffries-Fox, S. and Signorielli, N. (1977) 'TV violence profile No. 8: the highlights', *Journal of Communication*, 27 (2): 171-80.

Geser, H. (2007a) 'Me, my self and my avatar: some macrosociological reflections on "Second Life"', in online publication in *Sociology in Switzerland: Towards cybersociety and virealsocial relations*. Available online at: http://socio.ch/intcom/t_hgeser17.pdf

Geser, H. (2007b) 'A very real virtual society: some macrosociological reflections on "Second Life"', in online publication in *Sociology in Switzerland: Towards cybersociety and vireal social relations*. Available online at: http://socio.ch/intcom/t_hgeser18.pdf

Gidley, B. (2007) 'Youth culture and ethnicity: emerging youth multiculture in South London', in P. Hodkinson and W. Deicke (eds), *Youth Cultures: Scenes, subcultures and tribes*. New York: Routledge.

Gilder, G. (1992) *Life after Television: The coming transformation of media and American Life*. New York: Norton. (=1993, 森泉淳訳『テレビの消える日』講談社)

文献

Gill, R. (2007) *Gender and the Media.* Cambridge: Polity Press.
Gillespie, M. (1995) *Television, Ethnicity and Cultural Change.* London: Routledge.
Gillespie, M. (2006) 'Narrative analysis', in M. Gillespie and J. Toynbee (eds), *Analyzing Media Texts.* Maidenhead: Open University Press.
Gillmor, D. (2006) *We the Media: Grass roots journalism by the people for the people.* Sebastopol: O'Reilly Media.
Gilroy, P. (1987) *There Ain't No Black in the Union Jack: The politics of race and nation.* London: Hutchison.
Gilroy, P. (1993) *The Black Atlantic: Modernity and double-consciousness.* London: Verso.（＝2006，上野俊哉・毛利嘉孝・鈴木慎一郎訳『ブラック・アトランティック――近代性と二重意識』月曜社）
Gitlin, T. (1998) 'Public sphere or public sphericules', in T. Liebes and J. Curran (eds), *Media, Ritual and Identity.* London: Routledge.
Gitlin, T. (2000) *Inside Prime-Time* (revised edn). Abingdon: Routledge.
Glasgow University Media Group (1976a) *Bad News.* London: Routledge & Kegan Paul.
Glasgow University Media Group (1976b) *More Bad News.* London: Routledge & Kegan Paul.
Glasgow University Media Group (1982) *Really Bad News.* London: Writers' and Readers' Publishing Cooperative.
Global Media Monitoring Project (2005) 'Who makes the news?: Global Report 2005'. Also available online at: www.whomakesthenews.orgreports/2005-global-report.html
Golding, P. and Murdock, G. (1991) 'Culture, communications and political economy', in J. Curran and M. Gurevitch (eds), *Mass Media and Society* (3rd edn). London: Arnold: 70-92.（＝1995,「文化，コミュニケーション，そして政治経済学」J.カラン＆M.グレヴィッチ編・児島和人・相田敏彦監訳『マスメディアと社会――新たな理論的潮流』勁草書房，1-30所収）
Goffman, E. (1979) *Gender Advertisements.* London: Macmillan.
Gore, A. (2007) *The Assault on Reason.* London: Bloomsbury Publishing.（＝2008,竹林卓訳『理性の奪還――もうひとつの［不都合な真実］』ランダムハウス講談社）
Gramsci, A. (1971) *Selections from the Prison Notebooks.* London: Lawrence & Wishart.（＝1981, V.ジェルラターナ編・獄中ノート翻訳委員会訳『グラムシ獄中ノート』大月書店）
Gray, A. (1992) *Video Playtime: The gendering of a leisure technology.* Abingdon:

Routledge.
Gray, J., Sandvoss, C. and Harrington, C. (eds) (2007) *Fandom: Identities and Communities in a Mediated World*. New York: New York University Press.
Greenslade, R. (2003) 'Their master's voice', *The Guardian*, 17 February. Also available Online at: www.guardian.co.uk/media/2003/feb/17/mondaymediasection. iraq
Gross, L. (1995) 'Out of the mainstream: sexual minorities and the mass media', in G. Dines and J. Humez (eds), *Gender, Race and Class in Media*. London: Sage: 61-70.
Gunter, B. (2000) *Media Research Methods*. London: Sage.
Habermas, J. (1987; 1981) *The Theory of Communicative Action, Volume 2: Lifeworld and system-a critique of functionalist reason*. Cambridge: Polity Press. (=1986, 藤沢賢一郎・岩倉正博・徳永恂・平野嘉彦・山口節郎訳『コミュニケイション的行為の理論(中)』未来社)
Habermas, J. (1992; 1964) *The Structural Transformation of the Public Sphere*. Cambridge: Polity Press. (=1994, 細谷貞雄・山田正行訳『公共性の構造転換——市民社会の一カテゴリーについての探究［第2版］』未来社)
Habermas, J. (1996) *Between Facts and Norms: Contributions to a discourse theory of law and democracy*. Cambridge: Polity Press. (=2002, 2003, 河上倫逸・耳野健二訳『事実性と妥当性(上・下)』未来社)
Habermas, J. (2001) *The Postnational Constellation: Political essays*. Cambridge: Polity Press.
Hall, S. (1973) 'The determination of news photographs', in S. Cohen and J. Young (eds), *The Manufacture of News*. London: Constable.
Hall, S. (1982) 'The rediscovery of "ideology": return of the repressed in media studies', in M. Gurevitch, T. Bennett, J. Curran and J. Woollacott (eds), *Culture, Society and the Media*. London: Routledge. (=2002, 藤田真文訳「〈イデオロギー〉の再発見——メディア研究における抑圧されたものの復活」谷藤悦史・大石裕編訳『リーディングス政治コミュニケーション』一藝社所収)
Hall, S. (1992) 'New ethnicities', in A. Rattansi and J. Donald (eds), *Race, Culture and Difference*. London: Sage. (=1998, 大熊高明訳「ニュー・エスニシティズ」『現代思想3月臨時増刊号総特集＝ステュアート・ホール』青土社, 80-89)
Hall, S. (1993; 1980) 'Encoding, decoding', in S. During (ed.), *The Cultural Studies Reader*. London: Routledge: 90-103.
Hall, S. (1997) 'The spectacle of the other', in S. Hall (ed.), *Representation: Cultural,*

representations and signifying practices. London: Sage.

Hall, S., Critcher, C., Jefferson, T., Clarke J., and Roberts, B. (1978) *Policing the Crisis. Mugging, the state and law and order.* London: Macmillan.

Halloran, J. (1970) *The Effects of Television.* London; Panther.

Hannerz, U. (1996) *Transnational Connections: Culture, people, places.* London: Routledge.

Harrison, M. (1985) *Television News: Whose bias?* London: King's Fund.

Hartley, J. (1982) *Understanding News.* London: Methuen.

Hartley, J. (2009) 'Less popular but more democratic?: *Corrie*, Clarkson and the Dancing *Cru*', in G. Turner and J. Tay (eds), *Television Studies After TV: Understanding Television in the post-broadcast era.* Abingdon: Routledge.

Harvey, D. (1989) *The Condition of Postmodernity: An enquiry into the logics of social change.* Oxford: Basil Blackwell. (=1999, 吉原直樹監訳『ポストモダニティの条件』青木書店)

Hayes, I. (1971) *Theme From Shaft.* Enterprise (music recording).

Hebdige, D. (1979) *Subculture: The meaning of style.* London: Methuen. (1986, 山口淑子訳『サブカルチャー——スタイルの意味するもの』未来社)

Hebdige, D. (1988) *Hiding in the Light: On images and things.* London: Routledge.

Herman, E. and Chomsky, N. (1998; 1988) *Manufacturing Consent: The political economy of the mass media.* London: Vintage. (=2007, 中野真紀子訳『マニュファクチャリング・コンセント——マスメディアの政治経済学(1・2)』トランスビュー)

Hermes, J. (1995) *Reading Women's Magazines.* Cambridge: Polity Press.

Hesmondhaigh, D. (2002) *The Cultural Industries.* London: Sage.

Hesmondhaigh, D. (2006) 'Discourse analysis and content analysis', in M. Gillespie and J. Toynbee (eds), *Analysing Media Texts.* Maidenhead: Open University Press.

Hill, K. and Hughes, J. (1998) *Cyberpolitics: Citizen activism in the age of the Internet.* Oxford: Roman & Littlefield.

Hills, M. (2002) *Fan Cultures.* Abingdon: Routledge.

Huq, R. (2006) *Beyond Subculture: Pop, youth and identity in a postcolonial world.* Abingdon: Routledge.

Hodkinson, P. (2002) *Goth: Identity, style and subculture.* Oxford: Berg.

Hodkinson, P. (2003) 'Net.Goth: Internet communication and (sub) cultural boundaries', in D. Muggleton and R. Weinzeirl (eds), *The Post-Subcultures Reader.*

Oxford: Berg: 285-97.
Hodkinson, P. (2007) 'Interactive online journals and individualisation', *New Media and Society*, 9(4): 625-50.
Hodkinson, P. and Lincoln, S. (2008) 'Online journals as virtual bedrooms: young people, identity and personal space', *YOUNG*, 16(1).
Hussain, Y. (2005) *Writing Diaspora: South Asian women, culture and identity*. London: Ashgate.
Innes, H. A. (1951) *The Bias of Communication*. Toronto: University of Toronto Press. (=1987, 久保秀幹訳『メディアの文明史——コミュニケーションの傾向性とその循環』新曜社)
Jackson, P., Stevenson, N. and Brooks, K. (2001) *Making Sense of Men's Magazines*. Cambridge: Polity Press.
Jameson, F. (1991) *Postmodernism or the Cultural Logic of Late Capitalism*. London: Verso.
Jenkins, H. (1992) *Textual Poachers: Television fans and participatory culture*. London: Routledge.
Jenkins, H. (2002) 'Interactive audiences?', in V. Nightingale and K. Ross (eds), *Critical Readings: Media and audiences*. Maidenhead: Open University Press.
Katz, E. (1959) 'Mass communications research and popular culture', *Studies in Public Communication*, 2: 10-19.
Katz, E., Blumler, J. and Gurevitch, M. (2003; 1974) 'Utilization of mass communication by the individual', in K. Nightingale and A. Ross (eds), *Critical Readings: Media and audiences*. Maidenhead: Open University Press.
Katz, E., Gurevitch, M. and Haas, H. (1973) 'On the use of mass media for important Things', *American Sociological Review*, 38: 164-81.
Katz, E. and Lazarsfeld, P. (1955) *Personal Influence*. New York: Free Press. (=1965, 竹内郁郎訳『パーソナル・インフルエンス——オピニオン・リーダーと人びとの意思決定』培風館)
Katz, E. and Liebes, T. (1985) 'Mutual aid in the decoding of *Dallas*: preliminary notes from a cross-cultural study', in P. Drummond and R. Patterson (eds), *Television in Transition*. London: British Film Institute: 187-98.
Kazeniac, A. (2009) 'Social networks: Facebook takes over top-spot, Twitter climbs', *Compete*, 9 February. Available online at: http://blog.compete.com/2009/02/09/facebook-myspace-twitter-social-network
Kellner, D. (1995) 'Advertising and consumer culture', in J. Downing, A. Mohammadi

and A. Sreberny-Mohammadi (eds), *Questioning the Media: A critical introduction* (2nd edn). London: Sage: 329-44.

Kerlinger, F. N. (1986) *Foundations of Behavioural Research.* New York: Holt, Rinehart & Winston. (=1972, 馬場昌雄・馬場房子・福田周司訳『行動科学の基礎手法(上)』鹿島研究所出版会)

Kipling, R. (1899) 'The white man's burden', *McLure's Magazine*, 12 February.

Klein, N. (2000) *No Logo.* London: Flamingo. (=2001, 松島聖子訳『ブランドなんか、いらない――搾取で巨大化する大企業の非情』はまの出版)

Kress, G. and Hodge, R. (1979) *Language as Ideology.* London: Routledge & Kegan Paul.

Lacan, J. (2001; 1977) *Écrits:* A selection. Abingdon: Routledge. (=1972, 1977, 1981, 宮本忠雄・佐々木孝次訳『エクリ(1, 2, 3)』弘文堂)

Langer, J. (1998) *Tabloid Television: Popular television and the 'other news'.* London: Routledge.

Larrain, J. (1994) *Ideology and Cultural Identity.* Cambridge: Polity Press.

Lasswell, H. (1948) 'The structure and function of communication in society', in L. Bryson (ed.), *The Communication of Ideas.* New York: Institute for Religious and Social Studies.

Lazarsfeld, P., Berelson, B. and Gaudet, H. (1944) *The People's Choice.* New York: Columbia University Press. (=1987, 有吉広介監訳『ピープルズ・チョイス――アメリカ人と大統領選挙』芦書房)

Leonard, M. (1998) 'Paper planes: travelling the New Grrrl geographies', in T. Skelton and G. Valentine (eds), *Cool Places: Geographies of youth cultures.* London: Routledge.

Liebes, T. (1998) 'Television's disaster marathons: a danger for democratic processes?', in T. Liebes and J. Curran (eds), *Media, Ritual and Identity.* London: Routledge.

Lievrouw, L. (2001) 'New media and the "pluralization of live-worlds": a role for information in social differentiation', *New Media and Society,* 3(1): 7-28.

Livingstone, S. (2008) 'Taking risky opportunities in youthful content creation: teenagers' use of social networking sites for intimacy, privacy and self-expression', *New Media and Society,* 10(3): 393-411.

Livingstone, S. and Lunt, P. (1994) *Talk on Television.* London: Routledge.

Lyon, D. (1998) 'The world wide web of surveillance: the internet and off-world power flows', *Information, Communication & Society,* 1(1): 91-105.

MacDonald, D. (1957) 'A theory of mass culture', in B. Rosenburg and D. White (eds), *Mass Culture.* Glencoe, IL: Free Press.

MacKinnon, C. (1988) *Feminism Unmodified: Discourses on life and law.* Cambridge, MA: Harvard University Press. (=1993, 奥田暁子・加藤春恵子・鈴木みどり・山崎美佳子訳『フェミニズムと表現の自由』明石書店)

Malik, S. (2002) *Representing Black Britain: Black and Asian images on television.* London: Sage.

Malm, K. and Wallis, R. (1993) *Media Policy and Music Activity.* London: Routledge.

Mander, J. (1978) *Four Arguments for the Elimination of Television.* New York: William Morrow. (=1985, 鈴木みどり訳『テレビ・危険なメディア——ある広告マンの告発』時事通信社)

Marcuse, H. (1964) *One Dimensional Man: Studies in the ideology of advanced industrial society.* London: Routledge & Kegan Paul. (=1980, 生松敬三・三沢謙一訳『一次元的人間——先進産業社会におけるイデオロギーの研究』河出書房新社)

Marshall, P. D. (1997) *Celebrity and Power: Fame in Contemporary Culture.* Minneapolis, MN: University of Minnesota Press. (=2002, 石田佐恵子訳『有名人と権力——現代文化における名声』勁草書房)

Marx, K. (1844) 'A contribution to the critique of Hegel's philosophy of right', *Deutsch-Französische Jahrbücher,* February. (=2005, 三島憲一訳『ヘーゲル法哲学批判序説　マルクス・コレクション1』筑摩書房, 155-179)

Marx, K. (2000) 'Preface to a contribution to a critique of political economy', in D. McLellan (ed.), *Karl Marx: Selected Writings,* Oxford: Oxford University Press. (=2005, 木前利秋訳『経済学批判序説　マルクス・コレクション3』筑摩書房, 253-263)

McChesney, R. (1999) *Rich Media, Poor Democracy: Communication politics in dubious times.* New York: New Press.

McCombs, M. and Shaw, D. (1972) 'The agenda-setting function of the press', *Public Opinion Quarterly,* 36(2): 176-87.

McCracken, E. (1992) *Decoding Women's Magazines: From 'Mademoiselle' to 'Ms'.* London: Macmillan.

McDonnell, J. (1991) *Public Service Broadcasting: A reader.* London: Routledge.

McLuhan, M. (1962) *The Gutenberg Galaxy: The making of typographic man.* Toronto: University of Toronto Press. (=1986, 森常治訳『グーテンベルクの銀河系——活字人間の形成』みすず書房)

McLuhan, M. (2001; 1964) *Understanding Media*. Abingdon: Routledge.(＝1987,栗原裕・河本仲聖訳『メディア論──人間の拡張の諸相』みすず書房)

McQuail, D., Blumler, J. and Brown, J. (1972) 'The television audience: a revised perspective', in D. McQuail (ed.), *Sociology of Mass Communications*. Harmondsworth: Penguin.

McRobbie, A. (2000) *Feminism and Youth Culture* (2nd edn). London: Macmillan.

McRobbie, A. (2008) *The Aftermath of Feminism: Gender, culture and social change*. London: Sage.

mediawatch-UK (2005) 'Towards a decent society', News Release 2005. Also available online at: www.mediawatchuk.org.uk/index.php?option=com_content&task=view&id=155&Itemid=124

Mepham, J. (1990) 'The ethics of quality in television', in G. Mulgan (ed.), *The Question of Quality*. London: British Film Institute.

Mercer, K. (1990) 'Black art and the burden of representation', *Third Text*, 10.

Meyrowitz, J. (1985) *No Sense of Place: The impact of electronic media on social behaviour*. New York: Oxford University Press.(＝2003,安川一・高山啓子・上谷香陽訳『場所感の喪失──電子メディアが社会的行動に及ぼす影響(上)』新曜社)

Mill, J. S. (1975; 1859) 'On liberty', in J. S. Mill and R. Wollheim, *Three Essays: 'On liberty', 'Representative government', 'The subjection of women'*. Oxford: Oxford University Press.(＝2012,斉藤悦則訳『自由論』光文社古典新訳文庫)

Miller, D. and Slater, D. (2000) *The Internet: An ethnographic approach*. Oxford: Berg.

Miller, M. C. (1988) 'Cosby knows best', in M. C. Miller (ed.), *Boxed-In: The culture of TV*. Evanston, IL: Northwestern University Press: 69-78.

Modleski, T. (1982) *Loving with a Vengeance: Mass produced fantasies for women*. New York: Routledge.

Moran, A. (1998) *Copycat TV: Globalisation, programme formats and cultural identity*. Luton: University of Luton Press.

Morgan, R. (1980) 'Theory and practice: pornography and rape', in L. Lederer (ed.), *Take Back the Night*. New York: William Morrow: 134-40.

Moritz, M. (2004) 'Old strategies for new texts: how American television is creating and treating lesbian characters', in C. Carter and L. Steiner (eds), *Critical Readings: Media and gender*. Maidenhead: Open University Press.

Morley, D. (1980) *The Nationwide Audience: Structure and decoding*. London:

British Film Institute.

Morley, D. (1988) *Family Television: Cultural power and domestic leisure*. London: Routledge.

Morley, D. (1992) *Television, Audiences and Cultural Studies*. London: Routledge.

Morley, D. (2000) *Home Territories: Media, mobility and identity*. Abingdon: Routledge.

Muggleton, D. (1997) 'The post-subculturalist', in S. Redhead (ed.), *The Club Cultures Reader: Readings in popular cultural studies*. Oxford: Blackwell.

Mulvey, L. (1975) 'Visual pleasure and narrative cinema', *Screen*, 16(3): 6-18. (= 1992, 斉藤綾子訳「視覚的快楽と物語映画」『Imago』3巻12号, 40-53)

Murdock, G. (1992) 'Citizens, consumers and public culture', in M. Skovmand and K. Schroder (eds), *Media Cultures: Reappraising transnational media*. London: Routledge.

Murdock, G. and Golding, P. (1995; 1973) 'For a political economy of mass Communications', in O. Boyd-Barrett and C. Newbold (eds), *Approaches to Media: A reader*. London: Arnold.

Murdoch, J. (2009) 'The absence of trust', *MacTaggart Lecture, 2009 Edinburgh International Television Festival*. Available online at: http://image.guardian.co.uk/sysfiles/Media/documents/2009/08/28/JamesMurdochMacTaggartLecture.pdf

Murdoch, R. (2001) 'Freedom in broadcasting versus the public service tradition', in B. Franklin (ed.), *British Television Policy: A reader*. Abingdon: Routledge: 38-40 (extract from 1989 lecture).

Negroponte, N. (1996) *Being Digital*. New York: Vintage Books. (=2000, 福岡洋一訳『ビーイング・デジタル——ビットの時代［新装版］』アスキー)

Nightingale, V. and Ross, K. (2003) 'Introduction', in V. Nightingale and K. Ross (eds), *Critical Readings: Media and audiences*. Maidenhead: Open University Press.

Norman, E. (1988) *The Psychology of Everyday Things*. New York: Basic Books. (=1990, 野島久雄訳『誰のためのデザイン？——認知科学者のデザイン原論』新曜社)

Ofcom (2004) *Ofcom review of public service television broadcasting*. London: Ofcom. Also available online at: www.ofcom.org.uk/consult/condocs/psb/psb.pdf

Ofcom (2005) *Ofcom review of public service television broadcasting: Phase 3 — Competition for quality*. London: Ofcom. Also available online at: www.ofcom.org.uk/consul/condocs/psb3

文　献

Ofcom (2007a) *The promotion of equal opportunities in broadcasting: Report for 2007*. London: Ofcom. Also available online at: www.ofcom.org.uk/tv/ifi/report 07/equal_ops.pdf

Ofcom (2007b) *Ethnic minority groups and communications services.* London: Ofcom. Also available online at: www.ofcom.org.uk/research/cm/ethnic_minority

Ofcom (2009) *The Ofcom Broadcasting Code.* London: Ofcom. Also available online at: www.ofcom.org.uk/tv/ifi/codes/bcode/undue

Ong, W. J. (1977) *Interfaces of the Word.* Ithaca, NY: Cornell University Press.

Osgerby, W. (2004) *Youth Media.* Abingdon: Routledge.

Peet, R. (1989) 'The destruction of regional cultures', in R. Johnston and P. Taylor (eds), *A World in Crisis?: Geographical Perspectives.* Oxford: Basil Blackwell.

Peirce, C. (1931-1948) *Collected Papers.* Cambridge, MA: Harvard University Press. (＝1986, 内田種臣編訳『パース著作集2――記号学』勁草書房)

Penley, C. (1991) 'Brownian motion: women, tactics and technology', in C. Penley and A. Ross (eds), *Technoculture.* Minneapolis, MN: University of Minnesota Press.

Perry, I. (2003) 'Who(se) am I? The identity and image of women in hip hop', in G. Dines and J. M. Humez (eds), *Gender, Race and Class in Media* (2nd edn). London: Sage: 136-48.

Pickering, M. (2001) *Stereotyping: The politics of representation.* Houndmills, Basingstoke: Palgrave Macmillan.

Pieterse, J. P. (1992) *White on Black: Images of Africa and Blacks in Western popular culture.* Newhaven, CT: Yale University Press.

Polhemus, T. (1997) 'In the supermarket of style', in S. Redhead (ed.), *The Club Cultures Reader.* Oxford: Blackwell.

Poster, M. (1995) *The Second Media Age.* Cambridge: Polity Press.

Poster, M. (2001) *What's the Matter with the Internet?* Minneapolis, MN: University of Minnesota Press.

Postman, N. (1987) *Amusing Ourselves to Death: Public discourse in the age of show business.* London: Methuen. (＝2015, 今井幹晴訳『愉しみながら死んでいく――思考停止をもたらすテレビの恐怖』三一書房)

Postman, N. and Powers, S. (1992) *How to Watch TV News.* London: Penguin. (＝1995, 石川好監修・田口恵美子訳『TVニュース七つの大罪――なぜ、見れば見るほど罠にはまるのか』クレスト社)

Propp, V. (1968) *Morphology of the Folktale.* Austin, TX: University of Texas Press.

(＝1987，北岡誠司・福田美智代訳『昔話の形態学』白馬書房)

Radway, J. (1987) *Reading the Romance: Women, patriarchy and popular literature*. London: Verso.

Redden, G. (2007) 'Makeover morality and consumer culture', in D. Hellar (ed.), *Makeover Television*. London: I. B. Tauris.

Redfield, R. (1955) *The Little Community*. Chicago, IL: University of Chicago Press.

Rettie, R. (2009) 'SMS: exploiting the interactional characteristics of near-synchrony', *Information, Communication and Society*, 12(8).

Rheingold, H. (2000) *The Virtual Community: Homesteading on the electronic frontier* (revised edn). Cambridge, MA: MIT Press. (＝1995，会津泉訳『バーチャル・コミュニティ——コンピューター・ネットワークが創る新しい社会』三田出版会)

Riesman, D. (1953) *The Lonely Crowd: A study of the changing American character*. Garden City, NY: Doubleday. (＝2013，加藤秀俊訳『孤独な群衆（上・下）』みすず書房)

Rock, P. (1973) 'News as eternal recurrence', in S. Cohen and J. Young (eds), *The Manufacture of News: Deviance, social problems and the mass media*. London: Constable: 73-80.

Rojek, C. (2005) 'P2P leisure exchange: net banditry and the policing of intellectual property', *Leisure Studies*, 24(4): 357-69.

Rose, T. (2008) *The Hip Hop Wars: What we talk about when we talk about hip hop—and why it matters*. New York: Basic Books.

Rosengren, K. E. and Windahl, S. (1972) 'Mass media consumption as a functional alternative', in D. McQuail (ed.), *Sociology of Mass Communications*. Harmondsworth: Penguin.

Ruggiero, T. (2000) 'Uses and gratifications theory in the 21st century', *Mass Communication & Society*, 3(1): 3-37.

Sandvoss, C. (2005) *Fans: The mirror of consumption*. Cambridge: Polity Press.

Said, E. (1978) *Orientalism*. London: Routledge & Kegan Paul. (＝1993，今沢紀子訳『オリエンタリズム（上・下）』平凡社)

Scannell, P. (1989) 'Public service broadcasting and modern life', *Media, Culture and Society*, 11(2): 135-66.

Scannell, P. (1990) 'Public service broadcasting: the history of a concept', in A. Goodwin and G. Whannel (eds), *Understanding Television*. London: Routledge.

Schiller, H. (1976) *Communication and Cultural Domination*. White Plains, NY:

International Arts and Sciences Press.

Schiller, H. (1992) *Mass Communication and American Empire*. Boulder, CO: Westview Press.

Schilt, K. and Zobl, E. (2008) 'Connecting the dots: riot grrrls, ladyfests and the international Grrrl Zine network', in A. Harris (ed.), *Next Wave Cultures: Feminism, subcultures, activism*. Abingdon: Routledge.

Segal, L. (1992) 'Introduction', in L. Segal and M. McIntosh (eds), *Sex Exposed: Sexuality and the pornography debate*. London: Virago Press.

Shannon, C. and Weaver, W. (1949) *The Mathematical Theory of Communication*. Champaign, IL: University of Illinois Press. (=2009, 植松友彦訳『通信の数学的理論』筑摩書房)

Smith, A. (1904; 1776) *An Inquiry into the Nature and Causes of the Wealth of Nations* (5th edn). London: Methuen. (=2007, 山岡洋一訳『国富論——国の豊かさの本質と原因についての研究(上・下)』日本経済新聞出版社)

Solomon, S. (1976) *Beyond Formula: American film genres*. New York: Harcourt Brace Jovanovich.

Solomos, J. (1993) *Race and Racism in Britain*. Houndmills, Basingstoke: Palgrave Macmillan.

Sreberny, A. (1999) *Include Me In: Rethinking ethnicity on television*. London: Broadcasting Standards Council.

Sreberny-Mohammadi, A. and Ross, K. (1995) *Black Minority Viewers and Television: Neglected audiences speak up and out*. Leicester: Centre for Mass Communications Research.

Stevenson, N. (2002) *Understanding Media Cultures* (2nd edn). London: Sage.

Strinati, D. (1995) *An Introduction to Theories of Popular Culture*. London: Routledge. (=2003, 渡辺潤・伊藤明己訳『ポピュラー文化論を学ぶ人のために』世界思想社)

Talbot, M. (2007) *Media Discourse: Representation and interaction*. Edinburgh: Edinburgh University Press.

Temple, M. (2006) 'Dumbing down is good for you', *British Politics*, 1(2): 257-73. Also available online at: www.palgrave-journals.com/bp/journal/v1/n2/pdf/4200018a.pdf

Thompson, J. (1990) *Ideology and Modern Culture: Critical social theory in the era of mass communication*. Cambridge: Polity Press.

Thornton, S. (1995) *Club Cultures: Music, media and subcultural capital*. Cambridge: Polity Press.

Todorov, T. (1978) *The Poetics of Prose*. Ithaca, NY: Cornell University Press.

Tomlinson, J. (1991) *Cultural Imperialism: A critical introduction*. London: Pinter. (＝1997, 片岡信訳『文化帝国主義』青土社)

Tönnies, F. (1963) *Community and Society*. New York: Harper & Row. (＝1957, 杉之原寿一訳『ゲマインシャフトとゲゼルシャフト――純粋社会学の基本概念(上・下)』理想社)

Tracey, M. (1998) *The Decline and Fall of Public Service Broadcasting*. Oxford: Oxford University Press.

Tuchman, G. (1978) 'Introduction: the symbolic annihilation of women by the mass media', in G. Tuchman, A. Kaplan Daniels and J. Benet (eds), *Hearth and Home: Images of women in the mass media*. New York: Oxford University Press.

Turkle, S. (1995) *Life on the Screen: Identity in the age of the Internet*. London: Phoenix. (＝1998, 日暮雅通訳『接続された心――インターネット時代のアイデンティティ』早川書房)

Turner, G. (2004) *Understanding Celebrity*. London: Sage.

Vroomen, L. (2004) 'Kate Bush: teen pop and older female fans', in A. Bennett and R. Peterson (eds), *Music Scenes: Local, translocal and virtual*. Nashville, IN: Vanderbilt University Press.

Watson, N. (1997) 'Why we argue about virtual community: a case study of the phish.net fan community', in S. Jones (ed.), *Virtual Culture: Internet and communication in cybersociety*. London: Sage.

Webster F. (2002) *Theories of the Information Society* (2nd edn). Abingdon: Routledge. (＝2001, 田畑暁生訳『「情報社会」を読む』青土社)

Wellman, B. and Gulia, M. (1999) 'Virtual communities as communities: net surfers don't ride alone', in M. Smith and P. Kollock (eds), *Communities in Cyberspace*. Abingdon: Routledge: 163-90.

Wellman, B. and Haythornthwaite, C. (2002) 'The Internet in everyday life: an introduction', in B. Wellman and C. Haythornthwaite (eds), *The Internet in Everyday Life*. Oxford: Blackwell: 3-44.

Westley, B. and MacLean, M. (1957) 'A conceptual model for communication research', *Journalism Quarterly*, 34: 31-8.

Whelan, A. (2006) 'Do u produce?: subcultural capital and amateur musicianship in peer-to-peer networks', in M. Ayers (ed.), *Cybersounds: Essays on virtual music*

culture. New York: Peter Lang.
Williams, R. (1974) *Television: Technology and cultural form*. London: Fontana.
Williams, R. (1988) *Keywords: A vocabulary of culture and society*. London: Fontana. (=2002, 椎名美智・武田ちあき・越智博美・松井優子訳『完訳キーワード辞典』平凡社)
Williams, R. (1989) *Resources of Hope: Culture, democracy, socialism*. London: Verso.
Williamson, J. (1995; 1978) *Decoding Advertisements: Ideology and meaning in advertising*. London: Marian Boyars. (=1985, 山崎カヲル・三神弘子訳『広告の記号論——記号生成過程とイデオロギー（Ⅰ・Ⅱ）』柘植書房)
Willis, P. (1990) *Common Culture: Symbolic work at play in the everyday cultures of the young*. Milton Keynes: Open University Press.
Wimmer, R. and Dominick, J. (2006) *Mass Media Research: An introduction* (8th edn). Belmont, CA: Thomson Wadsworth.
Woodward, K. (1997) *Identity and Difference*. London: Sage.
Young, J. (1971) *The Drug Takers: The social meaning of drug use*. London: Paladin.

索　引
（＊は人名）

あ　行

アイコン　72
アジェンダセッティング　149
アドバトリアル　60
アトム化　284
＊アドルノ，テオドール　45, 124-127, 129, 286
＊アパデュライ，アルジュン　214, 215
アフリカ系アメリカ人　231-233, 247
アメリカン・オンライン（AOL）　50
＊アルチュセール，ルイ　130, 140
＊アング，イエン　267, 271
暗示的意味　73, 74
＊アンダーソン，ベネディクト　206, 216, 285, 292
意外性　153
イデオスケープ（観念の地景）　215
イデオロギー　123, 129-135, 140-143
意味がどのように〈固定される〉か　76
意味の喪失　312
意味の問題　9
意味のレベル　73
移民　229
インターネット　39
インターネットの利用を統制　64
インターネットラジオ局　298
インデックス　72
インド系イギリス人　242
インド人　247
＊ウィーバー，ウォーレン　8-11
＊ウィマー，ロジャー　87
＊ウィリアムズ，レイモンド　2, 3, 32
＊ウィリアムソン，ジュディス　78, 133, 271
＊ウィリス，ポール　113
＊ウィンダール，スヴェン　105
＊ウェブスター，フランク　332
＊ウェルマン，バリー　303, 304, 328
受け手　10

映画　30
衛星　36
衛星放送　59, 195
ABC（オーストラリア放送協会）　60, 178
SNS　270, 328-330
エスニックマイノリティ　231
エスノグラフィー　116
エスノスケープ（民族の地景）　214
エチオピア系　249
FCC（連邦通信委員会）　61, 62, 193, 194, 197
エリート　182, 264
　　──主義　127
　　──であること　154
　　──的　171
＊エルスタイン，デビッド　181
遠心的な影響力　213
エンパワー　265
エンパワーメント　249
オーディエンス　5
オーディエンスエスノグラフィー　112
オーディエンス研究　96
オーディエンスの分断　245
オーディエンスを最大にする　55
送り手　10
男らしさ　271
Ofcom　178, 179, 181, 231, 248, 255
音楽　269
女らしさ　254

か　行

＊ガーナム，ニコラス　141, 181, 205, 209
＊ガーブナー，ジョージ　11, 89-91, 99-101, 186
階級　122, 164, 182
革新的な作品　57
過小化された表象　231
＊カステル，マニュエル　328
＊カッツ，エリフ　102-105, 143
カテゴリーとコード　87

373

カナダのエスニックマイノリティ　249
*カラン，ジェームズ　61, 162, 166, 180
*ガルトゥング，ヨハン　150, 152-155, 160, 163
*ガレスピー，マリー　246, 247, 251
監視　219
間テクスト的関係　80
*ガントレット，デビッド　189, 259, 265, 268, 273-275
記号は恣意的か　72
記号論　80
記号論の限界　78
疑似個性化　126, 127
規制緩和　64, 197, 198, 212
規制の衰退　194
帰属意識　205
9.11　156
鏡像段階　256
強度　151
虚偽意識　123, 130
*ギリア，ミレーナ　303, 304, 328
*ギルロイ，ポール　230, 243
均質化　112, 284
『クィア・アズ・フォーク』　278
Google　50, 218
クール・メディア　24
『グッドネス・グレイシャス・ミー』　244
*クライン，ナオミ　52, 134, 138
グラスゴー大学メディア・グループ（GUMG）164, 165
*グラムシ，アントニオ　107, 130, 131, 140
『黒いジャガー』　236
*グロス，ラリー　275, 276
*クロトー，デビッド　231
形成主体　5
継続性　153
携帯電話　37, 38
ゲートキーパー　149
ケーブルテレビ　59, 195
*ゲオルギウ，ミリア　246, 248
ゲットー化　249, 250
*ゲルナー，アーネスト　206
*ケルナー，ダグラス　78, 133, 134
検閲　183, 196

現実　315
*ゴア，アル　217, 218
効果研究　97
公共圏　203-205, 220-222
公共放送　60, 176, 194, 230
広告　58
広告収入　53, 166
構成　154
公正の原則　194
*ゴウブ，ベン　277, 278
効率の問題　9
*コーエン，スタン　290
コーディング　88
*ゴールディング，ピーター　46, 116, 136
*コーンズ，マイク　58
ゴス　299, 301, 305
『コスビー・ショー』　238
『コスモポリタン』　76, 80, 259, 260
国家のイデオロギー的諸装置　130
*ゴフマン，アーヴィング　257
コミュニケーションの流れ　142
*コリンズ，リチャード　63, 190
コンテンツへの規制　62

さ 行

雑誌広告　257
サブカルチャー　286-288, 290, 291, 295, 296, 299-301
参入の規制　60
*シーガル，リン　189, 190
CCTV（中国中央電視台）　60, 64
*シートン，ジーン　61, 162, 166, 180
CBC（カナダ放送協会）　60, 178
*ジェイムソン，フレドリック　312, 313, 321, 323
*ジェラティ，クリスティーン　267, 285
*ジェンキンス，ヘンリー　113, 116, 297, 299, 302, 304
自己愛　256
資生堂の化粧品広告　134
支配的読解と対抗的解釈　107
資本主義　122-125, 136, 141, 209, 214, 318
シミュラークル　318, 322, 323

索　引

市民ジャーナリズム　170
地元ラジオ局　293
社会的コンテクスト　32, 42, 109
＊ジャクソン，ピーター　59, 274, 275
『ジャッキー』　257
＊シャノン，クロード　8-11
ジャンル分析　82
周縁化　230, 254
周期性　150
従属の再生産　234
収入源　53
受信料　177, 179
循環モデル　7
使用価値　133, 321
商業性に駆られたコンテンツ　210
象徴的価値　133, 313, 321
商業上の競争と消費者の選択　191
消費主義　312
消費主義の神話　132
情報過多　314
情報娯楽番組　167-169
女性雑誌　258, 268
所有に関する規制　61
所有の一極集中化　51, 52
＊ジル，ロザリンド　261, 263, 271, 274
新自由主義　192
人種差別　228
新聞　25, 26, 61, 88, 161, 165, 167, 246
新聞王　48
シンボル　73
神話　77, 78
垂直的統合　49
水平的統合　49
Sky テレビ　51
＊スキャネル，パディ　207, 208, 213
＊スティーブンソン，ニック　113, 116, 164, 165, 205, 315
ステレオタイプ　231, 235-237, 245
スポンサーの役割　57
＊スミス，アダム　191
＊スレバーニー，アナベル　231
生活世界　203
制作者　269

政治経済学的アプローチ　46
政治姿勢　162
青年雑誌　263, 274, 275
政府と規制　60
セカンドライフ　324
『セックス・アンド・ザ・シティ』　53, 259, 261
窃視症　255
セレブの話題　154
セレブ文化　319
選択　149
想像の共同体　206, 292
双方向性　38, 217-219
ソープオペラ　113, 267, 268, 276
＊ソーントン，サラ　287, 290, 295, 296, 299
組織的偏向　165
＊ソシュール，フェルディナンド　70, 71

た　行

＊タークル，シェリー　323-327
ターゲットを絞ったコミュニティ　291
＊ダールグレン，ピーター　169, 222
＊ダイク，グレッグ　231
大衆を欺く文化産業　124
＊ダイソン，マイケル　238, 239
タイム・ワーナー　50, 51, 56
＊ダウニング，ジョン　250
多チャンネル　212
＊タックマン，ガイ　258
脱政治化　167
タミール人　246
『ダラス』　143, 267
男性の凝視　255, 260
断片化　320
地球村　23, 25, 36, 138
地方紙　293
＊チャンドラー，ダニエル　10, 11, 32, 79
＊チャンバーズ，イアン　322
直線的かつ一方向的　10
著作権法　65, 66
＊チョムスキー，ノーム　52, 58, 59, 136, 137, 141, 165
ディアスポラ　242, 243
ディアスポラを表象する　243

375

DIY メディア　298
ディスコース(言説)分析　83
ディズニー　49, 50
ディズニーワールド　318
出来事を人格的に語ること　155
テクノスケープ(技術の地景)　215
テクノロジー決定論　28
＊デザート，ジョージ　54, 56, 151, 195
デジタルチャンネル　195
デジタルメディア　59
手放しの賞賛　115
＊デブリン，パトリック　183, 188
テレビ　24-30, 32-35, 37, 39-41, 53, 54
電信　25, 26
＊テンニース，フェルディナント　284, 285, 289, 306
＊ドウォーキン，アンドレア　186, 257
＊ドゥ・ゲイ，ポール　34
統語分析　75, 77, 159
同性愛　275-279, 296, 297
投票行動　102, 105
トークニズム　240
＊ドーティ，アレクサンダー　277, 278
独立テレビジョン(ITV)　178
＊ドブソン，エイミー　270
＊ドミニク，ジョゼフ　87
＊ドルフマン，アリエル　140, 141
＊トレーシー，マイケル　47, 179, 180, 195, 211, 213
＊トンプソン，ジョン　129

な 行

内容分析　85
内容分析の限界　90
Napster　65, 66
ナローキャスティング　294
軟派化　171
二段階の流れ　101
ニッチ雑誌　294
ニュー・エスニシティ　241
ニューズ・コーポレーション　48-52, 193
ニュースバリュー　150
『ネーションワイド』　109, 110

ネオトライブ　289
ネガティブな内容　155
ネガティブな話題　155, 156
能動的オーディエンス論　316

は 行

＊パース，チャールズ　70, 72, 73
バーチャルコミュニティ　301
＊ハートレイ，ジョン　39, 90, 152, 157, 217
＊ハーバーマス，ユルゲン　201-203, 205, 209, 211, 212, 216, 220-222
＊ハーマン，エドワード　52, 58, 59, 136, 137, 141, 165
バーミンガム大学現代文化研究所　107, 286
＊ハーメス，ジョーク　264, 265, 268, 271
ハイパーリアリティ　320
ハイパーリアル　318, 319
ハイブリッド型コンテンツ　60
＊パウエル，イノック　229
＊バウマン，ジグムント　106, 285, 306, 307, 323, 328
破壊的なメディアの使用　142
＊バカルジェヴァ，マリア　218, 249, 304
＊バグディキアン，ベン　51
『バジー・オン・ザ・ビーチ』　244
パスティーシュ　321, 322
＊ハズバンド，チャールズ　250
＊ハナーツ，ウルフ　216
パラダイム分析　75, 77, 157
『パリ・マッチ』　78
＊バルト，ロラン　70, 73, 75, 77, 79, 132, 134, 141
パロディ　321
＊ハロラン，ジェームズ　103
反イデオロギー的表現　136
反映するものとしてのメディア　5
パンジャブ系　246
＊バンデューラ，アルバート　97, 98, 101
＊ピート，リチャード　139, 140
BBC　60, 176, 178, 180, 181, 196, 231, 248
非営利のメディア組織　47
皮下注射モデル　96
＊ピッカーリング，マイケル　231, 232, 236, 240, 263

索　引

ビデオ　246
批判的政治経済学　66, 67, 141
*ヒューズ，ジョン　301, 302
　表象　230
*ビリッグ，マイケル　85, 208, 292
*ヒル，ケヴィン　301, 302
　ファイナンスケープ(資本の地景)　214
　ファイル共有ソフト　65
　ファンジン(ジン)　298, 299
　ファン・フィクション　269
　ファン文化　113
*フィスク，ジョン　11, 79, 90, 111, 112, 115, 171, 267, 272
　フィルター　136, 137
*フーコー，ミシェル　84
*フェアクロフ，ノーマン　84
　フェミニズム批評家　264, 265
　フォーディズム　294, 312
　物神崇拝　134
　ブラックスプロイテーション映画　236
　フランクフルト学派　96, 121, 124-129, 136, 139, 143, 202, 210
*フランクリン，ボブ　51, 56, 61, 161, 166, 168, 177, 196, 293
　『ブリッツ』　59
*ブルデュー，ピエール　182
　『ブロークバック・マウンテン』　278
*プロップ，ウラジミル　81, 82
　プロバイダー　66
　文化　2, 3
　文化資本　182
　文化帝国主義論　138-140
　文化的近接性　152
　文化の制作者としてのオーディエンス　111
*ベイカー，ウィリアム　54, 151, 195
*ベイム，ナンシー　114
　ヘゲモニー　108, 130, 131
　『ベッカムに恋して』　244
*ヘブディジ，ディック　287, 288
*ベル，アラン　154, 157, 166
*ベレルソン，バーナード　86
　偏向　147-149, 162, 163
*ペンリー，コンスタンス　269

*ホインズ，ウィリアム　231
　放送における自由　192
　報道者間の差異　160
　暴力的なテレビ　89, 99
　飽和　312
*ボードリヤール，ジャン　314-318, 321, 323, 327, 331, 332
*ホール，スチュアート　6, 74, 108-112, 131, 132, 141, 142, 163, 232, 235-237, 241
　ポジティブなイメージ　236
　母集団とサンプル　88
*ポスター，マーク　325-327
　ポスト・フェミニスト　258, 259
　ポスト・フォーディズム　294, 312
*ポストマン，ニール　25-28, 31, 32, 168
　ポストモダン　312, 321, 325, 326, 330-332
　ホット・メディア　23
*ホドキンソン，ポール　301, 304, 305
*ポヒマス，テッド　322
　ボボ人形実験　97
　ボリウッド映画　247
*ホルクハイマー，マックス　45, 124, 129
　ポルノグラフィ　185, 186, 189, 190
*ホワイトハウス，メアリー　184
　本当のニーズと虚偽のニーズ　125

ま　行

*マードック，グラハム　46, 116, 136, 198
*マードック，ルパート　52, 166, 167, 181, 182, 192, 193
*マクウェール，デニス　104
*マクチェズニー，ロバート　40, 48, 53, 56, 57, 60, 198
*マクラッケン，エレン　260
*マクルーハン，マーシャル　22-25, 28-32, 36, 37, 40-42, 138
*マクロビー，アンジェラ　257, 258, 260
*マトゥラール，アルマン　140, 141
*マリック，サリータ　229, 233, 239, 240, 245
*マルヴィ，ローラ　255-257, 263, 265, 272
*マルクーゼ，ヘルベルト　124, 125, 128
*マルクス，カール　46, 122-125, 128, 130
*マンダー，ジェリー　28, 31, 32, 169

377

南アジア人　233, 234, 239, 244
＊ミル，ジョン・スチュアート　188, 189
＊ムローニ，クリスティナ　190, 191
　明快さ　151
　明示的意味　73
　メディア　2
　メディアウォッチUK　185, 186
　メディアコンテンツ　13
　メディア産業　12, 13
　メディア所有の一極集中　51
　メディアスケープ（メディアの地景）　215
　メディア対コミュニティ　284
　メディアの合体　37
　メディアの表象　7
　メディアはメッセージである　22, 42
＊モーリー，デビッド　79, 103, 106, 109, 110, 113, 221, 222
　モバイル性　38
　モラルパニック　233, 289-291

や 行

　優先的意味　107-110
　予測可能性　152
　世論　204

ら 行

＊ライアン，デビッド　219
＊ラインゴールド，ハワード　40, 219
＊ラザースフェルド，ポール　102, 103, 105, 106
　ラジオ　35
＊ラスウェル，ハロルド　9, 12-14, 104
＊ラドウェイ，ジャニス　265, 266, 268
＊リース，ジョン　176-181, 196, 207
＊リーズマン，デビッド　96
＊リーベス，タマル　143
＊リブロウ，リア　301
　料金の直接的な支払い　54
　利用と満足　103
＊ルーゲ，マリー　150, 152-155, 160, 163
　レイヴ　291, 295, 299
　レズビアン　276-278, 296
＊レッドフィールド，ロバート　284, 289, 306
　恋愛小説　265
＊ローゼングレン，カール　105
＊ロック，ポール　153
＊ロビンズ，ケビン　221

わ 行

　WWW　36
＊ワトソン，ネシム　302, 303

《著者紹介》

ポール・ホドキンソン（Paul Hodkinson）
バーミンガム大学大学院博士課程修了，Ph. D.（メディア社会学）。現在はサリー大学上級講師を務める。著作として以下のものがある。*Goth: Identity, Style and Subculture*. London: Berg Publishers, 2002; *Youth Cultures: Scenes, Subcultures and Tribes*. Routledge: Taylor & Francis, 2009; *Ageing and Youth Cultures: Music, Style and Identity*. Oxford: Berg Publishers, 2012.

《訳者紹介》

土屋武久（つちや・たけひさ）
　1961年　生まれ
　1988年　南イリノイ大学修士課程修了，修士（メディア英語）
　現　在　武蔵大学人文学部教授
　主　著　『英語教育とコンピュータ』（共著）学文社，1998年。
　　　　　『武蔵大学公開講座　言葉と文化・文学』（共著）御茶の水書房，2001年。
　　　　　『外国語教育リサーチマニュアル』（共訳）大修館書店，2001年。
　　　　　ほか。

メディア文化研究への招待
──多声性を読み解く理論と視点──

2016年2月20日　初版第1刷発行　　　〈検印省略〉

定価はカバーに
表示しています

訳　者　土　屋　武　久
発行者　杉　田　啓　三
印刷者　江　戸　孝　典

発行所　株式会社　ミネルヴァ書房
607-8494 京都市山科区日ノ岡堤谷町1
電話代表 075-581-5191
振替口座 01020-0-8076

Ⓒ 土屋武久，2016　　　共同印刷工業・藤沢製本

ISBN978-4-623-07574-4
Printed in Japan

よくわかる社会情報学	西垣 通 編著	B5判 二三二頁 本体二五〇〇円
よくわかるメディア・スタディーズ	伊藤 守 編著	B5判 二四八頁 本体二五〇〇円
よくわかるメディア法	鈴木秀美・山田健太 編著	B5判 二八〇頁 本体二八〇〇円
言論の自由	伊藤 守 編著	B5判 二三二頁 本体二五〇〇円
こうしてテレビは始まった	山田健太 著	四六判 三四〇頁 本体二八〇〇円
戦後日本のメディアと市民意識	有馬哲夫 著	四六判 三八〇頁 本体二八〇〇円
	大石 裕 編著	四六判 三〇六頁 本体三五〇〇円

―― ミネルヴァ書房 ――
http://www.minervashobo.co.jp/